관악의 웅지 하늘을 날다

관악의 웅지 하늘을 날다

펴낸곳 서울대학교출판문화원
펴낸이 이장무
엮은이 서울대학교 명예교수협의회 편집위원회

초판 1쇄 인쇄 2010년 3월 5일
초판 1쇄 발행 2010년 3월 10일
출판등록 제15-3호

주소 서울 관악구 관악로 599 우편번호 151-742
대표전화 02-880-5252 **팩스** 02-888-4148
마케팅팀(판매상담) 02-889-4424, 02-880-7995
이메일 snubook@snu.ac.kr
홈페이지 www.snupress.com
영문홈페이지 eng.snupress.com

ISBN 978-89-521-1080-0

관악의 웅지 하늘을 날다

서울대학교 명예교수협의회 편집위원회 엮음

서울대학교출판문화원

| 발 간 사 |

서울대학교 명예교수 칼럼집 출간에 부쳐

이번에 서울대학교 명예교수님들의 글을 모은 칼럼집이 '관악의 웅지 하늘을 날다'라는 제목으로 출간된 것을 진심으로 기쁘게 생각합니다.

서울대학교의 명예교수님들은 우리나라 학계를 이끌어 오신 각 학문 분야의 대표적인 석학으로서 한국의 오늘을 있게 한 원동력이요 주인공이라고 해도 과언이 아니라고 믿습니다. 명예교수님들이 퇴임 후에도 재임 시와 다름없이 활발한 연구와 사회봉사 활동을 꾸준히 이어 가시는 것을 보고 존경과 감사의 마음을 금할 수 없습니다.

이 칼럼집에는 지난 4년간 출간된 서울대학교 명예교수협의회 회보에 실렸던 다양한 주제의 글 중에서 선정된 44편이 실려 있습니다. 대부분 전공 분야에 국한하지 않고 평소에 관심을 가지고 계신 주제에 대해 자유롭게 쓰신 글이기 때문에 명예교수님들의 또 다른 면면을 엿볼 수 있는 좋은 글이라고 생각합니다.

이 칼럼집이 학생들과 모든 국민, 그리고 지성인들에게 좋은 참고가 되기를 바라며 편집을 맡아 주신 이현복 편집위원장님을 비롯한 편집위원 여러 분의 애쓰심에 감사를 드립니다.

2009년 11월

서울대학교 명예교수협의회 회장

이수성

| 간행사 |

'관악의 웅지 하늘을 날다'를 내며

서울대학교 명예교수의 칼럼을 '관악의 웅지 하늘을 날다'라는 제목으로 출간하게 되어 기쁘게 생각한다. 이 칼럼집은 서울대학교 명예교수협의회 회보 1~4호(2005-8)에 실린 명예교수님들의 글과 몇 편의 글을 더하여 한 권의 단행본으로 엮은 것이다. 이 칼럼집의 출간 계획은 한인규 초대 명예교수협의회장의 제안으로 이루어졌던 것임을 밝혀 둔다.

실제로 이 책에 실린 44편의 명예교수협의회 회보에 칼럼, 제언, 여행기, 학회 참관기 등의 주제로 게재된 다양한 내용의 글이다. 명예교수협의회 편집위원회에서는 이 글들을 어떠한 순서로 수록해야 하는가 하는 문제를 놓고 상당한 고민을 하였다. 일정한 주제 하에 작성된 글이 아니고 자유롭게 쓴 글이므로 일관성 있는 분류가 어려웠을 뿐 아니라, 원래 명예교수협의회 회보에 실린 항목으로 분류하려 해도 편수의 균형이 맞지 않았다. 그렇다고 필자명의 가나다순으로 배열하는 것도 의미가 없어 망설여졌다. 결국 필자의 서울대학교 정년퇴임 연도순으로 배열하기로 결정이 되었다. 선배를 대접한다는 뜻이 들어 있다고 할 수 있을 것이다. 따라서 퇴임 연도가 빠른 분의 글이 앞으로 나오고 퇴임 연도가 늦은 분의 글이 뒤에 실리게 되었다.

이 칼럼집이 독자들에게 서울대학교 명예교수 여러 분들의 평소 관심사와 생각하는 바가 무엇인가를 부분적이나마 전달해 주는 데 도움이 되기를 바란다.

원고 중에는 제목과 본문에 한자가 들어 있는 경우가 많았으나, 편집위원회는 논의 끝에 제목에는 한자를 쓰지 않기로 하고 본문의 한자는 필요한 경우 괄호 안에 적기로 하였다. 이는 책을 판매해야 하는 서울대학교출판문화원이 일반 독자의 취향을 고려해야 하는 고충을 고려한 결정이기도 하다. 집필 교수님들의 양해를 구한다. 또한 본문에 나오는 인명, 지명을 포함한 외국어나 외래어는 집필 교수님들의 표기를 그대로 따랐다.

끝으로 이 칼럼집을 계획하고 출간하는 데 애써 주신 이종상·박만기·이홍식·권태환·구인환 교수 등 편집위원 여러 분께 고마움을 표한다.

2009년 11월
서울대학교 명예교수협의회 편집위원장
이현복

차 례

상트 페테르브르크 건축기행

공과대학 건축학과 | 윤장섭

2006년 7월 초에 소우회(筱愚會: 본인 지도로 박사, 석사가 된 사람들 연구회)의 회원과 가족 및 친지 27명이 함께 러시아 및 핀란드 건축시찰여행을 떠나서 처음에 방문한 도시가 러시아 상트 페테르브르크(St. Petersburg)이었다.

상트 페테르브르크(구 레닌그라드)는 1703년 5월 러시아 표트르 대제(大帝)가 스웨덴의 침략을 막기 위해 토끼섬에서 목조교회를 기공함과 동시에 페드로파블로프스크 요새를 건설한 것을 시작으로 하여 오늘날과 같은 도시의 모습을 갖추게 되었다고 할 수 있다. 표트르 대제는 스웨덴과의 전쟁에서 승리한 후에 핀란드 만 서쪽에 있는 발트 해로 진출하기 위해 1712년 러시아 수도를 모스코바에서 이 도시로 옮겼으며, 18~19세기에 궁전들과 성당들을 건설하였다.

2006년 7월 3일(월요일) 아침 우리 일행은 상트 페테르브르크 서쪽 30km 되는 곳 핀란드 만 남쪽에 위치한 페트로드 보레츠를 찾아가 보았다. 이 이름은 '표트르의 궁전'이라는 뜻을 갖고 있으며, 표트르 대제가 1714년 이곳에 여름에 거처할 '여름 대궁전'을 건설하였다. 페트로드 보레츠는 핀란드 만에서부터 점차 높아지는 테라스 모양의 지형을 이용하여 '아래 공원'과 '위 공원'으로 나누어져 건설되었으며, 총면적 1,000ha의 넓은 면적을 갖고 있다. '아래 공원'과 '위 공원' 사이에는 대궁전이 위치하고 있으며, '아래 공원'과 '위 공원'에는 140개의 분수와 250개의 조각상들이 배치되어 있었다. 아래, 위 공원에 설치된 분수들은 위 공원 후면에 있는 바비곤 언덕(해발 100m)의 수원(水源)을 사용하고 있었다.

이곳에서 최대 건축물은 표트르 대제가 여름에 거처했던 대궁전이다. 정면은 길이 300m, 높이 3층으로 장관을 형성하고 있으며, 밝은 황금색 벽면에는 백색의 소상(塑像)들이 장식되어 있어서 인상적이었다. 대궁전 남쪽에 있는 '위 공원'은 규모가 작으나, 프랑스 베르사이유 궁전의 정원을 모방한 것이었다. 우리 일행은 대궁전 정면 앞에 도착하여 우선 '아래 공원' 쪽으로 내려가서 대궁전 앞면 밑에 위치한 대폭포와 삼손의 동상을 돌아보았다. 대폭포는 좌우로 나누어져서 7단의 계단을 따라 흘러내리고 있으며, 그 밑에 폭포수가 모이는 풀 중앙에는 높이 3.3m의 삼손 동상이 사자의 입을 찢는 모습을 하고 금빛 찬란하게 서 있었다. 사자의 입에서는 분수가 솟아서, 높이 20m로 뿜어 올리는 광경을 가까이 가서 바라보니 장관을 이루고 있었다. 표트르 대제가 구약성경에 기록된 영웅 삼손의 동상을 이곳에 설치한 것은 스웨덴과의 전쟁에서 러시아군이 스웨덴군을 격파하여 승리한 날이 바로 '삼손'의 기념일이었기 때문이라고 한다.

면적이 102ha가 되는 '아래 공원'에는 '장난꾸러기 분수'와 '우산 분수' 등 재미있는 형태의 분수들이 많았으며, 고대 그리스와 로마의 신화에 등장하는 넵튠, 비너스, 머큐리, 쥬피터, 님프 등 수많은 신들의 조각상들이 늘어서 260개가 된다고 한다. 삼손 동상 북쪽 600m 되는 곳에 핀란드 만으로 돌출된 선착장에 가서 핀란드 만의 경치와 '아래 공원'의 전체 경관을 조망하는 것은 참으로 아름다웠다. 표트르 대제 당시에 초대된 손님들은 배를 타고 이곳 선착장에 도착하여 '아래 공원'을 감상한 다음에 대궁전에 도달하여 표트르 대제의 영접을 받았다고 한다. 우리 일행은 선착장에서 나와 '아래 공원' 서쪽에 위치한 몬프레지르 궁전을 돌아본 다음에 장난꾸러기 분수를 지나 넓은 길 좌우에 늘어선 보리수와 자작나무의 시원한 그늘 밑을 잠시 동안 산책하였다.

오후에 우리 일행은 예카테리나 궁전에 가 보았다. 이 궁전은 예카테리나 여제(女帝) 명령으로 1756년 완성되었으며, 러시아 바로크 양식을 대표하는 건축이다. 궁전 건물의 정면 형태는 아름다웠으며 부설된 교회의 러시아 비잔틴 양식으로 만든 금색 빛나는 작은 발버스(bulbous, 구근형, 球根形) 돔들의 모습은 매우 특이하였다. 궁전 내부의 각 방은 색깔에 따라 '붉은 기둥의 방', '초록 기둥의 방' 등으로 지칭되고 있었다. 그중에서 '호박의 방'은 내부 장식이 모두 보석인 호박석을 사용해서 매우 경이롭게 느껴졌다. 이 밖에 '왕관의 방'은 내부가 전부 금박으로 꾸며져서 마치 황금 속에 파묻힌 듯한 기분을 느끼게 하였다.

2006년 7월 4일(화요일) 아침에 우리 일행은 에르미타쥐 미술관을 돌아보았다. 이 미술관은 역대 황제가 살았던 '겨울 궁전'과 그 좌우에 서 있는 4개의 건물들이 연결되어 있어서 1,050개의 방이 있으며 총면적이 4만 6,000m2이다. 프랑스 루브르 미술관, 영국 대영박물관과 함께 세계 3대 미술관으로 꼽히는 곳이며, 회화, 조각상, 발굴품 등의 소장품이 300만 점에 달한다고 한다. '겨울 궁전'(1754~1762) 내부의 중앙 계단은 웅장했으며, 표트르 대제의 왕좌실, 많은 사람을 수용하는 대왕좌실, 황실자녀가 공부하던 방들이 있었고, 휘황찬란한 궁전 내부 장식은 러시아의 특색을 잘 나타내고 있었다. 전시품들을 크게 나누면 1층에는 원시 문화, 중앙아시아 문화, 이집트 문화, 바빌론·아시리아 문화 등이 전시되어 있었다. 2층에는 러시아 문화, 19세기까지의 서유럽 예술, 제2차 세계대전의 전리품 등이 전시되어 있었으며, 3층에는 근대부터 현대까지의 서유럽 예술, 동양 문화, 비잔틴 문화 등이 전시되어 있었다.

오후에는 페트로파블로프스크 요새와 그 내부에 서 있는 성당을 찾아가 보았다. 네바(Neva) 강의 폭이 가장 넓은 부분 델타 지대에는 토끼섬이라 칭하는 작은 섬이 있다. 이 섬에 상트 페테르브르크의 중심이 된 이 요새가 건설되었다. 이곳은 표트르 대제가 스웨덴 군대의 침입을 방어하고 러시아를 수호하기 위해 1706년부터 35년 동안 건설한 요새이다. 요새를 둘러싼 두꺼운 벽(높이 12m, 폭 2.5~4m)에는 5개의 성문이 설치되어 있으며, 요새 중앙에 성 베드로와 성 바울을 기념하는 교회가 건설되어 페트로파블로스크 요새라 칭하게 되었다고 한다. 페트로파블로스크 성당 내부에는 표트르 대제부터 알렉산드르 3세(1894년 사망)까지 역대 황제의 유해가 안치되어 있다.

다음에 우리 일행은 성 이삭 대성당에 가 보았다. 네바 강에 면해 있는 데키브리스트 광장 동남쪽에 위치하고 있는 이 대성당은 러시아 정교회(Orthodox Church)이며, 금색으로 빛나는 큰 돔이 높이 솟아 있다. 세계에서 4번째로 큰 돔을 갖고 있으며, 건물 평면은 길이 111.3m, 폭 97.6m로 1만 4,000명을 수용할 수 있다. 높이 101.5m로 30층의 빌딩과 같아서 멀리서도 금색으로 빛나는 돔이 잘 보인다. 이 대성당은 1818년 프랑스에서 온 몽페란드(Moontferrand)가 설계하여 40년 걸려서 완공되었다. 이 공사에는 40만 명의 인력이 동원되었다고 하며, 습지대에 건설하게 되어 1만 3,000개의 말뚝을 박고 그 위에 화강암과 석회암을 깔아 기초를 만들었으며, 돔 표면에는 100kg 이상의 금이 사용되었다고 한다. 이 대성당은 러시아 고전주의 건축양식을 대표하는 건축물이다.

내부 공간은 장방형의 평면이지만 전후면에 1열의 주랑(柱廊)이 서 있으며, 좌우측면 중앙에는 3열의 주랑이 돌출되어 있어서 1층 평면은 십자형을 나타내고 있다. 주랑에는 94개의 코린티안식 오더의 기둥이 늘어서 있어 장관을 이루고 있었다. 성당 내부에는 대리석과 반암, 벽옥 등의 40여 가지 다양한 석재가 사용되었으며, 성서의 내용과 성인(聖人)들을 묘사한 150점의 회화와 조각물들이 장식되어 있었다. 특히 제실(祭室) 앞에 서 있는 이코노스타시스(iconostasis, 성장벽, 聖障壁)는 폭 45m, 높이 25m로 되어 있으며, 성부, 성모자(聖母子), 구약의 예언자, 성사도, 그리스도의 사적 등을 묘사한 이콘(icon, 성화)들이 배치되어 특이한 경관을 이루고 있었다.

성 이삭 대성당 서북쪽에는 네바 강에 연접하여 데카브리스트 광장이 위치하고 있다. '데카브리스트'는 '12월 혁명을 일으킨 사람'이라는 뜻이다. 1825년 12월 청년 귀족들이 러시아 제정(帝政)시대의 전제정치와 농노(農奴)제도에 반대한 혁명을 이 광장에서 시도했었다. 훗날 그들의 정신을 기념하여 광장 이름을 이같이 칭하게 되었다고 한다. 20세기에 들어서자 이 광장은 노동운동 및 공산혁명운동의 무대가 되었다. 1917년 10월 레닌이 주도한 공산주의 혁명운동이 이곳에서 시작되어 성공한 후 볼셰비키 소련 정부는 수도를 모스크바로 옮겼으며, 도시 명칭을 '레닌그라드'로 바꾸게 되었다. 그러나 1991년 러시아 민주화 과정에서 다시 '상트 페테르브

성 이삭 대성당 앞에서 기념사진(앞줄 왼쪽에서 세 번째, 네 번째가 윤장섭 부부)

르크'라는 원래 도시 명칭을 되찾게 되었다.

우리들은 데카브리스트 광장에서 성 이삭 대성당을 배경으로 하여 기념사진을 촬영하였다. 이 광장 끝에는 표트르 대제 동상인 '청동의 기사'가 말을 타고 있는 모습으로 위풍당당하게 서 있다. 이 동상을 받치고 있는 돌은 무게 1,600톤의 단일석으로 되어 있으며, 매우 특이한 형상을 하고 있었다.

2006년 7월 5일(수요일) 오전에 우리 일행은 시내 중심 내부스키 가로에 면해 있는 러시아 미술관에 가 보았다. 중심의 건물은 구 미하일로프 궁전으로 1926년에 완성되었고, 1989년 궁전 건물 좌우에 있는 3개의 건물들을 연결하여 미술관을 만들었다. 이 미술관은 러시아 회화가 많이 수장되어 있으며, 10세기부터 현대까지 40만 점의 예술품을 소장하고 있다. 고대 러시아 미술품, 18~19세기의 회화, 소비에트시대의 작품 등으로 분류되어 있다. 특히 이바노프의 「민중 앞에 나타난 예수」는 이 미술관의 대표작이며, 루블로푸의 「폼페이 최후의 날」이 감명을 주는 작품이었다.

오후에는 예술가의 묘지에 가 보았다. 이곳은 도스토옙스키가 출자하여 만든 공원묘지이며 상당히 잘 계획되어 있었다. 여러 예술가의 묘가 배치되어 있었는데, 특히 도스토옙스키, 차이코프스키 등의 묘지는 매우 인상적이었다. 우리 일행은 16시 30분 열차로 상트 페테르브르크를 출발하여 핀란드의 수도 헬싱키로 향하였다.

음악을 사랑한다면
'모차르트 250'에 부쳐서

음악대학 작곡과 | 이성재

I

2006년에는 모차르트의 음악을 들을 수 있는 기회가 많습니다. 금년이 작곡가 모차르트가 태어난 지 250주년이 되는 해입니다. 많은 기념음악회나 기획행사들이 봇물같이 쏟아져 나오고 있답니다. 그의 고향인 잘츠부르크와 모국인 오스트리아의 수도 빈은 물론 세계 각국의 이곳저곳에서도 각종 기념행사가 계속 열리고 있습니다.

우리나라도 예외는 아닙니다. 금년 초부터 연말까지 각종 음악회와 행사가 '모차르트 250'을 축하하기 위해 계획되고 있습니다. 일찍이 연합뉴스의, 아래에 발취한 것과 같은 보도내용을 보아도 알 수 있습니다.

> 전국에서 모차르트의 탄생을 축하하는 기념 공연이 다양하게 펼쳐진다. 국내 모차르트 전용 소극장인 모차르트홀에서는 그의 생일인 1월 27일을 기하여 그의 탄생을 기념하는 릴레이 콘서트가 열렸다. 「모차르트는 모차르트홀에서」라는 부제가 붙은 이 릴레이 콘서트는 상반기인 6월까지는 매달 27일에, 하반기에는 사망일인 12월 5일을 추모해 매달 5일 음악회가 열린다.

시립교향악단도 정명훈의 지휘로 모차르트의 피아노협주곡 전곡을 3월부터 12월까지 7회에 걸쳐 공연하고, 모차르트가 사망한 12월에는 그의 마지막 오페라를 콘서트 형식으로 공연할 계획이다.

그리고 금호아트홀, 호암아트홀 등 클래식 음악홀에서도 각각 다양한 프로그램이 계획되고 있음을 알려준다.

국내의 여러 방송매체나 음악교육기관 등에서도 '모차르트 250'을 위한 각종 특집물이 기획되고 있습니다. 또한 음악학자들은 국제적인 교류를 통해 렉춰콘서트나 세미나 형식으로 모차르트의 음악을 재조명하는 학술적인 연구를 하고 있습니다.

금년은 모차르트 이외에, 작곡가 로버트 슈만(1810~1856)과 드미트리 쇼스타코비치(1906~1975)도 서거 150년과 탄생 100년이 된답니다. 이들 두 독일과 소련의 작곡가들 역시 나름대로 음악사에 특기할 만한 업적을 남긴 잊을 수 없는 작곡가들이 아니겠습니까. 그래서 이들을 위한 축하행사도 금년 중에 계획, 진행되고 있는 중입니다. 그러나 그 규모와 내용이 모차르트 탄생 250년 기념행사와는 비교가 되지 않습니다. 이 두 작곡가들의 기념행사들은 일반에게까지 널리 알려져 있지도 않은 듯합니다.

II

어려서부터 천부적인 음악소질을 발휘한 아마데우스 모차르트(1756~1791)는, 당시 왕가나 귀족들의 총애를 받으며 소년작곡가로 음악계와 사교계에 화려하게 등장하였습니다.

그러나 그의 생애는 한결같지만은 않았습니다. 평탄하지만도 않았습니다. 콘스탄츠와 결혼을 하면서 만년에는 가난과 고독한 가정생활로 어려움을 겪었습니다. 참으로 애석한 일이 아닐 수 없습니다. 병고에 시달리면서도 창작은 계속하였습니다. 레퀴엠(鎭魂曲, Requiem)이 그의 마지막 작품이 되고 말았습니다. 의뢰를 받고 작곡하던 종교적인 이 곡을 마치지 못하고 36세의 젊은 생애를 마감한 것입니다. 유작으로 남겨진 레퀴엠은 마치 죽음을 예감이라도 하면서 작곡한, 자신을 위한 진혼곡이 된 셈입니다.

모차르트는 천재적인 작곡가답게 주옥같은 많은 작품을 작곡하였습니다. 그가 남긴 작품들은 만인의 공감을 얻을 수 있는 그런 작품들입니다. 청순하고 순박한 그러나 한결같이 아름다운 음악입니다. 그의 음악에는 분명히 그의 성품과 개성이 흠뻑 배어 있습니다. 그가 아니면 아무도 작곡할 수 없는 모차르트다운 음악을 우리는 얻은 것입니다. 그가 남긴 작품들은 참으로 천재적인 모차르트만이 해 낼 수 있었던 고귀한 음악적 창조물인 것입니다.

모차르트는 이른바 고전주의(古典主義)시대인 1750년에서 1820년 사이의 작곡가입니다. 그가 태어났을 당시에는 하이든(1732~1809)이 고전주의 음악양식의 기틀을 다져 나가던 시기였습니다. 그리고 베토벤(1770~1827)은 하이든과 모차르트의 뒤를 이어서 고전주의시대의 음악의 꽃을 활짝 피웠습니다. 이들 세 작곡가를 가리켜 3대 고전주의 작곡가라 한답니다. 이들은 음악의 본질을 음악의 투명성에 두고 물려받은 전 세대의 음악양식으로부터 벗어나려고 노력하였습니다.

분명히 고전주의 음악은 바로크양식(Baroque Style)에서 탈피하려고 하는 노력의 결실로 얻어진 새로운 음악양식입니다. 이들은 순수음악의 기틀을 확립하였습니다. 음악의 창작기법인 화성체계를 하나의 성부(소프라노)를 중심으로 하는 단성악(單聲樂, Homophony) 양식으로 재조명하고, 나아가 형식구조를 정비·확립하여 이룩된 것입니다. 따라서 명쾌하면서도 우아한 형식미(形式美)를 중하게 여기게 됩니다. 실로 고전주의 음악의 특징은 명쾌하고 우아한 음악성과 형식미에 있다고 할 수 있습니다.

고전주의시대의 단성음악에서는 분명하고 대조적인 선율들의 기복이 분명합니다. 대체로 선율선이 상성부에 자리하며 적절한 강약의 흐름으로 성부의 단락이 자연스럽습니다. 음악의 흐름에서 변화와 대비 균형과 통일 등이 잘 어울립니다. 그러나 바로크양식의 음악에서는 선율이 여러 성부에서 교차 모방되며, 분명한 단락이나 강약의 차이가 분명하지 않은 듯합니다. 그래서 무한히 평탄하게 계속되는 느낌을 줍니다.

바로크양식의 작곡가로는 비발디(1678~1741), 바흐(1685~1750), 헨델(1685~1759) 등이 있습니다. 1600년부터 1750년에 이르는 바로크시대의 카논(Canon)이나 후가(Fugue), 교성곡(Cantata)이나 수난곡(Passion) 같은 음악을 다성악(多聲樂, Polyphony)이라고 합니다. 건반악기를 배우는 음악학도에게 반드시 필요한 교칙본이기도 한 바흐의 2성, 3성 인벤션(Invention)도 다성악에 속하는 음악입니다.

III

음악은 음(音)을 소재로 하는 시간예술입니다. 음악의 소재인 소리(Sound)는, 자매예술인 미술이나 문학의 소재와는 달리 내용을 표현하기에는 부적절한 특성을 지니고 있습니다. 음악이 고전주의시대에 이르러 더욱 음악형식이라는 개념을 음악적으로 적절히 구축할 수 있게 된 것입니다. 순수음악(純粹音樂, Absolute Music)답게, 음악의 형식미(形式美)를 확립할 수 있게 된 것입니다.

단성악적인 음악형식의 기틀을 확립함으로써 음악사에 빛나는 업적을 세운 하이든을 비롯하여 모차르트와 베토벤 등은 오스트리아 빈, 음악의 도시에서 주로 활동하였습니다. 그래서 이들을 빈 고전악파(古典樂派)라고도 합니다.

음악에는 순수음악과 같이 형식미를 내세우는 음악 외에 내용을 다루는 음악도 있습니다. 표제음악(標題音樂, Program Music)이라고 합니다. 표제가 붙은 음악입니다. 그 표제는 음악에 담으려고 하는 구체적인 의도나 내용을 암시하기 위한 것입니다. 이 표제음악은 고전주의시대를 이은 낭만주의시대(Romantic Period)에 이르러 더욱 많이 작곡가들의 관심의 대상이 되었습니다.

음악형식에서 자유로워지기를 바라는 젊은 작곡가들, 슈베르트(1797~1828), 베를리오즈(1803~1869), 쇼팽(1810~1849), 슈만(1810~1856), 리스트(1811~1886), 와그너(1813~1883) 등 많은 작곡가들이 그들입니다. 음악은 시적인 정서를 더듬어 낭만적인 표현을 모색한 작곡가들의 시대로 옮겨진 것입니다. 가곡을 즐겨 작곡한 작곡가들이 있는가 하면, 오페라를 즐겨 작곡한 작곡가도 있습니다. 이 시기에는 음악에 문학이 응용되면서 연극이나 무용까지도 더하여 종합적으로 다루어지기도 합니다.

표제가 붙어 있는 음악이라고 다 표제음악은 아닙니다. 베토벤의 9개의 교향곡 중에는 3번, 5번, 6번, 그리고 9번 교향곡에 각각 「영웅」, 「운명」, 「전원」, 「합창」 등의 표제가 따르지만 진정한 표제음악은 하나도 없다고 해도 좋을 것 같습니다. 견해에 따라서 제6번 교향곡 「전원」은 표제음악이라고 볼 수 있습니다. 그러나 작곡자 자신은 '전원에서의 느낌을 악상으로 더듬어서 이 곡을 완성했을 뿐, 전원의 풍경을 사실적으로 표현하여 내용에 치중한 것은 아니다'라고 궁색한 변명을 했답니다. 그만큼 베토벤 자신은 순수음악의 작곡가로서 음악형식 확립에 자부심을 가지고 있었던 것입니다. 그렇지만 그 베토벤의 작곡 여정을 보면 낭만적인 요소가 농후하게 스며 있는 것을, 더욱 그의 만년의 작품에서 알 수 있습니다.

표제음악이라고 해도 음악형식과 전혀 무관할 수는 없습니다. 낭만주의 음악에서는 형식을 통해 얻어질 수 있는 명확한 형식미보다 환상적인 내용을 우선시한 것은 분명합니다. 그러나 형식구축의 기본은 창작기법의 기본이기도 합니다. 이것마저 버릴 수는 없는 것입니다. 그러니 소품이나 단악장을 즐겨 했습니다. 연가곡집이나 기악곡의 모음집이 새로 등장하기도 했습니다. 종전의 고전적인 음악형식을 그대로 답습하지는 않은 것입니다. 따라서 낭만주의 작곡가들은 여러 악장으로 된 실내악곡이나 교향곡 등과 같은 규모가 큰 작품보다 소품을 즐겨 작곡하는 경향으로 흐른 것은 당연한 추세라 하겠습니다.

IV

빈 고전악파들의 작품에는 소나타(Sonata), 3중주곡(Trio), 4중주곡(Quartet), 교향곡(Symphony) 등이 많이 있습니다. 교향곡을 예로 든다면, 하이든이 약 120곡, 모차르트는 41곡, 베토벤은 9곡을 작곡한 것으로 기록되었습니다. 하이든의 120곡은 모차르트나 베토벤의 교향곡과는 달리 아직 그 형식구조가 제대로 확립되기 전의 작품들도 포함되어 있는 수인 것입니다.

자! 이 글을 구상하고 가다듬는 동안에도 KBS 1-FM에서는 아름다운 음악이 들려오고 있습니다. 처음부터 듣지는 않았지만, 바이올린 협주곡

이로군요.

들려오는 음악이 고전주의 음악인 것은 짐작이 갑니다. 바이올린을 독주악기로 관현악과 협연하는 세 악장의 협주곡입니다. 지금 듣고 있는 부분은 소나타형식(Sonata Form)의 제1악장인 듯합니다. 그렇습니다. 발전부 이후의 재현부가 독주악기의 카덴싸(Cadenza)로 이어지더니 코다(Coda)가, 방금 제1악장이 끝이 났습니다. 그동안 느린 제2악장은 이미 지나고, 지금 듣고 있는 부분은 제3악장의 빠른 론도(Rondo Form)임이 분명합니다. 으레 협주곡의 셋째 악장은 거의 론도형식으로 작곡되는 것이 고전주의 음악의 격식이니까요.

잠시 후 이 곡은 끝이 나겠습니다. 여기서, 이 곡의 작곡자가 누구인지 생각해 볼까 합니다. 아니 그보다, 이 글을 읽으실 독자들께서 이미 알고 계시는 분도 많으시겠지만 제1악장에 쓰이는 소나타형식에 관해서 간략하게나마 정리하는 것이 더 좋을 듯합니다.

소나타형식: 세 부분(1. 주제의 제시부, 2. 발전부, 3. 재현부)과 종결부로 구성된다. 제시부(A)에서는 두 개의 서로 대조적인, 제1주제와 제2주제가 제시된다. 흔히, 제1주제는 남성적이고 제2주제는 여성적이다. 하나는 역동적인 데 비해 하나는 서정적이다. 두 번째 부분인 발전부(B)는 두 개의 주제가 지니는 여러 요소와 성격 등이 서로 어울리며 발전하여 이 악장의 중간부로서의 역할을 한다. 제3부 재현부(A′)는 문자 그대로 앞의 주제의 제시부의 내용을 약간의 변화는 있으나 다시 반복함으로써 대칭구조의 형식적인 균형을 이루도록 한다.

끝으로 종결부(Coda)로 끝을 맺는다. A－B－A′－Coda와 같다.

단, 제1주제는 그 곡의 주조로 작곡되며, 제2주제는 속조로 하되, 만약 단조로 된 작품에서는 관계장조를 택해야 한다. 제시부에서는 제2주제를 주조로 옮겨서 제1주제와 같은 조성을 가지도록 전조해서 재현한다. 그래서 부분적인 대비와 변화를 거쳐 전체적으로 통일감을 이룩하도록 한다.

이 소나타형식은 음악형식의 구성요소인 변화, 대비, 통일 등을 잘 안배하여 짜인 형식입니다. 다 악장의 규모가 큰 작품의 제1악장은 반드시 이 소나타형식을 사용해야 하지만, 독립된 단일 악장의 각종 음악에도 널리 이용되는 중요한 음악형식입니다.

V

들려오던 음악이 끝나니 해설자는 부드러운 음성으로, "지금까지 여러분들은 하이든의 바이올린 협주곡 제2번 C장조를 들으셨습니다."라고 그 음악이 누구의 무슨 작품인지를 알려 주었습니다.

분명히 하이든의 작품다웠습니다.

고전주의 음악의 기틀을 마련하는 데 공헌을 한 작곡가의 작품답게 전형적인 세 개의 악장으로 된 협주곡입니다. 모차르트의 작품과 비슷하게 느껴지는, 그러나 소박한 하이든의 성품이 작품에 스며 있는 듯합니다.

그 시대의 여러 악장으로 된 기악독주곡이나 중주곡 등, 실내악곡을 위시해서 교향곡, 협주곡 등은 첫 악장이 빠른 속도로 된 소나타형식으로 되어야 합니다. 그래서 이렇게 쓰이는 음악형식을 알레그로 소나타형식(Allegro Sonata Form)이라고도 합니다.

둘째 악장은 느린 속도의 복합가요형식이고, 마지막 종악장(終樂章, Finale)은 론도형식으로 된다는 것이 그들 빈 고전악파가 확립한 양식적 규격입니다.

기왕이면 이번에는 론도의 형식내용과 피날레(終樂章)와의 관계를 알아보는 것도 좋을 것 같습니다.

론도형식: 론도주제(A)를 반복하면서 사이사이에 대조적인 에피소드(B, C, D 등)를 삽입하고 종결부(코다)로 끝을 맺는다. A－B－A－C－A－D－A－Coda, A－B－A－C－A－B－A－Coda 등과 같은 구성이다. A라는 이 곡의 경쾌한 론도주제가 각각 성격이 다른 B, C, D 등의 에피소드(Couplet)를 차례로 끼워서 음악의 흐름에 변화를 준 후 다시 자연스럽게 주제로 복귀하려는 기대감을 충족시키면서 음악을 엮어 나간다.

주제를 따라 둥글둥글 도는 듯한 활기에 넘치고 발랄한 성격의 음악에 적절한 이 론도형식은 다악장제 악곡의 가장 빠르고 경쾌한 속도로 몰아치는 듯한 종악장(Finale)에 활용된다.

혹은 독립된 악곡을 위해서도 널리 쓰이는 음악형식이기도 하다.

협주곡(Concerto)은 3개의 악장으로 구성된다. 4개의 악장으로 된 여러 종류의 실내악곡이나 교향곡 등에서 경쾌한 미뉴에트(Minuet)에 해당하는 셋째 악장이 생략된 형태이다.

실은, 최근 음악을 들으며 컴퓨터 작업을 하는 경우가 많아졌습니다. 컴퓨터 모니터에 'PC로 듣는 나만의 라디오 플레이어'라는 KONG(KBS Of No Gravity)을 다운로드 받아 놨습니다. KBS 미니라디오로 불리는 콩(KONG)은 6개의 KBS 라디오 채널을 손쉽게 선택하여 컴퓨터 스피커로 청취할 수 있어서 편리합니다. '모차르트 250'과 함께하려고 하니, 1 FM의 클래식 채널을 즐겨 듣습니다. KBS 홈페이지에서 '콩'을 찾아서 클릭하면 이것을 다운받을 수 있답니다.

VI

'모차르트 250'이라는 기치 아래 마련되는 각종 음악행사가 찬란하게 거의 전 세계적으로 이루어지고 있다는 현실을 생각하며, 우선 모차르트의 음악을 더 사랑해야겠다고 다짐하게 됩니다. 그리고 다시 온 누리의 변모된 모습과 더불어 여러 가지 상념이 머리에 떠오르는 것이었습니다. 이것을 가슴에 새겨 보았습니다. 그중 마음에 두었던 하잘 것 없는 소박한 소망을 제언 삼아 '모차르트 250'에 담아 보려고 하였습니다. 내용을 구상하고 다듬으며 쉽게 시작한 것이 쉽지가 않습니다. 처음에 생각했던 구상의 초점이 이리저리 흔들리면서 어려움을 겪습니다. 잠시 중단할 수밖에 도리가 없는 사정을 피할 수도 없습니다.

거리에 나붙고 전파를 타고 널리 알려 퍼지며 진행되는 지구촌의 그 각종 '모차르트 250' 행사들을 개별적으로 상세히 조사할 수 있다면 하고 상상을 해 봅니다. 각각 그 행사의 규모와 취지, 받아들이는 태도, 얻어지는 효과 등을 면밀히 분석한다고 가상합니다. 그 통계적 분석결과는 행사마다 천차만별일 것이라고 예상됩니다. 우선 나라와 도시의 제반 문화수준에 따라서 큰 차이가 있음을 알게 될 것입니다. 그리고 절실한 경제적 지원과 적절한 정치적 뒷받침의 필요성을 재확인하게 될 것입니다. 가령 그런 통계자료들을 얻을 수 있다면, 보다 바람직한 음악문화 창달을 위한 유익한 자료로 활용될 수 있을 것입니다. 음악문화 정책을 입안하고 수행하는데 큰 도움을 줄 것입니다.

문화예술 발전에 미치는 직접 또는 간접적인 정치·경제의 영향력, 국력과 문화예술과의 개연성, 복지생활과 음악문화의 관계 등등 실로 꼬리에 꼬리를 물고 많은 상황들이, 거시적으로 깊이 있게 음미·검토하며 생각할 과제거리라고 여겨졌습니다. 참으로 생각해 볼 문제들이 많았습니다. 나의 문제가 아니라 우리 음악계의 문제이며, 나아가 우리 국가적인 문제라고 보아야 마땅합니다.

아름다운 모차르트의 음악의 홍수 속에서 그 음악의 진수를 그저 흘려 보내고 만다면 매우 아쉬운 일이 아닐 수 없습니다. 흘려들어도 즐거우면 된다는 생각으로는 결코 그 작품을 이해하게 될 수가 없습니다. 한 발 가까이 다가서 보려는 관심이라도 보인다면 길은 트일 수 있습니다. 모차르트의 음악을 이해하고 소화할 수 있는 길이란 직감과 감성만으로는 정복할 수 없습니다. 지성과 적극성으로 접근해야 되는 길입니다. 그의 작품에서 찾아볼 수 있는 형식적 구성요소에 관심을 가지는 것으로부터 시작될 것입니다. 그래서 그의 작품에 깊숙하게 깃들어 있는 고전주의 음악의 흐름을 읽을 수 있게 되는 것입니다.

일단 빈 고전파 음악의 세계를 이해할 수 있게 된다면, 낭만주의와 바로크양식의 음악들도 정복할 수 있는 길은 용의하게 트일 것입니다.

VII

'모차르트 250' 행사를 관심 있게 지켜보면서, 마침 미니라디오 콩에서 흘러나오는 그의 교향곡 40번 G장조 K.525와 더불어, 우선 하늘이 주신 천재 작곡가 모차르트의 아름다운 음악만이라도 두루 깊이 사랑할 수 있게 되기를 기원해 봅니다.

한국국립대학의 전통과 「국립서울대학교」

‘국립서울대학교의 법통’ 주장의 논거(論據)에 관하여

사범대학 교육학과 | 한기언

아시는 바와 같이 『서울대동창회보』에서는 작년 제366호 이래 ‘모교 개교원년 찾기’가 공식 제기되고 있다. 나는 제367호에서 「국립서울대학교의 법통(法統)」이라는 특별기고로써 국립서울대학교의 개교원년은 ‘서기 372년임’을 밝힌 바 있다. 이는 3국시대 당시, 신라에는 국립대학이 없었고, 백제는 사료가 없기에 결국 국립대학 설치의 상한선이 되는 고구려 「태학」의 개교년으로써 「국립서울대학교」의 개교원년임을 주장했던 것이다. 이에 대해서는 나 자신 편찬위원으로서 집필한 『서울대학교 20년사』와 『서울대학교 30년사』, 그리고 『서울대동창회보』에 연재한 「서울대학교의 뿌리」에서도 밝힌 바 있다(졸저, 『서울대학교의 정신』, 1991, 2006 참조). 서울대학교의 ‘개교원년 찾기’에 있어서 가장 핵심적인 요건(要件)이 되는 것은, 우리나라 국립대학의 독특한 전통에 대한 바른 역사적 인식에 있다고 본다.

그러면, 그 특이성이란 무엇인가? 단적으로 말해서 ‘1국(國) 1국립대학(國立大學)의 전통(傳統)’이라는 것이다.

서기 372년에 세워진 「태학」 이래 그 명칭은 여러 번 바뀌어서, 국학·국자감(후에 성균관으로 개칭)·성균관, 이리하여 「국립서울대학교」에까지 이르게 된 것이다. 고구려·신라·고려·조선·대한제국, 그리고 현재의 대한민국에 이르기까지 '1국 1국립대학의 전통'이 이어져 내려온 것이다.

이 엄연한 사실을 극적으로 보여 준 일이, 다름 아닌 1946년 「국립서울대학교」가 미군정하에 법령에 의해 설치된 것이다. 이것은 곧 다름 아닌 한국의 국립대학의 '부활'이요 '재건'을 의미하는 것이요, 실로 상징적인 대사건이었던 것이다. 「국립서울대학교」는 설치 당시 아직 미군정 하요, 대한민국 정부수립 이전이었던 것이다. 그럼에도 불구하고, 미군정에서는 「국립서울대학교」라 했으니 '국립'이라는 이 두 글자가 지니는 역사적 의미는 너무도 컸던 것이다. 이는 「서울대학교」가 '1국 1국립대학의 역사적 전통'의 '법통계승자'요 국립대학교의 '적통'임을 만천하에 선포한 일이었던 것이다. 이로써 「국립서울대학교」 설치는 곧 "개교원년이 다름 아닌 '372년'에 있음"을 법적으로 보장한 것이라 하겠다.

「국립서울대학교」라고 하는 호칭의 '국립'은, 미국 종합대학을 본 따서 세워졌다고 여겨지는 당시에도 많은 사람들의 이목을 끌었던 것이다. 즉, 미국에는 '주립대학'은 있어도 '국립대학'은 들어 본 적이 없었기에, 「국립서울대학교」의 '국립' 두 글자가 지니는 의미와 무게는 지대하다는 것이다.

이와 같이 '1국 1국립대학의 전통'이 우리나라의 특유한 일로 말한 까닭은, 서양에 최초로 대학이 세워진 서양중세대학 이래 '서양대학의 전통'은 '사립대학'이라는 데 있었기 때문인 것이다.

또, 가까이 일본의 대학사를 보면 우리와 같이 연면한 국립대학은 찾을 수 없다. 현재 가장 오래된 관학은 「동경대학」인데, 그 설립연도는 1868년이다.

이렇듯, 1946년 「국립서울대학교」가 한국 국립대학의 법통(法統) 계승자요, 적통으로서 설치된 역사적 의의는 지대하기만 한 것이다. 서울대학교의 개교원년을 '서기 372년'으로 확정지을 수 있는 논거가 여기에 있는 것이다.

무릇 '개교원년'이라는 것은(예: 서울대학교의 개교원년은 서기 372년) 일단 정해지면 그 후 소재지나 명칭, 교육과정, 기타 사항에 변동이 있어도 '개교원년'에는 지장이 없는 것이다.

또, 일시중단 사태가 있었어도 개교원년에는 변동이 없다. 그 예의 하나로 지난 날 우리는 불행하게도 일제강점으로 인해서 당시 국립대학인 성균관이 폐지되어 있다가 1946년 「국립서울대학교」의 설치로 '부활'되었다. 그러니 서울대학교의 개교원년인 '372년'에는 아무런 변경도 없는 것은 물론이다.

알기 쉬운 예로써, 지난 날 일제시대에 불행하게도 『동아일보』가 강제폐간당했으나 광복 후 『동아일보』가 복간되었을 때 동아일보사의 창립연도에는 변경이 없었던 것과 같은 얘기인 것이다.

끝으로, '1895년 설'에 관해서이다.

'모교 개교원년 찾기'에서는 이미 세 편의 글이 '1895년 설'을 주장하고 있다. 이것은 좌담회 기사에서도 '1895년 원년 의견이 주류'라는 소제목조차 나왔으나, 이 '1895년 설'은 그 주장의 논거가 심히 희박하다고 생각한다. 왜냐하면, 1895년 개교원년설의 근거가 되어 있는 「법관양성소」는 관립이기는 했으나 우리나라 국립대학의 '1국 1국립대학의 전통'에서 말하게 되는 국립대학교의 '적통'은 아니었던 것이다. 1895년 당시에는 엄연히 국립대학교의 적통인 「성균관」이 있었고(이것이 유일한 당시 우리나라 국립대학이었는데), 이는 대한제국시대(1897~1910)까지도 국립대학으로서 존속되고 있었던 것이다. 그러므로 「법관양성소」는 감히 국립대학의 '적통'이라고 주장할 근거를 지니고 있지 못하고 있었던 것이다.

따라서, 개교원년 찾기에 있어 서울대학교의 구성기관 중 단과대학으로서 어느 기관이 그 개설이 앞서는가를 논의하는 것은 이 대전제인 우리나라의 '1국 1국립대학의 전통'에서 보면 의미가 없게 되는 것이다. 단, 서울대학교를 구성케 되었던 당시의 고등교육기관이 각 단과대학의 '전사(前史)'로써 의미가 크고, 이미 졸업생들도 각기 동창으로 자연스럽게 가입되어 있으나 이것은 또 다른 문제인 것이다. 이 점 나 역시 『서울대동창회보』에 연재한 「서울대학교의 뿌리」에서 각 대학별로 언급한 바 있다.

이상 살펴본 바와 같이, 서울대학교의 개교원년은 '서기 372년'으로 함이 타당하다고 본다. 이리하여 오는 2012년, 「서울대학교 개교 1640주년」을 성대하게 우리 「서울대인」 모두가 축복하도록 합시다.

정년퇴임 후 13년간 일본에서의 교수생활

경영대학 경영학과 | 한희영

필자는 1989년 1월에서 1993년 1월까지 4년 동안 경영대학의 학장직을 연임한 다음, 1993년 2월에 서울대학교를 정년퇴직하였다. 학장 재임시절에 이미 일본의 사카모토 제이이치(坂本慶一) 후쿠이현립대학(福井縣立大學) 학장과 합의가 이루어져 그해 3월부터 갓 설립된 후쿠이현립대학의 경영학과 교수로 임명되었다. 주로 「한국기업경영론」과 「마케팅론」의 두 과목을 맡아서, 학부 학생과 대학원 학생을 대상으로 강의를 하는 것이 나의 기본 임무였다.

물론, 전임교수로 임명되었기 때문에 경영학 전반에 관한 저술활동과 연구생활도 활발하게 추진할 수 있었다. 그 결과 이 대학에 근무하는 5년 동안, 총 20여 편의 학술논문을 관련 5개 학회와 학내 논문집에 발표할 수도 있었다. 매우 생산적인 교수생활을 영위한 셈이다. 내가 연구한 학술논문은 대부분 일본 경영학회를 비롯한 여러 학회에서 발표되는 것이 예사이기도 하였다. 뿐만 아니라 신문, 잡지 등에 나름대로의 기사를 투고하기도 하고, 이 대학의 연구기금으로 수행했던 저술활동과 조사연구사업의 결과를 집대성하여 저서로 출판하기도 하였다.

그런데 일본에 가기 전, 1987년에 저술한 나의 대표적인 일본어 저서인 『한국기업경영의 실태』가 일본에서 직접 발간되어 크게 히트하여, 해당 분야의 베스트셀러가 되는 행운을 잡는 기회도 있었다. 이 책을 하재기(河在麒) 씨가, 그 후 한국말로 번역하여 우리나라에서 출판한 것도 매우 의미 있는 일이 아닐 수 없다. 어쨌든, 후쿠이현립대학에서 근무하는 5년 동안 나는 모두 3권의 저서를 발간했는데, 이 저서들은 일본에서 교수로서의 나의 존재를 과시하는 데에 크게 도움을 주었다. 왜냐하면 주변에 있는 일본인 동료 교수들은 나의 이러한 왕성한 연구·저술 활동을 보고, 그만 입을 다물지 못하는 것 같았기 때문이다.

한편 그 후에 가고시마국제대학(鹿兒島國際大學)에서 또다시 재임하게 되는 8년 동안에도 4권의 저서와 약 30편의 학술논문을 저술·발표하게 된다. 이 대학에서도 경제학부 학생들과 대학원 학생들을 위해 기업경영과 마케팅 등 두 과목의 강의를 맡았었다. 그 외에도 대학원 '연구과장'(일본 대학에서는 대학원장을 이렇게 불렀음)으로서 석사과정 학생 10여 명, 박사과정 학생 5명 등 다수의 대학원 학생들의 논문지도를 하는 일도 소홀히 하지는 않았다.

이들의 학위논문은 물론 일본어로 작성하지만 필자는 일본어에 능하다는 평을 받고 있는 입장이어서 학생들의 논문을 지도하는 데 별 어려움은 없었다.

여기서 필자가 정년퇴임 후 후쿠이현립대학으로 가게 된 사연을 소개하기로 한다. 1988년 서울올림픽이 개최될 무렵에 일본 내에서는 한국에 대한 관심이 크게 고조되었다. 그러던 중 후쿠이현립대학에서는 서울대학교 교수 중 일본어에 능통하고, '한국기업과 경제'에 대해서 잘 아는 석학교수를 초빙할 계획을 수립하였다고 한다. 그때, 교토대학(京都大學)의 이토 미츠하루(伊藤光晴) 교수(일본의 저명한 경제학자)가 나더러 자기 대학에 와서 특강을 한 번 해 줄 수 없느냐고 제의해 왔다. 필자에게는 이 초청을 거절할 아무런 이유도 없었다. 그 후 알게 된 일이지만 이 특강이 그곳에서의 나의 입지를 굳히는 좋은 계기가 되었다고 한다.

한편 이토 교수는 그때 가고시마국제대학 재단의 이사이고 후쿠이현립대학의 설립위원이기도 하였다. 이 무렵 필자는 일본 내 여러 대학과 경제단체에서 강연, 좌담회, 토론회 등에 참석해 달라는 요청이 쇄도했었다. 지금 생각하면 이러한 활동이 나의 일본 내에서의 그 어떤 존재를 드높이는 일에 일조를 했던 것으로 판단된다. 이때 교토대학 교수들을 중심으로 후쿠이현립대학 창설을 준비했고, 얼마 후 이 대학이 개설되었다. 후쿠이현립대학에서는 외국의 유명 대학으로부터 일본어에 능통한 교수를 초빙하기로 결정했었다고 전해진다.

그 무렵 사카모토 교수가 국제전화로 나에게 후쿠이현립대학에 와서 함께 교수로 생활을 할 의향이 없는지 물어 왔다. 설령 정년퇴임을 한 다음의 일이기는 하지만 이 문제는 귀 대학 김종운 총장과 협의를 거쳐야 하지 않겠느냐고 물었다. 그로부터 얼마간 지난 다음 이토 교수는 김종운 총장에게 서신을 보내서 한희영 교수를 일본 후쿠이현립대학 교수로 초빙해도 좋은가를 문의하였다. 김종운 총장이 답신을 통해 정년퇴직 이후의 일인지라 우리 대학의 승인이 필요하지 아니하므로 본인의 의사에 따라 언제라도 귀 대학의 교수로 부임할 수 있을 것이라는 답을 했다고 한다. 그 편지를 받은 후 1993년 2월에 개최된 나의 정년퇴임행사에 참석한 사카모토 교수가 축하인사를 하면서 "한희영 교수를 우리 대학에서 초빙할 수 있게 해 주셔서 감사하다."라고 공개적으로 발표하고 말았다.

이 일이 있은 다음 날 사카모토 학장이 서울대학교 김종운 총장을 방문하였다. 그때 김종운 총장께서 사카모토 학장에게 "장차 우리 대학에서 총장이 될 저명한 교수인데 일본으로 데려가면 어떻게 하느냐."(실은 농담이자 우스갯소리)라고 하면서 나를 한껏 추켜세웠다. 그 후 사카모토 학장이 일본에 가서 한국에서 가장 유명한 서울대학교에서 총장이 될 사람을 모셔 왔으니 우리 대학으로서는 얼마나 영광스럽고 자랑스러운 일이냐고 소개하였다.

후쿠이현립대학에서 5년간의 근무를 마쳤을 때 내 나이 70이 되었다. 그 대학의 규정에 따라 필자는 정년퇴임을 할 수밖에 없었다(후쿠이현립대학은 신설대학이어서 최초의 5년간 근무를 마친 교수에게는 예외적으로 명예교수 칭호를 수여하였음. 따라서 나에게는 두 개의 명예교수 칭호가 있는 셈이다.). 그러나저러나 간에, 생각 끝에 우선 귀국하기로 마음을 먹었다.

그런데 후쿠이현립대학으로부터의 정년퇴임 두어 달 전에 후쿠이현립대학 경제학부장으로 재임하고 있던 히시야마 이즈미(菱山 泉) 교수가 70년 전통을 가진 사립대학인 가고시마국제대학의 학장으로 영전되어 갔다. 그때 그 사립대학에는 대학원이 없었다. 그이가 그 대학의 학장으로 취임하면서 제1차적인 사업이 대학원을 신설하고 대학원 교수를 채용하는 일이었다. 규정에 따르면 대학원 교수가 되려면 교수경력 25년 이상이 되어야 하고, 연구 저술 업적이 뛰어나야 함은 물론, 반드시 박사학위를 소지해야 하는데, 이런 자격을 다 구비한 교수 세 사람 이상이 있어야 대학원의 개설이 비로소 가능하였다. 필자는 이 모든 자격 요건을 구비한 교수인데

다가, 자기가 개인적으로도 잘 아는 사람이니 필자를 초빙하는 것은 어떻게 보면 매우 자연스러운 일이었다. 나는 내심 이런 영광스러운 자리가 나에게 돌아오다니 하면서 기쁜 마음을 금치 못하였다. 이런 인연으로 필자는 가고시마국제대학에서 교수생활 8년을 더 영위하게 되었다.

두 대학에서는 모두 살 집을 마련해 주었고, 월평균 100여 만 엔의 월급을 주었으니 서울대학교로부터 정년퇴임한 나에게는 이런 행운이 다시 오기 어려울 뿐만 아니라 노후에 일본에서의 교수생활 13년을 더했다는 것이 매우 감사하게 여겨지는 일이라고 하지 않을 수 없다. 앞에서 말한 두 대학에서 교수생활을 하는 동안 보람을 느꼈던 성과는 저서 8권과 논문 50여 편을 발표했다는 사실이다. 일본의 대학교수는 골프를 치는 일로 시간을 보내는 사람은 거의 없다. 우리에게 교훈을 주는 대목이라고 생각된다. 연구 업적이 부실하면 승진이 불가능하다. 한 예로, 가고시마국제대학에서 20년 전에 전임강사로 발령받은 사람이 지금도 전임강사로 근무하고 있는 경우가 곧 그것이다. 모든 교수가 휴강이나 결강을 거의 하지 않는다.

누구나 다 잘 알고 있는 일이지만 일본인들은 남의 일에 간섭을 하지 않는다. 일반적으로 예의가 바르고 인사성이 밝다. 친절하고 양보 정신이 투철하다. 그렇다고 일본사람들에게 단점이 없을 리 없다. 남의 괴로움이나 고통에 대단히 무관심하여 오히려 쌀쌀하다는 표현이 옳을 것이다. 길을 걸으면서 젊은 남녀들이 결코 손이나 허리를 붙들고 다니는 일이 없다. 일본에서의 교수생활 13년 동안 학생들에게 질문하라고 말해도 결코 질문하는 학생을 보지 못하였다. 저들은 겉으로 보면 매우 조용하고 소극적인 사람들이다.

일본에서의 교수생활 13년 동안에 줄곧 보아 온 일이지만 일본 학생들이 공부를 열심히 하는지 안 하는지 통 알 수가 없었다. 내가 『마케팅론』이라는 교재를 써서 대학 구내서점에 맡긴 일이 있었다. 두어 달 지난 다음 판매 실태가 어떤지 가서 물어보았더니 책방 주인의 말이 단 한 권만이 팔렸다는 것이다. 일본 대학에서는 시험 때 교과서를 가지고 들어가서 시험을 보는 것이 관행인데 필자는 그걸 몰랐다. 그 학기에 나도 학생들에게 시험 때 교과서를 가지고 들어와도 좋다고 강의시간에 광고했더니 당장 300권의 교과서가 팔렸다.

필자는 13년 동안 두 대학에서의 생산적인 연구 및 저술 활동을 마치고 2006년 3월에 귀국하였다. 이 기간 동안에 첫째, 필자는 서울대학교 정년퇴임 후 일본 대학에서 연구하며 강의한 보람찬 교수생활을 할 수 있었던 것이 나의 작은 축복으로 기록되었고, 둘째, 일본 교수생활에서 발생한 소득으로 일본에서 지금도 연구원 생활을 하고 있는 둘째아들에게 집을 사 준 것과 한국에서 살고 있는 두 딸에게 자그마한 집을 마련해 줄 수 있었던 것도 신이 나에게 허락한 크나큰 복이 아닌가 싶다.

*이 글은 병고에 시달리는 나를 대신해서 일부러 대필해 주신 한인규 명예교수의 고마우신 노고의 산물입니다. 이 글을 빌려 한없는 '감사'를 드리는 바입니다. 한희영 부기.

초고속 화물운송선 시대의 도래

공과대학 조선해양공학과 | 황종흘

연해항로(沿海航路)용의 비교적 작은 초고속여객선인 Hovercraft, SES 등이 영국에서 1960년경에 개발되어 지금까지 편리하게 이용되어 왔다. 우리나라도 뒤늦게 1970년대 말부터, 독자적으로 Hovercraft와 SES 등을 건조하여 국내연안항로에 취항해 왔으며 일부 수출도 해 왔다. 그러나 근해나 원양항로용의 중·대형 초고속화물수송선은 20세기 말부터 미국, 영국, 일본, 핀란드, 호주를 비롯한 여러 나라와 우리나라에서 개발이 시작되어 왔으나 아직 적극적인 실용화 단계에 이루지 못하였다.

1. 고속선 및 초고속선의 종류

초고속선의 지지형식(支持型式)으로서는 부력(浮力)지지형식, 양력(揚力)지지형식, 공기압력(空氣壓力)지지형식 등과 여러 가지 복합지지형식이 있다.

부력지지형식

쌍동선(雙胴船, Catamaran): 단동선(單胴船)에 비해 배의 폭이 크므로 안정성이 우수하며 갑판면적이 넓은 특징이 있다. 따라서 고속여객선에 적합하며 최근 Waterjet의 발달과 더불어 고속, 초고속화, 대형화가 용이하여 비약적인 발전을 이루었다.

3동선(3胴船, Trimaran): 기존 단동선의 양 측면에 작은 동체를 부가하여 3개의 동체로 이루어진 선박으로서 단동선의 장점과 쌍동선의 강점을 결합한 선형으로 갑판 면적이 넓으며 안전성이 좋다.

최근에 영국에서는 함정용 시험선인 TRITON을 개발했으며 또한 Trimaran의 보조선체를 앞에 한 쌍 더 추가한 5동선(5胴船, Pentamaran)으로 Car Ferry를 개발하고 있다.

양력지지형식

활주형선(Planing Hull): 고속 주행 시 선체 바닥면의 경사각에 의해 양력을 발생하는 선박으로 고속 주행 시 선체의 저항(抵抗)을 줄이는 선형으로 소형 경주용선, 소형 객선 등에 적용되고 있다.

수중익선(水中翼船, Hydrofoil): 선체 밑에 날개(Foil)를 부착하여 날개의 양력에 의해 선체를 수면 위로 끌어올려 물의 저항을 최소화하는 선박으로 고속 주행 시 유리하며, 저속에서는 저항이 증가하여 오히려 불리하다. 소형 고속여객선, 소형 고속경비정에 많이 적용되고 있다.

공기압력지지형식

수륙양용(水陸兩用) 공기부양선(Hover-craft): 선체 하부의 전 둘레에 걸쳐 스커트를 장착하고 선저 밑에 공기를 투입하여 그 공기압력에 의해 선체를 완전부양시키는 선박이다. 초고속 및 수륙양용이 가능하여 고속여객선, 구난정, 상륙정, 경비정 등 특수 목적선으로 활용되고 있다. 가장 빠른 형식으로 100노트(시속 185km, 1노트 1,852m/hr) 되는 초고속이 달성된 바가 있다.

복합지지형식(Hybrid 선형)

보다 빠르고, 보다 편리하고, 보다 경제적인 선박을 만들기 위해 서로간의 장점을 결합한 복합지지형식으로 여러 가지 형태의 선박이 있다.

부력지지 + 압력지지형식

반활주형식(Semi-Planing Hull): 단동선과 활주형선의 장점을 결합한 새로운 형으로 중형 고속선에 적합하며 중형 고속함정으로 많이 적용되고 있다. 최근에 유럽의 함정 전문 조선소를 중심으로 초고속 카페리선으로 인기를 모으고 있다.

Catafoil: 부력지지형식(쌍동선)에 양력지지형식(수중익선)의 수중익(Foil)을 결합한 복합지지형식으로 수중익의 압력에 의해 선체중량을 80 내지 100% 지지한다. 수중익을 적절히 제어하여 내항성능도 향상시키고 있으며 최근에 초고속여객선으로 건조되어 우수한 성능이 입증되고 있다.

부력지지 + 공기압력지지형식

표면효과선(SES: Surface Effect Ship): 쌍동형 공기부양선이라고도 하며, 공기압력지지형식(수륙양용공기부양선)과 부력지지형식(쌍동선)의 장점을 결합한 복합지지형식으로 쌍동체의 선수와 선미 부분에만 스커트를 설치하여 선체중량은 공기부양에 의해서 70~80%를 지지하며 쌍동체의 선체의 부력에 의해 20~30%를 지지한다. 갑판면적이 넓고 초고속이 가능하여 여객선 고속함정으로 많이 활용되고 있다.

양력지지 + 공기압력지지형식

해면효과익선(WIG: Wing-in-Ground Effect Ship): 선박과 항공기의 중간 형태로 공기부양지지형식(공기동압력에 의한 지면 효과)과 양력지지형식(항공기)을 결합한 복합지지형식으로, 선체에 공중날개를 부착하여 해면을 낮게 항주함으로써 공중날개의 압력과 해면효과에 의한 양력증가를 동시에 얻을 수 있는 에너지 절약형 선박이다. 1960년대에 러시아를 중심으로 발달했으며 최고속력 300노트(시속 550km)까지 얻고 있다.

2. 개발 중인 주요 초고속화물선 프로그램

FastShip 계획(미국)

단시간으로 대서양 횡단항로를 생각한 것으로서 기존의 해상수송과 육로수송을 합쳐서 door to door로 21~35일 걸리던 것을 7~8일로 단축하려고 하는 획기적인 계획이다. FastShip 계획은 1990년대 초에 미국에서 발족한 프로젝트로서 사용하는 고속선의 형태, 선종뿐만 아니라 door to door 수송을 생각한 수송의 일관된 시스템화를 염두에 둔 것이다. 새로운 터미널의 개념과 화물의 선박에의 반입, 반출까지 생각하고 더욱이 내륙에의 수송 흐름의 프로세스까지를 다룬 총합 시스템을 제안하는 것으로서 항공편과 표준적인 선편의 중간을 보완하는 새로운 수송시스템을 다룬 것이다.

고속선으로선 반활주 단동체 선형을 채용하고 가스터빈과 Waterjet의 조합을 생각하였다. 고속선의 주요목으로서는 전 길이 265m, 폭 40m, 흘수 10m인 철강제, 각형 단동체 선형으로 항해속력 40노트, 축출력 50MW의 가스터빈을 5기 탑재하고 5기의 Waterjet를 구동하는 것이었다. 컨테이너 탑재 능력이 1,430TEU이며 Payload는 10,000ton이었다.

그러나 이 계획은 지금까지 실현되지 못하고 있으며, 그 최대의 원인은 자금난이라고 한다.

CCD。TT Program(미국)

다음에 미국의 국방총성을 중심으로 1995년부터 계획되고 있는 CCD。TT (Center for the Commercial Deployment of Transportation Technologies) 프로그램을 간단히 소개하겠다.

고속수송의 목표는 60노트(약 100km/h)의 속력으로 4,000ton의 화물을 4,000nm(7,400km) 이동시키는 것이다. 개발목표 시기는 2004년까지로 되어 있는데 결과는 확인하지 못하였다. 대상이 되고 있는 개발 중의 고속정은 여러 가지가 있는데 그중에서 Finland의 Kvaerner Masa Marine이 제안하는 VHSST(Very High-Speed Sealift Trimaran)라고 하는 Trimaran선(3동선)이 주목을 끌고 있다. 트리마란은 재화중량이 크고 외양(外洋)을 고속으로 운항하는 경우에 FastShip에서 계획하고 있는 것보다 필요마력이 적게 든다. 또 파랑 중에서는 일반적으로 종동요도 문제가 된다. 쌍동선(Catararan)으로 해도 내항성(耐航性)이 문제가 되므로 3동선을 생각하기에 이르렀다.

제안되고 있는 VHSST는 길이가 299m, 314m, 341m, 전폭이 60m,

64m, 61m인 3종류인 Trimaran으로서 속력은 24노트로부터 38노트이며 주기는 가스터빈, 추진기는 Waterjet이다.

EU 고속 화물 Ferry

EHSCV Project(Monohull)(EHSCV: European High Speed Cargo Vessel): 스페인의 IZAR과 영국의 Rolls-Royce가 공동으로 개발한 Project 이다.

길이×폭×흘수 = 212.00×22.00×470m, 재화중량 3,400ton, 차량 레인 길이 1,700m, 트레일러 124대/트럭 100대, 주기 Rolls-Royce의 MT30 가스터빈 2기, 출력은 32MW 2기이며, Waterjet 2기로 추진하고 항해속력은 37노트이다. 항속거리는 300~700nm를 상정(想定)하고 있다. 선체는 전알루미늄합금제이다.

호주 WPC(Wave Piercing Catamaran) Project

내항성능을 향상시키기 위해서 선수부분의 동체를 앞으로 돌출시킨 파랑관통형 쌍동선을 WPC라 한다. 재화중량 1,000ton, 속력 55노트, 길이 110m, 폭 29m, 기관 출력 64MW인 WPC형 초고속 수송 쌍동선이 개발되고 있으며, 선체는 Al제이다.

호주 Catamaran 수송선

재화중량 1,000ton, 속력 42노트, 길이 95m, 폭 23m, 기관출력 41MW가 개발되고 있다.

영국 Pentamaran(5동체)

Container, 개발선 속력 30노트, 1,571TEU, 길이 242m, 폭 55.6m, 기관 출력 46.5MW가 개발되고 있다.

일본의 TSL Project와 실선건조

일본은 조선업계 7개사를 조합원으로 하여 1989년 7월에 Techno-Superliner 기술연구조합을 설립하여 1989년부터 1994년까지의 5개년 간에 재화중량 1,000ton, 속력 50노트, 항속거리 500해리 이상, 항해해역 일본열도의 연근해 및 동남아해역, 내항성능 파랑계급 6 정도의 거친 해상에서도 안전하게 항행할 수 있을 만큼 내항성능이 우수할 것, 실증 시험으로서 실 해역 모형선 시험에 의한 실제가능성의 입증 등의 조건을 충족하는 초고속선의 설계 개발 프로젝트를 수행하였다. 동 프로젝트를 통해서 TSL-A형 공기 압력식 복합지지선형과 TSL-F형 양력식 복합지지선형의 초고속선이 개발되었다.

그 후 오랫동안 실선건조가 이루어지지 못하다가 TSL 설계 Project가 종료 후, 약 10개년 만에 TSL-A형(SES)의 제1호선인 'Super Liner Ogasawara'가 2005년 봄에 건조되었으며 오가사하라 항로에 취항하였다. 선체 재질은 내식 알루미늄 합금이며, 길이×폭×깊이 = 약 140×29.8×10.5m, 총 톤수 약 14,500GT, 여객수 740명, 탑재화물 최대 210톤(소형 컨테이너 40개), 최대 속력 약 39노트, 주기관가스터빈 MCO 25,180KW×2기, 추진기 WJ×2기, 부상기관 고속디젤(MCO 25,180KW)×2기이다.

우리나라 초고속 수송선의 개발 예

우리나라에 있어서는 KRISO에서 KRISO 500M Project 하에 속력 35노트, 재화중량 3,900ton, 길이 167m, 폭 22m, 기관출력 80MW인 Monohull의 초고속 수송선과, KRISO 500C Project 하에 속력, 재화중량, 기관출력은 500M Project와 동일하며, 길이 149m, 폭 32m인 Catamaran 선형의 고속 수송선의 설계 개발이 이루어졌다. 그 밖에 재화중량 1,000ton, 항주거리 720해리(약 1,330km), 속력 50노트급의 초고속 화물선의 개념 설계도 마치고 실험선 나래호를 건조하여 실험 중에 있다.

이상에서 느끼는 것은 근해해역과 원양해역에서 수송선의 초고속화와 대형화가 금세기의 시대적 요청으로 받아들여진다. 그러므로 앞으로 과거 40여 년의 진취적인 소형 초고속선 개발 운영 경험을 되새기며 새로운 공학적 이론과 기술을 동원해서 새 시대의 혁신적인 지향 과제인 대형 수송선의 초고속화가 짧은 기간 내에 달성되기를 희망한다.

서울대학교 장기발전 계획과 발전기금 조성의 회고

사회과학대학 외교학과 | 박봉식

최근 서울대학교를 법인화하려는 움직임이 언론에 전해지고 있는 일은 우리가 20년 전에 대학발전기금 조성을 시작했던 때의 일을 되돌아보게 한다.

그때 마침 나라에서 88년 세계 올림픽 개최국으로 지정된 때였다. 나라의 경제발전이 어느 수준에 도달한 결과였다. 작년에 북경에서 세계 올림픽이 열렸으니 우리가 20년 앞선 셈이었다. 그러한 분위기를 발판으로 하여 서울대학교를 세계적 수준의 대학으로 발전시켜 보자는 문제를 제기할 수 있다고 생각하였다. 정부의 관리와 통제로부터 완전히 벗어날 수는 없다고 하더라도 조그마한 자율의 숨통이라도 만들어 이를 키워 나가야 대학의 문을 세계를 향해 개방할 수 있는 때를 기할 수 있으리라고 생각하기에 이르렀다. 그래서 시작된 것이 자율화의 시작을 기본 목표로 하는 서울대학교 장기발전 계획과 특히 발전기금 조성의 길을 열기로 하였다.

이 글의 내용은 『서울대학교 60년사』의 기록에 실리지 않은 계획의 구상과 그 실천과정을 기억나는 대로 서술함으로써 공식기록을 보충하게 되기를 기대해 본다.

먼저 『서울대학교 60년사』에 기록된 상기 제목의 내용을 요약함으로써 이 글 전체를 이해하는 데 참고가 되기 바란다.

요약 : 1985년 7월 박봉식 총장이 취임한 후 그해 9월 17일 계획수립 작업을 담당하기 위하여 기획실장(박재윤 교수)을 중심으로 발전계획전문위원회를 조직하였고, 86년 5월 30일에 캠퍼스 부문의 발전계획수립을 위하여 이 부분의 전문위를 구성하였다. 이들 전문위원회는 대학(원) 및 부속기관별 협의위원으로부터 각기의 의견을 수합하였고, 교수 및 직원의 의견을 반영하기 위하여 85년 10월부터 1년간 "발전계획 포럼"을 운영하였고, "대학발전 심포지엄"을 개최하여 공개토론을 가졌다. 이 심포지엄은 85년 9월부터 86년 3월까지 대학행정 및 재정 합리화 방안 등에 대하여 5회에 걸쳐 열렸다. 이상과 같은 과정을 거쳐 86년 7월 18일 "서울대학교 발전 장기계획 전문위원회 초안"이 마련되었고 86년 9월 29일 및 30일, 그리고 12월 31일에 열린 학장회의에서 각 대학별 교수회의가 제출한 이의사항과 기획위원회가 제출한 이의사항을 심의한 뒤 서울대학교 발전장기계획(1987~2001)을 확정하였다.

끝에 가서 이 발전계획은 비록 정부의 공식적인 계획으로 채택 승인된 것이 아니라 정부의 재정적 지원을 제대로 받지 못했지만 학내에서는 공식적인 계획으로 인정받았다고 기록하고 있는데 이는 두 가지 점에서 해설이 필요한 것 같다. 첫째로 우리 계획은 처음부터 정부와 사전협의 없이 시작, 진행된 점을 지적한 것은 정확하다. 둘째로 정부의 사전승인은 없었으나 끝에서 정부안으로 수용되었다. 그 증거로 발전계획 첫 연도 사업으로 국제대학원 신설 결정과 건물비용을 정부에서 결정 받아 우리 팀이 이를 처리하고 나왔다는 것을 지적해 둔다.

다음으로『서울대학교 60년사』부록 연표에 보면 1986년 6월 12일 '체육관 준공식'이라고만 기재되어 있다. 이와 관련해서는 필자가『대학지성』 2004년 1월호(한국대학총장협회 간)에「대학발전기금 유감(有感)」이란 제목으로 쓴 적이 있다. 이 체육관 준공식 행사는 서울대 총동창회 홈커밍데이 행사와 겸해서 진행되었다. 그 이유는 발전기금조성을 정부와 관련짓지 않고 학교행사의 하나로 추진하기 위한 방법이었다. 그래서 총동창회의 가장 주요한 일정으로 "서울대학교 장기발전기금 조성의 건"을 상정하여 난상토론 끝에 만장일치로 가결을 보았다. 토의 중 한 중진회원의 발언으로 약간의 동요가 있었다. 그분은 지금도 필자를 보면 미안해하며 웃음을 짓기도 한다. 이 회의에는 문교부장관을 위시한 약 10명의 서울대 출신 장관들이 참석하였다. 대학 발전기금 조성의 일이 정부의 공식적 절차로 이루어질 수 없는 상황이기에 동창회의 명목으로 실천했던 것이다. 이 점에서『서울대학교 60년사』의 말미에서 정부의 공식결정 없이 운운의 표현이 나온 것이다. 이것이 오늘의 우리 대학발전기금제도의 시작이었다.

이어서 필자가 왜 동창회의 이름으로 추진할 수밖에 없었는지에 대해 더 설명해야 할 순서인 것 같다. 필자가 총장에 취임한 후 얼마 안 된 시기에 총리실에서 회의에 참석하라는 연락을 받았다. 그 회의의 의장은 총리이고 참석자는 각부 장관 전원과 전경련회장 등 경제계 대표, 그리고 학계에서는 정신문화연구원장, 학술원장 등 서울대 총장을 합쳐 5명 등 모두 40~50명 정도라고 기억된다. 회의의 의제는 북한의 수공(水攻)에 대비한 대응 댐(평화의 댐) 건설문제와 88년 올림픽 개최 준비 등이었다. 주된 의제가 다루어지고 난 뒤 필자는 총리의 양해를 얻어 발언했는데 그 내용을 기억나는 대로 적어 보려 한다.

즉, 88올림픽을 주최하게 되어 한국전쟁 이후 처음으로 전쟁과 전혀 다른 각도에서 우리가 세계 주목을 받게 되었다. 이것은 우리가 개발도상국가로의 발전성공 사례로 주목을 받게 된 것을 의미한다. 올림픽은 운동경기에 그치는 것이 아니므로 이를 기해 우리나라의 학문수준을 평가받는 기회가 될 수도 있으니 계획의 단계로나마 문화국가로서의 면모를 보여주어야 하는 것이다. 그러니 설혹 서울대학교가 아니라도 좋으니 한 개의 대학이라도 나라를 대표하는 대학으로서 계획의 단계로서나마 세계에 내놓을 수 있는 것이 있어야 할 것이다. 지금과 같이 전국의 대학이 제한된 재정과 제도의 틀 속에서 잠자고 있어서야 올림픽을 여러 번 치른들 선진국으로의 도약 가능성을 대외적으로 알릴 수 없지 않느냐. 따라서 대학의 발전을 위해 정부예산만이 아닌 민간부문으로부터의 재원조달의 길을 열어야 한다. 이상과 같은 내용의 발언을 하였다.

여기에 대한 첫 반응은 경제계 대표 분부터 있었는데 그분은 "서울대 문제는 역시 정부에서 해야 …."라는 취지의 한 마디였고 이로써 끝난 것 같았다. 그런데 상대 출신 선배이신 정수찬 상공회의소 회장께서 총장의 말은 생각해 볼만한 내용이 있다는 발언을 해 주셨다. 다른 추가발언이 없어서 회의는 끝났다. 당시 시국과 대학 캠퍼스의 풍경으로 보아 지금 대학이 할 수 있는 일은 어떻게 하면 조용히 있어 주느냐였지 장기발전기금이니 대학의 자율을 운위한 상황이 아니라는 것이 관련 측의 일반적인 관념이었다. 그러나 그 후 여러 차례 총리실을 방문하면서 정책의 일대 전환이 곧

대학을 잠재우는 방안의 하나가 될 수 있다고 주장하였고, 총리께서도 공감을 표해 주었다. 그래서 대학발전계획 추진의 의미를 여러 각도에서 추진할 필요가 있다는 것을 고위층으로부터 인정받게 되었다. 그 결과 대학발전계획과 기금조성안을 서울대학교 동창회의 이름으로 추진키로 하고 서울대 출신 각료들의 동창회 참석을 총리께서 독려키로 하였고, 정계와 제계, 그리고 기타 사회 각계의 서울대 출신들을 권고하고 홍보하여 동창회 참석을 독려하는 데 많은 사람들이 도움을 주었다. 그래서 상기한 86년 6월 12일의 행사가 성황리에 성공할 수 있었다. 독자들께서는 이 행사 이전에 이미 많은 일들이 학내에서 추진되고 있었다는 사실을 첫 페이지 60년사 요약에서 알 수 있을 것이다. 총동창회에 참석한 문교부장관을 위시한 각료들과 많은 분들이 동창생의 입장에서 서울대에서 이미 추진하고 있는 것을 수용 정리하는 데 협력해 주었다. 특히 손제석 장관의 조용한 협조에 힘입은 바 컸다고 해야 할 것이다.

이와 관련한 에피소드 한 토막을 잊을 수 없다. 체육관에서 동창회가 있은 다음날 아침 박준열 사무국장이 총장실에 들르면서 "이제는 살았습니다. 앞으로 더 열심히 하겠습니다."라고 인사를 하였다. "그 사이 발전계획과 관련해서 많은 일들이 문교부와 관계없이 진행되고 있어 제가 고민이 많았는데 어제 장관께서 참석한 행사에서 일이 잘 처리되었으니 이제 어깨를 펴고 뛰겠습니다."라는 것이었다. 박 국장은 테니스를 잘하여 (본부 간부 모두가 테니스 애호가였다.) 거의 매일 어울려도 한 번도 발전계획관계에 내색을 하지 않았다. 이렇게 해서 발전계획과 기금조성의 일이 정상 궤도에 오르게 되었다. 발전기금조성의 일이 몇 달 후 여러 대학의 관심의 대상이었는데 부산대학교 최제훈 총장이 사람을 보내 물어 왔기에 경위를 설명해 주었더니 우리의 뒤를 이어 부산대학이 두 번째로 발전기금 모금 운동을 추진하게 되었고 이것이 전국으로 확산되었다.

다음으로는 발전기금 모금을 위해서 민간 측의 호응을 어떻게 끌어내느냐가 큰 문제였다. 우선 『대학신문』을 통해 동창과 학부모들에게 전파하는 일이었다. 그러던 중에 용기를 얻게 된 사실은 사범대학 출신의 여자동문께서 병석에서 모금소식을 듣고 여학생회관을 지어 줄 터이니 장소는 학교에서 정하라는 뜻을 전해 왔던 일이었다. 우리의 모금방식에서 출연자가 출연금의 용도를 지정(학교와 협의해서이지만)할 수 있었다. 그런데 첫 희소식이었던 이 건은 장소 선정에서 협의가 지연되어 필자가 뒷마무리를 짓지 못하였다. 비슷한 일은 더러 있었던 것으로 아는데 여하튼 1년여 만에 100억 원이 넘는 모금을 할 수 있었던 것은 많은 학내외 분들의 협조 덕이었다고 믿는다.

발전기금모금과 관련해서 학교와 동문들에게 꼭 알리고 싶은 일이 있다. 그것은 김우중(연세대 출신) 대우그룹 회장께서 30억 원을 희사해 주신 일이다. 김우중 회장과의 짧은 대화에서 기초학문 발전의 중요성에 쉽게 공감해 주셔서 30억 원을 이 분야 지원금으로 제시해 주셨다. 위에서 언급한 바 있는 상공회의소 정수찬 회장께서 김우중 회장님을 맞이하는 저녁식사의 기회를 상공회의소 옥상 식당에서 마련해 주셨다. 우리 대학의 학장단 전원(약 30명)이 참석하여 인사를 나누는 기회였다. 김 회장께서는 맥주 한 잔도 드시지 않으면서 식탁에 오른 모든 접시를 다 (간장을 제외한) 비우는 것을 보고 큰 감명을 받았다. 김우중 회장님의 30억 원 출연은 도하 일간지에 크게 보도되어 일반 홍보는 물론 기타 기업가(동문만이 아니라)들에게도 큰 자극이 되었다는 평가가 있었다. 그 뒤 김우중 회장님은 서울대학교 기성회 부회장(회장은 상공회의소 정수찬 회장)을 맡아 서울대에 큰 관심을 보여 주셨다. 서울대인 모두에게 알려드리고 싶다. 발전기금 출연과 관련 화제가 없지 않으나 마지막으로 호암생활관 관계에 언급하고 싶다.

이건희 회장님께서 골프 초청이 있었다. 골프 실력도 부족하고 또 사교에 미숙한 처지라 당시 환경대학원 원장이던 김안제 박사에게 동행할 것을 청해 같이 갔다. 이미 다른 부분은 양해가 된 일이나 건물의 명칭을 어떻게 '호암'으로 할 수가 있겠느냐가 관심이었다. 필자는 서울대 사회과학대학 구내 제8강당이 OB맥주회사 전 회장님의 호를 명칭으로 사용하고 있는 예를 들어 설명을 드렸다. 그 외 건축비로 50억 원을 예상했는데 액수에 큰 신경을 쓰는 것 같지는 않았다. 뒤에 추가되어 65억 원이 소요되었다. 서울대에 기념비적인 기여를 하고 싶다는 뜻을 표하여 주셨다. '호암'관은 교수의 연구 활동을 지원하는 것을 기본으로 하고 외국인 교수의 내방 시 불편 없이 사용할 것을 목표로 했는데 그 뒤 설계가 한두 차례 변경되어 오늘의 모습으로 활용되고 있어 기쁘기 한량없다.

끝으로 특기하고 싶은 것은 우리가 추진한 발전기금계획은 자금 면에서 정부의 예산에만 의존하는 상태를 벗어나는 것이었다. 이와 관련해서 문교부에서 발전계획의 지원조의 첫해 분으로 국제대학원 건물을 위해 자금을 배정해 준 것을 감사히 생각한다. 둘째로 당시 박제윤 기획실장께서 헌신적인 노력을 해 주셨고 그분을 중심으로 각종 위원회에 참여해 주신 많은 분들의 노력을 잊을 수가 없다.

서두에서도 지적했지만 서울대의 법인화가 어떤 방향으로 추진될는지 모르겠으나 오늘날 법인화 운운이 가능한 것도 20년 전 우리들의 창업적인 노력과 그 뒤 기금운영을 잘해 주신 분들의 노력의 결과 오늘의 새로운 발전의 틀이 구상되고 있는 것으로 보여 감개가 무량하다.

서울대학교의 무궁한 발전을 기원한다.

모두 다워야 한다

사범대학 국어교육과 | 구인환

가을 하늘이 드높고 푸르다. 그렇게 극성을 피우던 홍수도 폭서도 계절에 밀려 뒤로 가고 황금으로 물든 들판에 케이텍스가 시원하게 달리고, 도시인의 발길이 극장가에, 웰빙 휴식처에, 공항에 몰려드는 중추가절에 들어선다. 창공을 칭송한 「청추수제」(이희승)나 가을 하늘 빛 청자를 찬미한 「청자부」(박종화)의 빛으로 이 강산을 수확의 기쁨에 넘치게 하는 푸른 하늘이 치솟은 도시의 아파트의 삭막을 어루만지고 있다.

이런 좋은 가절에 우리는 얼마나 이 세상을 잘 살고 있는가. 정말 사는가 싶게 삶의 행복을 누리고 살고 있는가. 사실 한국과 같이 다는 아니라도 넓고 좋은 집에서 잘 입고 내놓고 잘 먹고 잘 사는 나라가 어디 있는가. 그러면서 행복지수 37%에 지나지 않는 까닭은 무엇인가. 해외관광 1,000만 명에 이르고 인터넷, 핸드폰 세계 1, 2위요 영화 「왕의 남자」가 「실미도」, 「태극기 휘날리며」를 제치고 1,240만 명 관객을 몰고 오고, 「괴물」이 개봉 21일 만에 1,000만 명을 돌파하여 신기록을 갈아치우며 영화 쿼터제가 무색하게 약진하는 것이나, 귀여니의 장편소설 「그놈은 멋있었다」, 「늑대의 유혹」이 400만 부가 팔리며, 한 무명 수필가의 인터넷의 공개로 「다빈치

코드」의 분쟁을 잠재우는 신기한 나라이다. 커루소쌀의 부진이나 까르푸 철수의 유통 서비스, 코카콜라 등 식료사업의 부진을 가져온 소비 함수를 점칠 수 없는 데 놀라고 있다. 문화의 차이는 있다고 해도 밤늦게까지 사람들이 북적대는 활기에 넘치고, 가는 곳마다 건설의 소리가 요란하고, 수출입으로 항구가 붐비고 있는 데서도 한국의 실상을 볼 수 있다.

세상이 정신없이 돌아간다. 아날로그시대에 살아오다가 디지털의 최첨단의 격변 속에 초로 움직이는 세상으로 변하고 있는 시대에 살기가 쉽지 않다. 흑백사진과 같은 전통과 순수, 그리고 관습이 조화된 삶의 보금자리가 산업화와 정보화가 어우러진 메캐트로닉스(mechatronics; 기계산업 mechanics과 전자산업electronics의 합성)에 인공지능 전자기술(computerized mumerial controller)의 발달르 간편하고 살기 좋은 세상으로 급변하고 있다. 생산이 자동화되고 시공을 넘어 모든 것이 데이터베이스화되어 온라인 서비스 시대가 활짝 열리어 살기 좋은 세상으로 급변하고 있다. 작게는 예약 서비스까지 하는 취사, 세탁, 녹화에서 크게는 대 생산라인의 자동화, 로켓에 이르는 모든 것이 이 메캐트로닉스에 의해 이루어지는 무서운 변화의 첨단에 한국이 서 있다.

한국은 세계 경제학자가 풀 수 없는 한강의 기적을 이루어 세계 경제 10위에 들어선 기적의 나라이다. 선망의 나라이다. 6·25전쟁의 잿더미 속에 미국 잉여농산물의 힘으로 보릿고개를 넘고 5·16혁명 때 불과 국민소득 100달러도 안 되고 수출은 1억 달러도 안 되는 가난한 나라에서 40년 만에 국민소득 1만 4,000달러를 넘고 수출 3,000만 달러를 바라보는 월 2,850억 달러를 하는 신화를 창조하고 있다. 국민소득 1,000달러, 수출 100억 달러를 달성하는 데 5개년 경제계획과 새마을운동을 20년 가까이 해서 달성하는데 그 뒤 불과 20년에 생산과 수출 대국으로 발전했는지 놀라운 일이다. 지상파 TV를 넘어 요술쟁이 같은 IPTV 시대로 접어드는 것을 위시한 미국까지 점령해 가는 전자 세계 1위요, 단위공장으로 포항제철이 세계 1위, 세계 1위에서 5위까지를 독차지한 조선 세계 1위, 미국과 중동을 석권하고 있는 자동차 세계 5위, 경비행기를 수출하고 초음 전투기를 생산하는 항공산업의 선두에서 서서 테크노피어와 에너토피어에 들어서고 있으니, 선(先) 경제 후(後) 민주화의 개도국 발전 모델로 싱가포르와 같이 단 두 나라가 성공한 나라이다. 도시 빈농층과 농촌의 문제가 있기는 해도 80%이던 농민이 8%로 줄어든 산업국으로 약진하고 있는지 세계가 놀라고 있다.

그런데 왜 이렇게 한국사회가 시끄럽게 요동치고 있는가. FTA로 표상되는 통상 압력과 고유가, 그리고 북핵 위협 등 외적 요인과 바다이야기와 같은 여러 게이트, 정치, 경제, 문화, 교육 등 사회의 많은 분야에서 갈등과 부조화로 혼란을 가중하고 있다. 자율화 속에서 글로벌시대에 성장해야 할 각종 규제와 낯선 정책으로 마음 놓고 일하여 행복을 추구할 수 없는 어두운 광장에서 방황하고 있다. 잘못하면 겉만 번지르르하고 속이 빈 강정의 어두운 그림자에 가릴지도 모른다.

마음먹으면 일어서 산이라도 들어 올리는 저력을 가진 한민족이 그대로 격랑에 휘둘려 방황할 수는 없다. 정치적 격랑과 노사의 분규, 교육의 평준화와 학원 과외의 열풍, 부동산 투기의 파도, 고용 불안과 대량 실업, 농촌의 부채와 활성 등 산적한 문제를 조절하고 해결하여 재도약하는 한강의 제2기적을 창출하여 동방의 등불이 켜진다는 시성 타골의 예시를 가시화시켜야 한다. 그러기 위해서 우리는 무엇보다 모두가 다워야 한다는 것이

제일 중요하다. 우리의 모든 갈등과 혼돈은 모두가 제자리에서 답지 못하는 데서 야기되는 현상들이다. 우리는 각자의 위치에서 그 위치답게 살아가는 것이 중요하다. 제 자리의 풍격을 높이고 자율적으로 하고 싶은 일에 전력을 다하는 자세가 절실하다. 국민은 국민답게, 기업인은 기업인답게, 근로자는 근로자답게, 정치인은 정치인답게, 언론인은 언론인답게, 교수는 교수답게, 장관은 장관답게, 청와대는 청와대답게, 법관은 법관답게, 국회의원은 국회의원답게, 대통령은 대통령답게 살면 질서 속에서 가장 소중한 것을 위해 전력을 다하면서 목적을 달성하는 조화를 이룰 수 있을 것이다. 민노총이나 전교조를 비롯하여 수십 개의 시민봉사단체들의 배타적이고 비타협적인 막무가내식 파업이나 언론 플레이는 다 자기 위상의 답지 못한 행동에서 온 것이다. 행정부의 내각 공보에서 할 일을 발표하면서 얼굴을 드는 청와대는 청와대답지 못하고, 북한 수재민을 위해서 한국 농민의 부채의 상당한 액수에 해당한 3,200억 가량의 쌀과 기계 등을 원조하는 것도 국민의 합의를 경시한 적십자답지 못한 일이다. 청와대는 대통령 옆에서 보필하는 것으로 입법, 사법, 정부, 헌법 기관과 수직적 관계가 아니다. 한국 수해 복구와 부채에 시달리는 농민의 배려 없이 그대로 지원하는 것은 주객이 전도된 적십자답지 않은 일이다. 검찰이나 판사의 비리나 자꾸만 터지는 게이트 사건도 모두 그 위치에 답지 않은 일탈현상이다. 권력이나 재력의 일탈에 이권을 따라 다르고 의연하게 대처하지 못하는 것도 답지 않은 곱지 않은 모습이다. 비도덕적으로 대부업을 하거나 외설과 사행심으로 사욕을 차리는 악덕업자들도 다 답지 못한 행동을 하는 데서 오는 것이다. 아버지는 아버지답게, 어머니는 어머니답게 조화 속의 집안이 화목하면서도 자녀교육과 자아성취의 내일을 향해 순풍을 탈 수 있을 것이다. 그렇지 못하면 그 가정은 균형을 잃어 결국 금이 가기 시작할 것이다. 국민의 의무를 다하면서 관습과 질서 속에서 책임을 지며 전력을 다하여 행복을 추구하는 것이 바로 시민답게 살아가는 길이다.

인간은 사회적 동물이면서 꿈을 가지고 내일을, 지평을 그리며 살아가는 만물의 영장이다. 사회와 국가는 국민이 한 인간으로 인간답게 살아가 그 무엇을 성취할 수 있게 밀어 줄 책무가 있다. 그러기 위해서 위에서부터 사회답게 국가답게 질서와 서포트를 할 때 국민들이 그다운 것을 우러르고 국민답게 살아갈 수 있는 선진 한국이 이루어질 것이다.

지구 온난화 단상

자연과학대학 생명과학부 | 김준호

머리글: 난폭해지는 기후

지난 3월의 지구 평균 기온은 129년 만에 가장 더웠다고 한다. 이러한 통계 숫자가 아니더라도 요즈음 봄꽃이 예사롭지 않게 빨리 피고, 봄이 왔다 하면 곧바로 여름의 녹음이 짙어지는 등 지구가 더워지고 있음을 피부로 느낀다. 이러한 지구의 온난화(溫暖化)는 1970년대 중반 이후 시작하였다. 외국의 어떤 기상학자는 70년대 초반에 『빙하기(氷河期)로 치닫는 지구(地球)』라는 책을 냈고, 또 우리나라에서는 가을에 벼가 냉해(冷害)를 받아 농사를 망친 일이 있었으니 분명 그 무렵까지 날씨가 추웠던 것은 사실이다. 하지만 날씨는 점점 더워져서 1998년의 지구 기온은 지난 1000년 이래 가장 더운 해로 기록되고, 2005년에도 기록을 세웠다. UN 정부간기후변화위원회(IPCC)는 2007년에 20세기의 100년간 지구 평균 기온이 0.75℃ 상승했다고 보고하였다. 밤낮의 일교차가 15℃ 이상 벌어지는 일기예보에 익숙한 우리들은 100년에 그 정도 높아졌다는 기록을 대수롭지 않게 생각하기 쉽다. 하지만 평균 기온이 약간만 높아져도 지구의 한 편에서는 폭우가 쏟아져 홍수-난리를 치르고, 다른 편에서는 심한 가뭄이 와서

흉년-기아로 고생한다.

기상학자들은 무서운 기상재해가 1990년대 이후 이미 시작되었다고 주장한다. 예를 들면, 2002년 8월 강릉에 태풍 '루사'가 들이닥쳐 이틀 동안 870mm의 비를 쏟아 내어 68명의 인명 피해와 8,000억 원 이상의 재산 피해를 내었고, 2003년 6월에는 태풍 '매미'가 하루에 358mm의 비를 쏟아 부어 4명의 목숨과 2,300억 원의 피해를 입혔으며, 전국적으로 5조원 가까운 재산 피해를 내었다. 한편 2003년 8월에는 서유럽에 40℃에 가까운 폭염이 2주간이나 지속되어 초과 사망자(평년의 사망자를 초과한 사망수)가 3만 5,000명에 이르렀다. 이 폭염은 유럽에서 기기관측(1780년)을 시작한 이후 220여 년 만의 최고 기록을 갱신했고, 이 기간의 사망자는 주로 75세 이상의 노인들이었다.

제도권 학자들은 지구의 기온상승 원인을 온실가스(greenhouse gas)의 증가와 관계가 있다고 주장한다. 온실가스는 문자 그대로 온실에 햇빛이 비치면 온실효과가 나타나 더워지듯이 미량의 가스가 태양 에너지를 흡수하여 온도를 높이는 기체를 말한다. 그 기체로는 자연계에 존재하는 이산화탄소, 메탄 및 아산화질소, 그리고 인위적으로 합성한 염화불화탄소류(프레온가스)가 이에 속한다. 온실효과라는 말은 1827년에 프랑스의 물리학자 Foulier가 처음으로 사용했고, 이산화탄소에 온실효과가 있다는 사실은 1860년에 영국의 물리학자 Tyndall이 실험으로 밝혔으며, 스웨덴의 노벨상 수상자 Arrhenius는 1896년에 말하기를 "만약 인류가 화석연료를 많이 불태우면 공기 중의 이산화탄소가 2배로 증가하고, 그때의 지구 평균 기온은 5℃ 상승할 것이다."라고 전망하였다. 최근의 내로라하는 연구자들이 모델을 구사하여 계산한 이산화탄소 2배 증가 시의 지구 평균 기온이 2.4~5.4℃ 상승임을 감안하면 Arrhenius가 얼마나 탁월한 학자였는가를 짐작할 수 있다.

대기 중의 온실가스 농도는 높으면 지구가 더워지고 낮으면 추워진다. 현재의 온실가스 농도를 유지하는 지구 평균 기온은 영상 15℃이다. 그래서 현대의 기후는 안정되어 있어 모든 생물이 살기 알맞으며, 인류 문명은 고도로 발달하게 되었다. 그런데 대기 중에서 온실가스를 모조리 제거한 상태의 지구 평균 기온을 계산하면 영하 18℃로 내려가서 지구 표면은 얼음으로 덮이게 된다. 이것이 온실가스 농도를 안정하게 유지해야 하는 이유이다. 한편 제도권 밖에서는 지구 온난화의 원인을 온실가스, 특히 이산화탄소 증가와 관계가 없다고 주장하는 학자도 있다(鎚田 敦, 2007). 이산화탄소 농도가 증가해서 지구가 더워지는 것이 아니고 지구의 기온이 상승하니까 이산화탄소가 증가한다는 주장이다. 과거 75만 년 동안 빙하기(氷河期)와 간빙기(間氷期, 온난기)가 8번 되풀이되었는데 추운 빙하기에는 이산화탄소 농도가 낮고 더운 간빙기에는 농도가 높았던 까닭을 기온의 상승-하강에 뒤따라서 이산화탄소 농도의 증가-감소가 일어났다는 것이다. 닭-달걀의 선후 관계처럼 현대의 과학으로는 풀리지 않는 과제이다. 하지만 이산화탄소를 비롯한 온실가스에 햇빛을 비추면 더워지는 것은 사실이다.

이산화탄소 계측의 선구자

요즈음의 기온상승 원인이 온실가스(CO_2) 농도의 증가에 있다는 근거는 대기 중의 농도가 서서히 증가하고 있음이 밝혀졌기 때문이다. 그 일을 시작한 선구자는 미국에서 해양학을 전공한 Keeling이라는 박사후과정의 애송이 청년이었다. 그는 하와이의 Mauna Loa 산(표고 3,400m)에서 1957년부터 이산화탄소 농도를 연속 계측해 왔다. Mauna Loa 산은 도시나 공업단지에서 멀리 떨어져 있어 전 지구의 평균 농도를 대표하는 배후지(背後地)로 지목 받고 있다. 3~4년간 자신이 계측한 자료를 검토한 그는 매년 약 1.5ppm(1ppm은 100만 분의 1 부분)씩 꾸준히 증가하고 있음을 발견하였다. 이처럼 이산화탄소 농도가 높아지는 원인을 찾으려고 지구상의 화석연료 연소에서 배출하는 이산화탄소량을 집계해 보니 농도와 양 사이의 수치가 맞아떨어졌다. 그래서 Keeling은 현재의 지구 온난화의 원인으로 이산화탄소설을 주장한다. 그는 50여 년간 이산화탄소를 계측하여 인류가 당면한 환경문제인 지구 온난화의 원인을 규명하는 데 진두지휘를 해 왔다. 필자는 Keeling에게 노벨상이 안겨지지 않는 것을 내심 의아하게 생각한다.

Mauna Loa 산의 이산화탄소뿐만 아니라 지구상의 이산화탄소 농도는 점점 증가하고 있다. 예를 들면, 산업혁명 이전의 농도(280ppm)보다 지구상의 49개 관측소에서 2005년에 계측한 평균 농도(379ppm)는 무려 35%나 증가하였다.

한국에서는 서울대학교 지구환경과학부의 김경렬 교수팀이 1990년부터 고산(제주도)에서, 기상청 지구대기감시센터가 1999년부터 안면도에서 이산화탄소 농도를 계측하고 있다. 그 결과를 보면 고산의 농도는 매년 1.9ppm씩 증가하고 안면도의 농도는 2.6ppm씩 증가하여 Mauna Loa 산(1.5ppm)보다 높다. 고산은 공장이 전혀 없는 제주도의 서단(중국에서 부는 편서풍의 영향을 받지만)에 위치하지만 안면도는 육지에 가까울 뿐만 아니라 서산-당진의 공업벨트의 영향을 받았다고 해석할 수 있다. 20세기 중에 상승한 전 지구의 평균 기온(0.75℃)보다 한반도(1.5℃)가 2배나 더 높았다는 근거를 이산화탄소 농도에서 뒷받침한 셈이다.

모호한 이산화탄소의 수지 계산

이산화탄소는 주로 토양과 생물의 호흡, 화석연료 연소 또는 시멘트 생산에서 발생하므로 그 발생원(發生源, source)을 비교적 소상히 파악할 수 있다. 지구상에서 1년간에 배출하는 이산화탄소량은, 탄소(C)로 환산하여, 1980년대(54억C ton), 1990년대(64억C ton) 및 2000~2005년(72억C ton)으로 시간이 지날수록 증가하고 있다. 하지만 이산화탄소의 흡수는 주로 해양과 녹색식물에서 이루어지므로 정확히 파악하기가 쉽지 않다. 대기와 해양 사이의 1년간의 이산화탄소 유동량은 대기에서 해양으로 약간 많이 흡수하고(92억 2,000만 ton), 해양에서 대기로 약간 적게 방출(90억 6,000만 ton)한다(IPCC, 2007). 이처럼 대기와 해양 사이의 흡수-방출의 양 차이(1억 6,000만 ton)는 크지 않다. 하지만 대기-해양의 흡수-배출은 주로 물리화학적으로 이루어지므로 정확히 계산할 수 있다. 바닷물 양이 엄청나게 많고 알칼리성인 해수의 특수성 때문에 해양은 이산화탄소를 무제한으로 흡수할 것이라는 예상과는 달리 약 100m 깊이까지만 제한적으로 흡수하기 때문에 기대한 것보다 많지 않은 것이다.

문제는 녹색식물의 광합성에 의한 이산화탄소 흡수에 있다. 초등학생들조차 광합성을 하면 이산화탄소를 흡수하고 산소를 배출한다는 사실을 안다. 그래서 지구 온난화를 저지하려면 나무를 심어야 한다느니, 이산화탄소를 흡수하는 열대림은 지구의 허파라느니, 현재의 화석연료 연소와 시멘트 생산에서 나오는 이산화탄소를 모두 흡수하려면 인도 넓이만큼의 면적에 조림을 해야 한다느니 하고 주장한다. 모두 옳은 말들이다.

그런데 어린나무는 광합성을 하여 줄기가 굵어지지만 100~200년 이상의 늙은 것은 눈에 띄게 굵어지지 않는다. 조림한 지 40~50년이 지난 한국의 삼림은 유령림(幼齡林)이므로 이산화탄소를 흡수하여 지구 온난화 저지에 기여하는 것이 사실이다. 실제로 한국의 삼림에서는 1년에 탄소(C) 1만 5,000ton을 흡수한다(Choi and Chang, 2004). 하지만 노령림(老齡林)은 수간(樹幹)이 굵어지지 않은 채 잎과 잔가지가 자라고, 자란 것들은 2~3년 후에 떨어져 분해하여 공기 중에 이산화탄소로 배출된다. 지구의 허파로 일컬어지는 열대림의 순생산량(純生産量)은 전 지구의 32~36%를 차지하는데, 새로 자라는 양과 고사(枯死)하는 양이 거의 같아서 순생산량(줄기)은 1년에 ha당 1.11ton밖에 되지 않는다(Clark, 2002). 이에 비해 한국 삼림의 순생산량은 1년에 4~12ton이나 된다. 장기간 순생산량에 저장된 이산화탄소만이 지구 온난화 저지에 이바지할 수 있다. 더구나 아시아와 아프리카에 분포하는 열대림의 순생산량은 마이너스(-)라는 연구결과도 있다(Phillips et al., 1998). 하물며 농작물은 자라는 동안 이산화탄소를 흡수하지만 3~4년 뒤에는 농산물이 거의 분해되므로 지구 온난화에 기여하지 못한다.

물론 열대림은 지구 온난화의 저지에 기여한다. 열대림을 벌목하면 이산화탄소를 흡수하지 못할 뿐만 아니라 임상식물과 뿌리와 토양의 유기물이 빠르게 분해되어 많은 이산화탄소를 방출하기 때문이다. 여기에 열대림을 보존해야 하는 당위성이 있다. 육상생물권(주로 삼림)으로 이산화탄소가 지금은 유입되고 있지만, 근래에 와서 열대림이 빠르게 벌목(연 12.3%)되고 있음을 감하면 21세기 중엽에는 대기 중의 이산화탄소가 육상생물권으로 오히려 유입할 것이라는 전망이 나오고 있다.

메탄 발생원의 새로운 발견

메탄(CH_4)은 자연계에서 발생하는 가스로서 많은 유기물이 썩는 늪지에서 거품으로 발생하기 때문에 늪기 [沼氣]라고 부른다. 메탄이 온실가스라는 사실은 1970년대에 비로소 밝혀졌다(Wang et al., 1976). 메탄은 대기 중에서 농도가 낮지만 같은 몰(mole) 농도에서는 이산화탄소보다 무려 21배의 온실효과를 발휘한다. 메탄은 자연계에서 습지(濕地), 벼논, 생물체 연소, 흰개미, 반추동물의 트림 등에서 발생하고, 인간 활동에서 화석연료 연소, 천연가스와 송유관의 누출, 육류가공 등에서 발생한다. 벼논은 중요한 메탄 발생원이기 때문에 서양사람들은 동양의 벼 재배를 지구 온난화의 입장에서 곱게 보지 않는다.

앞에서 언급한 메탄 발생원 이외에 녹색식물의 잎과 낙엽에서 메탄이 발생한다는 사실이 최근에 밝혀져 화제를 모으고 있다. 독일의 Max-Planck 연구소의 Keppler 등(2006)은 옥수수(C_4 식물)나 밀(C_3 식물)과 같은 초본식물과 목본식물(물푸레나무와 너도밤나무)을 통틀어 생엽이나 낙엽이 호기조건(好氣條件)에서 메탄을 발생한다는 증거를 실험적으로 밝혔다. 메탄은 식물체에 붙은 잎이나 절취한 잎에 관계없이 발생한다. 그들은 실험재료에 γ 선을 조사(照射)하여 잎에 묻은 미생물을 죽인 채 실험하였다.

메탄 발생률은 생엽 g(건조량)당 1시간에 12~370ng(100만 분의 1g)씩 발생하고, 30~70℃의 온도에서 10℃ 상승할 때마다 3~5배로 증가하여 최고 870ng에 이른다. 더 나아가 잎이나 낙엽에 직사광선을 비추면 4~5배로 증가하고 광선을 차단하면 다시 감소한다. 안정탄소동위원소 비(^{13}C/ ^{12}C)

를 측정한 결과 식물 잎에서 발생하는 메탄은 습지나 벼논에서 배출하는 기존의 것과 다르다는 확증을 얻었다. 메탄 발생의 메커니즘은 아직 확실하지 않지만 식물체에 많이 함유된 펙틴이나 리그닌에서 탄소 1개의 메틸기가 분리하여 만들어지는 것으로 생각되고 있다. 그들은 사과 과육의 펙틴에 직사광선을 비췄을 때 메탄을 발생하는 현상을 확인하였다. 이처럼 호기조건에서 식물 잎이 메탄을 발생하는 현상은 식물생리학자에게 충격으로 받아들여지고 있다.

이 발견이 이루어지기 1년 전에 Frankenberg 등(2005)은 메탄관측계기를 탑재한 인공위성으로 지구 대기를 관측하면서 열대림 위의 대기에 메탄 농도가 유독 높음을 발견했지만 왜 높은가를 언급하지 못하였다. 그런데 Keppler 등이 마침내 열대림의 잎과 낙엽에서 메탄이 발생된다는 증거를 제시한 셈이다.

대기 중의 메탄 농도는 1800년보다 2005년(1,774ppb)에 2배 이상 증가하였다. 연 증가율은 1980년대에 빠르게 증가하고(연 1%) 1990년대에 느리게 증가하다가(0.25%), 2001~2005년에 거의 0%를 유지하여 안정 상태에 접어든 것으로 보고 있다. 이러한 메탄 농도의 안정화를 Keppler 등은 1990년 이후 열대림을 많이 벌목했기 때문이라고 해석하고 있다.

백인들이 무서워하는 온실가스

인위적으로 합성한 염화불화탄소류, 일명 클로로플오로카본류(chlorofluorocarbons, CFCs)는 산업혁명 이전에는 존재하지 않았지만 1920년대 말 합성에 성공하여 1930년대부터 널리 이용해 왔다. 이 물질들은 인체에 독이 없고 불연성(不燃性)이며 실온에서 증발하는 가스로서 냉장고의 냉

매, 절연체, 반도체의 세정제, 화장품 스프레이 등으로 이용되고 있다. 화학적으로 안정하기 때문에 수명이 100~200년으로 대단히 길다.

CFCs는 두 가지의 심각한 환경 문제를 일으킨다. 하나는 비록 대기 중 농도가 낮기는 하지만 같은 몰(mole)의 이산화탄소보다 무려 5,000~1만 배의 지구 온난화 효과가 있다. 다른 하나는 성층권의 오존층을 파괴하는 데 있다. 오존층은 햇빛의 자외선을 흡수함으로써 지구상의 생명체를 보호하고, 백인들이 앓기 쉬운 피부암을 예방한다. 염소(Cl)를 함유하는 CFCs가 성층권에 도달하면 자외선의 작용으로 유리된 염소는 오존(O_3)과 반응하여 오존층을 파괴한다. 염소는 촉매작용(觸媒作用)으로 오존과 반응하기 때문에 오존층이 점점 감소되어 오존홀(ozone hall)이 생긴다. 1985년에 Farman 등이 남극에서 오존홀을 발견하자마자 다른 과학자들이 오존층 파괴의 원인으로 CFCs를 지목하였다.

오존홀이 발견된 2년 후에 몬트리올(1987년)에서 재빠르게 국제회의가 열리고 CFCs 제조를 규제하는 의정서가 채택되었다. 백인들이 주도하는 선진 공업국은 의정서를 즉시 실천에 옮겼기 때문에 1980년대에 최고 농도에 달했던 CFCs 농도가 1990년대 중반을 고비로 감소 추세에 들어갔다. 우리나라는 CFCs의 생산·소비량을 연차적으로 매년 5%씩 감축하여 2010년에 완전히 생산을 정지할 예정이다. CFCs 농도의 저하는 인류의 노력으로 온실가스를 감축시킨 모범사례로 꼽힌다. 백인들에게 발병하기 쉬운 피부암이 자외선에 의해 생긴다는 사실을 그들은 잘 알았기 때문에 재빠르게 감축 효과를 거두게 된 것이다. 이에 비해 이산화탄소 농도의 저감 노력은 미국과 같은 공업 대국의 경제성장과 맞물려서 효과가 나타날 징후가 보이지 않는다.

지구 온난화와 경제 전망

자연과학자들이 지구 온난화를 연구하여 온실가스, 특히 이산화탄소와 기온 상승 사이에 밀접한 상관이 있음을 시사하고, 미래의 지구 온난화와 그에 따른 극한기후(極限氣候, extreme climate)를 전망하는 연구를 하는 한편 경제·사회학자들은 미래의 기후 변동에 따른 사회 변화와 경제 전망에 관심을 기울이고 있다.

현재와 같은 속도로 온실가스가 증가한다면 기후 변동은 필연적으로 온다는 의견에 이의가 없다. 인류가 번성하면서 생존하려면 기후 변동에 적응(adaptation)을 해야 하는데 그 방법은 온실가스 배출 감축이 첩경이다. 그렇게 하기 위해서는 효율적인 에너지 기술개발, 정치지도자의 강력한 저감 의지, 이산화탄소 저감 인프라 구축 및 국제협력이 필요하다고 주장한다(Hansen, 2006). 기후 변동의 위험을 회피하는 이산화탄소 농도는 450ppm 이하를 유지해야 한다는 데 의견이 모아지고 있다(2005년의 농도는 379ppm). 이 농도를 유지하려면 세계총생산(WGP) 중에서 0.4%를 이산화탄소 감축에 투자해야 한다고 한다(Edenhofer et al., 2006). 이 정도의 투자는 뜻을 모으면 충분히 가능하다는 견해가 지배적이다. 만약 지구 기온이 현재보다 3℃ 상승하면 세계 경제는 1~3% 후퇴하기 때문이다(Nordhaus, 2006).

변동한 기후는 완화(mitigation)를 시켜서 인간이 생존을 지속해야 한다. 완화에는 재정이 필요하다. 따라서 부국(富國)은 기후 변동에 대비하여 쉽게 완화하고, 빈국(貧國)은 그렇지 못하는 비극을 안고 있다. 예를 들면, 똑같은 크기의 태풍 피해를 받았을 때 부국은 재력과 기술을 투입하여 재빠르게 복구하여 주민의 생계를 안정시킬 수 있지만 빈국은 복구를 못하여 주민에게 영구히 고통을 안겨 줄 수 있다. 기후 변동에 대한 완화에는 우선순위가 중요하고, 완화가 불가능한 부문은 과감히 폐기하는 정책이 긴요하다고 한다.

학술저작물의 저작권

법과대학 법학부 | 황적인

문예·학술 분야의 저작물에는 저서와 논문이 있다. 그중 저서는 e-Book의 형태로 디지털저작물로 CD로 만들거나 또는 온라인화하여 이용되고 있다. 논문의 저작물유통의 현황은 다음과 같다.

I. 논문의 온라인화

현재 국회도서관에서는 학회지에 게재된 논문 및 각 대학에서 수여한 석·박사학위의 논문을 대부분 입력(入力)하여, 도서관 이용자들은 모니터로 열람·출력해 받을 수 있으며, 대학도서관에서도 학위논문은 학위를 수여한 대학이 학위취득자로부터 저작권을 양수 받아서 서울대학교 도서관 기타 대학도서관은 이를 입력하여 도서관 이용자는 저작권료 없이 종이값만 지급하고 출력할 수 있다. 또한 민간업체도 논문을 데이터베이스화하여 유료로 출력해 주고 있다.[1] 이들 업체들을 온라인서비스제공자(Online

1) 미국에서는 ProQuest(300 North Zeeb Road, P.O. Box 1346, Ann Arbor, Michigan 48106-1346, U.S.A; http://www.il.proquest.com)가 가장 큰 데이터베이스 제조자라고 추측된다. 미국의 모든 논문을 마이크로필름 또는 디스켓 형태로 소장, 판매하고 있다.

Service Provider, OSP)라고 한다(저작권법 102~104조). 온라인화의 장점은 논문을 이용하고자 하는 자는 도서관 또는 연구실에서 국내외 논문을 컴퓨터로 신속·용이하게 검색·출력하여 이용할 수 있는 점, 논문을 저장·보존하는데 USB 등에 저장하면 편리하고 부피를 차지하지 않고 휴대가 편리한 점 등이다. 반면에 단점은 저작물이 온라인으로 유통되고 사용되기 때문에 모니터 이외로는 눈에 보이지 않고 따라서 저작자의 입장에서는 OSP가 신고하지 않는 한 자기의 저작물이 어디에서 어떻게 이용되고 있는지 포착하기가 어렵고, 저작물이 사용자에 의해서 표절되기가 쉽기 때문에 저작권보호가 문란해질 우려가 있는 점이다.

II. 논문의 저작권

저작재산권(著作財産權)은 여러 지분권(支分權)이 뭉쳐 있는 권리의 다발(束)로서, 원 저작물이 창작되어 나온 후에, 이에 터전을 두어, 저작자가 저작권이용자[2]에게 이용권(利用權)을 설정해 줄 수 있다. 이 이용권에는 설정계약의 내용에 따라 복제권·공연권·공중송신권·전시권·배포권·대여권 및 2차적 저작물의 작성권 등 7개 권리가 있다.

1. 복사권(複寫權)[3](Reprographic Right)

1) 2000. 1. 12. 현행 저작권법 제30조가 개정되기 전

논문을 사용하는 사람들이 논문을 복사기(複寫器)로 복사하더라도 복사물 사용자의 개인적 용도로 소규모로 사용하면 사적사용(私的使用,

2) 이용자는 저작물을 이용하여 수익을 올리는 자, 즉 출판사, 온라인서비스제공자, 방송사 등을 말하고, 저작물의 사용자(User)는 소비자를 말한다.

3) 복사권은 복제권 중의 하나이다.

private use)이라 하여 논문의 저작자로부터 사용 허락을 받지 않고 사용자는 자유(곧 저작권사용료 지급 없이)로이 사용할 수 있었다.

2) 2000. 1. 12. 저작권법 제30조 개정 후

제30조 단서(但書)가 추가되어, 복사기로 복사하는 경우에는 '사적사용'에서 제외되어, 논문을 쓰는 사람들이 복사권(複寫權)을 가지게 되었다. 즉, 사용자는 복사지 종이값 외에 필자에게 지급하는 저작권사용료(면당 5원)를 지급해야 저작물을 복사할 수 있게 되었다. 사용자가 지급하는 저작권사용료는 사용자가 논문의 저작자에게 직접 지급하는 것이 아니라 복사기 운용자(복사점) → 한국복사전송권협회(이하 복사권협회라 함) → 한국문예학술저작권협회(이하 문저협이라 함) → 논문 저작자의 경로로 논문의 저작자에게 분배한다.

이때 복사권협회는 복사기 운영자로부터 포괄징수(包括徵收, Blanket System)한다. 즉, 사용자가 누구의 논문을 얼마만큼 복사했는지 복사권협회는 알 수가 없으므로, 복사권협회에서는 2년에 1회 모니터링(Monitoring)을 실시한다. 즉, 협회는 복사기 운용자에게 의뢰하여, 복사한 논문, 가령 논문을 복사할 때 논문이 게재되어 있는 잡지의 표지를 함께 복사하여 협회에 보내는 것이다. 그러나 이렇게 조사를 한다 하더라도 상당히 부정확하고, 널리 어떤 분야의 누구의 책이 복사되었는지 정도밖에 발견할 수 없으므로 복사권사용료는 포괄분배(包括分配)를 할 수밖에 없다.

그래서 독일의 VG-Wort[4]는 단행본의 재판을 낼 때마다 일정한 분배금

4) 'VG. Wort'는 'Verwertungsgesellschaft Wort'의 약자로서, 독일 뮌헨에 있는 어문저작물의 저작권집중관리단체를 말한다.

을 책의 저자에게 지급한다(즉, 복사의 경우 저작권사용료를 받을 저자를 개별적으로 특정하기가 어려우므로 재판을 내는 책은 복사도 많이 한다는 추정 하에 단행본의 재판을 발행할 때 복사권료의 포괄분배를 한다.). 앞으로 문저협에서도 복사권협회로부터 받은 분배금을 책의 재판을 낼 때마다 협회의 회원에게 분배할 가능성이 많다.

2. 전송권(傳送權)[5](Transmission Right)

이것은 도서관 등 D/B 제작자가 논문의 데이터베이스를 만들어 사용자에게 전송(傳送)했을 때에 논문의 저작자가 사용자로부터 저작권사용료를 받을 수 있는 권리를 말한다(저작권법 18조). 이 권리는 2000. 1. 12. 개정된 저작권법 제18조의 2에 규정되었다가 2006. 12. 28. 공중송신권이 신설되면서부터 전송권은 공중송신권 중의 하나로서 규정되게 되었다. 전송권에는 다음 두 권리가 포함되어 있다.

① 타인의 저작물을 입력(up-load)할 때 허락할 수 있는 권리

도서관(데이터베이스제작자; D/B 제작자 — 저작권법 91~98조)이 저작물을 입력할 때에는 저작자의 이용허락을 받아야 한다(논문의 저작자의 입장에서는 이용허락을 할 수 있는 권리이다 — 일본저작권법 63조에서는 이를 송신가능화권(送信可能化權)이라 한다.).

② 저작물을 사용자가 사용했을 때 저작자가 저작권사용료를 받을 수 있는 권리

학회지 등에 게재된 논문을 이용하기를 원하는 사용자는 컴퓨터로 검색

5) 전송권은 공중송신권에 속한다.

하여 원하는 논문을 모니터로 읽기만 하는 경우(이를 '화면현시' — 스트리밍 — 라 함)에는 저작권사용료로 파일당 20원을 지급하고, 프린터로 출력하는 경우에는 면당 저작권료 5원을 지급하고 출력할 수 있다. 사용자가 지급한 저작권료를 논문의 저작자에게 전달되는 과정은 복사했을 때의 전달과정과 동일하다.

다만, 복사와 전송의 경우는 다음 세 가지 점에서 다르다.

① 도서관은 보관하고 있는 도서 등을 도서관 이용자에게 모니터로 열람하게 할 수 있고, 출력할 수도 있다(면당 5원)(저작권법 31조 2항). 또한 도서 등이 발행일부터 5년이 경과된 경우에는, 공공도서관·대학도서관·전문도서관(이하 도서관 등이라 함)의 총수는 전국에 약 1,500개인데, 그 중 복사권협회와 협약을 체결한 649개의 도서관 등은 온라인으로 전송하고 이용자는 거기서 저작권료를 지급하고 열람할 수도 있고, 출력할 수도 있다.

② 도서관 등은 도서를 입력·다른 도서관 등으로 전송·사용자에게 출력하는 데에는 도서의 저자로부터 저작물사용허락을 받지 않고 입력하고 온라인화하여 다른 도서관과 연계하여 저작물을 사용케 하고 있다(저작권법 31조 1항). 이 경우에 저작권사용료의 액수의 결정은 — 복사의 경우처럼 저작권단체(협회)와 복사점 간의 자유로운 계약에 의해 정해지는 것이 아니라 — '저작권위원회'의 심의로 일방적으로 결정하기 때문에 저렴하다. 따라서 앞으로 저작물사용자는 도서관에 입력된 도서(국립중앙도서관은 발행일로부터 5년이 지난 도서 및 학위논문 13만 권을 입력)와 논문(국회도서관에서도 학위논문을 모두 입력함)을 도서관에서 컴퓨터로 검색하

여 저렴한 저작권료를 지급하고 편리하게 이용이 가능하게 되었다. 반면에 학회지는 잘 팔리지 않게 될 것이고, 대학교재 등 단행본도 발행일로부터 5년 경과된 것은 시장성을 많이 상실할 것으로 추측된다.

③ 데이터베이스화된 저작물의 저작권사용료의 분배는 '복사'의 경우와는 달리 포괄분배가 아니라 개별분배이다. 즉, 도서관 등 데이터베이스 제작자는 도서관 이용자에게 출력(다운로드)할 때에는 저작물에 따라 과금(科金)하고 그 저작물의 이름과 필자의 이름을 복사권협회에 통보하면서(따라서 개별징수) 저작권료[6]를 협회에 지급하고, 복사권협회는 직접 저작자에게 분배한다(따라서 개별징수·개인별 분배이다.). 도서관으로부터 받는 저작권사용료의 액수는 다음 복사권협회의 <표 3>의 우측에 표시되어 있다.

III. 분배방법

1. 복사권의 경우

1) 학회(學會) 및 학회회원에 분배(分配)하는 경우

복사권의 경우는 포괄징수·포괄분배의 형식을 취한다. 즉, 복사권협회가 복사점으로부터 징수한 복사권사용료 중 2004년도분 5,000만 원을 문저협에 2007년에 처음으로 보내왔으므로 문저협에서는 협회에 가입한 학회(學會)에 저작권료로서 2007. 5.에 10만 원씩 분배하였다. 협회에 가입한 학술회원 개인에 대해서는 36,140원씩을 지급하고, 제출한 저작물 목

---

6) 이용자가 출력한 다음 해의 4월까지 도서관은 보상금을 센터에 지급한다.

록을 기준으로 업적이 평균 이상인 경우에는 1만 원을 추가하였다. 2005년도 복사권사용료는 2008년에 5,000만 원을 받을 예정이다.

2) 책의 재판(再版)을 낸 경우의 분배

전술한 바와 같이 이 방법은 독일에서는 취하고 있으나, 한국에서는 아직 취하고 있지 않다.

2. 전송권의 경우

이 경우에는 저작물은 출력할 때 데이터베이스에 저작자와 저작물명이 명시되므로 특정징수·특정분배의 형식을 취한다.

Ⅳ. 저작권단체

1. 한국문예학술저작권협회(韓國文藝學術著作權協會, Korean Society of Authors, KOSA)

이 단체는 1984. 5. 19. 문인과 교수 65명이 모여 저작자의 단체인 '한국저작인협회'를 결성하고 1988. 7. 13. 사단법인 설립허가를 받고, 이때 명칭이 '한국문예학술저작권협회'로 바뀌었다. 1989. 3. 16. 당시 문화공보부로부터 문예저작물과 학술저작물의 저작권신탁관리업무의 허가를 받아 저작권집중관리단체[7]가 되었다. 회원수는 1,909명(개인: 1,850명(그중

---

7) 저작권집중관리(collective administration of copyrights)란 협회가 회원으로부터 저작권의 신탁을 받고 이용자에게 이용허락을 하고 저작권사용료를 받아 회원에게 분배하는 것을 의미함.

교수는 1,100명), 단체: 59명)이다(2007. 12 현재). 저작권자가 이 단체에 가입하여 저작물을 신탁하면 이 단체가 이용자에게 사용허락을 해 주고 저작권자는 사용자로부터 저작권사용료를 지급 받을 수 있다. 2006년 연간 저작권사용료의 징수실적은 약 20억 4,000만 원이다.

표 1.

연도	개인	단체	회원수	총징수액	분배액 수수료
1984	150	1	1,763,130	-	
1985			2,448,874	-	
1986	320	1	4,758,458	-	
1987			2,458,769	-	
1988			6,944,387	-	
1989	·439	7	16,913,272	-	
1990	616	8	15,530,000	12,955,500	58,835,560
1991	675	9	120,007,500	117,693,500	70,165,100
1992	732	11	116,179,620	74,970,010	101,056,328
1993	770	14	628,366,560	225,483,160	201,467,408
1994	829	23	465,842,202	326,157,850	286,345,996
1995	859	26	255,032,214	90,228,782	195,793,687
1996	906	26	344,309,452	138,054,803	159,043,908
1997	1,001	27	564,857,172	244,954,066	187,785,655
1998	1,105	29	754,805,979	283,375,460	236,992,785
1999	1,162	29	1,034,770,929	325,281,236	161,016,843
2000	1,214	43	1,949,327,039	867,739,832	296,919,025
2001	1,406	49	1,928,336,621	901,742,538	230,731,309
2002	1,567	52	2,067,387,077	1,514,741,036	306,663,605
2003	1,542	56	1,789,514,237	1,220,819,827	272,896,239
2004	1,692	57	1,874,237,111	1,533,268,896	357,765,505
2005	1,798	57	1,998,804,377	1,719,042,254	332,347,144
2006	1,850	59	2,040,839,336	1,682,904,537	399,524,613

2. 한국복사전송권협회(韓國複寫傳送權協會, Korea Reprographic and Transmission Right Association, KRTRA)

한국복사전송권관리센터는 2000. 7. 1. 복사권과 전송권 사용료 징수와 분배를 하기 위해 저작자단체(문저협 등)와 출판사단체(대한출판문화협회 등)가 주축이 되어 사단법인으로 설립되었다. 이 단체는 2007. 10. 11. 한국복사전송권협회로 이름을 변경하였다.

복사권협회에서는 <표 2>와 같이 징수액이 협회운영비보다 적기 때문에 그동안 저작권사용료를 저작권단체에 분배하지 못하고 있다가, 2007년에 처음으로 문작협에 2004년도분 5,000만 원을 분배해 왔고, 2008년에 2005년도분 5,000만 원을 분배할 예정이다. 도서관보상금(주로 전송권 사용료)은 2004년도에 1,917만 원을 징수했고, 2005년도에는 3,400만 원을 징수하여 167,860원을 분배(분배율 0.49%)하였다. 2006년도에는 649개 도서관 중 400여 곳에서만 징수하였다.

표 2.

연도	복사이용허락계약				전송이용계약 (도서관보상금)
	복사업소		기업체, 관공서		
	계약처수	징수액	계약처수	징수액	
2000	23	2,935,177	0	0	0
2001	625	126,302,379	0	0	0
2002	909	221,892,000	0	0	0
2003	949	322,781,000	0	0	0
2004	896	438,211,000	1	327,950	19,174,286
2005	1,000	311,539,030	3	222,300	34,274,597
2006	1,076	284,011,710	7	2,456,020	34,934,638

V. 현행 제도의 문제점

1. 대학도서관의 학술저작물 무상사용

현재 대학도서관협의회에 가입한 대학도서관은 112개인데 그중 60개 대학도서관만이 복사권협회와 사용계약을 체결하였다. 대학교에서는 석·박사학위를 수여하면서 대학의 내부규정으로 대학이 석·박사 논문의 저자의 학위논문의 저작권을 학위취득자로부터 양수 받아서 학위를 수여한 대학이 갖는 것으로 규정하고, 서울대학교 도서관 기타 대학도서관은 학위논문을 입력하여 도서관 이용자는 저작권사용료의 지급 없이 출력할 수 있도록 하고 있으나, 학위수여와 필자의 저작권취득은 별개의 문제이며, 대학이 학위를 수여하면서 이를 연결지어 학위취득자의 저작권을 양도받고 결과적으로는 필자의 저작권을 박탈하는 것은 저작권 침해이며 지나친 월권행위이다. 대학이 학생의 논문의 저작권을 취득할 수는 없는 것이다. 저작권 침해를 대학도서관이 하는 것은 문제가 있다. 교육기관은 당연히 저작권을 존중하는 자세를 가져야 할 것이므로 이러한 규정에 의해 논문을 무료로 다운받는 조항을 조속히 삭제해야 한다.[8), 9)]

---

8) 한국학술진흥재단에서 등재학회로부터 게재논문을 pdf 파일로 받아 1,435종으로 Korea Citation Index(KCI)라는 데이터베이스를 구축하여 이를 사용자(User)에게 무료로 이용케 했었으나 무상사용은 최근 시정되었다. 연구비를 지급했다 하더라도 논문을 무료로 사용케 해서는 안 된다.

9) 각본(脚本)의 온라인화에 관해 추가한다. 문예진흥원으로부터 지원금을 받고 대본을 쓴 경우에는 대본을 온라인화하여 위원회 소속인 예술정보자료관에서 무료로 출력 받을 수 있다. 또는 공연을 비디오로 수록된 경우에는 복사는 안 되고 스트리밍만 가능하다. 작가는 희곡작가협회 저작권분과위원회로부터 홍행된 경우 40~50만 원의 저작권료만 받고 있다.

표 3.

기관명	저널수록	계약기간	계약 금액	제공 학회수	요율	저작권료
서울대학교	창간호~현재	2007.7.1~12.31	600만 원	311	25%	4,823원
동덕여자대학교	창간호~현재	2007.1.1~12.31	800만 원	311	25%	6,431원
청주대학교	창간호~현재	2007.1.1~12.31	800만 원	311	25%	6,431원

2. 도서관 등의 저작권제한(저작권법 31조)

원래 전송권(傳送權)은 2000. 1. 12. 당시 저작권법 제18조의 2의 신설로 새로 규정되었다. 전송권의 내용은 타인의 저작물을 입력(up-load)할 때 저작자가 허락할 수 있는 권리(일본법 63조의 送信可能化權)와 저작물을 사용자가 사용했을 때 저작자가 저작권사용료를 받을 수 있는 권리이다. 국립중앙도서관에서는 제18조의 2가 신설되기 전에 저작권자의 허락을 받지 않고 보관하고 있는 단행본 12만 권을 입력하였다. 그 후 2003. 5. 27. 저작권법 제31조를 개정하여 동 1항은 "… 도서관은 … 그 도서관 등에 보관된 도서 등 …을 사용하여 저작물을 복제할 수 있다."고 규정하여 저작자의 허락 없이 도서 12만 권을 입력한 것을 합법화하였다. 나아가서 동 3항은 도서관에서 보관 중인 발행일로부터 5년이 경과한 도서에 관하여 "도서관 등은 컴퓨터 등을 이용하여 이용자가 다른 도서관 등의 안에서 열람할 수 있도록 보관된 도서 등을 복제하거나 전송할 수 있다."고 규정하였다. 그 결과 국립중앙도서관·국회도서관 등 전국 649개의 공공도서관은 면당 전송권사용료 5원만 내고[10] 입력도 하고 출력도 하고 있다. 그

10) 도서관에서 출력하는 경우에 저작권료가 5원이더라도 종이값·출력비 등 모두 합산하면 면당 40원이다. 또한 도서관이라도 책 전체의 5%만 출력이 가능하고 책 전체의 출력은 허용되지 않는다.

후 도서관이 복사권협회에 지급한 도서관보상금(전송권사용료)이 2004년에 1,917만 원, 2005년에 3,427만 원, 2006년에 3,493만 원에 불과하였다.[11] 많은 도서는 발행 후 5년이 지나도 아직 시장성(市場性)을 갖는 것이고,[12] 이렇게 하면 도서관의 전송이용자는 늘겠지만 책은 더욱 안 팔리고 복사·전송은 가속화되어 저작이나 출판여건은 더욱 악화되어 위축될 것이다. 저작권·출판권은 사권(私權)인데, 저작권법 제31조가 이러한 정도로 저작권을 제한하는 것은 위헌(違憲)의 소지마저 있다. 이러한 입법례는 전 세계에 없다.

3. 온라인서비스제공자(OSP)의 이용형태

현재 우리나라의 대규모의 OSP 업체는 한국학술정보(주)(시장점유율 60%), (주)누리미디어, 교보문고(이상 3개 업체의 합친 시장점유율은 80%이다.), 한국학술정보원, 학지사, 학술교육원의 3업체는 비교적 작은 업체이다. 또한 한국교육학술정보원(KERIS)이 있다. 이러한 업체가 현재 취하고 있는 영업형태는 다음과 같다.

① 학술지에 게재되어 있는 논문을 사용자에게 개별적으로 유료로 다운로드해 주는 경우

② 학술지(e-Journal) 및 단행본(e-Book)을 도서관에 패키지로 판매하는 경우

---

11) 복사권협회에서는 3,000원 이상일 때에만 저작자에게 분배하고 있다. 분배받는 교수의 수는 현재 대단히 적다.

12) 논문은 과학·기술의 연구발전을 위해서는 대단히 중요하나, 논문의 수명은 단행본과는 달리 짧으며, 평균하여 3년으로 보고 있기는 하다.

1) 한국학술정보(주)

이 업체는 1,300개 학회의 학회지를 입력하고 naver를 통해 이용자에게 논문을 유료로 출력해 주고 있다. 또한 e-Book도 도서관에 판매하고 있다. 지금까지는 일부 학회에만 저작권료를 지급하고 필자에게는 저작권료를 지급하지 않고 있다가, 복사권협회로부터 저작권침해를 이유로 고소를 당한 후, 2007년 봄부터 앞으로 필자 개인에게도 저작권료를 지급하기로 합의하였다. 2007년 봄에 학회가 저작권을 갖는 경우에는 학회에 사용자로부터 받는 사용료의 25%를 학회에 지급하고, 학회가 저작권을 갖지 않는 경우에는 학회에 15%, 필자에게 10%를 지급하기로 복사권협회와 합의하였다. 또한 지급하기로 합의된 4억 원 중 2007년 10월부터 우선 1억 원을 지급한다고 한다.

2) (주)누리미디어의 경우

2000. 11. 14. 문화관광부로부터 신탁관리업의 허가를 받고 2001. 4. 10. 복사권협회를 통해 문저협과 신탁계약을 체결하여 동 협회가 관리하는 저작권의 신탁을 받아 저작물을 관리하고 있다. 이 업체는 400~500개 학회의 학회지를 입력하고, 2002. 12. 31. 교보문고와 국내학술자료공동사업계약을 체결하고, 교보문고와 누리미디어는 여러 학회와 전자출판권설정계약을 체결했으나, 주로 누리미디어가 검색사이트(www.dbpia.co. kr)를 운영하여 논문의 유상 출력을 하고 있다.

복사권협회는 저작권침해를 이유로 형사고소와 민사소송으로서 학술저작물서비스금지가처분소송을 제기했는데, 고소사건은 복사권협회가 유리한 결과를 얻었으나, 서비스금지가처분소송은 2007. 4. 24. 서비스금지 가처분을 내릴 만큼 그 필요성이 충분히 소명되지 않았다고 하여 가처분 청구는 기각 결정되어, 현재 2심 소송을 진행하고 있다.

3) 한국교육원의 경우

한국교육원은 311개 학회의 e-Journal을 1년간 도서관에 사용케 하면서 저작권사용료로서 800만 원을 주고, 1학회당 6,431원의 저작권료를 지급한다는 것은 저작권 침해에 가깝다.

4. 복사권협회의 징수액의 저조

복사권협회의 연간 징수액이 저조한 주원인은 징수방법이 계약제(Voluntary System, 저작권법 30조)에 입각하기 때문이다. 우리나라에서는 복사기운영자나 기업업체는 복사권협회와 '저작물복사이용허락계약서'를 체결하는 것을 꺼리는 것이다. 그러므로 유럽 7개국의 법제와 같이 부과금제(Levy System, 독일저작권법 54조)를 도입할 수밖에 없는 것이다.

5. 민간출판사가 온라인 판매의 경우 판매부수 추정

① 현재 논문 또는 도서의 저작자가 민간출판사 내지는 데이터베이스제작자(경우에 따라서는 온라인서비스제공자[13])와 전자출판계약을 체결하여 e-Book 또는 e-Journal을 발행하는 경우가 점차 증가하고 있다. 그러나

13) D/B 제조자와 OSP는 개념상 다르지만, 양자는 겸업을 하는 경우가 많다.

이러한 출판사들이 몇 부의 도서를 독자에게 출력했는지 저작자로서는 알 길이 없으므로, 전자출판계약을 체결할 때에는 신중을 기해야 한다.

② 종이로 된 책: 학회지이든 단행본이든 일반도서로 출판하는 경우에는 출판계약서를 반드시 작성하고, 판권(版權) 표시를 책 표지 뒤에 인쇄하지 않고 책 끝에 두도록 하여, 저자의 인지(印紙)를 붙이도록 해야 출판부수를 확인할 수 있다. 인지가 없는 경우에는 출판 부수를 확인할 길이 없는 것이다. 현행 저작권법 제58조 3항은 인지첨부의무(印紙帖付義務)를 규정하고 있으나, 인지첨부가 잘 이행되지 않아 종이책을 발행했을 때에도 몇 부를 발행했는지 확인하기가 어려웠는데, e-Book 발행의 경우에는 더욱 발행부수 확인이 어렵게 되고 있다.

6. 학회지의 비매품 표시

현재 모든 학술단체(학회)는 비영리사단법인 내지는 비영리임의단체이기 때문에 그곳에서 발행하는 학회지는 판권지(版權紙)에 '비매품'으로 표시하고 있다. 도서관에서는 비매품 표시가 되어 있는 학회지의 논문은 모두 저작자의 동의 없이 입력하였다(저작권법 2003. 4. 개정 전). 학회지의 비매품 표시는 저작권이 없다는 표시가 아니기 때문에 비매품 표시가 있는 학회지의 논문이라도 저작권사용료를 지급해야 할 것이다. 또한 저작권은 필자가 보유한다고 표시를 할 필요가 있다(예: 'ⓒ 2007'로 저작권 표시).

7. 저작권단체의 회원가입

현재 논문의 필자인 대학교수로서 문저협(저작권단체)에 회원으로 가입한 교수는 1,100명이지만, 저작권협회가 가입을 권고해도 교수들은 가입하는 데 소극적이다. 저작권단체에 회원으로 가입하여 저작권을 신탁해야만 복사권이든 전송권이든 저작권사용료를 분배받을 수 있고, 또한 저작권이 도용(盜用) 등 침해당했을 때 소송·고소 등을 통해 저작권의 보호를 받을 수 있으므로 회원으로 가입하는 것이 바람직하다.

교수들은 전공 분야에 따라 각각 학회에 가입하고, 학회에서는 회원이 쓴 논문은 편집하여 학회지를 발행할 때 학회지에 게재되는 회원의 논문의 저작권을 학회가 일률적으로 양수받는 경우가 많은데, 논문의 저작권의 양도 여부는 회원의 자율적인 의사결정에 맡겨야 할 것이다. 문저협의 단체회원 59개에는 학회인 경우가 많다. 교수가 논문의 저작권을 학회에 양도하지 않고 학회가 저작권협회에 단체회원으로 가입하면 논문의 저작자는 저작권사용료를 받을 수 있다.

8. 출판권설정계약(출판계약) 체결 시 주의할 사항

이것은 저자와 출판사가 체결하는 계약을 의미한다. 대학교수가 출판계약을 체결할 때에는

① 가급적 매절계약을 피하고(저작권을 잃어버리기 때문)

② 계약서에 반드시 계약의 존속기간을 명시하고(저작권법 60조 1항에는 3년)

③ 출판사와 출판계약을 체결할 때에는 출판사가 일방적으로 만든 계약서에 날인할 것이 아니라 가급적 문저협의 '표준계약서'(종이책을 출판하는 경우와 e-Book을 출판하는 경우의 두 가지가 있다.)를 사용하는 것이 바람직하다.

Ⅵ. 맺는 말

저작물의 이용에 있어서는 저작자·사용자·사회의 3자의 이익이 균형이 이루어져야 한다. 그러나 우리나라에서, 특히 디지털저작물의 이용에 있어서는 사용자의 이익보호에 치우치며 저작물이용자도 저작권사용료를 정확히 지급하지 않아 저작자의 권익은 무시되는 경향이 있다. 대학·학회·연구기관에서도 학위취득자·회원·집필자의 저작권의 귀속을 규정에 의해 일률적으로 규율할 것이 아니라 저작권은 사권(私權)이므로 그 귀속은 소속 개인의 자유로운 의사결정에 맡겨야 한다. 저작권사용료는 저작자의 노임이며, 노임 없이는 저작물의 재생산은 불가능하다. 그래서 헌법 제22조 2항도 '저작자의 권리보호'를 규정하고 있는 것이다. 저작권이 보호되지 않는다면 저작물은 생산되지 않는다. 저작권존중의 풍토가 아쉽다고 아니할 수 없다.

대학총장의 임기

의과대학 의학과 | 권이혁

일반적으로 우리나라 대학총장의 임기는 4년이다. 대학에 따라 예외적인 경우도 있기는 하지만 4년이 보통이다. 언제부터인지 서울대학교를 비롯해 많은 대학에서 총장 직선제가 실시되고 여러 가지 부작용이 산출되는 것은 우리들이 잘 경험하고 있는 바이다. 물론 어떤 제도이건 장단점은 있다. 선거제에도 많은 장단점이 있고 임명제에도 많은 장단점이 있는 것은 사실이다.

나는 1996년에 '학교법인 성균관대학' 이사장에 취임하고 만 10년 동안 근무하다가 퇴임하였다. 취임하기 전 나의 요구사항은 '총장직선제 폐지'였는데 성균관대학교에서는 당시 총장 정범진(丁範鎭) 박사가 전체교수회의를 소집하여 '총장 직선제폐지'를 의결했던 것으로 듣고 있다. 그리하여 성균관대학교에서는 총장 임명이 이사회 전결사항으로 되어 있다. 그동안의 얻은 경험으로는 직선제를 폐지하니 교수간의 파벌 싸움이 없어지는 등 많은 장점이 나타났다. 근래에는 대학에 따라 간선제를 채택하는 대학이 늘고 있다. 아예 직선제를 없애자는 주장도 점증하고 있다.

이기준(李基俊) 서울대 22대 총장이 맥킨지 국제자문회사(McKinsey &

Company)에게 서울대학교 평가를 요청한 일이 있다. 서울대학교를 세계적 연구대학(World-Class Research University)으로 만들기 위한 방법을 모으는 데에 목적이 있었다. 이를 위해 수월교육 패널(Panel on Educational Excellence)이 초청되었다. 패널 멤버는 하버드대학 명예교수이며 하버드 문리대학장을 지낸 바 있는 Henry Rosovsky 위원장을 비롯하여 다음과 같은 쟁쟁한 분들이었다.

Michael Cowan: 산타 크르즈((Santa Cruz) 캘리포니아대학 미국학 교수, 캘리포니아대학 시네이트(Senate)

Shigehiko Hasumi: 도쿄대학 명예교수, 전 도쿄대학 총장, 일본국립대학 연합회장, 동아시아 연구대학 협회장, 불문학 전공

Donald P. Jacobs: Kellogg 경영대학원 명예원장, 불문학 전공

Lord Oxburgh: 케임브리지대학 지구학 교수, 전 런던대학교 Imperial 대학 학장

Henry Rosovsky: 하버드대학 명예교수, 전 하버드대학 문리대학장, *The University* 등 명저로 유명

Hugo Sonenschein: 시카고대학 명예총장, 경제학 전공이며 현재 Rochester 대학 이사와 시카고대학 명예이사

이 패널은 Blueribbon Panel(가장 우수한 패널)이라고도 불린다. 6명의 패널 멤버들은 2001년 10월 8일부터 10월 11일까지 작업을 진행했으며 서울대 본부, 서울대 교수, 청와대, 교육인적자원부, 서울대 전임총장, 타대학 총장, 외국교육자, 언론사, 기업인, 서울대 학생 등 각계각층의 인사

들을 만났다. 이들은 공식작업에 앞서 10월 8일 오후 2시에 서울대 전임총장들을 만나겠다고 하여 나도 이 모임에 참석하였다. 이 자리에서 이기준 총장이 나를 15대 총장으로, 자신을 22대 총장으로 소개하였다. 그랬더니 소개가 끝나자마자 위원장이 서울대학교의 역사가 50여 년인데 어떻게 22대 총장이 나올 수 있느냐는 질문을 던졌다. 370년에 가까운 역사의 하버드대학의 현 총장이 27대라는 것이다. 도저히 믿어지지 않는다는 이야기였다. 이렇게 총장이 단기간 근무하는 환경에서 어찌 대학의 발전이 있겠느냐는 설명이었다.

나는 그의 이론이 옳다고 생각하였다. 하버드대학의 경우 총장 재임기간이 평균 17년인 데 비해 서울대학교는 2년 6개월인 것이 사실이니 무어라고 변명하기가 힘들었다.

나는 총장 임기에 대한 관심이 상당히 컸다. 나의 재임기간은 40개월이었다. 8개월만 더 있으면 임기를 마칠 수 있다고 생각하고 있었는데 1983년 10월 14일 급작스럽게 정부로 차출된 까닭에 나의 꿈은 좌절되었다.

<표 1>에서 알 수 있는 바와 같이 서울대 총장 중 가장 장기간 총장직에 계셨던 분은 윤일선 총장(62개월)이었으며 다음이 최규남 총장(57개월)·한심석 총장(55개월)의 순이며 48개월 임기를 마친 분은 최문환 총장·윤천주 총장·조완규 총장·정운찬 총장 등이다. 제19대 김종운 총장부터는 직선제가 실시되었다. 한때는 대단히 단명이었는데 근래에 와서는 임기완료의 경우가 늘어나는 추세에 있다.

서울대에 비하면 하버드대의 경우는 총장재임기간이 <표 2>에서와 같이 엄청나게 길다. 약 17년에 달한다. 특이한 것은 재임 중 집무실에서 사망한 총장이 9명에 이르는 것을 보면 총장직이 얼마나 격무인가를 짐작할

수 있다.

표 1. 서울대 총장 재임기간

제 1대	Harry B. Ansted 박사	1946. 08. 22 ~ 1947. 10. 24 (4개월)
제 2대	이춘호 박사	1947. 10. 25 ~ 1948. 05. 12 (6개월)
제 3대	장이욱 박사	1948. 05. 13 ~ 1949. 01. 03 (8개월)
제 4대	최규동 박사	1949. 01. 04 ~ 1950. 10. 05 (21개월)
제 5대	최규남 박사	1951. 09. 03 ~ 1956. 06. 08 (57개월)
제 6대	윤일선 박사	1956. 07. 19 ~ 1961. 09. 29 (62개월)
제 7대	권중휘 박사	1961. 12. 07 ~ 1964. 06. 08 (31개월)
제 8대	신태환 박사	1964. 06. 24 ~ 1965. 08. 26 (14개월)
제 9대	유기천 박사	1965. 08. 27 ~ 1966. 11. 10 (15개월)
제10대	최문환 박사	1966. 11. 11 ~ 1970. 11. 10 (48개월)
제11대 제12대	한심석 박사	1970. 11. 11 ~ 1975. 05. 26 (55개월)
제13대	윤천주 박사	1975. 05. 27 ~ 1979. 05. 26 (48개월)
제14대	고병익 박사	1979. 05. 27 ~ 1980. 06. 29 (13개월)
제15대	권이혁 박사	1980. 06. 30 ~ 1983. 10. 14 (40개월)
제16대	이현재 박사	1983. 10. 27 ~ 1985. 07. 20 (21개월)
제17대	박봉식 박사	1985. 07. 22 ~ 1987. 08. 13 (14개월)
제18대	조완규 박사	1987. 08. 14 ~ 1991. 08. 13 (48개월)
제19대	김종운 박사	1991. 08. 14 ~ 1995. 02. 28 (42개월)
제20대	이수성 박사	1995. 03. 01 ~ 1995. 12. 01 (9개월)
제21대	선우중호 박사	1996. 02. 12 ~ 1998. 08. 31 (30개월)
제22대	이기준 박사	1998. 11. 11 ~ 2002. 05. 09 (42개월)
제23대	정운찬 박사	2002. 07 ~ 2006. 07 (48개월)
제24대	이장무 박사	2006. 07 ~ 현재

평균 2년 6개월

표 2. 하버드대 총장 재임기간

제1대	Henry Dunster	1640 ~ 1654
제2대	Charles Chauncy	1654 ~ 1672(집무 중 사망)
제3대	Leonard Hoar	1672 ~ 1675
제4대	Urian Oakes	1680 ~ 1681
제5대	John Rogers	1682 ~ 1684
제6대	Increase Mather	총장대행 1685 ~ 1686, 총장 1686 ~ 1701
제7대	John Leverett	1708 ~ 1724
제8대	Benjamin Wadsworth	1725 ~ 1737(집무 중 사망)
제9대	Edward Holyoke	1737 ~ 1769
제10대	Samuel Locke	1770 ~ 1773
제11대	Samuel Langdon	1774 ~ 1780
제12대	Joseph Willard	1781 ~ 1804(집무 중 사망)
제13대	Samuel Webber	1806 ~ 1810(집무 중 사망)
제14대	John Thornton Kirkland	1810 ~ 1828
제15대	Josiah Quinch	1829 ~ 1845
제16대	Edward Everett	1846 ~ 1849
제17대	Jared Sparks	1849 ~ 1853
제18대	James Walker	1853 ~ 1860
제19대	Cornelius Conway Felton	1860 ~ 1862(집무 중 사망)
제20대	Thomas Hill	1862 ~ 1868
제21대	Chales William Eliot	1869 ~ 1909
제22대	Lawrence Lowell	1909 ~ 1933
제23대	James Bryant Conant	1933 ~ 1953
제24대	Nathan Marsh Pusey	1953 ~ 1971
제25대	Derek Bok	1971 ~ 1991
제26대	Neil L. Rudenstine	1991 ~ 2001
제27대	Lawrence H. Summers	2001 ~ 2006
제28대	Derek Bok	2006 ~ 현재

평균 17년

나는 서울대학교 개교 62주년 기념식에서 발표했던 축사를 통해, 하버드대학을 재임 40년 동안에 세계에서 가장 부유하고 언제나 세계 1위의 대학으로 만든 제21대 총장 Charles Willam Eliot 총장의 이임사를 소개한 것이 계기가 되어 하버드대학에 관한 관심이 더욱 커졌다. 원래 하버드대학은 1636년 매사추세츠 식민지 일반의회(General Court)의 결의에 따라 시작된 지방대학이었는데 1638년 도서와 유산을 기증한 J. Harvard 목사의 이름을 따서 하버드대학이라고 부르게 되었다. 영국의 옥스퍼드대학·케임브리지대학의 학료(學寮)제도를 모방한 조직으로 출발하여, 식민지시대에는 목사 양성에 필요한 종교교육을 의무화하였다.

그러나 1869년부터 40년 동안 총장을 지낸 C. W. 엘리엇은 유럽 유학의 경험을 살려 전문직 학문연구기관으로 개혁하고 선택과목제를 도입하였다. 이 제도는 후에 개인지도제 및 전원학료제 실시와 함께 미국 대학 커리큘럼의 원형이 되었다.

대학 운영과 관리는 학장과 5인의 평의원·회계주임으로 구성되는 하버드 법인(法人)과 졸업생이 우편으로 선출하는 이사회라는 2개의 의결기관이 맡고 있다. 전자는 재정과 집행 운영을 책임지고, 후자는 조언과 자문 기능을 맡는다.

와이드너 도서관을 비롯한 97개의 부속도서관에는 약 1,410만 권의 각종 도서가 소장되어 있으며, 정기간행물 10만 종이 비치되어 있다. 부속시설로는 자연사박물관·포그미술관·푸슈라이징거미술관·하버드천문대 등이 유명하다.

2000년 현재 대학 재학생은 6,656명(남학생 3,652명, 여학생 3,004명), 대학원 재학생은 1만 1,140명(남학생 6,143명, 여학생 4,997명), 교수는

681명, 교수 1인당 학생수는 10명이다.

보스턴 중심에서 찰스 강을 건너 시가지에 있는 캠퍼스에는 기숙사를 포함하여 400동의 건물이 있다. 대학 1학년생 올드야드 기숙사에 수용되어 대학생활 오리엔테이션을 받게 되며, 2학년에서 4학년까지는 하우스라고 일컫는 각 학료에 배치되어 교양과목(liberal art)을 중심으로 각 전공분야의 교육을 받는다.

대학 졸업생 또는 교수를 지낸 사람 가운데 노벨상을 수상한 사람은 1934년 노벨 생리·의학상을 수상한 W. P. 머피와 마이넛을 비롯하여 1990년에 같은 상을 수상한 머레이(Joseph E. Murray) 등 38명에 이른다.

C. W. 엘리엇 총장과 그의 업적

C. W. 엘리엇 총장은 보스턴의 부호 자손이며 1853년(19세)에 하버드대학을 졸업하였다. 그의 과학적 자질과 큰 꿈에 비하면 그의 처음 15년간의 경력은 별것이 아니었다. 1854년에 하버드대학 수학강사, 1858년(24세)에 수학 및 화학 조교수로 임명되었다. 그는 하버드 Lawrence 과학대학을 개혁하려고 노력했지만 실패했고, 교수에도 임명되지 못하였다.

그러던 중 1857년 공황(Panic)으로 부친이 사업에 실패했고 그는 봉급과 조부의 유산에 의존할 수밖에 없었다. 1863년(29세) 그는 하버드를 떠났다. 가족을 부양하기 위해 사업 분야에 진출할 것이라는 예측과는 달리 2년간의 유럽 유학길에 올랐다. 유럽 유학을 통해 그는 많은 것을 알게 되었다. 그는 1865년에 귀국하여 MIT 교수로 임명되었다.

1869년(34세) 그는 '애틀랜틱 먼슬리(The Alantic Monthly)'에 유럽시찰 보고와 고등교육 혁명에 대한 자신의 소신을 기고했고, 새로운 총장을 물색 중이던 하버드대학 이사들은 그의 논문에 상당한 관심을 갖게 되었다. 그리하여 1869년 10월 34세의 나이에 총장에 임명되었다.

엘리엇은 미국의 고등교육은 '폭넓어지고, 심화되고, 활성화되어야 할' 필요가 있다고 주장하면서 교양교육의 충실한 프로그램에는 인문학뿐만 아니라 자연과학도 포함되어야 한다고 주창하였다. 당시의 관례에 따라 교과내용이 미리 정해지는 하버드대학교 교육과정의 경직성을 타파하기 위해 엘리엇은 필수과목제를 폐지하였다. 엘리엇은 중등교육에까지 영향력을 끼쳤다. 그가 총장으로 있는 동안 하버드대학교의 입학자격이 엄격해졌으며, 다른 주요 대학교도 마찬가지였다. 이에 따라 중등학교 수준이 높아지게 되었다. 중등교육에 관한 전국위원회의 보고서(1892)에서 그는 중등학교의 7학년 과정에 외국어와 수학을 포함시켜야 한다고 역설하였다. 이 주장은 1910년 미국에서 주니어 하이스쿨 제도의 도입으로 구체화되었다.

엘리엇의 저작으로는 『교육개혁: 평론과 연설집 1869~1897(Educational Reform, Essays and Addresses 1869~1897)』(1898)과 『대학행정(University Adminstration)』(1908) 등이 있다. 1930년 헨리 제임스가 엘리엇의 저서·논문·연설문 등을 실어 놓은 14장의 문헌 목록이 포함된 『찰스 W. 엘리엇(Charles W. Eliot)』(2권)을 출판하였다.

19세기 중반은 미국 고등교육의 위기였다. 성직자들에 의해 조정되는 대학들은 계속해서 옛날 방식의 커리큘럼을 강조하고 산업혁명을 겪고 있는 미국의 현실과 멀어졌다. 엘리엇이 도입한 '선택과목 시스템(elective system)'으로 학생들은 원하는 과목을 자유롭게 들을 수 있게 되었다. 전 세계 학생들을 입학시험에 의해 받아들였다. 재벌들의 투자를 받으며 하버드를 세계에서 가장 부유한 사립학교로 만들었다. 미국의 제국주의를 반대하고 인종 평등을 강조하였다. 엘리엇은 하버드에서의 풋볼(football) 경기폐지를 원했지만 이루어지지 않았다. 풋볼뿐만이 아니라 야구, 농구, 하키를 모두 반대하였다. 그의 후임 Lowrence 총장은 필수과목과 선택과목 간의 균형을 이루게 하였다.

서울대의 수월성 교육 패널의 보고서

'Panel on Educational Excellence'는 2001년 12월 17일 「서울대학교를 세계적 연구대학으로 만들기 위한 보고서(Elevating Seoul National University to a World-Class Research University)」를 발표하였다. 패널 멤버들은 내한하기 전에 맥킨지 자문회사를 통해 서울대에 관한 정보를 수집하고, 2001년 10월 8일부터 11일까지 3일간 계속된 공식 작업 후에도 개인별 작업을 하였고, 미국에서 회의를 여는 등 여러 모로 노력한 끝에 상기 보고서를 발표했던 것이다.

이 보고서는 '고등교육의 역할(The Role of Higher Education)' · 세계적 대학의 조건(Characters of World-Class Universities) · 서울대에 관한 관찰(Observing Regarding SNU)을 살핀 후 다음과 같은 세 가지 건의안을 제시하고 있다.

1. 적절한 관리기구의 발전(Develop Appropriate Governance Structures)

① 이사회 창립: 총장 임명 책임 · 정부와의 협의 · 재정문제 해결

② 보직교수 증원으로 학사행정 강화

③ 교수평의회 구성

2. 관련 사항 재조사와 세계적 기준을 바탕으로 하는 수월성을 찾을 것(Commit to excellence based of relevant reviews and world-class standards)

④ 외부 학계 인사와 협력하여 정규 프로그램 재조사 시스템 확립

⑤ 교수들에 대한 평가제도 확립

⑥ 특유한 계획과 개인에 대한 보수

⑦ 행정인사 고용권을 학교당국이 가질 것

⑧ 학부교육을 엄격하게 실시할 것

⑨ 국제화 시도를 강화할 것

3. 수월성을 위해 자원을 넓히고 배당할 것(Raise and distribute resources to support excellence)

○ 서울대가 도약할 수 있도록 재정적 기능이 강화되도록 교육부와 합의할 것

○ 자주적으로 또한 캠페인을 통해 발전기금을 확보할 것

필자의 의견: 언제나 건실한 Vision의 수립은 중요하다. 다음으로는 Vision을 실현시키는 추진력·용기·도전정신이 요구된다. 필자는 이들을 Venture라고 칭한다. 그렇게 되면 Victory가 기다리고 있는 것이다. 필자는 이것을 3V라고 부른다. 그렇기 위해서는 유능한 총장이 장기 집권할 필요가 있다. 명문대학의 발전사를 보면 예외 없이 유능한 총장이 장기간에 걸쳐 총장직을 수행했음을 알 수 있다.

세 번 있었던 평화통일의 기회

자연과학대학 화학부 | 김호징

1. 우리의 아픔의 역사

한반도 정착민인 우리의 역사는 외침(外侵)에 의한 치욕의 역사로 점철(點綴)되어 있으며, 그 책임의 많은 부분이 우리 민족 자체에 있다. 미래에 보다 영광스러운 나라를 이어 가려면 과거의 잘못을 교훈으로 삼고 이를 되풀이하지 말아야 한다.

고려조(高麗朝) 때만 해도 원(元)나라의 침략을 이겨 내지 못하고, 태조(太祖) …, 인종(仁宗) 등등으로 이어 왔던 왕조(王朝)가 그 명칭에 조(祖)나 종(宗)을 쓰지 못하고 충렬왕(忠烈王), 충선왕(忠宣王), … 충정왕(忠定王) 등으로 격하(格下)되어 원나라에 충성(忠誠)하고 공물(貢物)을 바치는 신하의 나라가 되었다.

이씨(李氏)의 조선조에서도 태조를 위시하여 역대 왕들이 명(明)나라에서 시호(諡號)를 받았다. 예를 들면 태조와 문종의 시호는 각각 강헌(康獻)과 공순(恭順)이었다. 병자호란(丙子胡亂) 때 남한산성에서 청태종(淸太宗)의 군대와 단 50일간 싸워서 패하고, 삼전도(三田渡)에서 삼배구고두례(三拜九叩頭禮)로 치욕적인 항복을 한 16대 왕 인조(仁祖)는 청나라의 강요로 항복 장소에 대청황제공덕비(大淸皇帝功德碑)를 세워서 후손에게 전해야 하였다. 이경석(李景奭)이 지은 비문은 다음과 같이 시작된다.

> 대청국 숭덕 원년 겨울 12월에
> 어질고 너그럽고 그리고 온화한 성황제는 화평을 깬 것이 우리로부터 시작되었다고 크게 성을 내어 위엄 있는 군사를 이끌고 내림하여 동녘을 향해 불붙듯이 진군하니 두려워서 아무도 대항하지 못하였다. 그때에 우리의 임금은 남한에 자리를 정하고 두렵고 겁이 나서 봄 어름을 밟고 날 밝기를 기다리는 것처럼 지내기를 50일, 동남 제도의 우리 군사들은 속속 격파되었고 서북방의 장군들은 산골짜기에 피해서 멀리 후퇴한 뒤에 한 걸음도 진격하지 못하였다. 성내의 양곡도 모두 떨어졌다. 그때 청의 대군이 성을 탈취하기란 찬바람에 가을 나뭇잎을 떨어뜨리는 일처럼, 화염에 깃털을 태우는 일처럼 쉬운 일이었다. 성황제는 살생하지 않는 것을 가장 큰 덕으로 여겨 전유(傳諭)하는 것이 가장 바람직한 일이라 해서, 황지(皇旨)를 내려 깨우치기를, "항복해 오는 경우에는 옛처럼 온전케 할 것이나 항복하지 않으면 파멸시키겠다." 라고 말하였다. …

그리고 16대 인조(仁祖) 이후 25대의 철종(哲宗)에 이르기까지의 역대 왕들이 장목(莊穆)왕, 충선(忠宣)왕, 장각(莊恪)왕, 희순(僖順)왕, …, 충경(忠敬)왕 등의 시호(諡號)를 청나라로부터 받는 신세가 되었다.

26대의 고종에 이르러서는 그의 아버지인 대원군이 1882년 중국으로 끌려가 3년을 지냈고, 1895년 10월에는 고종의 비(妃)인 명성황후가 왕궁 내에서 일본인들에 의해서 시해(弑害)되었으며, 1896년 2월에는 고종 자신이 세자와 더불어 러시아 공사관으로 1년간 피신하였다. 1894년 청일전쟁으로 청나라 군대가 일본군에 밀려 한반도에서 쫓겨나가자 1896년 독립협회가 중심이 되어 1897년에 서대문 근처에 독립문(파리의 개선문을 모방하되, 높이는 14m)을 세웠다. 26대의 고종(高宗)은 같은 해에 대한제국을 선포하고 황제 즉위식을 가졌다. 그러나 고종은 황제 즉위 8년 후인 1905년에 노일(露日)전쟁에 승리한 일본에게 을사늑약(乙巳勒約)으로 외교권을 빼앗겼다. 일본은 한반도에서 청나라와 러시아의 영향력(影響力)을 완전히 몰아내었다. 그리고 1910년 (당시 인구 약 1,300만의) 대한제국은 일본에게 합방되어 버렸다.

일본은 1910년부터 1945년 제2차 세계대전 패망 때까지 총독부(總督府)를 두고 우리를 지배하였다. 천연자원이나 쌀, 그리고 노동력뿐만 아니라, 심지어는 언어도 빼앗기고, 이름까지도 빼앗겼고 전 배달민족이 사실상 노예민(奴隷民)으로 전락하였다. 일본인은 서울의 남산을 비롯하여 여러 도시에 신궁(神宮)과 신사(神社)를 지어 놓고 조선사람에게 참배를 강요하였다. 그 대표적인 것이 남산의 조선신궁(朝鮮神宮)인데, 이는 한반도를 정복한 일본 명치천황(明治天皇)의 혼을 차려놓은 곳이었다. 즉, 일본판(日本版) 삼전도(三田渡)의 비(碑)인 셈이다. 내선일체(內鮮一體)라는 말을 만들어서 조선사람의 자유와 권리는 뺏고 책임과 의무(병역의 의무, 징병)는 강요하였다. 일제의 총독부는 (1944년의 통계에 의하면) 13세 이상 조선사람의 약 80%를 초등학교도 다녀 본 적이 없는 문맹자로 만들어 놓았다. 그리고 전체 인구 2,500만 중에서 중학교 졸업 이상의 학력 소지자는 1% 미만이었고, 전문학교 졸업 이상의 학력 소지자는 0.11%, 즉 3만 명에 불과하였다. 이 3만 명은 대부분이 일본사람 밑에서 중학교 교사, 총독부와 지방관청의 공무원, 의사, 변호사, 법원 서기, 언론사와 기타 회사 직원으로 일하였다. 모두가 황국신민(皇國臣民)의 서사(誓詞)를 암송하고, 궁성요배(宮城遙拜)를 했으며, 신궁과 신사를 참배하였다. 총독부는 고학력의 조선사람일수록 사상 감시를 엄격히 하였다. 한때 독립운동을 열렬히 했던 인사들까지도 변절(變節)하거나 아니면 옥살이 중의 하나를 택하게 하였다.

해방 후 이러한 전문학교 졸업 이상의 학력을 가진 3만 명의 고학력 엘리트(elite)는 오늘의 선진 대한민국을 만드는 데 초석(礎石)의 역할을 하였다. 예를 들면 일제 말에 중학교의 '조선사람' 교사들은 해방이 되자 대학의 강사나 교수가 되어서 후진 양성에 이바지하였다. 1945년 해방 당시 이들의 최소 연령을 23세(전문학교 졸업 연령)로 친다면 2008년 현재 86세 이상이 되었을 것이고, (남자의 평균 수명은 80세 이하이니) 따라서 이분들은 거의 타계(他界)하였다. 이분들의 제자들이 한강변의 기적을 이룩하였다. 그런데 이분들을 친일파로 몰아붙이는 사람이 없지 않다.

2008년 현재 대한민국 국가(國歌)의 첫머리에 '동해물과 백두산'이 나온다. 그런데 동해(東海)는 일본해(日本海)로, 백두산(白頭山)은 장백산(長白山)으로 둔갑하고 있다. 서울의 한복판에서 중국인들이 오성홍기(五星紅旗)를 들고 떼 지어 폭력시위를 하여 한국국민이 얻어맞는 일이 발생하였다.

일본으로부터의 해방도 배달민족 스스로가 쟁취한 것이 아니라 연합군, 특히 미합중국군의 희생과 미국의 원자탄에 의한 대일전쟁 승리로 얻어낸 것이다. 그리하여 (히로시마에 원자탄이 투하된 후 단지) 7일간 대일전쟁에 참여한 소련과, 대일전쟁을 실질적으로 선도해서 많은 희생을 치른 미국은 일본군의 무장해제를 목적으로 한반도에 38선을 사이에 두고 각각 군대를 진주시켰다. 그런데 두만강(豆滿江) 너머의 소련은 만 33세의 소련군 대위를 군함 Pukachev호에 태워 원산(元山)을 거쳐 평양(平壤)으로 데

려와서, '김일성 장군'으로 만들어 항일투쟁의 영웅으로 부각시키고, 38선 이북 땅에서 정치권력을 장악하게 하여, 기회가 오면 한반도 전체를 동유럽 소련군의 점령지대와 같은 위성국가로 키워 가려고 하였다.

2. 첫 번째 한반도 평화통일의 기회

백성이 주인인 나라에서, 주민을 대표하는 대의원이나 행정부 수반을 선출하려면

(가) 사상(思想)·언론(言論)·집회(集會)·결사(結社)의 자유가 보장되어 있어서 여러 가지 정치이념의 사람들이 입후보할 수 있고,

(나) 치안(治安)이 확실히 유지되는 환경 아래서,

(다) 비밀투표(秘密投票)에 의한 보통(普通)·평등(平等) 선거(選擧)를 해야 한다.

물론 선출되는 대의원 수는 (평등선거의 정신에 따라서) 인구에 비례하여야 한다. 이 선거 방식은 1948년 UN 총회에서 만장일치로 가결되어, 300개 이상의 언어로 번역된, 세계인권선언(Universal Declaration of Human Rights)의 제18, 19, 20, 21조에 명시되어 있다. 이를 앞으로 공정자유선거(公正自由選擧)라고 부르겠다. 바꾸어 말하면, 이 공정자유선거는 사상·언론·집회·결사의 자유가 없고 비밀경찰이 투표를 사실상 공개적으로 감시하는 독재국가, 즉 인권이 보장되지 않은 나라에서는 불가능하다.

한반도에서 미래에 있을 평화적 통일도 최종적으로는 한반도 전역에서 이 공정자유선거에 의해 백성의 진정한 대표를 선출해야 한다. 동서독(東西獨)과 남북(南北) 예멘은 최종적으로는 이 과정을 거쳐서 통일되었다. 동유럽의 구소련 위성국가들이 모두 이 과정을 거쳐서 명실 공히 독립하

였으며, (2007년 현재) 전 세계 인구의 1/9이면서 세계 전 GDP의 6/9을 차지하는 선진 7개국(G7) 모두가 이러한 선거를 한다.

1946년의 모스크바 삼상회의(三相會議)에서 결정된 한반도의 신탁통치(信託統治)안은 김일성을 제외한 모든 남북한의 일반 시민과 정치인들에 의해 강력한 반발을 받았다. 김일성과 소련군 당국은 북한에서 신탁통치 반대의 선봉에 선 조만식을 감금해 버렸다. 미국이 차선(次善)책으로 UN 총회에 제출한, 한반도 전역에서의 UN 감시 하에 총선거(總選擧)안이 1947년 10월 14일 UN 총회 전체회의에서 43 대 0으로 가결되었다. 그리하여 UN에 의한 공정한 선거 감시를 목적으로 임시조선위원회(UN Temporary Committee on Korea, UNTCOK)가 조직되었다.

(1949년 5월 현재의 인구통계에 의하면 남한에는 2,000만, 북한에는 970만이 거주하였다. 이로 추정하면) 1948년 당시 남한에는 한반도 총인구의 2/3 이상이 살고 있었으며, 북한에는 1/3 미만이 살고 있었다. UN 감시 하의 선거는 물론 상술한 공정자유선거 방식이므로, 남한에서는 물론이고 북한에서조차도 김일성의 추종자가 다수를 차지할 가능성은 없었다. 따라서 김일성의 권력욕(權力慾)과 소련의 (북한의) 위성국화(衛星國化) 의도(意圖)와는 상치(相馳)되는 것이었다. 김일성은 자신의 권력상실을 뜻하는 공정자유선거 방식에 의한 평화적 통일에 관심이 없었다. 실제로 김일성·김정일 부자는 북한 땅에서 그 후 60년간 불공정한 선거에 의해 권력을 유지해 왔다. 소련군의 절대적 후원(後援)으로 이미 얻은 권력을 유지하고, 또한 무력을 써서라도 한반도 전역(全域)에 이 권력을 신장(伸張)하는 것이 그의 뜻이었다. 그리고 이 뜻을 '민족해방(民族解放, National Liberation, NL)'과 '인민민주주의(人民民主主義, People's Democracy,

PD) 혁명'이라는 말로 포장(包裝)하였다. 여기서 참고로 남한의 1980년대의 학생운동권 단체에는 NL계와 PD계가 있었음을 지적해 둔다.

김일성과 소련 점령군 당국은 UNTCOK의 입북(入北)을 거부하였다. 따라서 한반도 전역에서 배달민족 유사(有史) 이래 처음 있을 공정자유선거에 의한 통일국가 형성의 기회를 놓쳤다. 그리하여 UNTCOK는 접근 가능한 38선 이남에서만 공정자유선거를 치르게 하였다. 이것이 1948년 5월 10일의 총선거, 즉 5·10선거였다. 이 5·10선거는 김일성·박헌영의 (남한 내의) 추종자들이 방화·살인·관공서 습격 등으로 적극 방해하고, 김구·김규식·조소앙 등 과거의 독립유공자들이 (신탁통치는 환영하고, 한반도 전역에서의 총선거는 이미 거부한) 김일성과 더불어 '단독선거'라고 비난하였다. 그러나 남한 유권자들의 압도적인 다수가 자발적으로 5·10선거에 참가하였다. 당시 한반도 전체 인구의 2/3 이상인 2,000만 명이 사는 남한에서 유권자의 95% 이상이 등록하고, 90% 이상이 투표해서, 약 5 대 1로 경쟁하는 후보자들 속에서 국회의원을 뽑았다. 실로 한반도 유사 이래 처음 있는 공정자유선거였다.

이 선거 결과는 첫째로 남한의 단지 5%(= 100% − 95%) 미만의 유권자만이 선거를 거부한 김구·김규식·조소앙의 뜻에 동의했거나 또는 김일성·박헌영의 선동으로 살인·방화·습격을 했다는 증거이다. 둘째로는 북한에서도 UNTCOK의 감시 하에 공정자유선거가 이루어졌다고 가정해도, 김일성·박헌영의 추종자들은 최대 5%의 지지(支持)밖에 받지 못했을 것이라는 유추(類推)를 가능케 한다.

5·10선거로 형성된 대한민국 국회는 자유민주주의 헌법을 제정하고, 이승만을 대통령으로 선출하였다. 1948년 8월 15일에 대한민국 수립이 선

포되었다. 흔히 1945년 8월 15일의 일본제국 패망의 날을 기념해서 8·15를 광복절(光復節)이라고 하는데 이는 정확하게는 연합군이 승리한 날일 뿐이다. 1948년 8월 15일은 배달민족이 공정자유선거로 백성의, 백성을 위한, 백성에 의한 나라를 세워, 명실 공히 주권국가로 독립하고, (후일) UN으로부터 한반도에 있는 유일합법국가로 인정받게 된 날이다. 즉, 8·15는 독립기념일이다.

대한민국(大韓民國)은 결코 무책임하고 무능했던 고종(高宗)의, 그리고 단명(短命)의, 대한제국(大韓帝國)의 국기(國基)를 이어받은 나라가 아니다. 또 하나 밝혀 둘 것은, 이렇게 수립된 대한민국은 물론 개인 이승만(李承晩)의 나라가 아니고, 당시 배달민족 2,000만 남한 거주자가 주인인 나라라는 것이다. 북한에서 노동당이 지명한 한 사람의 입후보자를 대상으로 관헌(官憲)의 감시 하에 99% 이상이 참여하여 100%가 찬표(贊票)를 던지는 식의 선거, 즉 불법선거를 통해 김일성(金日成)이 세운 조선민주주의인민공화국과는 본질적으로 다르다. 후일 김일성의 추종자들이 조선민주주의인민공화국과 대한민국을 같은 수평선 위에 올려놓고 대칭적으로 취급하는데 이는 잘못이다. 신탁통치를 찬성했던 김일성이 UN 감시 하에 한반도 전역에서의 공정자유선거를 거부하고, 단독으로 38선 이북에서 그것도 불법선거로 1948년 9월에 세운 조선민주주의인민공화국은 북한 주민을 정당하게 대표하는 나라가 아니다. 단순히 김일성(金日成)의 나라일 뿐이다. 통일의 기회를 거부한 김일성은 대한제국 말(末)의 이완용과 같은 반민족(反民族) 행위를 저지른 것이다. 김일성에게 남북 분단의 전적(全的)인 책임이 있다.

3. 김일성(金日成)의 난(亂)

본명이 김성주(金成柱)인 김일성이 일으킨 6·25동란(動亂)을 필자는 김일성의 난으로 부르기로 한다. 그 이유는 다음과 같다.

(1) 김일성은 북한 주민으로부터 공정자유선거를 거쳐 권력을 위임받은 적이 없다. 1912년생인 그는 1941년 만 29세 때 소련 시베리아로 가서 소련군 대위가 되어 만 33세 때인 1945년 9월 19일 소련 군함 Pukachev호를 타고 원산항을 통해 귀국하였다. 같은 해 10월 14일 평양공설운동장에서, 평상복 차림으로 소련에서 받은 것으로 추정되는 훈장을 왼쪽 가슴에 달고, 소련 점령군 고위 장교들이 한 줄로 늘어서서 입회한 가운데 Ityzyatzev 대령(大領)에 의해 '김일성 장군'으로 평양 시민에게 처음 소개되었다. 그리고 소련군의 후원으로 정치적 권력을 잡았다. 즉, 당시의 김일성은 외세(外勢)인 소련의 괴뢰(傀儡)로 출발하였다.

(2) 소련과 더불어 UN 감시 하에 한반도 전역(全域)에서의 공정자유선거를 거부한 그는, 1948년 2월에 이미 정규군(正規軍)인 조선인민군을 창설하였다. 상술(上述)한 바와 같이 그는 공정자유선거에 의해 북한 주민으로부터 정당하게 권력을 위임 받은 자가 아니었다. 그러한 그가 미군이 남한에서 철수하자, 2,000만의 남한 시민이 손수 세운 한반도의 유일합법국가인 대한민국을 전복할 목적으로 두만강 너머의 외세(外勢)인 소련정부와 결탁하여, 그들이 준 T-34 탱크, '따발총', 대포, 야크전투기로 무장하게 하고, 소련의 군사고문인 Vasiliev 중장이 만들어 준 '선제공격작전계획'에 따라서 1950년 6월 25일, 일요일 새벽 38선을 넘어 인민군을 남침하게 하였다. 전직이 소련의 군인이었고, 그들의 괴뢰(傀儡)에 불과한 젊은이가

권력 확장을 목적으로 외세를 업고 2,000만 배달민족을 상대로 무장 반란(叛亂)을 일으킨 것이다. 전(全) 배달민족의 영광과 번영을 지향하는 통일전쟁은 결코 아니었다. 통일을 진정(眞正)으로 원했다면 UN 감시 하에 공정자유선거에 의한 평화적 통일을 거부할 명분이 없었다. 그리하여 UN은 김일성의 남침공격을 UN 헌장(憲章) 위반으로 보고 김일성 군대의 38선 이북으로의 즉각 철수를 결의하였으나 김일성이 이를 묵살하였다. 그리하여 UN은 16개국 군대로 편성된 UN군을 조직하여 대한민국을 군사력으로 보호하려 하였다. 일단 철수했던 미군은 UN군의 일원으로 다시 한반도에 돌아왔다. 결국 김일성은 평화통일을 방해하고 일단 철수한 미군을 한반도에 다시 불러들인 원인 제공자였다. 이 민족상쟁(民族相爭)의 전란으로 배달민족 200만 명 이상이 죽었다(『대영백과사전』).

(3) UN의 공식 기록과 세계에 공개된 러시아 정부 문서보관소의 기록들, 그리고 공신력(公信力) 있는 많은 역사기록들이, 김일성 군대의 기습남침으로 1950년의 6·25전란이 시작되었음을 증명하고 있는데, 김일성·김정일 부자는 대를 이어 가면서 "미제(美帝)의 38선 북침(北侵) 도발(挑發)에 의한 전쟁(戰爭)이었다"고 우리 민족 전체를 기만(欺瞞)했으며, 지금도 김정일의 관제(官製)언론과 김일성이 남긴 판문점의 비석은 이 거짓말을 광고하고 있다.

4. 두 번째 평화통일의 기회

1950년 6월 25일에 시작된 김일성의 난(亂)의 특징은 전선(戰線)이 여러 번 바뀐 전란(戰亂)이었다는 것과, 러시아 제국의 후신인 소련의 공군(空軍)과 청나라의 후신인 중공(中共)의 지상군이 김일성의 반역전란에 직접 개입해서 그를 도움으로써, 한반도의 공정자유선거에 의한 평화적 통일을 방해했다는 것이다. 김일성의 난 초기에 김일성의 반역군은 소련제 T-34 탱크를 앞세우고 경상남·북도를 제외한 남한 전역을 휩쓸었다. 그러나 국민 자신들이 주인인 나라와 자유민주주의 체제를 지키려는 대한민국 국민의 호국의지(護國意志)와 UN군의 참전으로 전세는 역전되었다. 1950년 9월 중순 인천에 상륙한 대한민국 국군과 UN군은 파죽지세(破竹之勢)로 서울을 수복하고, 38선을 넘어 북진해 갔다. 앞장섰던 한국군은 1950년 10월 하순에 압록강변의 초산(楚山)에 도달하였다.

그리하여 김일성 정권의 종말이 곧 올 것이라고 많은 사람들이 확신하였다. UN 총회에서는 1950년 10월 7일, 앞으로 있을 한반도 통일을 위해 북한지역에서 공정자유선거를 감시하고 전화(戰禍)를 입은 한반도 전역의 재건(再建)과 경제부흥을 도울 UN한국통일부흥위원단(The United Nations Commission for The Unification and Reconstruction of Korea, UNCURK)의 구성 결의안을 47 대 5로 통과시켰다. 그리고 UN군 사령관이었던 맥아더 장군은 1950년 10월 9일 김일성에게 즉시 항복할 것을 권유하고, 북한 주민들에게는 'UN과 협조하여 한반도에 통일독립민주국가를 형성하는 데 협조할 것을 당부'하는 메시지를 보냈다.

이때 김일성이 항복하고 압록강을 넘어 중국이나 또는 두만강을 넘어 소련에 망명(亡命)했더라면 한반도는 공정자유선거에 의해 통일이 되었을 것이다. 그리고 UN군의 일원이었던 미국군도 철수하였을 것이다. 이때가 바로 두 번째의 공정자유선거에 의한 한반도 평화통일의 기회였다. 그런데 김일성은 피를 흘리지 않고 우리끼리 공정자유선거를 거쳐 평화적으로 통일하는 데는 관심이 없었다. 앞서 언급한 바와 같이 김일성이 원했던 것은 절대 권력의 유지와 신장(伸張)뿐이었다.

김일성은 이때만 하더라도 주체(主體)나 자주(自主)라는 단어를 자주 사용하기 전이었다. 소련의 스탈린에 대한 그의 절대적 의존과 종속(從屬)성은 당시의 전보문(電報文)에 사용된 말들이 사실적(寫實的)으로 증명해 주고 있다.

하여간 김일성은 또다시 외세를 불러들여서 통일을 방해하였다. UN군의 선봉으로 한국군이 압록강변에 도달하자 중공(中共)의 막대한 지상군과 미그(MIG) 전투기를 지닌 소련의 공군을 한반도에 불러들였다. 대한민국 헌법에 명시되어 있는 우리의 영토(領土)인 북한 땅과 영공(領空)인 북한 하늘에 외국군이 침입한 것이다. UN이 한반도에서 유일합법국가로 인정한 대한민국의 주권(主權)을 침해한 것이다. 결국 소련이나 중공은 한반도에 공정선거에 의한 평화적 수단으로 통일독립국가가 탄생하는 것을 적극적으로 방해한 침략자들이었다.

2008년 현재 북한의 핵을 다루는 육자회담(六者會談)에 과거의 한반도 침략국들인 중(中)·로(露)·일(日)이 들어 있다는 사실은 한반도의 통일이 순탄치 않을 것임을 뜻한다.

5. 세 번째 평화통일의 기회

막대한 수의 중공 지상군의 인해전술에 밀려 전선은 다시 남하하였고, 현재의 휴전선 근처에서 교착 상태에 들어갔다. 그 후 스탈린의 사망에 의한 국제정세의 변화 등도 있고 해서 1953년 7월 27일 판문점에서 휴전협정이 조인(調印)되었다. 그리하여 포화(砲火)는 멎었다.

휴전협정 제4조 60항에는 서명한 사람들이 각기 자기 나라의 책임자들에게 상신(上申)하여 한반도의 통일 문제를 정치적 회담을 통해 논의할 것을 약속한다는 대목이 있다. 이를 근거로 해서 1954년 봄의 제네바 회담에 한국 문제가 상정되었다. 제네바 회담에서 미국을 비롯하여 UN군 참전국 대표들은 대한민국의 외무부 장관 변영태(卞榮泰)가 제안한 '자유선거의 분위기 조성을 위해 먼저 침략자인 중공의 지상군이 북한 땅에서 철수하고, 대한민국의 헌법을 수정한 다음에, 한반도의 남북 지역에서 토착인구에 비례하는 수(數)의 대의원을, UN 감시 하에 공정자유선거에 의해 선출하여 통일국가를 세우자'라는 요지의 안(案)에 합의하고 이를 소련·중공·김일성 정권 대표들에게 공동으로 제의하였다. 이는 요컨대 1948년 5월 10일에 (김일성의 반대로 부득이) 남한에서만 실시되었던 공정자유선거를, 한반도에 불법으로 침입한 중공군이 철수한 다음에 UN 감시 하에 한반도 전역에서 실시하자는 것이었다. 이 공정자유선거 방식은, 1948년에 자칭 요인(要人)들인 김일성·박헌영과 김구·김규식·조소앙이 맹렬하게 반대했음에도 불구하고, 남한의 총 유권자들이 이를 무시하고, 압도적 다수인 95%가 자발적으로 등록해서 (즉, 동의해서) 대한민국을 수립할 때 채택(採擇)한 방식이다. 이때까지만 해도 남북한의 경제적·문화적 양극화가 덜 진행되었으므로, 이 방식은 북한 땅에서도 자유 분위기만 조성되면 주민의 압도적 다수가 자발적으로 참여할 것으로 예상되는 방식이었다.

김일성 정권을 대표해서 참석한 남일(南日)은, 남한 유권자의 최대 5% 미만의 동의밖에 얻지 못했던 1948년 4월 평양에서 있었던 소위(所謂) '요인(要人)공동성명서'의 내용을 되풀이하였다. 즉, 한반도에 있는 모든 외국군을 철수케 하고, 남북한이 전(全) 한국위원단을 공동으로 조직하여 이 위원단으로 하여금 통일 문제를 논의·추진케 하자는 것이었다. 당시 대한민국 국민이 보기에 김일성은 북한 주민의 (공정한 선거로 선출된) 진정한 대표가 아닐 뿐 아니라, 이미 2,000만 명 대한민국 국민을 상대로 반역의 난을 일으켜서 배달민족 200만 명 이상을 희생시킨 민족반역자였다. 그리고 불법 권력의 신장(伸張)에 실패하니까 다시 후견(後見) 외세(外勢)인 소련군과 중공군을 두만강과 압록강 바로 건너에 대기(待期)시켜 놓고, 이미 공정자유선거로 남한의 2,000만 국민이 선출한 대표에게 'UN군을 바다 건너로 쫓아내고, 우리끼리 만나서 통일 논의를 하자'는 것으로 받아들였다. 김일성은 불법으로 쟁취한 권력을 무슨 이유로도 내놓지 않겠다는 것이었다. 실제로 그는 그 후 60년간 김일성-김정일의 제국(帝國)을 북한 땅에 유지해 왔다. 결국 한국 문제를 다룬 제네바 회담은 결렬되고 말았다. 조국 평화통일의 셋째 기회는 김일성 때문에 이렇게 사라졌다.

6. 김일성·김정일이 이룩해 놓은 북한

김일성은 북한 땅에서 자신의 정치권력 유지를 위해 한반도의 평화통일의 기회를 세 번이나 방해하고, 인권유린과 불법선거로 60년간 부자(父子)가 대를 이어 절대 권력을 유지해 왔다. 'Democide(정권에 의한, 정치적 이유로 인한 대량 살인)'라는 신조어(新造語)를 만들어 낸 정치학자 R. J. Rummel의 면밀한 조사에 의하면, 김일성은 1948년부터 1987년 사이에 160만 명 이상의 우리 민족을 전쟁이 아닌 정치적인 이유만으로 살해했다고 한다. 김정일은 식량을 정부가 배급하는 북한 땅에서 1990년대 후반에 200만 명 이상의 주민을 굶어 죽게 하였다. 결국 김일성-김정일 부자는 배달민족 구성원 중에서 도합 500만 명 이상을 전쟁·정치적 살인·기아(飢

餓)로 죽인 셈이다.

세계의 비정부단체(NGO)들이 2006~2007년에 조사 발표한 통계에 따르면, 김일성-김정일 정권의 실체(實體)는 다음과 같다.

(가) 인권 상태가 192개 조사대상 국가 중에서 192위(Freedom in The World 2007, Freedom House).

즉, 백성의 인권이 가장 유린되는 폭정의 나라임을 뜻한다.

(나) 민주주의 지표(指標)가 167개 조사대상 국가 중에서 167위(Democracy Index 2006, Economist Intelligence Unit).

즉, 세계 제일의 독재국가임을 뜻한다.

(다) 언론자유가 195개 조사대상 국가 중에서 195위(Freedom of The Press 2007, Freedom House).

즉, 외부와 완전히 단절된 나라임을 뜻한다.

(라) 경제적 자유가 157개 조사대상 국가 중에서 157위(Index of Economic Freedom 2007, The Heritage Foundation and The Wall Street Journal).

즉, 엄격한 통제경제로서 생산시설 대부분이 국유 또는 공유되어 있고, 농업은 협동농장제로 경영된다.

(마) 총체적 자유가 159개 조사대상 국가 중에서 159위(The 2006 State of World Liberty Index, The State of World Liberty Project).

즉, 백성의 자유가 가장 없는 나라이다.

미국 정부가 공개한 통계(World Factbook)에 의하면 2007년에 김일성-

김정일의 조선민주주의인민공화국의 일인당 GDP(ppp)는 1,800달러이고 대한민국의 그것은 2만 4,500달러이다. 즉, 삶의 질이 지극히 열악(劣惡)한 나라이다. 위에 열거한 지표(指標, index)만 보면 김일성-김정일의 정권은 Myanmar의 군사정권이나 아프리카의 Zimbabwe보다 열등하다. 그러고도 김일성은 (북한의 헌법에 명시된) 영원한 주석으로서, 평양의 금수산 궁전의 방부 처리된 관 속에 누워 있다.

7. 맺는 말

대자연은 언제나 구속 상태에서 자유스러운 상태로 저절로 변화해 간다. 현대의 열역학(熱力學)에서는 이를 '고립계(isolated system, 물질과 에너지의 출입이 없는 계)에서는 엔트로피(entropy)의 증가가 일어나는 방향으로 저절로 변화해 간다.'라고 표현한다. 인류의 역사도, Hegel에 의하면, '구속에서 자유에로'의 변화라고 한다. 실제로 Magna Carta, 미국의 독립, 프랑스 혁명 등은 구속에서 자유로의 변화이다. 제2차 세계대전 후에는, '자유·평등·박애를 기초로 하는 인권(人權)은 인간에게 천부(天賦)의 것'이라고 명시(明示)한 세계인권선언(世界人權宣言, Universal Declaration of Human Rights)이 1948년의 UN 총회에서 만장일치로 가결되었다. 그 후 1990년을 전후해서 Poland, Hungary, Czechoslovakia, Rumania, Bulgaria, East Germany, Russia, Ukraine, Albania 등이 자유의 나라로 되었다. 중국도 등소평(鄧小平)의 '백묘흑묘(白猫黑猫)'로 자유시장경제를 도입했으며, Vietnam조차도 '도이모이'로 개방을 하였다.

현재 한반도에는 남쪽에 5,000만 명의 주민이 주인이며 인권이 보장되고 2007년의 1인당 GDP(ppp)가 북한의 약 14배인 대한민국이 있으며, 북쪽에는 인구는 2,300만 명이며 김일성-김정일 부자가 소련·중공의 외세 도입과 부정선거와 인권유린을 수단으로 60년간 독재 권력을 유지해 온 조선민주주의인민공화국이 있다. 그런데 김정일은 남한에서 쌀과 비료를 받아가는 처지이면서, 조선로동당 규약에 있는 민족해방·인민민주주의혁명을 내세워 '미군을 한반도에서 내쫓고, 대한민국을 전복(顚覆)하고 통일하겠다'고 110만의 군대와 원자탄·생화학무기를 갖추고 호시탐탐(虎視眈眈)하고 있다.

우리의 선조(先祖)들이 이 땅에서 겪었던 아픔의 역사를 되풀이하지 않으려면, 삶의 질(質)이 높은 부강(富强)한 통일 국가를 한반도에 만들어야 한다. 높은 삶의 질(質)은 인권이 보장되는 주권재민(主權在民)의 나라에서만 성취(成就)될 수 있다.

한반도에서 항구적(恒久的) 독립과 번영을 유지할 수 있는 통일국가가 탄생하기 위해서는

1. 북한 땅에서 정치·사회·경제 분야의 구조개혁(perestroika)을 하고, 정부 행정의 투명성을 제고(提高)하는 개방(glasnost)을 하여 백성의 인권이 존중되는 상태로의 변화가 일어나고,

2. 북한 땅에서 공정자유선거에 의해 입법부 대의원과 행정부 수반이 선출되고,

3. 남한의 도움을 받아서 북한 땅에서 삶의 질을 높여 1인당 GDP가 남한의 그것과 비슷하게 되고 또한 사회적 및 문화적 이질성이 해소되면,

4. 남북의 정부 대표가 상의해서 한반도 전역에서 토착인구에 비례하는 대의원을 공정자유선거로 선출하고 통일국가 입법부를 형성하여 헌법 제정을 하고, 국가행정수반을 선출하는 순을 밟으면 된다.

이 과정은 부작용의 극소화를 위해서 점진적(evolution)일수록 바람직하며, 급진적(revolution)으로 달성하려면 실패하기 쉽다. 국제사회와 공조하여 외세(外勢), 특히 약 60년 전의 김일성의 난(亂) 때 침략의 전례(前例)가 있는 중국의 간섭을 사전에 봉쇄해야 한다. 현재 자유시장경제를 도입하여 국세(國勢)가 신장되고 있는 중국은 동북공정 등으로 영토적 야심을 노출시키고 있을 뿐 아니라, 실제로 티베트 사태를 그 때문에 악화시키고 있다. 하나의 방법은 한반도의 지리적 접경국(接境國)들인 중국·러시아·일본을 견제하기 위해 먼 곳의 강국인 미국과의 군사동맹(遠交近攻의 策으로 以夷制夷)을 강화하는 한편 우리 자신의 국방력을 강화시키는 것이다. 이스라엘은 비우호적(非友好的)이며 인구가 도합 100배 이상인 주변의 아랍국들 사이에서 독립과 번영을 유지하고 있다.

북한 땅에서 인권이 보장되는 상태로의 변화는 김정일의 자의(自意)이건 또는 타의(他意, 하늘의 뜻에 의한 자연사를 포함)에 의한 것이건 김일성-김정일 정권의 소멸(消滅)을 뜻한다. 즉, 북한 땅에서 김일성-김정일 정권의 소멸(消滅) 없이는 평화통일은 불가능하다.

박정희(朴正熙) 대통령 때 김신조 일당을 보내 그를 시해하려고 했던 김일성은 이후락(李厚洛)의 방북으로 7·4공동성명을 하여 평화스러운 미소를 지은 직후, 휴전선 밑에 남침용 땅굴을 팠다. 미얀마의 아웅산 묘지에서 대한민국의 고위관리들을 폭사(爆死)시켰으며, 88올림픽을 앞두고 우리 동포가 탄 KAL기를 김현희로 하여금 동남아 바다 상공에서 폭파 수장시켰다. 김일성의 아들인 김정일은 세계적으로 악명 높은 정치범 수용소에 15만 명 이상의 우리 동포를 가두고 있으며, 1990년대 후반에는 우리 민족 200만 명 이상을 굶어 죽게 하였다. 김일성-김정일 부자는 신뢰할 수 없는 가혹한 독재자들이다. 이승만 전 대통령은 1954년에 '김일성과의 협의는 (Chamberlain-Hitler의) Munich 회담과 같은 것'이라고 간파(看破)하고 제네바 회담에 나가 있는 변영태 외무장관을 불러들였다. 독재자에 대한 유화정책(宥和政策, appeasement)은 금물(禁物)이라는 역사의 교훈을 이승만 대통령은 국민에게 상기(想起)시킨 것이다.

그런데 이승만의 아들 세대(世代)인 김대중(金大中) 대통령은 돈을 싸들고 김일성의 아들인 김정일을 만나고 왔다. 노벨평화상위원회는 남북의 화해(和解)에 기여했다고 김대중에게 노벨상을 주었으며, 김대중은 김정일이 자신과 같이 노벨상을 받지 못한 것을 (기자회견에서) 아쉬워하였다. 김정일은 그 직후, 남북한이 1991년 12월 31일에 '한반도비핵화공동선언'으로 이룬 약속을 어기고 원자탄을 만들어서 대한민국과 전 세계를 위협하고 있다. 누가 보아도 화해가 이루어진 것은 아니다. 이승만의 손자 세대인 노무현(盧武鉉) 대통령은 퇴임을 서너 달 앞두고 김정일을 찾아가서 '북한 주민을 위해 오래오래 사시라'고 찬송(讚頌)의 말을 하였다. 이들은 대한민국 내의 친(親)김정일 정치가들과 더불어, 평화통일의 걸림돌인 김일성·김정일 체제의 수명(壽命) 연장(延長)에 기여한 셈이다.

우리가 2008년 현 시점(時點)에서 앞으로 한반도의 평화통일을 기대한다면,

1. 평화적 수단에 의한 주권재민(主權在民)·인권보장(人權保障)·법치(法治)·권력분립(權力分立)을 국기(國基)로 하는 자유민주주의 체제의 통일국가 수립에 한반도 통일의 목표를 확실하게 두어야 한다. (대한민국헌법 제4조 참조)

2. 배타적(排他的)이고 폐쇄적(閉鎖的)인 독재정권과 개방된 자유민주

주의정권의 영구적인 평화공존은 불가능하다. 하나의 민족(ein Volk)에 의한, 하나의 나라(ein Reich), 즉 통일국가에서는 공정자유선거로 정당하게 선출된 사람만이 통치 권력을, 법에 따라서(法治), 그것도 법정기간 동안만 행사하여야 한다. Hitler와 같은 독재자를 하나의 지도자(ein Führer)로 섬겼던 독일은 지구상에서 사라진 지 오래이다.

3. 자라나는 후세에게 과거사를 왜곡(歪曲) 없이 가르쳐야 한다. 이미 왜곡된 역사에 의해 세뇌(洗腦)된 사람들의 계몽(啓蒙)을 서둘러야 한다.

4. 김일성·김정일의 정권과, 우리의 불쌍한 동포들인 북한 주민을 확실히 구별(區別)하여야 한다. 우리가 주는 쌀은 군량미(軍糧米)로, 질소비료는 (가공 후) 폭약으로 전용(轉用)될 수 있다.

5. 우리는 우리의 번영의 원동력이었으며, 백성의 인권을 보장하는 자유민주주의 체제를 지키기 위해,

(가) 선군(先軍)정책을 쓰는 김정일의 정권보다 우세한 군사력을 유지하고, 미국과의 군사동맹을 강화하여, 김정일의 오판(誤判)을 사전에 예방(豫防)하여야 한다.

(나) 국가보안법을 사문화(死文化)하지 말고 이 법(法)의 집행(執行)을 엄격히 해야 한다. 대한민국의 국가보안법은 자유민주주의 체제를 보호하는 것이고, 이와 대칭적으로 잘못 인용되는 북한의 가혹한 형법(刑法)은 김정일의 독재 권력을 유지 보호하는 것이다.

6. 중국의 잠재적(潛在的) 간섭을 예의(銳意) 주시(注視)하고, 대책을 사전에 세워 두어야 한다. 그들은 한반도의 평화통일을 방해한 전례(前例)가 있다.

7. '우리의 소원'인 통일은 서둘지 말고 느긋하게 기회를 기다려야 한다.

현재는 대한민국의 내실(內實)을 온 국민이 합심해서 다져 나아가야 할 때이다.

기초 어휘에서 맴도는 어문생활

Zipf의 법칙, Zipf의 곡선

공과대학 전기컴퓨터공학부 | 안수길

'같은 내용의 글을 재탕할 수는 없다.' 그러한 생각이 있기 때문에 이미 설명한 바 있는 단어, 또는 개념을 다시 소개하고 해설하는 것에 주저가 없을 수가 없었다. 그러나 모두의 원활한 의사소통을 위해서도 있어야 하고, 개인이 생각을 하는 데에 있어서도 두고두고 편리할 그 개념을 간행물을 통해서 한두 번 소개한 다음 10년이 지나고, 20년이 지나도 사용하는 사람이 없을 때에는 그 갸륵한 뜻은 '허공에 뜬 메아리' 꼴로 되어 버린 것을 인정 아니 할 수도 없는 것이다.

그래도 그 사이 시대가 달라졌고, 대학 교육을 받은 사람들도 많아졌고, 식당 등에서 옆자리 사람들의 일상대화에도 전문어들이 제법 들리는 다가치(多價値)의 시대가 되었기 때문에 상기 새 용어, 새 개념의 어휘의 활성화 동기가 충분한데, 이러한 여건 변화로 보아 다시 한 번 소개해야 한다고 생각하게 되는 낱말 중 하나가 'Zipf의 곡선'이다. 작금 한국 사회에 '지적 도전(知的挑戰) 정신'이 표면화되기 시작하고 있으니 혹시 생소한 낱말, 어려운 내용에도 호응하는 층이 있을까 … 하고 생각하기 시작한 것은 오늘이 바로 (2008년) 새해 첫날이기 때문일 것이다.

언어학에 관련된 술어(術語)인 'Zipf의 곡선'이란 한 언어의 전체 어휘를 자주 쓰이는 순서에 따라 나열했을 때, 즉 X축 출발점(원점)에 가장 많이 쓰이는 단어를 세우고, 두 번째 자주 쓰는 단어를 두 번째에 쓰고, 그리고 세 번째 자주 쓰는 단어를 세 번째 등으로 나열하는 한편, Y축에 각각 해당되는 단어의 발생 확률을 기록해서 그 교차점들을 연결하는 커브를 말하고, 그 '커브가 전 세계 어느 언어에 있어서나 예외 없이 직선이 된다'는 것을 지적한 것이 'Zipf의 법칙'이다. 한국어의 경우 가장 발생 확률이 높은 단어가 '것'이고, 영어는 'The'이며, 중국어에서는 '的'이다.

필자가 이끈 서울대, 지금은 없어져 버린 전자공학과의 통신이론연구실에서 한국어 단어의 발생 빈도를 조사한 것은 1978년이다. 통신이론연구실 소속의 전체 학생들이 신문과 소설책들을 '무작위(無作爲)표본화' 한다고 닥치는 대로 바늘로 꾹꾹 찍어 그 뒷면부터 구멍이 뚫린 단어를 모아 3만 3,000단어의 통계를 잡느라 방학을 즐겁게 지냈고, Zipf 곡선도 매끄럽게 잡히기는 했는데 나중에 '띄어쓰기' 등에서 활용하는 '공백소(空白素, 빈자리)'를 무시한 잘못을 깨닫고 다시 통계작업을 시작해서 <새 작업인데도 거의 같은 결과가 되어서> 상기 표본수가 충분하다는 것도 확인을 하게 되었는데 우리 '한국어'의 경우도 Zipf의 법칙에 관해서는 예외가 아니어서 사람들의 평균 단어사용빈도분포 곡선(그림 1)이 직선이었다(log-log 척도). 다시 말해 Zipf의 법칙은 한국어에서도 성립되고 있었던 것이다.

이러한 노력의 결과가 그 다음 해에 졸업한 남궁 건(南宮 建) 군의 논문「한글 낱말의 발생 빈도 분포와 Entropy에 관한 연구」였다. 이 통계 결과

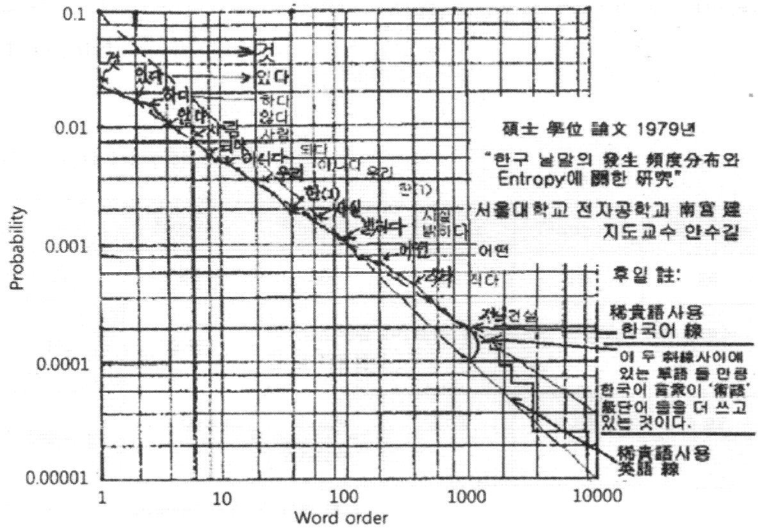

그림 1. 한글의 낱말 분포

를 발표하면서 계산해 놓은 '한국어의 엔트로피-(情報效率)'가 결코 다른 언어에 뒤지지 않는다는 것은 논문에 지적만 해 놓았지 크게 주목을 끌지는 못하고 지나갔다(표 1). 여러 나라 언어의 Zipf의 곡선(사실은 직선)의 기울기가 '단어 골고루 쓰기'의 정도를 나타내는 데 초등교생들은 어휘가 크지 못해서(X축 길이가 빨리 끝나게 마련) Zipf선이 급준하게 되고 저변이 좁은 경우 곡선 좌단은 Y축 높은 위치에서 시작하게 되고, 반대로 더 큰 어휘를 구사하는 문화언중(文化言衆)은 많은 술어/중견어(中堅語)들도 쓰기 때문에 저변이 넓어져 Zipf선이 눕게 된다(곡선 아래 면적은 어느 경우나 합해서 확률 1이 되어야 하기 때문).

30년 전 우리나라 언어 패턴은 저력이 있었다

결국 대어휘(大語彙)를 구사하는 지식층의 Zipf 선은 술어를 많이 쓰고 따라서 그만큼 초보단어를 줄여 쓰기 때문에 좌단에 있게 되는 최빈(最頻) 발생단어 확률이 줄어들어 따라서 Y축상 낮은 점(裁片)에서 시작한다는 뜻이다. 즉, 상기 '것', 'The', '的'이 차지하고 있는 Y축 교차점(裁片)이 낮다는 이야기인데, 따라서 낱말을 골고루 쓰는 정도는 Zipf의 곡선 전체를 볼 필요가 없고 처음부터 '최빈발생단어의 확률(Y재편의 높이)'이 이미 모든 것을 말하게 된다는 뜻이다.

물론 지금까지 추리해 온 것은 여러 가지 조건이 복잡하고 사람들이 일상적으로 쓰고 변천하는 언어의 통계에 관련되는 것이기 때문에 '이라크 전쟁식 서방의' 논리만능 논법으로 되는 것은 아니지만 다음에 나와 있는 <그림 2>, 즉 영어의 경우는 Zipf 선이 최빈 단어인 'the'의 발생 확률이 Y축상 비교적 높은 10%라는 자리에서 시작하고, 다음 단어('of')가 그의 1/2, 세 번째('and')가 1/3 정도, 그리고 네 번째인 'to'가 1/4 정도 발생한다니 영어는 Zipf선이 비교적 급준한, 다시 말해 '흔한 말이 너무 흔한' 언어라는 것을 볼 수 있다. 한편 한국어의 경우 최빈 발생어 '것'의 확률이 2.28%, 중국어의 경우('的')는 3.41%이다. 단 한국어에서 제2위인 '있다'는 1.68%임에 비해 중국어에서는 제2위인 '一'이란 글자의 발생 확률은 1.12%이기 때문에 '的'만 빼놓으면 우리보다 더 골고루 쓴다. 즉, Entropy가 높다고 말할 수가 있다. 다시 말해 정보 능력이 커서 중국어로 번역하면 많은 소설들이 페이지 수가 줄어든다.

그간 필자는 여러 대학교를 다니면서 '우리 조상 동이족(東夷族)은 우수하다'는 특강을 하기 시작했는데 해마다 4회 정도의 발표를 하고 있어서 그 사이사이 여러 소스(源)에서 얻게 되는 자료를 강의 내용에 포함시키고 있고, 벌써 20년을 넘긴 그 강의를 준비할 때마다 한국어에 관한 자료도 뒤적거리게 되어 상기 논문도 여러 차례 다시 보게 되었던 것이다.

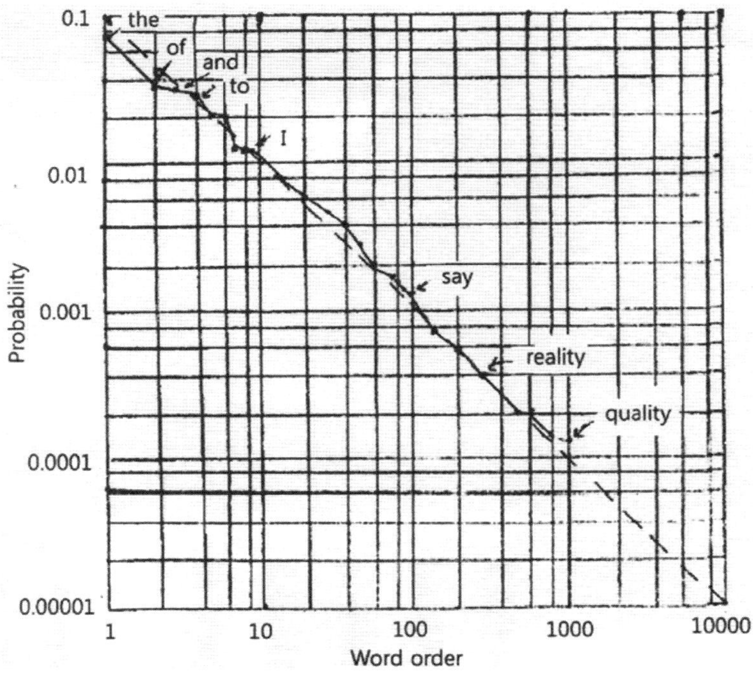

그림 2. 영어의 단어 분포

그런데 얻어진 자료를 다른 시각에서 보면서 결국 30년 전 우리나라 사람들의 어휘 사용 패턴이 다른 나라에 비해 더 많은 단어를 활용하는 편이어서 어문생활이 대단히 윤택한 것이었다는 사실을 깨닫기 시작한 것이다.

선인(先人)들의 어휘가 특별히 큰 것으로 미화(美化)하려는 생각은 없었지만 다른 언어에 관한 자료가 하나둘 얻어짐에 따라 점점 '지난 날 우리의 어문생활에서 신문이나 소설에 쓰인 어휘의 크기가 서방 여러 나라 대중 매체의 그것에 비해서는 훨씬 풍요로웠다'는 사실이 드러나게 된 것이다.

장구한 민족의 단어 선택 이력이 〈보이지 않는 손으로〉 의역(意域) 패턴을 조종

이면지(裏面紙) 한 장이라도 글자 연습을 안 하고 버려지는 일이 없게 야단치는 훈장과 서당이 방방곡곡에 깔린 동양과는 달리 서양 농촌은 200여 년 전까지만 해도 백성이 참여하는 문화란 빈약했었다는 사실은 이미 확인된 일이다.

표 1. 한글과 4개국 언어의 엔트로피

	Korean	English	French	German	Spanish
A	24	26	26	26	26
Fs	2.92	France 사람들이 新語 잘 만들기는 유명하고 만든 語彙는 곧잘 활용한다.			
F_{word}	2.069	2.62* 1.648**	3.02	1.08	1.97

*Spannon의 nonrooted data에 의한 결과

*Barnard의 rooted data에 의한 결과

같은 root의 단어들을 정리 안하면 단어가 많은 것으로 된다. 따라서 정리를 한 Barnard의 경우가 독일어와 가깝게 되고 Entropy는 감소한다.

한자 술어를 풍부하게 많이 썼던 지난날의 우리 언중(言衆)들의 풍요 어휘 화두로 돌아와서, 우리의 어문 통계의 우월성을 거론한다면 그것은 우리가 잘났다기보다 '서양에서는 신문과 삼문(三文)소설 읽는 독자 대중이 지금도 생각하는 것보다 한정된 기초어휘 속에서 맴돌고 있다'는 뜻이라고 생각하면 납득하기가 더 쉬울 것이다. (정확하게 말해서 한국어는 <무엇이건 이름 붙이기를 좋아하고 'Achademie Francaise: 프랑스국어원'이 신어를 엄선하기 때문에 곧 정착이 되는> 프랑스어 Entropy 3.02의 다음 자리이다.)

여담이지만 프랑스국어원에서는 신어인준 토론회가 공개인데 불어의 비속화를 우려해서 이미 흔히 쓰고 있는 "marrant: 웃긴다"라는 속어(argot)의 국어 인정을 반대하는 한 위원을 "저 사람 되게 웃긴다"고, 바로 그 단어(marrant)를 써서 한 청중이 항의했다는 일화가 전해지고 있다.

한편 영어의 경우 월간잡지 *National Geography*의 기고가(寄稿家) 중에서 '푸른'이란 형용사를 12가지의 다른 표현으로 구사하는 사례까지 보았지만 일반 사람들은 그렇게 표현력이 강하지는 못하다. 우리가 막연히 생각하는 것과는 달리 구어(口語) 이상의 영어는 영국인/미국인들에게도 어려운 재주여서 지금 가장 구독 부수가 크다는 *Financial Times*, *LA Times* 등에서 흔히 쓰는 용어는 지성지(知性誌)라는 주간지 *TIME*이나 *IHT*(인터내셔널 헤럴드 트리뷴)의 용어에 비하면 무척 평이한 것이다. 영어의 경우 언중(言衆) 전체의 사용단어 평균 분포는 *Ulysses*(율리시스)로 유명한 영국 작가 James Joyce가 대표하고 있다고 한다.

지금부터 300년 전 유럽은 그 습하고 추운 땅의 소산물은 물론 문화면까지도 빈곤하였다. 영국에서는 최근에 와서 우리나라 민속촌과 같이 지난날의 생활을 재구성해 놓은 마을들이 있는데 잘 살았던 사람들 또는 귀족들의 경우도 그들 식도구(食道具)는 겨우 가장이 식솔들에게 고기 나누어 주는 칼이었고 식구들은 맨손으로 먹었다.

결국 그 옛날 식생활 풍습에 이르기까지 서양문화는 야만스러웠고, 반대로 동양의 문화가 서양에서까지 존경받았고, 우리 언중(言衆)의 구사 단어수가 무척 크고, 따라서 전체 의역(意域) 활용이 더 세밀한 것이었다는 것이 드러나기 시작한 것이다.

'동양우월' 의식은 엽전 더미를 뚫고 솟는 죽순과 같이…

작금에는 동양문명 우수성에 관해서 동양권 사람들이 자각하기 시작했는데 지난날의 고정관념을 뚫고 솟아오르는 그 양상은 마치 싸인 '엽전(葉錢)' 더미를 뚫고 올라오는 죽순(竹筍)과도 비교될 만한 힘센 것이다. '엽전'이란 물론 지금까지 우리 『대한매일신보』/『독립신문』 이래의 독자들의 '어휘의 크기'를 인정하려 하지도 않고 '한국 비하 통념'에 익숙한 지난날 한국 사람들의 열등감을 '엽전'에 비유해서 쓴 표현이다.

'만민은 평등하다'는 맹신은 성장과정에서 일찍부터 우리들 뇌리를 선점해서 세뇌해 버리기 때문에 "우리 국민은 우수하다"는 주장은 너무나도 쉽게 '국수/국수주의(國粹主義)'라는 단죄의 딱지가 붙여져서 설 땅이 없다. 그러나 '만민평등'이란 모두가 평등한 권리를 갖고 있다는 것이지 개인들이나 국민통계 간에 차이가 없다는 뜻은 아니다. 한편 '만국평등'을 위해서 각각의 언중에 작용해서 조정하는 숨어 있는 기구가 있는 것도 아니니 조정기구가 없다는 사실만 갖고도 이 지구 위 어디엔가 상대적으로 우수한 민족은 있게 마련이다. 하물며 유구한 역사를 두고 교육열이 뚜렷

했던 동이족의 경우 남과 다르다는 주장이 허황된 것은 아니다.

고전 낱말들을 '조자룡의 헌 칼같이' 편하게 썼던 선대들

30년 전 우리 한국의 신문, 그리고 소설 독자들은 한자어인 많은 술어를 구사하고 있었다. 글을 읽고 쓴 사람들의 어휘가 컸던 것이다. 이러한 단순한 사실이 믿어지지 않는다면 다시 한 번 반대로 생각해서 전 세계 많은 나라에서 언중들 상상력이 모자라서 그러는지 흔히 쓰는 단어들에 지나치게 '어프러지고' 있다고 생각하면 더 쉬울 것이다.

이 '어프러지고'라는 표현은 『문세영사전(文世榮辭典)』(1954년)에는 나와 있고 일부 지방, 일부 계층은 지금도 쓰고 있는 일상용어인데 그 다음 사전들의 편찬 단계에서 빠져 버린 것이다. 같은 모양으로 '몽니' 등 버려진 옛 표현들이 상당히 많은 것을 보면 유행어에 맹목적으로 따라만 갔지 국어 보존 노력은 모두의 관심 밖에 있었고, 정확하고 강력한 단어도 유행어가 아니면 '쓰는 이의 나이가 들어 보일까봐' 기피하고, 뼈대 있는 전문어 또는 <지식계급임이 드러나는> 중견어(中堅語)들을 식자들이 오히려 애써 피했던 것 같다.

미국의 Webster 사전(창시자 Noah Webster, 1758~1843)은 창시자가 죽은 다음에까지도 그 자손들이 회사를 만들어 오늘날까지 영어의 변천을 계속 감시하고 <앞뒤를 감안해서 모순이 없어서 기존의 언어질서를 교란하지 않는> 신어(新語)는 빠짐없이 할아버지 사전에 수용을 하고 있는데, 우리의 사전들의 경우 8·15광복 이후 계속해서 그러한 언어 변천이 가져온 신단어를 빠짐없이 수용했는지 또는 최소한 진지한 노력을 계속하고 있는 가족들이 있는지 생각을 하게 되는 것이다. 일본에 흔히 있는 '오따

꾸'들과 같이 한국에도 앞으로 문화국 자긍심을 되찾는 어느 날에는 '우리말 변천 감시'를 업(業)으로 삼은 가족이 있었음이 드러나기를 바라게 되는 것이다. (수양대군 때의 신동 김시습(1435년)이 전해 온 이야기로 신라시대 박제상(朴堤上) 가계는 줄곧 왕정의 <마고성(麻姑城) 근본을 향한> '복본(複本)' 의무를 되풀이 깨우쳐 주는 가계였다고 하였다.)

반대로 국어원(國語院)에서 누리꾼들('꾼'이라는 말을 자기 자신에 사용함으로 해서 '꾼'이란 표현의 비하력(卑下力)을 희석하고 있다.)의 생각 없는 막된 말을 '통계 하나만 믿고' 인쇄 배포하고 있는 현실을 우려하지 않을 수가 없다. 우리들의 현실은 한자 기피로 해서 우수한 고정보밀도(高情報密度) 단어들의 도살(?)에 거족적으로 '어프러지고' 있는 것이 아닌가 하는 생각이 드는 것이다.

신어를 인정하고 사전에 이를 수용함에 있어서 가장 조심해야 하는 것은 그 '신어'가 기존 단어들과 잘못 겹쳐서 그 신어의 사용이 여기저기에서 문장에 미결의문을 만들어 지금까지 우리가 누려 왔던 <그리고 젊은 세대가 이어 누리게 될> 어문생활에 돌이킬 수 없는 교란을 가져오는 일이다.

들리는 바에 의하면 중국에서 간자화(簡字化)를 하는 과정 중 신제 간자 채택 단계에서 깊은 교려가 모자라 <意域內에서 서로 잘 배분이 되어 오해가 최소의 것으로 정착이 되어 있는> 기존의 번자(繁字) 체계를 아는 사람들에게는 읽어도 글의 뜻이 석연치가 않고 의문이 많이 생기는 양상이 있다고 하니 조상들의 질서를 파괴해서 얻어진 것은 <말해도 서로 알아듣지 못하는바 "동물사회로의 회귀(回歸)"이며, 그것은> 사람들이 몰이해와 분쟁, 즉 싸움이 일상화된 양육강식의 원시사회로 돌아가는 것으로 극동

지역 문화를 위해서는 통탄할 퇴보인 것이다.

잘못된 신어에 의한 언어의 모호성 증가는 <혼란이 없어서 강력했던> 당해 언어의 의사소통력을 약화시키는 것으로 이어져, 잘못된 신어의 도입은 어휘를 키우는 듯 보이면서도 말을 했을 때 여기저기 묘한 구석에서 뜻이 모순되거나 겹쳐 알아듣지 못하게 되는 불편한 언어로 퇴화시키게 되는 것이다.

선대들의 문필력(文筆歷)이 단어 밀도 분포와 의역내(意域內) 뜻 배분에 작용

우리가 흔히 알고 있는 그 많은 지식어(知識語)들은 그들 전체언중(全體言衆)의 통계에서는 Zipf의 곡선 저 오른편 구석에 있는 '희귀어(稀貴語)'인 것이다. 영어의 경우 대중들은 쉬운 단어를 두 개 또는 세 개 합해서 다른 뜻으로 쓰는 '숙어(熟語)'들이 많아서 결과적으로 '술어(術語)' 사용을 줄여(예: 희귀어 'abandon' 대신 초급어 'give'와 'up') 통계에서 기초단어편을 더 밀어올리고 있다.

명작 소설들이 통계에 큰 영향을 줄 개재는 아니고 지난 날 선택이 되어서 아시아권에까지 알려진 대부분 명작소설들은 대단한 고급 글인 것이다. 다시 말해 이들은 영어권 독자들이 날마다 접하고 있는 단어들보다는 더 '유식한' 것으로 그러한 명작 소설들 뒤에는 기초 어휘에서 맴도는 삼문소설(三文小說)의 빙산 하면층(氷山 下面層)이 있어서 실제 통계(統計)를 지배하고 있는 것이다.

한국어의 경우도 지난 20년간 ('이념적'이라고 해야 더 정확하다 할) 광적인 요인에 의해서 '한자 단어'를 멸종시켜 많은 '술어'를 잃게 하였다.

<옥편에서 특정 글자(漢字)를 사용해서 얻어지는 두 글자 혹은 그 이상을 쓴 단어들, 즉 이제는 낯설기 시작한 그 많은 휴면어(休眠語)들을 보라> 요사이 사람들이 한글로 발음만 적다 보니 그 많은 동음이의어들 중에서 가장 흔한, 한 가지 뜻이 <그 발음이 가져올 수 있는> 나머지 자의(字義)들을 다 소멸시킨 것이다.

출판사의 한자 기피는 더군다나 '전산기화(電算機化)' 시대에 한글로 한 번 타자하고 다시 한 번 한자화를 위한 변환과정을 기피하는 데에서도 심화되었는데 이러한 직업인들의 게으름이 우리의 풍요할 수 있는 어문생활을 오늘날과 같이 빈곤한 것으로 만든 것이다. (일본에서는 워드프로세서를 계속 발전시켜 한자들을 한꺼번에 단체변환을 시키는 프로그램을 만들었기 때문에 한자변환이 무척 쉽다.)

다시 말해 '한글 전용이 애국'이라는 게으를 수 있는 좋은 구실을 얻게 된 출판인원들의 나태근무 방치가 더군다나 '한글 전용' 경향을 가속한 것이다. 그러나 '게으름'이란 동인이 인간 지성생활을 향상시키지는 못할 것이다.

'원수'의 단일의화(單一義化)를 위해 밀려난 '원쑤'(북한정치)

다시 되풀이해서 어떠한 '발음'을 할 때 우리는 20년을 걸려 '주된 뜻(第一義)' 뒤에 숨은 그 많은 동음이의어를 말살시켜 왔던 것이고, 오히려 그 다음 자의(字義)들에 더 흔히 국가 발전에 요긴한 전문용어 또는 문화적이면서 간결한 표현들이 들어 있기 때문에 이 <술어의 (강제철거?)의> 폐단은 크다.

한글 전용 글에서 어떤 특정 발음이 발성되면 그 많은 자의 중에서 가장 흔한 뜻으로 받아들여야 하고, 그 이후의 자의들은 제일의(第一義)의 경우와 혼동되는 것을 피하기 위해서 '추가 노력'을 해야 하는 입장이 되고 있는데, 그것은 지적 활동을 위해서 커다란 방해가 되는 것이다. 이러한 한자 말살 폭거 뒤에는 <두뇌로 해서 지배되기가 쉬운> 이 나라 '어린 양(?)들'을 특정 방향으로 몰아가려는 '정치' 책략이 숨어 있는 것이다.

한자 기피는 결국은 '게으르면서 선동되기가 쉬운 층'을 양산하면서 분해능(分解能) 강한 술어들을 써야 하는 계층에게는 갖은 어려움을 덧씌워 주는 양상이 되어 가고 있는 것이다. 이것이 정치가, 행정가, 그리고 산업/상업인들이 좌익 사람들과 함께 20년 강행해 온 '우민주의'가 비난받아야 할 이유인 것이다.

서울대학교 충렬탑 건립의 필요성을 제언합니다

6·25전쟁 발발 60주년을 맞이하여

농업생명과학대학 산림과학부 | 신동소

서울대학교는 겨레의 대학으로 나라와 인류에 공헌할 사람을 기르는 학문의 전당으로 설립되어 대한민국 건국 62주년의 역사와 진운을 함께하였습니다.

여기에는 몽매간에도 잊지 못할 6·25전쟁과 4·19민주화사건 등 아픔으로 점철된 역사가 투영되어 있습니다. 지난 역사에 있어서 6·25전쟁은 숱한 사람들의 살상, 국토의 폐허화, 이산가족, 특히 대학연구실의 기능마비 등 이루 말할 수 없는 참상과 막대한 손실을 안겨 준 민족의 비극을 낳아 국가의 큰 변란이나 정변도 아닌 국가주권의 운명이 걸렸던 민족사적 큰 사건이었습니다. 불행하게도 이 전쟁은 아직 끝나지 않고 휴전 상태로 항상 위험이 오늘날에도 상존하고 있습니다.

나라가 누란의 위기에서 대학의 지성인은 조국의 부름에 응하였고, 불의와도 싸웠으며 숱한 인고를 겪으면서 국익과 나라의 경제발전을 위해 졸업생들은 정치, 재계, 교육계, 재야 등 여러 분야에서 공헌하고 혁혁한 공적을 쌓아 오늘날 대한민국 발전의 초석이 되었습니다. 그 중심에 국군과 UN군이 목숨을 걸고 이 나라를 사수한 공헌과 희생 위에 이룩된 것이며 그 가운데 서울대 학생의 희생이 있었음을 간과해서는 아니 됩니다.

이제 2010년이면 6·25전쟁이 일어난 지 60주년을 맞이하게 됩니다. 그동안 1948년 제주 4·3사건과 1980년 5·18민주화운동 희생자의 위령탑과 보상도 있었습니다. 그런데 나라가 풍전등화에 처했을 때 목숨을 바친 서울대 학생 전몰자의 조국애를 기리는 위령탑을 대학 차원에서 세우지 못하였습니다. 우리는 서울대 학생으로서 참전하여 유명을 달리한 전몰자를 위한 충렬탑 건립을 또한 잊어서는 안 됩니다.

서울대학교에서 휴교를 내려 여러 가지 사연으로 나라의 부름에 응하여, 사랑하는 제자와 동문이 전쟁터에서 유명을 달리한 전몰자를 기리는 위령탑이 건립되어야 합니다. 이 영령들은 부모와 귀한 처자식을 두고 대한민국의 국군으로, 이 나라의 평화를 지키기 위해 용감하게 싸우다가 숨을 거두었던 동문들이었는데, 이제는 국군묘지에 또는 이름 모를 산야에 묻혀 있는 영령들을 어찌 잊을 수 있겠습니까.

그동안 우리사회에 이념의 대립과 민주화의 기치 아래 진정 나라를 지키기 위해 생명을 바친 영령들의 희생정신을 망각하였습니다. 더욱 안타까운 것은 젊은 세대는 6·25전쟁을 모른다는 데 있습니다. 우리를 위해 앞서간 영령들을 위한 충렬탑 건립은 반드시 필요합니다. 이들 영령들을 기리는 충렬탑을 서울대학교에 세우는 것은 우리 동문들이 마땅히 해야 할 도리입니다. 이것은 곧 지식위주 교육보다 참된 정신을 갖자는 인간교육의 일환입니다.

진정으로 그 당시 전쟁에 나간다는 것은 쉬운 일이 아닙니다. 젊은 죽음, 절박한 생사의 갈림길에서, 나라가 위태로울 때 목숨을 바치는 이가 마땅히 성인인 것처럼, 견위수명의 정신으로 한 번 잃은 조국은 다시 오지 않으리라는 신념에서 이순신 장군과 케사르 무장과 같이 조국을 사랑하고 나라를 지켜낸 고귀한 희생이 있었기에 오늘날의 평화와 번영이 가능하였습니다.

이 영령들은 조국을 사수하기 위해 전선에서 겨울에는 혹독한 추위와 여름에는 찌는 무더위를 견뎌 밤낮으로 싸우다가 조국의 군복을 입은 채 이름 모를 산골짜기에서 행복해질 조국을 기다리면서 하나뿐인 목숨을 바친 숭고한 희생이었습니다. 이들의 젊은 죽음은 어여삐 사랑한 애인과 혈육을 나눈 형제와 부모를 두고, 청운의 꿈을 접은 이들의 희생을 무엇으로 보상해야 되겠습니까. 모교는 이 들의 눈물을 닦아 주며 원혼을 달래 주어야 하겠습니다.

본교는 겨레의 대학으로 진정 6·25전쟁에 참전한 졸업생을 위한 충렬탑의 건립은 재학생들에게 애국심을 승화하고 조국애의 동기를 유발할 상징물이며, 그 자체가 무언의 교육으로 대학이 수행해야 할 사명이라고 생각합니다. 어느 나라든 교육이념은 자국을 사랑하는 정신을 함양하는 데에 두고 있습니다.

현재 우리사회는 이념의 갈등과 가치관의 혼돈에 빠져 있는 듯합니다. 이로 말미암아 6·25전쟁의 포화가 멈춘 지 금년으로 60주년에 이른 오늘날 청소년과 대학생들은 역사적인 비극을 왜곡하고 우리 동족들이 겪었던 희생의 아픔을 잊어 가고 있습니다.

젊은이들은 현재와 미래의 주역입니다. 우리 역사에 있어서 신라가 삼국을 통일하는 데 원동력이 된 세속오계의 임전무퇴 정신은 현재에도 국가발전의 정신적 갑주가 되어야 된다고 생각합니다. 그렇기 위해서는 우리의 역사를 바로 가르쳐 줌으로써 올바른 역사를 알고 참된 인간이 되도록 교육하여야 합니다.

6·25전쟁은 잊힌 전쟁일 수 없습니다. 과거와 미래가 상봉하는 생생한 현실입니다. 평화로운 미래를 준비하기 위해서도 우리는 과거를 잊어서는 안 됩니다. '역사를 잊는 민족에게는 똑같은 역사가 되풀이된다.'라는 경구가 있습니다. 그러므로 우리 동문들이 자유민주주의의 수호와 국가발전을 위해 헌신한 공적을 기리는 충렬탑을 세워야 한다는 것은 우리 후세들에게 부과된 몫이며 마땅히 해야 할 본분이 아니겠습니까. 오늘날 우리가 자유를 누리며 평화와 번영을 이룩한 것은 6·25전쟁에서 침략을 방어했기 때문에 이 나라가 있으며 나라를 구한 국군장병 아니 장하고 훌륭했던 서울대학교 전몰자의 고귀한 희생이 있었기 때문입니다.

이미 세상에 알려진 바에 의하면 한국을 너무나 사랑한 미 해군 윌리엄 해밀턴 쇼 대위는 1922년 평양에서 미국인 선교사의 아들로 태어나 평양을 심지어 고향이라고 불렀으며, 하버드대학 박사과정을 밟던 중 6·25전쟁이 터지자 "내 조국에서 전쟁이 났는데 이렇게 마음 편하게 공부만하겠습니까. 내 조국에 평화가 온 다음에 공부해도 늦지 않아요."라는 감동적인 말을 남겼습니다.

그가 서울 탈환작전에 나서 1950년 9월 22일 녹번동에서 인민군 매복조와 교전을 벌이다가 가족을 두고 전사했다는 공헌으로 '녹번동광장'에 길이 남을 추모공원이 조성되었습니다.

한편 우리들에게 감동을 준 것은 6·25전쟁에 참전하여 왼쪽다리를 잃은 터키인 압둘카 다브산이 55년 만에 한국에 와서 "한국에서 또 다른 전쟁이 벌어지면 남은 한 쪽 다리까지 기꺼이 바칠 각오가 되어 있다."라는 말은 우리들에게 생생한 애국심을 새삼 일깨워 줍니다. 우리가 그동안 몰랐던 외국인이 한국 사랑을 이렇게 말할 때 우리 자신은 자괴한 마음과 맹성을 하지 않을 수 없습니다.

대한민국의 미래는 우리 청소년들에게 달렸으므로 이들을 가르치는 것도 교육자의 역할과 사명입니다. 우리가 6·25전쟁이 일어나 조국의 부름에 참전하신 동문의 용기와 애국심을 다시 상기하기 위해 충렬탑을 세우는 것은 바로 정신교육의 장이 되는 것입니다.

하버드대학 한복판 메모리얼 처치의 벽면과 프린스턴대학 낫소홀, 예일대학에 전몰동문 명단을 일일이 새겨 놓았습니다. 미국 워싱턴 시내에 있는 한국전쟁기념 공원에 '알지도 못한 나라 만나 본 적도 없는 사람들을 지켜 달라는 부름에 응한 미국의 아들딸에게 경의를 표하며', 그리고 그 아래에 '자유는 공짜로 주어지지 않는다'라는 불멸의 명구가 새겨져 있습니다.

민족의 대학인 서울대학교에 충렬탑을 세워 '자유는 공짜로 주어지지 않는다'라는 글귀보다 더욱 강렬한 감동적인 격문을 새겨야만 합니다. 서울대학교에 충렬탑을 세우는 것은 서울대학교 전몰자의 조국수호의 용맹스러운 함성을 들리게 하는 진원지가 되며 후배들에게 애국심을 우러나게 하는 무언의 상징물이 되며 대학의 역사를 만들어 가는 초석이 됩니다.

충렬탑은 애국의 혼을 담고 있는 숭고한 희생정신의 상징이 되며 부국강병의 귀감이 됩니다. 이것은 바로 앞서간 본교 전몰자의 희생정신과 재학생에게는 모름지기 애국심을 우러나게 하는 가교가 됩니다.

서울대학교는 민족의 대학입니다. 민족의 대학은 나라의 지도자를 양성하는 대학이며 조국수호의 간성을 배출하는 전당입니다. 그렇기 때문에 마땅히 충렬탑을 세울 필요성이 있다고 생각합니다.

저항시인 윤동주와 나의 한시

후꾸오까와 북간도 체험을 바탕으로

인문대학 국어국문학과 | 김용직

1. 항일 저항시인 윤동주(尹東柱)

윤동주는 1917년 12월 만주의 간도성 명동촌(明東村)에서 태어났다. 그는 간도 이민의 2세로 거기서 소학교를 다닌 다음 은진(恩眞) 중학교를 거쳐 연희전문학교에서 수학하였다. 연희전문에서는 문과를 택하여 시쓰기를 지망하고 정지용을 사숙하는 한편 키르케고르와 도스토옙스키, 릴케 등에 깊이 빠져들었다. 연희전문을 마친 다음 일본에 건너가 입교(立教) 대학에 적을 두었다가 이어 경도의 동지사(同志社)대학으로 자리를 옮겼다. 윤동주가 동지사대학에 다닐 때 일본은 그들 스스로가 일으킨 침략전쟁에서 패퇴를 거듭하였다. 그것을 은폐하고, 퇴세를 만회하기 위해 일제의 군부는 전선에서 유혈 돌격, 자살, 특공 전투를 감행하였다. 그리고 본국과 식민지에서는 국민총동원령을 선포하여 전력의 극대화에 광분하고 후방단속에 혈안이 되어 있었다. 윤동주가 송몽규(宋夢奎) 등과 함께 일제의 사찰망에 걸려 투옥당한 것이 바로 이 무렵인 1943년 여름이다. 뒤에 알려진 바에 의하면 유학 생활 중 윤동주는 송몽규, 백인준, 고희옥 등 재

일본 조선인 유학생들과 함께 비밀 조직을 만들었고 그를 통해 식민지 체제를 분석, 비판하고 민족 해방을 위한 항일 투쟁 방법을 모색했던 것이다.

윤동주가 관계한 이런 반체제 활동이 후방단속에 혈안이 된 일제의 탐지망에 걸렸다. 그로 하여 여름방학으로 귀향하기 직전 그는 몇몇 친구, 동지들과 함께 악명 높은 일제 고등계형사에 의해 연행 투옥되었다. 협박과 고문과정을 거친 취조 다음에 죄질이 무겁지 않다고 판단된 다른 사람들은 요시찰자의 딱지를 붙인 채 석방이 되었다. 그러나 윤동주는 송몽규와 함께 투옥, 수감되었다. 그가 감옥살이를 한 곳은 일본에서도 악명이 높은 후꾸오까 형무소에서였다. 처음 윤동주가 받은 형량은 2년이었다. 이 복역 기간 동안 윤동주는 일제의 특수 약물주사를 맞는 생체실험 대상이 되었다. 당시는 일제의 전력이 바닥을 친 때이어서 후방의 군사병원에서조차 치료약이 고갈 상태가 되어 있었다. 그런데 바로 이 무렵에 윤동주와 송몽규는 일제군의의 주사를 맞았다. 전후 상황으로 미루어 보아 그들은 일제의 생체 실험 대상이 된 것이다.

윤동주의 최후는 1945년 2월 16일 후꾸오까 형무소의 철창 속에서 빚어졌다. 그때 그는 뜻을 알아들을 수 없는 외마디의 비명소리를 질렀다. 아마도 그것은 꿈을 이루지 못한 채 끝나 버리는 그의 생이 올린 원한의 소리였을 것이다. 그때 그의 나이 28세, 그가 우리에게 끼친 것은 유고로 남은 시집『하늘과 바람과 별과 시』한 권이다. 이 시집은 그 한 해 전에 북경 감옥에서 절명한 이육사(李陸史)의 시집과 함께 일제 암흑기의 어두운 밤을 불 밝힌 저항문학의 본보기로 손꼽힌다. 윤동주의 이름은 그로 하여 우리 민족문학사의 한 기념비를 이루는 것이다.

2. 윤동주의 후꾸오까

20대 후반부터 나는 한국 현대시와 시인을 감으로 한 역사 쓰기를 지망하였다. 그 과정에서 관계 문헌과 자료를 모아 분석, 검토하는 일을 꾀하게 되었고 나아가 그것을 담론 형태로 묶어 내기를 시도해 왔다. 윤동주의 작품과 삶의 자취 역시 그 예외는 아니었다. 1976년 「윤동주 시의 문학사적 의의」(『나라사랑』 27집)를 써 본 이후 나는 몇 편의 윤동주에 관한 글을 발표하였다. 또한 겨를을 얻는 대로 그 유적지가 되는 곳을 살펴보기로 하였다. 그 결과물의 하나로 손꼽을 수 있는 것들이 1983년에 쓴 「현해탄의 해거름」이며 1990년 『현대문학』을 통해 발표한 「비석에는 그림자가 없었다 — 윤동주의 북간도」이다. 이와는 달리 나는 여행 때마다 현지에서 보고 느낀 것을 스케치나 메모 정도로 생각하고 한시(漢詩) 형식에 담아 보았다. 윤동주를 의식하면서 쓴 것 가운데도 다음과 같은 두 작품이 있다.

燕月漁村柵竹干
投錨船舶自成團
片帆玄海情無盡
烈士童舟血未乾
　　童舟日帝末抵抗詩人尹東柱之筆名
掩地風櫻言表美
連天積水眼窮難
羈愁悄悄靑丘遠
夕照西方我獨看

— <博多湾 春懷>

제비철 어촌에는 대숫대가 울바준데
닻을 내린 선박(船舶)들은 제 스스로 모여 있네.
현해탄 돛배 지나 정은 일어 다함 없고
몸 던져 나라 지킨 동주(東柱)의 피 땅에 흘러
　　동주(童舟)는 일제 말 저항시인 윤동주의 필명이었다.
땅을 덮은 고운 벚꽃 말과 글로 못 이르니
바다가 하늘인가 눈 던질 곳 바이 없다.
길손의 쓸쓸한 맘 내 나라는 머나먼 곳
저녁 붉새 서녘 땅을 내가 혼자 바라본다

博多海岸 三首

一.
季月殊方望海時
蒼波萬頃棹歌遲
三危太白雲濤外
別有乾坤此日知

二.
萬斛龍驤渡海時
如山波浪運行遲
麗兵元卒爲魚鼈
今日愁心我獨知

三.
壁上孤燈殘影時
追思東柱夜遲遲
遺詩歷歷尙存世

高節淸名誰不知

忽必烈侵攻日本時 高麗蒙古同盟軍上陸
於博多灣 而血戰數日 被擊于颱風 許多將卒
溺死於海底 大小艦船無不沈沒 又日帝末
民族詩人尹東柱投獄於福岡刑務所 籠鳥之
歲月二年餘 終絶命於此地故及之

하까다(博多) 해안 3수

一.
유월달 남의 나라 바다를 바라볼 때
가이없는 푸른 물결 뱃노래가 느긋하다
삼위태백(三危太白) 내나라는 아득한 구름 저쪽
또 한 누리 예 있음을 오늘에사 알겠구나

二.
고래등 같은 배로 바다를 갈라낼 제
뫼두곤 높던 파도 헤치기가 어려웠지
몽고군졸 고려병사 고기밥이 되었거니
오늘 내가 되짚으며 가슴을 아파한다

三.
길손의 방 작은 등불 불빛이 구뭇한데
시인 동주(東柱) 생각나는 밤은 정녕 더디 갔다
끼치는 그의 시(詩)가 마디마디 새로웁기
곧은 인품 높은 이름 온 세상이 두루 안다

홀필열(忽必烈)이 일본에 쳐들어갔을 때 고려와 몽고 연합군이 상륙한 곳이 하까다 만(博多灣)이었다. 처절한 싸움이 며칠 계속된 다음 태풍이 불어 그 장수와 병졸들이 수없이 바다 밑에 가라앉았고 크고 작은 전함들이 모두 깨어져 침몰하였다. 또한 일제 말기에 우리 민족의 시인 윤동주가 후꾸오까 형무소에서 2년의 옥살이 끝에 목숨을 빼앗겼다. 이에 그들을 언급해 본 것이다.

이들 두 작품은 다 같이 기행시의 일종으로 내 여행체험을 바탕으로 한 것이다. 앞의 것은 올해 3월 말 내가 그쪽을 여행한 체험이 토대가 되었다. 올해로 부산의 큰 처남이 환갑을 맞았다. 그 기념행사 가운데 하나로 처가의 형제자매들이 일본의 구주 쪽으로 온천여행을 떠나게 되었고 그 축에 나도 편입시켜 주었다. 우리 일행은 3월 30일 아침에 부산 제2부두에 집합하였다. 그리고 11시경 출국수속이 끝나 부산항을 벗어나 대한 해협과 현해탄을 거친 다음 후꾸오까 시의 일부인 하까다 항에 도착하였다. 우리가 이용한 배편은 한일 간의 연락선인 코비호였다. 이 신형 공기 부양 쾌속정은 달릴 때 선체가 수면 위로 떠오른다. 그리하여 여느 배와 달리 선체와 수면의 마찰 부위가 최소화되어 승선감이 매우 좋았다. 그런데도 부산항을 떠나서 2시간 가까이 되자 선체가 조금 흔들렸다. 지나가는 승무원을 보고 물었더니 거기가 현해탄 어름이라는 답이었다.

3. 순국의 피 흐르는 곳, 후꾸오까

우리 일행이 하까다 만에 도착했을 때 하늘은 조금 흐려 있었다. 부두를 벗어나 시가지에 접어들어서 보니까 남쪽 나라의 명물인 벚꽃은 아직 만개가 아니었다. 그러나 내항으로 날갯짓을 하며 모여드는 갈매기 떼와 함께 하늘은 푸근하고 따뜻하였다. 그런 풍경을 바라보면서 이제 윤동주가 절명한 시대와 달리 우리도 독립된 나라의 여권을 가지고 이곳을 여행하게 되었구나 생각하니 한 가닥 감회가 일어났다. 그리고 내 나이의 절반도 못되는 생을 일기로 이승과 인연이 끊긴 시인의 죽음이 생각났다. 그러니까 이 작품의 의미 맥락에서 역점이 놓일 자리는 당연히 4행인 열사동주혈미건(烈士童舟血未乾)에 있는 셈이다.

여기서 윤동주의 본 이름인 동주(東柱) 대신 동주(童舟)로 필명이 쓰인 것에는 설명이 필요하다. 율시 형식에서 측기(仄起)로 된 작품에는 함련(頷聯) 제2행이 측.측.평.평.측.측.으로 되어야 한다. 특히 이 행의 둘째 구 둘째 소리가 측성이 되는 것을 절대 금제로 한다. 그런데 동주(東柱)라고 쓰면 주(柱)가 높은 소리가 되어 한시 작법의 금기에 걸리는 것이다. 허두의 <연월(燕月)>은 3월(음력)의 별칭이다. 한시에 흔히 쓰는 계절 별칭으로 3월은 이밖에 <화춘(花春)>, <상사절(上巳節)>, <모춘(暮春)>, <잔홍(殘紅)>, <화월(花月)>, <도월(桃月)>, <청명절(淸明節)>, <한식절(寒食節)>, <곡우절(穀雨節)> 등으로도 쓰인다.

현대시도 그렇지만 우리나라의 전통시 가운데 하나인 한시(漢詩)에는 심심치 않게 시적 허구(詩的 虛構)라고 할 말들이 섞여 든다. 실제 우리가 탄 코비호가 항행할 때 바다에는 돛을 단 배는 없었다. 그런데 이 작품 셋째 행에서 나는 현해탄에서 돛단배를 본 것인 양 읊었다. 이것은 다음 자리에 놓인 <정무진(情無盡)>을 부각, 강조하기 위해 써 본 허구이다. 그래야만 후꾸오까 형무소에서 절명한 시인 윤동주의 죽음이 좀 더 절실해질 것이라 생각되었기 때문이다.

다음 경련(頸聯)을 이룬 5, 6행에서 나는 적지 않게 붓방아를 찧게 되었다. 이 두 줄을 통해 나는 하까다 만의 풍물에 곁들여 일어난 내 나름의 느낌을 펴고 싶었다. 그런 요량으로 이 작품 허두에서 구주(九州)뿐만 아니라 일본 전국의 명물인 벚꽃을 소재로 사용하였다. 또한 하까다 만은 바다의 일부였으므로 하늘과 맞닿은 그 모양으로 짝이 되게 하였다. 이때 이 연의 둘째 줄이 먼저 이루어졌다. 그런데 그 대우가 되어야 할 벚꽃의 모양 그리기가 생각처럼 쉽지 않았다. 우리 일행이 갔을 때 북구주 지방의 사꾸라는 아직 절반 정도가 봉오리로 있었다. 그것을 <엄지(掩地)>라고 한 것은 <편범현해(片帆玄海)>식인 시적 과장이었다.

<풍앵(風櫻)>이라는 표현에도 문제가 없지 않았다. 본래 한자로 <앵(櫻)>은 일본에서 쓰는 것처럼 벚꽃, 곧 사꾸라를 뜻하는 말이 아니다. 중국이나 우리나라의 한자 자전을 보면 그 뜻풀이로는 <앵도>, <앵두나무>가 나와 있을 뿐이다. 앵두 또는 앵도는 낙엽관목으로 그 꽃이 4월에 피며 열매는 6월에 들어가야 제대로 맺는다. 이에 반해서 일본의 사꾸라는 3월에 꽃이 피고 열매 또한 그 직후에 열리기 시작한다. 현대어에서 <앵(櫻)>에 해당되는 한자어를 우리는 <벚> 또는 <벗>으로 쓴다. 최세진의 『훈몽자회(訓蒙字會)』에는 이 자가 <이스라지>로 풀이되어 있고 그 주석이 <즉도 일명함도(卽桃 一名含桃)>로 나온다. 이와 함께 우리나라의 전통 한자 입문서인 천자문에는 이 말의 해당되는 한자가 <내(柰)>이다(金完鎭, 「고려가요 식품명의 두세 문제」, 『향가와 고려가요』, 서울대학교출판부 참조). 이 부분에서 <내(㮈)>를 못 쓴 이유는 단순하였다. 여느 한자 자전을 보면 이 말은 <능금나무>로 풀이되어 있다. 뿐만 아니라 이 자는 측성이어서 경련 둘째 구절 둘째 자리에 쓰일 수 없다. 그러나 <앵(櫻)>은 평성이어서 염을 맞추는 데도 아무런 문제가 생기지 않는다. 뿐만 아니라 이제 사꾸라는 일본의 국화로 자타가 인정하고 있는 터인데 이 표기로 <앵

(櫻)>자가 두루 쓰이고 있다. 이런 논리를 근거로 나는 여기서 이 자를 썼다. 더욱 이 행에서는 다른 종류의 문제가 제기될 수 있다. 그것이 이 줄 둘째 절 끝자리에 놓인 <언표미(言表美)>이다. 본래 여기서 내가 뜻한 것은 봄철을 맞이하여 일본 북구주 지방에서 흐드러지게 핀 벚꽃을 그려 내는 일이었다. 처음 나는 이 부분을 소박하게 <언표절(言表絶)>로 해 볼까 생각하였다. 그러나 문제는 벚꽃이 일본의 상징인 데에 있었다. 일본의 상징인 사꾸라를 언어 표현을 초월한 것이라고 하면 나는 윤동주가 절명한 땅을 부각하고 싶다는 애초의 의도와 달리 일본의 무조건 예찬론자가 되어 버린다. 그렇게 되면 윤동주가 순국한 땅으로서의 후꾸오까의 심상이 아주 훼손되어 버리는 것이다. 그 나머지 나는 또 하나의 안으로 외(外)자를 생각하였다. 그 다음 몇 개의 다른 표현을 생각해 보다가 마지막 쓰게 된 것이 미(美)자이다. 단 이 말은 애초 내가 생각해 낸 것이 아니다. 작품을 교열하는 과정에서 이우성(李佑成) 선생의 의견이 작용한 결과이다.

<박다만춘회(博多灣春懷)>와 달리 <박다만해안 3수>는 절구로 작성된 것이다. 그 문맥으로 나타나는 바와 같이 이 작품은 같은 제목에 묶인 세 마리의 연체시이다. 이 작품이 이루어진 시기는 햇수로 앞의 것과 10년의 상거가 생기는 1999년이다. 그해 6월 중순(16~18일) 후꾸오까에서 한·중·일의 관계 연구자가 참여한 국제비교문학대회가 열렸다. 그 자리에 나는 한국 측 대표로 참석하여 「동아시아 문학과 서구문학의 수용」을 제목으로 한 논문을 발표하고 질의 토론에 응하였다. 이 작품은 그때 얻은 것이다. 첫째 수에서 나는 하까다 만에 도착하고 난 다음 후꾸오까 시와 그 인근을 살펴본 소감을 펴고자 하였다. 여기서 계월(季月)은 음력으로 6월을

가리킨다. 이 달은 요하(燎夏), 유하(流夏), 복염(伏炎), 형월(螢月), 소서절(小暑節), 유두절(流頭節) 등의 별칭을 가지는데 나는 그 가운데 계월(季月) 이 내 작품의 허두에 가장 좋을 것같이 생각되었다.

둘째 수의 시기 배경이 된 것은 홀필열(忽必烈)의 일본침공 때이다. 몽고는 1270년대에 이르자 그 판도를 멀리 유럽에까지 넓히고 이어 중국 본토도 장악해 내었다. 글자 그대로 세계에 군림하는 대제국을 이룬 것이다. 그 황제가 홀필열이었다. 그는 세계 제패의 여세를 몰아 섬나라 일본의 정복을 꾀하였다. 그는 고려의 충렬왕을 충동질하여 전선 건조를 명한 다음 몽고와 한족의 부대를 합세시켜 2만 5천의 군세로 일본 정벌 길에 올랐다. 그러나 이 1차 침공은 도중에서 태풍을 만나 선단이 깨어짐으로써 실패로 돌아갔다. 이어 충렬왕 7년에 홀필열은 또 한 번 일본 정벌군을 출정시켰다. 이때에 그는 고구려 군의 도원수로 김방경(金方慶)을 임명하고 흔도(忻都), 홍다구(洪茶丘) 등이 이끄는 연합군을 편성하였다. 그 군세가 총 10만 명이었다. 이 2차 정벌군 역시 하까다 해안지대에 일부가 상륙한 다음 태풍에 휩쓸렸다. 이때에 몽고군과 고려군사 가운데 목숨을 건져 돌아간 자는 몇 천에 지나지 않았다고 한다. 이로 미루어 당시의 여몽연합군의 참패상이 어느 정도였을까 짐작된다. 이 둘째 수는 그런 사실들을 바탕으로 한 것이다.

셋째 수에 이르러 비로소 나는 이 시의 주인공이 되는 윤동주를 읊게 되었다. 이때 나는 일본비교문학회 쪽에서 지정해 준 일급 호텔의 한 방에 투숙하고 있었다. 내 방은 한국 측 본부격으로 쓰였고 나는 몇몇 친구들과 함께 밤이 늦도록 여러 가지 이야기를 하였다. 따라서 <벽상고등잔영시(壁上孤燈殘影時)>는 실제 사실에서 보면 어긋난 표현이다. 그러나 윤동주의 절명지에서 그를 추모하는 감정을 담기 위해 이런 표현은 또 다른 의미에서 필요한 것이었다. 이런 어세가 앞서야 혈서처럼 시를 남기고 순국한 윤동주의 심상이 제대로 떠오를 수 있기 때문이다.

한편 이때의 내 후꾸오까 체재는 그것이 첫 번째가 아니었다. 1983년도에 나는 연구교수로 일본에 1년간 머문 적이 있었다. 그때 나는 한국현대시사를 쓰기 위한 자료들을 수집하는 한편 가능한 대로 선배 문학자들이 수학한 학교와 다른 연고지도 찾아보고자 하였다. 그런 틈서리에서 1983년 이른 봄 동경에서 북구주 쪽으로 여행길에 오른 적이 있다. 2박 3일인가의 예정으로 동경을 떠나 후꾸오까에 이른 다음 나는 윤동주가 옥사한 형무소 자리를 찾고자 하였다. 그런데 안내자의 말이 그 자리는 헐리고 아파트가 들어서 버려 볼 수가 없다는 것이었다. 그것으로 모처럼 내가 꾀한 계획 가운데 하나, 즉 시인의 절명지를 찾아 꽃을 바치고 묵념이라도 드렸으면 한 계획은 물거품이 되었다. 내 솜씨가 미치지 못하는 것이기는 하나 이 셋째 수는 그때 내가 품은 아쉬운 마음을 담고자 한 것이다.

4. 시인의 무덤, 그림자 없는 비석의 자리

첫 번째 나의 하까다 방문이 허망한 마음과 함께 끝난 다음 나는 곧 일본 땅을 떠났다. 두 학기에 걸친 내 해외파견 연구생활이 그것으로 마감이 되었기 때문이다. 그러나 그 후에도 윤동주의 그림자를 좇고 싶은 내 감정은 가슴속에 제자리를 차지한 채 떠날 줄 몰랐다. 그 소망의 일단을 풀어볼 길이 1990년대 벽두에 열리게 되었다. 1990년 7월 중순경 나는 학술대회 참가자 자격으로 중국 여행의 기회를 얻게 되었다. 그때 나는 상해를 거쳐 심양을 경유로 연변대학에서 열리는 학술대회에 참가하였다.

당시 우리 일행은 김포공항에서 국제선을 타고 상해로 갔다. 거기서 일박하며 학술발표회를 가진 다음 심양까지는 국제선보다 좀 격이 떨어졌지만 그래도 제트기를 탔다. 그리고 심양에서 연길까지는 프로펠러로 가동되는 구형 비행기를 이용하였다. 연변대학에서 열린 학회에 참석하는 틈틈이 나는 윤동주의 유적지 답사의 일을 알아보았다. 오랫동안 꿈꾸고 바란 것이라고는 하지만 나는 용정이나 해란강에 대해 아주 장님인 사람이었다. 그런데 그 안내역을 자진해서 맡을 사람이 나타났다. 그들이 연변대학 조선어문학과의 교수들인 권철과 서일권 씨 등이다. 그리고 그 자리에서는 행동을 같이할 일행도 결정되었다. 서울대학교의 서대석(徐大錫)·김대행(金大幸) 선생과 경희대학교의 김진영(金鎭英) 선생과 나, 모두 여섯이 일행을 이룬 것이다. 안내를 맡은 분들은 고맙게도 차편까지 주선해 주었다. 10인승 봉고차를 대절해 낸 것이다.

연길에서 용정에 이르는 길은 약 40리 정도였다. 그것은 명색이 포장되어 있었지만 그 상태가 아주 좋지 못하였다. 군데군데 패인 자리가 나오면 우리가 탄 중고차는 심하게 흔들거렸다. 그런데도 권철 씨는 초기 간도의 이민사에서 윤동주 사후의 일까지를 쉴 새 없이 알려 주었다. 그런 가운데 우리 일행을 태운 차는 완만한 언덕길을 지나 백양과 함께 참나무, 소나무들이 숲을 이룬 산모롱이를 돌았다. 그러자 우리 앞에는 새로운 시야가 전개되었다. 서북쪽에서 남동쪽으로 비스듬히 놓인 푸른 들판이 나타난 것이다. 그 한가운데를 흐르는 강이 해란강인 것은 안내의 말을 기다릴 것도 없이 곧바로 짐작이 갔다. 그리고 그 머리 부분에 꽤 높은 산들이 놓여 있고 또한 들판 일부를 차지한 용정 시내가 바라보였다. 우리 일행은 거기서 차를 세우게 하였고, 잠시 동안 하차해서 서전벌이라고 알려진 용정 들판과 멀리 바라보이는 용정 시가지를 지켜보았다. 들판은 대개 무논이었고 거기에는 우리 고장과 똑같은 벼들이 푸른빛으로 기세 좋게 자라고 있었다. 대부분의 가옥들도 어려서 우리가 산 집들과 똑같은 초가들이었다. 그 모롱이, 산자락, 들판이 고향을 등진 우리 동포 형제들이 뿌리를 내리고 삶을 엮은 곳이다.

용정 시내는 생각했던 것보다 규모가 작았다. 하지만 그곳은 우리 개척민이 판 우물, 용정(龍井)이 있었고 그 유래를 적은 게시판도 보였다. 윤동주가 거처한 집터도 남은 곳이었다. 우리는 은진중학과 광명중학(光明中學) 자리를 돌아본 다음, 일본 영사관 건물에도 들렀다. 그 건물은 중국공산당 용정지구당 위원회가 쓰고 있었으나 일반인들에게도 개방되어 있었다. 우리는 독립 운동자 고문 장소로 악명이 높았던 그 지하실도 보았으면 하였다. 그러나 마침 담당자가 자리를 뜨고 없어서 그럴 기회는 얻어 내지 못하였다. 이래저래 지체를 하고 나서 우리가 윤동주의 묘소를 찾은 것은 정오가 조금 지난 시각이었다.

윤동주의 묘소가 있는 곳은 용정 서남쪽에 자리한 산비탈이었다. 용정 시가지는 북쪽에 솟은 비암산과 주암산 사이를 흘러내리는 해란강 남쪽에 위치한다. 그리고 그 서남쪽에 경사가 완만한 구릉이 있었다. 시가 일부는 구릉지대로 이루어져 있는데 그쪽 일부가 붉은 벽돌집이 들어선 영국 선교사들이 산 선교사언덕이다. 그런 이름은 선교 사업에서 빚어진 것이었다. 즉, 1910년대 초기에 북간도와 용정 일대에도 서양 선교사들의 활동이 시작되었다. 그 무렵 용정에 들어온 것이 그전에 이미 함경도 쪽에 발판을 굳힌 캐나다 선교회였다. 그들은 그 강한 포교의 열정으로 개척민 사회인 용정의 한인 구역에서 일찌감치 선교 사업을 벌였다. 그리하여 한 차례의 기반 구축 작업을 거친 다음 그들은 은진중학을 설립 운영하였고, 윤동주가 거기서 배운 것이다. 다만 그 언덕에 남아 있는 것은 선교사들이 쓴 것으로 짐작되는 주거 가옥 정도로 교회당 건물은 없었다. 전혀 외래 신앙을 인정하지 않았을 중공의 사회주의 혁명 초기와 그 후 일어난 문화대혁명의 소용돌이가 그런 사태를 빚어 낸 것이다.

캐나다 선교회에서 지은 붉은 벽돌집 구역을 지나자 잡초들이 자란 사이로 소형차가 간신히 지날 만한 비탈길이 이어졌다. 길가에 자란 풀들은 우리 고장에서 흔하게 볼 수 있는 억새가 주종이다. 그리고 그 사이사이에 민들레·엉겅퀴·소리쟁이·익모초·싸리 등이 뒤섞여 있었다. 또한 그 다음 자리에는 언덕 일대에 걸친 경작지가 나타났다. 마침 요철이 심한 길 때문에 우리가 탄 중고차는 언덕을 오르기가 힘에 겨운 듯 식식거리기 시작하였다. 그래서 우리는 바람도 쐴 겸 도보를 택하였다. 우리는 거기서 우리 고장과 똑같은 모양으로 자라고 있는 콩과 옥수수, 감자들을 보면서 일하는 사람에게 말을 건네 보았다. "실례지만 조선족인지요." 그러자 햇볕에 검게 탄 얼굴을 한 30대의 부부가 강한 북도의 억양이 섞인 말씨로 대답해 주었다. "그렇습니다. 남쪽에서 오신 분들인가 보지요, 윤동주 선생 묘에 가는 길입니까."

이어 우리는 그들의 농사일을 물어 보았고 성씨와 선대의 고장, 세상살이 형편에 대해서도 주고받았다. 그럴 때 우리의 눈앞에는 한말 개척민들이 봇짐을 푼 용정평야, 서전벌이 푸르게 바라보였다. 그 북쪽에는 부드러운 선으로 하늘을 향해 솟아오른 관모봉과 마제산이 있었다. 그 위에 펼쳐진 하늘은 한반도에서와 똑같은 쪽빛이었다. 언덕 위에는 무시로 싱그러운 바람이 밀려오고 밀려갔다. 그런 자리에서는 밤하늘의 별들도 한결 그 빛이 더할 수밖에 없을 것이었다. 그런 환경에서 자라나서 시인을 지망한 윤동주가 그의 시화집 제목을 『하늘과 바람과 별과 시』로 한 것은 너무도 당연한 일로 생각되었다.

윤동주의 무덤은 우리가 오른 언덕 일대를 차지한 공동묘역의 거의 중앙부에 있었다. 우리 동포의 무덤이 대개가 그렇듯 윤동주의 무덤 또한 둥근 봉분으로 된 흙더미 아래 황토를 덮개로 한 모양으로 웅크리고 있었다. 그 위에는 곱지는 않으나 그래도 푸르게 자란 잔디가 보였다. 어디서 이름 모를 풀벌레의 울음소리도 들려오는 자리였다.

> 어머님,
> 그리고 당신은 멀리 북간도에 계십니다.
>
> 나는 무엇인지 그리워
> 이 많은 별빛이 내린 언덕 위에
> 내 이름자를 써보고,
> 흙으로 덮어 버리었습니다.
> 딴은 밤을 새워 우는 벌레는
> 부끄러운 이름을 슬퍼하는 까닭입니다.
>
> 그러나 겨울이 지나고 나의 별에도 봄이 오면
> 무덤 위에 파란 잔디가 피어나듯이
> 내 이름자 묻힌 언덕 위에도
> 자랑처럼 풀이 무성할 게외다.
>
> —「별헤는 밤」의 끝자리 부분

시키는 이가 없는데도 우리 일행은 떠나가고 말이 없는 윤동주의 무덤 앞에 무릎을 꿇었다. 고맙게도 무덤은 잘 보존되어 있었다. 먹빛도 선명한 비석 전면의 묘표는 시인 윤동지묘(詩人 尹東柱之墓)로 적혔고 그에 이은 비문은 후면과 측면을 가득 채우고 있었다. 음각으로 된 그 전문은 세로 22자에 모두 11행이었다. 그러니까 총 242자 속에 스물아홉 해를 산 윤동주의 일생이 축약된 것이다. 순한문으로 된 그 전문을 다음에 옮겨 본다.

아, 돌아간 시인 윤동주는 그 선세가 파평인이다. 어려서 명동소학을 마치고 다시 화룡현립 제1교의 고등과를 졸업한 다음 이어 용정 은진중학에 입학하여 3년을 수학하였고, 평양 숭실중학에 전학하여 한 해 동안 학업을 닦았다. 다시 용정에 돌아와 우등의 성적으로 마침내 광명학원 중학부를 졸업한 바 있다. 1938년 경성 연희전문학교 문과에 올라갔고, 네 해 겨울을 넘겨 졸업하니 공이 이미 이루어졌던 것이다. 그러나 공부를 더 하고자 하는 뜻은 오히려 그칠 줄 몰라 다음해 4월 책짐을 지고 동으로 바다를 건너 경도의 동지사대학 문학부에 적을 두어 외곬로 갈고 다듬으려 하였다. 그러나 뜻밖에도 학해(學海)에 물결이 뒤설레어 자유를 잃으니 형설의 생애가 조롱 속에 갇힌 새의 신세로 바뀌었다. 그에 더하여 몹쓸 병에 걸리어 1945년 2월 16일 길이 잠드니 때의 나이는 스물아홉이었다. 그 재목은 당세에 넉넉히 쓰일 만했고, 시는 장차 사회에 울려 퍼지려 한 것인데 무정한 봄바람이 꽃의 열매를 앗아가니 애닯구나. 군은 장로 하현의 영손이요 영석 선생의 맏아들이니 민첩하면서 배우기를 좋아했고, 신시(新詩)에 능하여 작품이 자못 많았으며 필명을 동주(童舟)라고 한 바 있다.

嗚呼故詩人尹君東柱 其先世坡平尹氏人也 童年畢業於明東學校及和龍縣立第一校高等科 嗣入龍井恩眞中學修三年之業 轉學平壤崇實中學閱一歲之功 復回龍井竟以優等卒業于光明學園中學部 一九三八年升入京城延禧專門學校文科越四年冬卒業 功已告成志猶未已 復於翌年四月負笈東渡 在京都同志社大學部認眞琢磨 詎意學海生波身失自由 將雪螢之生涯 化籠鳥之環境加之二竪不仁以一九四五年二月十六日長逝時年二十九 材可用於當世 詩將鳴於社會乃春風無情花而不實吁可惜也 君夏鉉長老之令孫永錫先生之肖子 敏而好學尤好新詩作品頗多其筆名童舟云(비석 원문 띄어쓰기는 편의상 필자가 한 것이다.)

비문 끝자리에 그것을 세운 때와 글을 짓고 쓴 이, 세운 사람의 이름도 적혀 있었다. 「1945년 6월 10일 해사(海史) 김석관(金錫觀)이 글을 짓고 글을 썼으며 아우인 일주와 광주가 삼가 세우다(一九四五年 六月 十四日 海史 金錫觀 撰竝書, 弟 一柱·光柱 謹竪)」 그 날짜로 보면 비석이 선 것은 동주가 죽고 나서 넉 달 뒤가 된다. 그리고 그 글을 짓고 쓴 사람이 김석관이라든가 비를 세운 사람 이름이 일주(一柱)와 광주(光柱) 두 아우인 것 역시 지나쳐 볼 일이 아니었다. 1945년 6월 중순은 패색이 짙은 전세에 핏발이 선 일제가 사냥개처럼 설치며 후방 단속에 물불을 가리지 않았을 때이다. 당시 일제는 그들의 침략 전쟁을 위한 전력 증강에 직결되지 않는 일은 어떤 것도 허락하지 않았다. 그런 틈서리 속에서 그래도 윤동주의 유족들은 그의 무덤을 만들고 그 앞에 비석을 세운 것이다. 물론 그것은 만주라는 일제의 식민지 통치책이 얼마간 틈새가 있는 자리니까 가능하였다.

이때에 비석 세우기를 뜻하고 실현시킨 사람은 말할 것도 없이 윤동주의 부모들이었고 그 연배의 어른들이었을 것이다. 그런데 그들은 손아래요 그것도 미혼으로 죽은 윤동주의 비석을 그들의 손으로 세웠다고 적을 수는 없었다. 그 결과 윤동주의 두 아우 이름이 새겨진 것이다. 비문을 쓴 김석관에 대해서는 이미 앞서 이루어진 조사 보고가 있다(大村益夫 교수 『朝鮮學報』 게재 연구보고서). 그의 본 이름은 김석관, 그의 명동학교의 창립자이며 초대 교장인 김약연의 다음을 이어서 교장이 된 김정규(金定奎)의 아드님이었다. 그는 또한 명동학교에서 한 동안 학감 일을 보았다고 한다. 윤동주는 앞에서 이미 나타난 바와 같이 명동학교에서 배운 학생이다. 그러니까 김석관은 그의 제자인 윤동주의 비문을 쓴 것이다. 그는 한문에 상당한 조예를 지녔던 것으로 생각된다. 그 단적인 보기가 되는 것이 거의학해생파 신실자유(詎意學海生波 身失自由)라든가 이수불인(二豎不仁) 이하의 부분들이다. 이 부분은 한문숙어가 자연스럽게 문맥을 이루면서 제 나름의 가락을 이루어 내고 있다. 또한 그것으로 일제의 서슬 푸른 감시, 규제의 눈길을 따돌리면서 윤동주가 구금, 투옥되어 목숨을 잃은 사연까지가 함축적으로 적히게 된 것이다.

단 이 비문에는 문장화되지 않았거나 그 바닥에 묵시적인 상태로 뜻이 담긴 부분이 있다. 이미 언급된 바와 같이 연희전문을 마친 다음 윤동주가 도일하여 곧바로 동지사대학에 입학한 것은 아니다. 그전에 그는 한 해 동안 동경 소재인 입교대학에 적을 두었다. 또한 은진중학 다음 숭실중학으로 옮긴 일에도 사정이 있었다. 본래 은진중학은 일제가 요구한 정식 중등과정 교육의 인가를 받은 학교가 아니었다. 그래 그곳을 나와도 전문대학에 진학할 자격은 인정되지 않았다. 그런 사정이 감안되어 윤동주가 전입학한 곳이 평양의 숭실중학이었다. 그런데 그 숭실중학이 얼마 뒤 일제의 신사참배령 거부로 문을 닫아 버렸다. 이런 사정이 있어 윤동주는 다시 중학과정 인가가 있는 광명중학으로 전입학을 한 것이다. 비문에는 오독의 여지가 있는 부분도 포함되어 있다. 동년필업어명동학교급화룡현립제일교고등과(童年畢業於明東學校及和龍縣立第一校高等科)로 된 부분이 그것이다. 얼핏 보면 명동학교(明東學校)와 화룡현립제일교(和龍縣立第一校) 사이의 글자가 반(反)자이듯 보인다. 그러나 비문의 문맥으로 보면 졸업한 곳(畢業)은 당연히 두 학교를 다 함께로 보아야 한다. 그리하여 이 부분은 '이이서', '및'에 해당되는 '급(及)'자로 읽어야 하는 것이다.

비문을 읽으면서 나는 그것이 겪은 시대의 풍상에 대해서도 생각을 더듬어 보았다. 피붙이들의 애끓는 마음이 세운 것이었다고는 하지만 때는 일제 말기였고 국경 밖 타관에서 그것은 돌을 깎아서 다듬고 파는 과정을 거쳐서 세워졌다. 그렇다면 윤동주의 비석은 여느 경우와 같이 제대로 마무리가 이루어질 수는 없었던 것이다. 뿐만 아니라 그 후 거기에는 급변하는 시대 상황이 뒤따랐다. 일제의 패망과 그에 이어 몰아닥친 국부군과 중공의 싸움, 이어 다음 단계에서 벌어진 사회주의 혁명의 소용돌이 등이 그것이었다. 그런 서슬 속에서 윤동주의 유족들은 지주 계급, 부르주아지 출신이었을 뿐 아니라 윤혜완(尹惠婉), 윤일주(尹一柱) 등이 남한에 가서 사는 반동분자의 무리였다. 그런 그들에게는 끊임없이 규제가 가해졌고 노력 동원도 요구된 것 같다. 실제 그런 이야기는 동주의 아우인 광주의 친구에 의해서도 전해진 것이 있다.

내가 연변에 갔을 때 중국작가협회의 연변분회 부주석인 사람에 김성휘(金成輝)라는 분이 있었다. 그와 윤광주(尹光柱)는 다 같은 1932년생이며 시를 통해서 알게 되었다. 그런데 1956년경 김성휘가 윤광주를 찾았을 때 그는 파리한 모습으로 자리를 차지하고 누워 있었다. 그 이유를 알아보니 두만강 강변의 황무지 개간대에 그가 동원되었다는 것이다. 거기서 그는 감기에 걸렸고 그것이 악화되어 폐가 나빠졌다. 그리하여 각혈을 하다가 1962년에 죽었다는 것이다. 그는 김성휘와 상당히 가까웠다고 한다. 그런데도 살아생전에는 한 번도 그의 형이 윤동주라는 것을 그가 말하지 않았다. 그런 세월 속에서 누가 윤동주의 무덤을 돌보고 비바람에 맡겨진 비석을 손질했을 것인가. 더욱이 문화대혁명 때에는 닥치는 대로 무덤들이 파헤쳐지고 비석이나 묘전 석물들이 파괴되었다고 한다. 바로 윤동주의 조부 하현공의 무덤이 그때 파괴된 것이다.

그러니까 윤동주의 무덤이 원형으로 남은 것은 어느 의미에서 요행이라고 할 일이었다. 어떻든 마흔다섯 해 동안을 동주의 무덤과 비석은 풍상 속에 버려진 채였다. 그것이 손질되고 새 단장이 이루어진 것은 80년대 후반을 기다려서의 일이다. 오무라 마스오(大村益夫) 교수가 바로 윤동주의 무덤과 비문을 손질해서 복원해 낸 그 사람이었다. 그 무렵 그는 연변대학에 객원교수로 가 있었다. 그가 거의 혼자 힘으로 오래 방치된 윤동주의 묘소와 비석을 찾아내어 오늘과 같은 모양이 되게 하였다. 우리나라 사람이 아닌 그의 선행에 감사하는 마음과 함께 우리는 윤동주의 비석 앞에 고개를 숙였다.

대체 스스로 원해 택한 것도 아닌 한 시대를 살아간 사람에게 식민지체제란 무엇이며 그런 상황 속에서 민족적 저항을 시도한 일에는 어떤 해석이 필요한 것인지. 그런 생각으로 오래 우리가 윤동주의 비석 앞에서 움직이지 못하고 있을 때 우리 머리 위에는 이글대는 7월의 태양이 있었다. 그리하여 윤동주의 비석은 그 그림자를 거의 짓지 않았다. 어쩌면 그것은 윤동주와 그의 후배인 우리 모두가 살아왔고, 살아갈 민족사를 상징하는 것인지도 몰랐다. 외세에, 외침에 시달리면서 그래도 민족사의 한 가닥 동아줄을 놓치지 않기 위해 우리는 그동안 땡볕이 내리쬐는 가파른 언덕길만을 달려온 것이 아니던가. 다음 7언절구는 그런 생각을 귀국 후 내가 한시 형식에 담아 본 것이다.

龍井 瑞甸平野

萬里邊方過雁聲
秋風乍起客心淸
詩人義憤空千古

東柱荒碑痛恨生

용정(龍井) 서전평야(瑞甸平野)

남의 땅 먼 먼 곳을 기러기가 울고 가고
가을바람 건 듯 일어 나그네 속 맑아진다
시(詩)를 쓰며 의(義)를 외친 님의 자취 아득한데
이끼 덮인 동주(東柱)의 비 통분을 못 이겼다

인류학과 재외교포 연구

사회과학대학 인류학과 | 이광규

1. 인류학과 민족연구

인류학자가 왜 교포연구를 하느냐 하는 질문을 가끔 받는다. 사회과학을 조금 아는 사람은 말하기를 재외동포연구는 사회학자들이 연구하는 영역이지 인류학은 좀 먼 학문 영역이 아니냐 하는 말이다. 그러나 소수민족 연구가 인류학의 정통 영역이라면 교포연구는 소수민족 연구의 일환이기 때문에 인류학이 교포문제를 다루는 것이 오히려 정통이라 생각한다.

인류학을 전공하는 학자로 교포문제를 취급한 사람들은 학문 영역에서는 심리인류학 영역에서 들어간 사람이 많다. 그것은 교포문제가 소수민족 문제이고 소수민족 문제는 심리인류학에서 보다 많이 다루었기 때문이다.

이러한 학문의 영역보다 인류학이 소수민족을 연구하기 시작한 것은 1970년대 이후의 일이고 그 경위는 대략 이러하다. 미국의 소수민족 문제가 대두되던 1930년대 미국의 도시에서 야기되는 소수민족 문제는 주로 사회학에서 연구하였고, 당시 인류학자들은 아메리카 인디언들을 연구하여 1930년대 사회학에서 시카고학파가 성립되던 시기 시카고 내의 이태리인 문제, 독일인 문제, 유태인 문제 등을 사회학이 연구하였으며 인류학자들은 이러한 데 무관심했었다.

그러나 제2차 세계대전이 끝나고 많은 나라가 독립을 이룩하였다. 따라서 오늘날 어느 나라 국민이 되지 않은 원시인은 없다. 원시인은 모두 자기들의 거주지에 건립된 나라의 국민이 된 것이다. 원주민이 나라의 국민이 되었으나 그 나라의 다수민족이 되지 못하고 소수민족이 되었으며, 소수민족이 되니 알게 모르게 다수민족인 지배민족으로부터 제도적인 차별을 받고 심리적인 편견의 대상이 되었다. 이에 인류학자들은 자기가 연구한 소수민족의 대변인이 되었고, 아무리 눌러도 소멸되지 않는 소수민족의 민족정체성 문제에 더욱 많은 관심을 갖게 되었다. 이러한 소수민족의 정체성 문제는 해외로 이주해 간 교포들에게서도 볼 수 있으며, 해외 이주가 심한 근년의 교포들의 정체성 문제가 인류학의 관심 영역에 들게 된 것이다.

인류학에서 소수민족의 Ethnicity, 말하자면 민족성 문제를 처음 다룬 학자는 Boundary Theory로 유명한 Frederik Barth이다. 중동지역의 복잡한 민족들의 관계를 연구한 그는 Ethnicity를 출생하면서부터 갖게 되는 원초적 성격을 갖는 것이라 하였다. 이러한 Barth의 이론을 반대하고 Ethnic Identity란 환경에 의해 후천적으로 형성되는 것이라고 역설한 학자가 아프리카의 부족을 연구한 Abner Cohen이다. Ethnic Identity에 대한 쌍벽을 이루는 원초적 성격과 사항적 성격은 오늘날까지 민족성을 연구하는 기초적인 이론이 된다. Harold Issacs와 Charles Keyes 같은 학자는 민족적 정체성의 원초적인 성격을 강조하고 있다. 한편 Ethnicity의 원초적인 성격을 사회적 조건으로 설명한 Clifford Geertz, Ethnicity를 원초성과 사항성 2면으로 설명한 George De Vos 등이 있다(이광규, 『민족과 국가』, 1997 참조)

Ethnicities, Ethnic Identity 연구 영역에 들어서면 인류학, 사회학, 심리학, 역사학의 구별이 서지 않는다. 말하자면 어떤 학문이 이러한 방면의 연구에 주된 영역이라는 의식이 없어지고 모두 유사한 연구 방향들로 나아가게 된다. 다만 차이를 보이는 것이 설문지를 중요시하는 사회학적 방법론과 설문지보다 일대일의 면접조사를 중요시하는 인류학적 방법론을 택하느냐 하는 방법론에서 차이가 있고 연구대상을 아프리카나 남미 또는 동남아시아의 사회를 택하느냐 유럽이나 아시아 등 문헌자료가 풍부하고 역사가 긴 민족을 선택하느냐 하는 차이가 있을 뿐이다.

1970년과 1980년대 성행한 민족정체성에 관한 연구는 해를 거듭하면서 세분화하고 심화하더니 1990년대에 들면서는 Nationalism까지 포함하여 Ethnicity와 Nationalism 연구가 유행을 하게 된다. Ethnicity와 Nationalism의 문제는 이민의 나라인 미국에서도 많이 다루는 문제이지만 외국인 노동자가 전 인구의 10%에 달한 독일에서도 문제이고, 과거 식민지를 많이 가졌던 영국과 프랑스에서도 중요한 문제로 대두되었다. 특히 영국에서는 재빨리 이 방면의 연구가 시작되어 2000년대에 들면서 *Ethnicities*, *Studies in Ethnicity and Nationalism*, *Nations and Nationalism* 등의 학술지가 쏟아져 나오기 시작하였다.

2. 한국에서의 민족연구

한국에서 소수민족으로서의 교포연구가 시작된 것은 1970년대라 할 수 있다. 당시 인류학에서 Ethnicity에 관한 관심이 높아지고 인류학에서 학술지에, 그리고 단행본이 나오기 시작하였다. 한국의 가족과 친족을 연구하던 본인이 Identity에 관심을 갖고 연구를 시작한 것은 두 가지 원인에서이다.

첫 번째 원인은 한국인에 대한 관심이다. 그간 가족과 친족을 연구하여 한국 전통문화의 본질이 무엇이며, 한국문화의 구조적 특색을 설명할 수 있게 되자 그러한 문화를 만든 한국사람은 어떤 특색을 가졌느냐 하는 문화에서 사람에 대한 관심의 전이가 이루어질 때 Ethnic에 관한 문제가 인류학계에 대두되기 시작한 것이다.

따라서 두 번째, 인류학의 학계 유행을 따라 Ethnic의 문제, 민족의 문제를 다루게 된 것이다. 한국에서 소수민족을 연구할 외국인 소수민족 집단이 있다면 그것은 화교일 것이다. 1960년 후반 한국에는 6만 명의 화교가 살고 있었다. 이들이 한국이 1960년대부터 시작한 근대화 과정에서 낙오가 되자 3분의 1인 약 2만 명이 대만으로 이주해 갔고, 3분의 1은 우리 교민을 따라 미국으로 이주해 갔으며, 한국에는 3분의 1인 약 2만 명이 남아 있었다. 이들 연구를 평생 연구의 대상으로 하기는 그 수가 적다고 생각하여 해외로 나가 소수민족인 된 한국 교민을 연구하기로 결심하였다.

1960년대 한국인 교포가 있다면 그것은 주로 일본에 거주하는 교포이고, 미국으로의 이민은 막 시작되는 정착 초기였다. 당시 중국이나 옛 소련에 교포가 있어도 그들을 연구할 수는 없었다. 여름방학이나 겨울방학 동안 자주 외국 출장이 있었고 그때마다 교포에 관한 자료를 수집하고 면접조사를 실시하였으나 본격적으로 연구하기 시작한 것은 1978년 하와이 동서문화센터에서 2년간의 프로젝트로 애리조나주립대학의 브라이언(Foster Brian) 교수가 주동이 되고 하와이 동서문화센터의 데이비드 우(David Wu) 교수와 한국, 일본, 중국, 인도, 파키스탄, 필리핀에서 선출된 6명의 인류학자가 모여 2년간 공동연구를 하였다. 제목은 「복수민족 국가에서의 민족접촉에 관한 연구(Interpersonal Interaction in Pluralistic Societies)」였다. 첫째, 여름방학 3개월간 이론과 설문지를 다듬고 학기 중에는 설문지 조사를 하였고, 다음 여름방학에 다시 모여 설문지를 분석하고 연구결과를 발표하는 것이었다. 당시 본인은 재일동포를 갖고 동포들이 일상생활에 접촉하는 사람인 일본인과 교포와의 관계, 그리고 교포와 한인들 간의 관계 등을 분석하였다.

이것이 계기가 되어 다음 일본 오사가(大坂)에 있는 민족학박물관에서 3개월 연구비를 받고 동포들이 많이 거주하는 오사가 이꾸노구(生野區)에 상주하면서 가정방문을 하고 면접조사를 실시하여 출판한 것이 『재일한국인』(일조각, 1983)이었다. 그 후 애리조나주립대학의 교환교수로 가서 강의를 하면서 시간을 내어 애리조나는 물론 한인동포들이 많이 거주하는 14개 도시를 돌면서 자료를 수집하여 출판한 것이 『재미한국인』(일조각, 1989)이었다.

1990년 다행히 아산재단의 연구비를 받고 서울대 전경수 교수와 같이 구소련의 한인동포들을 연구할 기회를 가졌다. 첫해에는 모스크바, 센트뻬데르부르크, 알마타, 타쉬켄드, 사마르칸트, 부하라를 방문하여 한인들을 만났고, 다음 해에는 사할린, 하바로프스크, 블라디보스톡 등 원동지역의 러시아를 방문하고 저서로 출판한 것이 『재소한인』(1993, 집문당)이다. 러시아를 드나들며, 그리고 한국의 봉사단체와 중국을 출입하면서 수집한 자료로 다음 해에 『재중한인』(1994, 일조각)을 출판하였다.

재일동포의 연구는 Ethnic Boundary Theory를 적용하여 심한 민족 차별과 편견 속에서 한국 민족이 어떻게 민족적 정체성을 유지하는가 하는 것을 문제 삼았다. 재미한국인을 연구할 때에는 동화과정론에 입각한 여러 연구를 분석하고, 특히 허원무, 김광정 교수가 주창하는 동화과정 곡선을 비판하면서 미국이라는 다민족 국가에서 적응해 가는 한인들의 적응과정을 연구하였다. CIS의 한인을 연구할 때에는 민족환경과 민족의지라는 개념을 갖고 자료를 수집하고 정리하였다. 재중동포를 연구할 때에는 민족적 정체성 유지가 아니라 한국인이라는 의식과 중국인이라는 의식 말하자면 2중적 민족의식을 어떻게 갖게 되었는가 하는 정체성의 문제를 주로 다루었다. 결국 4개 나라에 분산되어 거주하는 한 민족 비판하면서 그들이 왜 한국적인 정체성을 유지하며 그 민족환경이 어떠하며 그 환경에서 민족적인 정체성을 유지 내지 동화되어 가는 과정, 그리고 무엇보다 이들 4개 나라에 거주하는 한인들의 공통점이 무엇인가를 규명한 것이 된다. 이것을 한마디로 말하면 한인은 역경을 성실로 극복하려는 특이한 민족이라는 것이고 모든 것을 희생해서도 자녀교육에 성의를 다한다는 민족적 특성을 갖고 있다는 것이다.

10년간 교포연구에 집중하는 동안 잡지사 언론기관에서 동포에 대한 글을 써 달라는 주문이 많이 쇄도하였다. 이것은 그만치 한국사회가 동포에 관한 관심이 높아졌다는 것을 말한다. 이들 사회적 요구에 응하느라 재외동포에 관한 많은 잡문을 썼다. 이것을 종합하니 몇 권의 책으로 엮을 수 있었다. 이것이 『한민족의 세계사적 소명』(1994, 서울대학교출판부), 『새로운 민족관의 수립을 위해』(1995, 서울대학교출판부), 그리고 『전환기에 선 한민족』(2001, 동북아평화연대) 등이다. 서울대학교에서 계획한 '한국의 탐구'라는 전집에 『해외동포』(2000, 서울대학교출판부)에 관한 저서를 요구하여 다시 한 번 재외동포를 정리할 기회가 있었다.

정년 이후에는 주로 교양서를 출간하였다. 이들을 열거하면 『러시아 연해주의 한인사회』(1998, 집문당), *Overseas Koreans*(2000, 집문당), 『전환기에 선 세계 한민족』(2001, 동북아평화연대), 『동북아시대 한민족이 열다』(2001, 백산서당), 『세기의 관제: 연해주 물결운동』(2004, 집문당), 『동포는 지금』(2005, 집문당), 『조국은 지금』(2006, 집문당), 『못다 이룬 꿈』(2006, 집문당), 『우리에게 연해주란 무엇인가』(2008, 북코리아) 등이고 학술서로는 『신민족주의의 세기』(2006, 서울대학교출판부)가 있다.

3. 한국에서의 동포연구

다행히 인류학 전공하는 학자들에게 한때는 동포연구를 하지 않은 사람이 없을 정도로 많은 연구가 있었다. 대표적인 분들을 소개해 보면 전남대 최협 교수가 미국동포를 연구하여 저서와 많은 논문을 출간하였고, 『세계의 한민족』 10권 중 미국, 캐나다 편을 서술하였다. 서울대 이문웅 교수가 『세계의 한민족』 중 일본 편을 담당했으며, 서울대 전경수 교수가 남미 편과 중동, 아프리카 편을, 서울대 이광규 교수가 유럽 편을, 강원대 한경구 교수가 아시아, 태평양 편을 집필하였다.

서울대 인류학과 한상복 교수가 사회학과의 권태환 교수와 같이 재중동포에 관한 저서를 냈으며, 전경수 교수가 재소한인 외에도 남미의 한인사회, 월남의 한인사회 등 여러 편의 저서와 논문을 냈다. 재미교포를 연구한 전북대 이정덕 교수, 국제 결혼한 여성의 라이프 히스토리를 집중적으로 연구한 제주대 유철인 교수, 인도의 한인사회를 연구한 전북대 김경학 교수, 재중 한국계 기업인을 연구한 한양대 정종호 교수, 월남 한인을 연구한 시립대 채수홍 교수, 재일동포를 연구한 서울대 권숙인 교수, 재중동포를 연구한 장정아 박사, 재일동포를 연구한 한국학중앙 문옥표 교수, 재중동포를 연구한 서울대 김광억 교수 등이 있다.

인류학자들이 중심이 되어 국립박물관의 후원으로 재외동포가 거주하는 지역의 현지조사를 공동으로 실시한 보고서가 있다. 이것은 다음과 같다.

1996년 중국 길림성의 한인 동포의 생활문화 — 길림성 연변의 장재촌마을 해란촌마을: 조사자 김광억, 여중철, 이광규, 김선풍, 왕한석, 정승모

1997년 중국 요년성의 한인 동포의 생활문화 — 중국 요년성 우가촌 와니전자촌 : 조사자 김광억, 박선용, 왕한석, 유명기, 유철인, 이정덕, 조경만

1998년 중국 흑룡강성의 한인 동포의 생활문화 — 흑룡강성 신락촌과 폭포촌: 조사자 김광억, 장수현, 조강희, 조경만, 주종택, 황익주

1999년 우즈벡시탄 한인 동포의 생활문화

2000년 카자흐스탄 한인 동포의 생활문화 — 카자흐스탄 우슈토베: 조사자 전경수, 김양주, 이정덕, 백태현, 이 애리아

2001년 러시아 사할린 연해주 한인 동포의 생활문화 — 사할린 블라디미로프까와 유지노사 할린스크, 연해주의 크레모바: 조사자 김창민, 강정원, 이덕성, 이정재, 성태규

2002년 일본 관서지역 한인 동포의 생활 문화 — 오사가 이구노구: 조사자 문옥표, 정병호, 한경구, 유철인, 권숙인, 오지은, 교수들과 박준규, 송기철

2002년 멕시코 한인 동포의 생활문화 — 유카단 반도의 티우아나: 조사자 김세권, 서성철, 주종택, 권숙인, 문남권 제 교수의 연구자와 권봉철, 송지영

이들 현지조사를 정리하면 1996년에서 2002년까지 8년에 걸쳐 연인원 42명이 동원되어 현지조사를 행하였으니 인류학계의 중경 학자 전원이 동원되어 재외동포 연구사에 획을 긋는 큰 업적을 남기게 된 것이다.

인류학계에서 Ethnicity를 연구한 대표적인 저서가 김광억 편집의 『종족과 민족』(2005, 아카넷)이다. 이 저서에는 김광억이 서론을 집필하고,

피지의 민족성을 다룬 이태주, 나이지리아의 요루바 왕국을 다룬 한건수, 인도의 시크교도를 다룬 김경학, 러시아의 사하공화국을 다룬 강정원, 맥시코를 다룬 김세건, 일본을 다룬 권숙인, 홍콩을 다룬 장정아, 북아일랜드를 다룬 황익주, 미국의 인종주의를 다룬 이정덕, 말레이시아를 다룬 오명석 등의 글이 있다.

동포에 대한 관심과 연구는 인류학에 한하는 것이 아니다. 특히 최근에 동포에 대한 관심이 일반인은 물론 학계에서도 고조되어 많은 연구가 이루어지면 그 대표적인 것이 바로 전남대학의 세계한상문화연구단이다. 임채완 교수의 지도하에 세계한상문화연구단은 2003년부터 3년간 학술진흥재단의 후원금으로 47명의 교수와 200여 명의 보조원과 설문조사자 등을 동원하여 2004년부터 2006년까지 33권에 달하는 방대한 저서를 출판하여 동포연구 학계에 크나큰 공헌을 하였다.

4. 재외동포재단

노무현 정권 시절 재외동포재단 이사장을 외무부 관료가 아니라 사계의 연구가를 영입한다는 기본 방침의 전환으로 예상을 뒤엎고 본인이 재외동포재단 3대 이사장으로 취임하게 되었다. 1998년 서울대학교를 정년으로 퇴임하고 연해주 한인을 돕는 NGO인 '동북아평화연대'를 조직하여 활동하다 재외동포를 장기간 연구한 사람이라는 조건으로 재외동포재단 이사장으로 취임하게 된 것이다.

1998년부터 2003년까지, 말하자면 대학 정년에서 이사장 취임까지 5년 동안 중앙아시아에서 연해주로 이주하는 이른바 고려인을 도왔고, 한국에서 사기 피해를 본 중국 조선족을 도왔으며, 북한에서 탈출하여 연변에 숨어 살거나 위험하면서도 고생을 하는 탈북자를 돕는 일을 하였다. 말하자면 재외동포 중에서 가장 밑바닥에서 고생하는 동포들을 도와주는 사업을 했던 것이다.

2003년부터 2006년까지 3년간 재외동포재단 이사장직을 수행하면서는 동포 사회의 지도자급에 있는 사람들과 접촉할 기회가 많아진 것이다. 재외동포재단은 한인회장 대회를 주도해야 하고, 한상대회를 추진해야 하며, 재외동포 교육자를 초청하여 그들의 공로를 치하하고 민족교육을 충실하게 하기 위한 연수회를 해야 하였다. 특히 한상대회는 세계 분산된 수백 명의 동포 기업인이 참가하기에 이들의 사업을 돕는 일이며 이들 상호간에 네트워킹을 하는 일, 그리고 이들과 한국의 기업인을 알선하는 일 등 크고 중요한 일이 많았다. 특히 한상에 참가하는 리딩 시이오는 대단한 재력가로 이들과의 교분을 두터이 해야 하는 것이 이사장의 임무였다. 이러한 중요한 사업 이외에도 문인들, 교육자들, 기술자들 수 없이 많은 영역의 동포들이 재단을 찾아와 재미있는 이야기도 해 주고 힘든 사정도 하소연하는 등 각계각층의 동포를 대하고 이들을 위로하고 이들을 돕는 일을 해야 하였다.

재외동포 이사장은 해외출장도 많아 월평균 1회 해외출장을 갔다. 중요한 한인들의 행사에 초청을 받아 모임에 가서 격려의 말을 해 주어야 하는 것이었다. 그리하여 미국은 말할 것도 없이 남미, 유럽, 중국, 일본 등지의 한인들이 많이 거주하는 지역의 크고 중요한 행사에 참가하였다.

이사장으로 있으면서 공헌한 것이 있다면 그것은 국제 결혼한 여성들의 모임을 갖게 한 것이고, 입양인을 위한 사업을 추진한 것과 재미동포 2세들의 네트워킹을 하는 데 일조를 한 것이다.

재외동포재단 이사장이 되기 전에 동포 사회의 하층에 속하는 사람, 동포 사회의 하층에서 고생하는 사람들을 보았다면 이사장직을 수행하면서는 교포 사회의 상류에 속한 사람들을 만나게 되어 재외동포재단 이사장의 경력은 나의 동포연구를 종합적으로, 그리고 장기적으로 볼 수 있는 안목을 기른 기회가 된 것이다.

5. 재외동포의 과제

미국을 위시하여 재외동포 사회가 큰 전환기에 이르러 많은 문제를 노출시키고 있다. 미국에서는 1세가 1.5세, 2세에게 사업을 물려주는 전환기에 있고, 일본은 2세가 3세로 사업이 이양되는 과도기에 있으며, 중국과 러시아에서는 지리적인 인구 이동이 심한 시기에 있다고 하겠다. 따라서 사회문제도 많지만 연구할 영역도 많다. 러시아, 중국, 일본, 미국 순으로 대표적인 사안을 본다면 대략 이러하다.

CIS 지역에 55만 명의 동포가 거주하고 있고 이들은 현재 중앙아시아에서 연해주나 볼가그라드 지역으로 이주하고 있다. 연해주로 이주해 오는 이른바 고려인은 난민이 되어 새로운 정착지에서 많은 고생을 하고 있다. 이들의 정착문제는 중국인, 일본인들의 연해주 진출과 같이 뒤섞여 문제를 더욱 복잡하게 하고 있다. 이곳의 문제를 영향권을 확대하는 영토전쟁이라는 표현을 써 보았다. 말하자면 연해주에서는 한국, 일본, 중국이 영토전쟁을 하고 있는 것이다.

중국 조선족의 문제는 중국의 개혁 개방 이후 한국으로 몰려와 고생을 하는 동포들의 문제가 있다. 한국 바람이 불어 수만 명의 중국 동포가 한국에 와서 노동을 하면서 불법 체류자가 되어 고생을 하였고, 특히 한인들에게 사기를 당하여 고생을 많이 하였다. 현재까지도 헌법재판소에 문의하리만큼 불법 체류자의 문제를 갖고 있다. 중국 조선족은 최근 해외 한인들이 있는 곳은 없는 곳이 없으리만큼 해외진출이 많아 이들이 현지에 적응하는 어려운 문제를 갖고 있다.

일본의 교포는 일본인들의 차별과 편견에 대항하여 투쟁하는 문제도 중요하지만 조총련계 조선학교의 붕괴와 이에 따르는 민족교육의 문제가 있다. 조총련계 민족학교를 졸업한 학생들은 한국어는 잘 구사하지만 교육의 내용이 북한 것이어서 일본사회에 적응하기 어려운 사람을 배출하였다. 이제 조총련 민족학교가 경영난에 있는 것이고 이것을 계기로 참다운 재일 한국인의 민족교육을 생각할 심각한 문제를 갖고 있는 것이다.

재미동포들도 위에서 본 것과 같이 1세에서 2세로의 사업이 이양되는 전환기에 있어 문제가 되지만 이것보다 학교 교육에 문제가 있다. 미국에서는 SAT II에 한국어가 추가된 이후 연방정부는 계속하여 한국어 교육의 중요성을 강조하고, 특히 중·고등학교에서 한국어, 중국어, 일본어를 배우라고 기회 있을 때마다 강조하고 있다. 이에 따라 중국계과 일본계 사람들은 미국 중·고등학교에 자기들의 언어 교육을 실시하도록 노력을 하고 있다. 이러한 현상을 문화전쟁이라고 표현하여 보았다. 한국계는 이러한 문화전쟁에서 밀리고 있는 형편이다.

이와 같이 재외동포 사회에는 학문에 필요한 연구도 많고 동포 사회에 필요한 문제가 많다. 재외동포 문제는 동포에게만 필요한 것이 아니라, 동포 연구를 통해 한국인을 이해하고 한국사회를 이해하는 데 도움이 된다는 의미에서 한국을 연구하는 우리들에게 매력적인 영역이라 할 수 있다.

한국문학의 세계화를 위한 제언

번역의 문제를 중심으로

인문대학 독어독문학과 | 박환덕

들어가는 말

세계문학사는 결코 세계문학의 역사만은 아니라는 이야기를 자주 듣습니다. 글로벌한 시대에 여전히 민족문학과 세계문학을 구분하는 시도가 존재한다면 그 준거의 틀은 언어의 차별성일 것입니다. 그러나 현대의 언어사회학이 밝혀내고 있듯이 인종, 민족, 언어와 국가 간의 상관관계는 지극히 복잡하게 상호 얽혀 있는 관계이며, 최근 부쩍 관심을 끄는 문화연구의 관점에서 보더라도, 문화의 경계는 더 이상 언어의 경계와 일치하는 것만은 아닙니다. 우리의 문학이 세계문학사에 미약하나마 어떤 족적을 남길 수 있다면 이는 수많은 번역가들의 노고와 열정의 결과일 것입니다. 이들의 선구자적인 노력에 보답하는 길은 우리의 우수한 문학작품이 지닌 미적 가치가 세계문학의 자산으로 평가받도록 노력하는 것이 아닐까 합니다.

1. 한국문학의 세계화

우리말의 세계화에 해당되는 globalisation이라는 말이 시사하는 '경계의 확장'이라는 개념은 신경제주의적 새로운 시장질서의 확립이라는 합목적성외에 문화 영역에서의 전지구적인 상호의존성을 함축하고 있어 보입니다. 근대의 정신이 동서양을 막론하고 '타자(他者)'에 대한 새로운 인식을 불러왔다면, 이러한 근대정신의 귀결 — 『제3의 길』로 잘 알려진 사회학자 앤서니 기든스의 표현을 빌리자면 — 로 이해되는 글로벌한 지구촌의 시대정신은 문화권간의 간극의 초월이라고도 할 수 있을 것입니다. 타자의 존재에 대한 새로운 발견이 지향하는 바가 자신의 정체성에 대한 물음에 대한 답을 구하는 하나의 방편이라고 전제한다면, 먼저 산업화에 이른 서구 열강이 아시아 아프리카의 식민지 건설 과정에서 문화 인류학이라는 이름으로 자신들에게 이제껏 낯설기만 했던 문화권을 자신들의 잣대로 난도질하고, 자신들의 문화의 우위성을 입증하고자 했다면, 작금의 세계화에 대한 논의들의 근저에는 모더니티의 형성과정이 결코 구대륙에서만의 일이 아니라는 사실을 내포하고 있습니다. 세계화를 이야기할 때 이제는 더 이상 어떠한 형태의 문화적 헤게모니 개념, 혹은 문화적 우위 개념이 통용되어서는 안 될 것입니다. 경계를 허물고 간격을 뛰어넘는 글로벌한 시대에는, 프랑스의 석학 자크 데리다의 표현을 빌리자면, 각 문화권에는 각기 그 고유성이 존재하고 있는데 그것은 결코 내 것만이 아닌 타자의 것이기도 한 것입니다. 프랑스령 알제리에서 프랑스어를 모국어라고 생각하고 자란 유태인 소년 자크 데리다가 제2차 세계대전의 와중에 독일의 프랑스 점령으로 인해 하루아침에 겪게 되는 문화적 정체성의 혼란을 통해서 얻게 되는 "나는 하나의 언어를 가지고 있으나 그것은 [나의 언어가 아니라] 타자의 언어이다."라는 명제는 일제시대에 태어나 수년간 일본어 교육을 받으며 자란 우리 세대가 지니는 문제의식을 일견 적나라하게 보여

주고 있습니다. 그러나 데리다의 명제가 탈식민주의시대에 살아가는 우리에게 시사하는 바는 200여 년 전 괴테가 세계문학을 이야기하고 외국어 교육의 필요성을 역설하던 의미 연관 하에서만 올바로 이해될 수 있을 것입니다. 북아프리카의 유태인 소년이 하루아침에 위대한 프랑스인에서 경멸적인 유태인으로 낙인찍히는 과정을 겪으면서 자각하게 된 바는, 결코 자신을 배반한 위대한 조국 프랑스에 대한 실망감뿐 아니라, 문화적 이질성의 판단이 다분히 작의(作意)적일 수 있다는 사실이었습니다. 바꾸어 말하면, 자신을 하루아침에 배반한 모국어를 통해 자신의 정체성에 대한 새로운 발견을 할 수 있었던 것입니다. 데리다가 말하기를 하나의 언어만을 사용하는 사람은 자신의 사고(思考)의 '도피처'를 가지고 있지 못하다고 언급한 바 있습니다. 자기만의 언어를 가진 사람은 어느 누구와도 대화를 할 수 없기 때문에 말을 할 수 있는 게 아니라는 것입니다. "나는 하나의 모국어를 가지고 있으나 그것은 타자의 언어이다."라는 명제는 데리다가 1990년대 초반 미국에서 열린 어느 번역 관련 심포지엄에서 발표한 것입니다. 일견 "완전한 번역이란 불가능한 것이다."라는 명제를 담고 있는 그의 주장에는 그러나 문화번역이 지닌 역학관계에 대한 전면적인 재고를 요구하는 바가 숨어 있습니다. 하나의 절대적인 언어만을 강요하는 것이 지니는 부당함을 메타언어의 부정을 통해 설파하고자 한 것입니다. 오늘 이 글에서 일견 의미연관을 찾기 어려워 보이는 데리다의 이야기를 길게 할애하고 있는 까닭을 아마도 독자 여러 분은 이해하셨으리라 믿습니다. 데리다는 언어라고 하는 가장 일반적이지만 극명하게 이질적으로 드러나는 문화현상을 통해 절대적인 문화적 헤게모니에 대한 반대의견을 표명하고자 한 것입니다. 타자간의 이질성에 대한 강조가 근대의 정신이라면, 이

제 문화권간의 동시적 상호간섭이 극대화된 글로벌한 시대에 정치·경제적 우열성에 근거한 문화적 독점에 대한 비판으로 이해되어질 수 있지 않을까 합니다. 글로벌한 시대에 유럽중심주의적 사고의 종언이 이야기되고 있는 것과 같은 맥락에서 한국문학의 세계문학사적 편입에 대한 이야기를 할 수 있는 것도 다분히 이런 문제의식에서 출발하지 않으면 안 될 것입니다. 경계가 허물어지고 간극이 없어진 글로벌한 시대가 요구하는 바는 마치 우리 한국의 현실이 보여주는 바와 같은 특정 언어권의 문화현상들의 범람을 의미하는 것이 아니라, 어쩌면 세계인들이 자신들의 문화적 삶을 풍부하게 하는 과정 속에서 한국의 문화에 대한 관심을 가질 수 있도록, 즉 그들이 사용하는 언어가 단지 '그들만의 언어가 아니라, 우리의 언어이기도 하다'는 생각이 들게 하는 것이 아닐까 합니다. 이것이 바로 한국문학의 세계화에 이르는 길이 아닐까요?

아마도 『압록강은 흐른다』로 유명한 이미륵은 "나는 하나의 언어를 말하는데, 그것은 나의 언어가 아니다."라는 명제가 의미하는 바를 가장 빨리 이해한 분이 아닐까 합니다. 자전적인 소설 『압록강은 흐른다』에서도 언급되고 있듯이, 1919년 3·1독립운동에 학생의 신분으로 참가한 다음 일본경찰을 피해 중국을 거쳐 유럽으로 망명길에 오른 이미륵은 수많은 다른 후배들과는 달리 일찍이 모국어가 아닌 독일어로 문필 활동을 하였습니다. 여기에서는 자신의 체험을 어느 독일 신문에 기고한 「다른 방언(Der andere Dialekt)」이라는 글을 소개할까 합니다.

여름 휴가철 그는 남부 독일 어느 수도원에 몇 주간 머물게 되었습니다. 무뚝뚝하지만 마음씨 착한 독일인 수도승들과의 수도원 생활은 외로움과 향수를 달래기에 충분하리만치 흡족했었던 것 같습니다. 그의 표현에 따르면, 가끔 외출을 하고 돌아오면, 굳게 잠긴 수도원 정문에 뚫린 자그마한 구멍으로 빠끔히 내다보며 반갑게 문을 열어 주던 커다란 덩치의 문지기 수도승에서 매일 자신의 방을 청소하며 식수를 날라 주던 젊은 수사, 그리고 이지적으로 보이는 수도원장에 이르기까지 이 수도원의 모든 수사들이 멀리 동양의 조선이라는 미지의 세계에서 온 이지적인 이미륵에게 친절하게 편리를 보아 주었던 것 같습니다.

그날도 여느 때처럼 외출을 하고 돌아왔는데 예의 문지기 수사가 보이지 않는 것입니다. 그때 다른 수사가 문을 열어 주는데, 문지기 수사는 어디 갔느냐는 그의 질문에 그 수사가 답하기를 "당신 나라 사람이 왔어요." 라고 하는 것입니다. 그때만 해도 유럽에 한국사람이 거의 없던 시절이라 우리나라 사람이 왔다는 대답에 반신반의하면서 다시 물으니, 우리나라 사람이 와서 그 문지기 수사가 수도원장에게 데리고 갔다는 것입니다. 아마 인사가 끝나면 이미륵 선생의 방으로 안내해 줄 거라는 친절한 덧붙임까지 하고. 이미륵은 실로 십 수 년 만에 고향사람을 만날지도 모른다는 설렘에 자신의 방에서 기다리는데, 얼마 있자 정말 문지기 수사가 의기양양 선생의 방에 들어서는데 어느 한 사람을 데리고 나타났습니다. 무척 남루한 복장의 그 동행인은 아무리 봐도 동양인 같지 않은데 그 문지기 수사는 "당신 고향사람이 왔구려, 반가우시겠소." 하면서 답을 듣기도 전에 나가 버리는 것입니다. 그 동행객은 알고 보니 북아프리카의 마로코 사람인데, 그때만 해도 프랑스령인지라 프랑스군에 차출되었다가 어찌어찌 탈영해서 독일까지 도망 와서 이 수도원에 보내진 것이었습니다. 아마도 평생 수도원에서만 보낸 이 순박한 독일 수도승들은 외국인들을 본적이 없어서인지 이 마로코 인을 보자 마침 머물고 있던 이미륵의 고향사람이라고 단정했던 것이겠지요. 그런데 문제는 그 마로코 인은 프랑스어만을 할 줄 알고, 이미륵의 프랑스어 실력은 대화를 이끌 정도로 능통하지 못하고, 다만 사전의 도움으로 간신히 두 사람이 의사소통이 가능할 정도였습니다. 그래도 어찌 어찌 대화를 이끌어 마로코 인에게 자신의 옷가지를 몇 개 갈아입히고, 서로 더 이상 의사소통이 되지 않아 황망하게 말없이 앉아 있는데, 수도승이 의기양양하게 다시 들어오는 것입니다. 고향사람을 만나서 반갑지 않느냐는 그 수도승의 질문에, 그의 호의를 저 버릴 수 없어 이미륵이 그렇다고 대답하자, 이번에는 그 수도승이 말하기를, "당신네 고향 말을 들어 보고 싶으니, 한 번 두 사람이 대화를 해 보시지요." 하는 것입니다. 이런 난감할 수가. 이때 이미륵에게 번뜻 떠오른 생각이 있어, "이 사람이 우리나라 사람이 맞긴 한데, 우리나라 말에는 방언이 무척 심해서, 저 사람은 남쪽 끝이 고향이고 나는 북쪽 끝이 고향이라, 우리 두 사람이 쓰는 방언이 너무 달라 서로 의사소통을 할 수 없습니다."라고 대답했다고 합니다. 그러고는 세 사람이 아무 말 없이 한참동안 멀뚱멀뚱 천장만 바라보고 앉아 있었다고 합니다.

1930년대 남부 독일 어느 시골 수도원에서 벌어진 해프닝입니다. 세상이 많이 변하였고 아마도 더 이상 우리가 마로코 사람들과 혼동되지 않을 것이라고 믿고 싶지만, 우리의 문화적 잠재력에 대한 대외적인 시선은 그리 많이 변한 것 같지 않습니다. 아마도 이런 연유에서 한국문학의 세계화라는 슬로건이 여전히 실효성을 지니는 것 같습니다.

2. 홍종우와 「춘향전」

한국문학의 유럽사회에 대한 해외번역 출간의 시작에는 항시 1892년 홍종우가 번안한 프랑스어 역 「향기로운 봄(춘향전)」이 언급되어집니다. 홍종우에 대한 평가는 그의 인생역정에 대한 서로 상반된 주장들만큼이나 무척 상이합니다. 어찌어찌하여 프랑스 유학을 다녀온 홍종우는 갑신정변의 주동자 김옥균을 암살하여 고종의 총애를 받고 광무개혁의 주체가 되지만, 곧 권력의 핵심에서 밀려나게 됩니다. 그는 마지막 공직인 제주 목사직을 1905년 사직하고 1909년 상해를 거쳐 프랑스로 망명길에 오릅니다. 일제의 대한제국 강제병합 이후 귀국한 그는 별다른 활동 없이 전라도 무안군에서 거주하다가 1913년 사망합니다. 한국문학 최초의 한국인 해외 번역자이자 김옥균 암살자라는 일견 낯설어 보이는 경력의 인물 홍종우에 대한 평가는 매우 엇갈립니다.

김옥균은 20대에 한성 판윤을 지내고, 일본세력을 등에 업고 급진적인 한국의 근대화를 시도(갑신정변)했다가 3일천하로 끝나는 실패로 일본 망명길에 오릅니다. 다시 상해로 이홍장을 만나러 떠났다가 홍종우에 의해 암살당하는 김옥균의 삶 자체가 한국근대사의 비극적 모습이 아닐 수 없습니다. 무엇이 홍종우에게 김옥균을 암살하게 했을까 하는 의문은 많은 이들에게 관심거리로 남아 있습니다. 그러나 관심은 이 글에서 별로 의미가 없다고 여겨집니다. 그리하여 단지 홍종우가 프랑스에 체류하며 관여한 한국 고전서의 프랑스어 번역에서, 특히 「춘향전」 번역에서 어떤 역할을 했는지에 대해서 김윤식 교수의 해설을 중심으로 간략하게 살펴보려고 합니다.

홍종우는 일본을 거쳐 프랑스로 건너간 것으로 되어 있습니다. 1890년 프랑스에 도착한 홍종우는 처음 정치인 행세를 합니다. 기록에 따르면 홍종우는 프랑스 외무부장관을 만나서 1886년 6월 4일 한·불 수교조약 시에 자신이 참여했음을 상기시키며 도움을 요청합니다. 그러나 묵살당합니다. 아마도 홍종우는 어떤 식이든 당시 정부의 관리였을 가능성이 높습니다. 그 증거로 그가 김옥균을 암살하고 돌아오자 고종은 홍종우의 등용을 위해 별시를 치르게 합니다. 그는 모종의 임무를 띠고 프랑스로 건너간 것으로 추측됩니다. 그 임무가 세간에 알려진 것처럼 단순히 프랑스의 법제도를 공부하고자 하는 본인의 의지에 의한 것이든지 아니면 그 당시 왕당파가 체제유지를 공고히 하기 위해 메이지 유신에 끼친 프랑스 법률 체계에 대한 연구가 필요해서였든지 간에 홍종우의 도불은 나름의 사명을 띤 것으로 보입니다. 최소한 홍종우 본인은 그러한 사명감에 불타 있었을 것입니다.

그러나 홍종우의 계획은 당시 프랑스 외무부장관의 묵살로 인해 일대 전환을 맞이합니다. 처음 계획과는 달리 이제는 호구지책이 문제가 된 것입니다. 그리하여 어느 지인의 도움으로 기메 박물관의 동아시아 관련 사료정리를 호구지책으로 삼게 됩니다. 이 시기에 동양학 교수인 로니(J. H. Rosny)와 인연을 갖게 되고, 로니의 이름으로 「춘향전」을 번역하게 되는데(정확하게는 번안), 이 번역본에서는 춘향이가 퇴기 월매의 딸이 아닌 서민의 딸로 뒤바뀌고, 향단이가 빠져 있는 등 우리가 알고 있는 「춘향전」의 원형과는 전혀 다른 유럽인의 시각에서 다시 쓰인 한국판 사랑이야기가 탄생합니다. 그러나 역자 로니가 춘향전에서 감탄하는 것은 이 한국판 사랑의 대서사시에서 어느 누구도 죽지 않는다는 점입니다. 사랑하는 두 주인공은 물론, 변학도마저 죽지 않고 모두 다 웃을 수 있는 우리 고전의 숭고미에 대한 찬사인 것 같습니다. 그러나 다른 한편 이 책의 서문에 실린 내용으로 미루어 판단하면, 홍종우의 가치관은 아마도 그 당시 대다수 사대부가 그러했겠지만 많은 문제점을 안고 있습니다. 자신의 가문의 근원과 조선의 근원을 중국과 동일시하려는 사고는 아마도 그 당시 사대부들에게는 당연한 일이었을지 모르나, 소위 '선진' 서구의 법률 체계를 공부하여 조선의 자주성을 확보하려는 사명감에 머나먼 길을 떠난 청년 홍종우가 여전히 이러한 사대주의적 사고에 젖어 있었다는 것은 어쩐지 어색한 삽화 한 편을 보는 것 같습니다.

홍종우와 로니 교수의 「춘향전」 번역 작업에 있어서 프랑스어를 자유자제로 구사할 수 없었던 홍종우는 로니와 아마도 일본어로 의사소통을 하였을 것입니다. 물론 이 작업에서 홍종우의 역할이 어느 정도였는지 자세히 알 길은 없지만 위의 해설에서 언급된 내용으로 미루어 짐작컨대 홍종우는 자기 나름의 「춘향전」 스토리를 제공하고, 로니는 다시 19세기 말 유럽인의 시각에서 이 이야기를 재구성한 것이 아닐까 싶습니다. 홍종우의 설명을 받아들이는 한편으로 로니는 다른 한편 나름대로 한국의 고전이 사해동포적인 평화주의의 초석을 놓는 데 도움이 될 것이라는 관점을 견지했던 것 같습니다. 타자의 문화 속에서 자아를 찾기 위한 몸짓을 다시금 역으로 타자를 이해하기 위한 문법으로 바라본 셈입니다.

로니는 한국 고전문학의 아주 특이한 숭고미의 본질이 '아무도 죽지 않는다'에서 보고 있습니다. "작가는 주인공의 사랑스런 얼굴 위에 피가 흐르는 것을 원치 않았다. 이 도령과 춘향은 마지막까지 그들의 품위 있는 선의와 고결함을 지킨다. 어쩌나 고귀하던지 우리 자존심 많은 유럽에서, 이보다 더 위대한 것으로 여기에 필적시킬 것이 아무것도 없다."

격렬한 사랑이 '아무도 죽지 않는' 해피엔딩으로 끝날 수 있는 미적 숭고미를 문화적 잠재력으로 지닌 동방의 아름다운 나라 조선! 이 얼마나 장엄하고 중대한 우리 문화의 저력입니까?

여기서 우리는 한국문학의 세계화 가능성을 봅니다. 로니의 「춘향전」은 그 후 유럽 전역에 그 영향을 끼칩니다. 독일어 등 외국어 번역이 확산되는 한편, 「춘향전」을 소재로 한 발레 「사랑의 시련」이 탄생하게 됩니다. 「사랑의 시련」은 「춘향전」을 발레로 각색한 작품입니다. 러시아 출신의 세계적인 안무가 미하일 포킨이 직접 대본을 쓰고 안무를 맡아 1936년 모나코 몬테카를로에서 러시아 발레단에 의해 초연된 작품이며, 음악은 모차르트의 교향곡입니다. 그 당시 러시아 발레단은 볼쉐비끼 혁명 이후 망명하여 몬테카를로에 잠시 머물고 있었습니다. 그 이후 미국으로 망명하기까지 유럽 여러 주요 도시에서 「사랑의 시련」을 공연하고, 미국에서도 전후까지 주요 도시에서 공연한 바 있습니다. 이처럼 10년간 유럽과 미국에서 만인의 사랑을 받고 있을 때, 우리는 일제의 압제 하에서 아무것도 모르고 있었습니다.

그 후 60년대 중반 최정호 교수는 발레 기록에서 「춘향전」 공연을 발견하고, 이 공연 기록을 찾으려고 백방으로 노력했으나 실패하였습니다. 그리고 40여 년이 지난 2006년 10월 파리에서 유학 중인 김승열 씨에 의해 몬테카를로의 공연 기록과 사진들이 입수되어 공표하게 되었습니다. 그리고 이어서 『동아일보』는 뉴욕 공립도서관에서 미하일 포킨의 안무에 의한 공연(리허설) 필름을 발견하게 됩니다.

미하일 포킨의 「사랑의 시련」은 이미 서양의 고전이 되었습니다. 어느 시대 어느 곳에서든 공연이 가능한 문화유산으로 자리 잡은 것입니다. 여기서 우리는 한 가지 짚고 넘어가야 할 것이 있습니다. 미하일 포킨이 이 작품을 각색하기 위해 어떤 원전을 이용했느냐 하는 문제점입니다. 김승열 씨나 김윤식 교수는 홍종우와 로니의 프랑스어 판 번역본이 그 원전이었을 것으로 추정하고 있습니다. 그 추정이 맞는다고 한다면, 손바닥 크기도 안 되는 작은 한 권의 문고본이 그 엄청난 힘을 발휘한 셈입니다. 우리는 여기서 번역이 갖고 있는 중요성을 다시 한 번 깨닫게 됩니다.

3. 한국문학 번역출판의 현황

1890년대에 시작된 한국문학 작품의 해외 번역출간은 지금까지 약 1,300종에 이르고 있습니다. 그러나 그 양적인 면이나 번역의 질적인 면에서 본격적으로 한국문학이 알려지기 시작한 것은 문화부의 해외소개사업의 일환으로 번역지원이 행해지는 1970년대부터라고 할 수 있습니다. 문화부, 문예진흥원, 국제교류재단, 한국문학번역금고, 대산문화재단의 번역지원을 통해 1980~1990년대에는 보다 많은 작품들이 해외에 알려지게 되었고, 2000년대에 들어서서 문예진흥원의 해외소개사업, (구)한국문학번역금고의 번역출판지원사업이 통합되어 한국문학번역원이 탄생하면서 한국문학의 세계화는 또 다른 국면에 접어들게 되었습니다.

현재까지 해외에 소개된 한국문학작품은 한국문학번역원의 통계에 의하면, 2007년 현재 영어 312종, 프랑스어 141종, 독일어 128종, 러시아어 92종, 스페인어 21종, 일본어 296종, 중국어 240종, 체코어 51종, 기타 어 120여 종 등 18개 언어권에 이르고 있습니다. 양적으로 볼 때 해외에 소개된 일본이나 중국 문학작품에 비해서는 현저히 낮은 수치이나 20, 30년 전에 비하면 비약적인 발전을 보였다고 하겠습니다. 그러나 이렇게 많은 작품들이 해외에 소개되었다고 해도, 영미나 유럽작품들이 한국어로 번역된 것에 비하면 우리 문학과 외국문학의 교류에는 심각한 불균형이 있다는 것을 알 수 있습니다. 그것은 단지 양적인 문제에 국한된 것은 아닙니다. 현재까지 약 1,300여 종이 출간되었으나, 그중에서 세계 독자들의 비상한 관심과 흥미를 끌고, 비평가들의 주목을 받은 작품이 매우 미미하기 때문입니다. 그것은 또한 한국문학 해외 소개사업이 얼마나 어려운 일인가 하는 것을 단적으로 보여주고 있습니다. 그것은 바로 우리로 하여금 지금까지의 성과에 대한 반성적 성찰을 요구합니다. 왜 우리문학은 해외로 진출하여 세계문학의 대열에 끼는 것이 그토록 어려운가? 여기에는 여러 가지 이유가 있을 수 있으나 우선 들 수 있는 것은 한·중·일 삼국의 문화적 유사성으로 인해 한국문화가 변별력을 지니고 있지 못하다는 서구인들의 선입견, 경제력을 기준으로 문화의 우열을 가리는 구세기적 사고방식에 따라 한국문화의 우수성을 서구의 잣대로 재고자 하는 태도를 들 수 있습니다. 또 그러한 상황을 알고 있으면서도 체계적이고 효과적인 방식으로 한국문학을 소개하지 못한 정책적 미숙함도 그러한 이유 중 하나로 꼽을 수 있을 것입니다.

지금까지 한국문학의 해외 소개는 일단 알리는 데에 일차적인 목표를 두었습니다. 처음 한국문학 번역 및 해외 출판이 시작되었을 당시, 한국문학이 전혀 알려지지 않은 황무지와도 같은 외국에, 심지어 한국어가 엄연히 존재하고 있다는 사실조차 모르는 외국인 독자들에게 우리만의 독창적인 문학과 문화가 존재한다는 것을 알리는 일은 무척이나 어려운 일이었을 것입니다. 따라서 좋은 작품을 훌륭한 번역을 통해 알리는 것이 중요하다는 것을 알고 있으면서도 어떤 작품을 어떻게 알릴 것인가, 작품의 뛰어난 문학성을 올바르게 전달할 수 있는 수준 높은 번역 인력을 어디서 구할 것인가, 그리고 과연 전혀 알려지지도 않은 우리의 문학작품을 출판하는 모험을 할 외국출판사를 어떻게 구할 것인가 하는 여러 문제로 인해 체계적이고 효율적인 한국문학의 홍보가 이루어지지 못했습니다. 빨리 알려야 되겠다는 조급함은 양적인 팽창으로 이어지게 됩니다. 70년대에 시작되어 80년대와 90년대에 이르러 국가가 지원하는 한국문학 알리기는 그 지원 편수가 급속도로 증가하였고, 민간단체인 대산문화재단이 가세하면서 가속화되었습니다. 정부주도의 지원은 번역자가 작품을 선정, 번역하고 그에 대해 작품성 및 번역의 질적 수준 등을 정부가 위촉한 심사진이 심사하여 지원하는 방식으로 이루어졌습니다. 그리하여 막혀 있던 봇물이 터지듯 다양한 시기, 다양한 작가들의 작품들이 영어, 프랑스어, 독일어, 서반아어의 4개 언어권에서 쏟아지기 시작하였고, 기타 언어권은 정부지원을 받아 소소하게나마 소개가 되었습니다. 이 당시는 한국문학의 다양한 면모를 소개하기에는 충분했지만, 고전에서 현대문학에 이르기까지 소개에 있어서의 체계성이 부족했다는 것으로 특징지을 수 있을 것입니다. 그러나 체계성의 결여를 부정적으로 볼 필요는 없습니다. 그것은 비록 문학상을 수상하거나 세인의 비상한 관심의 대상이 된 작품이 많지 않았지만, 그럼에도 불구하고 외국 독자들에게 한국문학의 존재를 알리고 또한 오늘날 우리가 우리 문학을 보다 본격적으로, 그리고 효율적으로 소개할 수 있는 기반을 구축해 주었기 때문입니다. 그리하여 이제 우리는 양적 팽창의 단계를 지나 질적인 도약을 꿈꿀 시기에 이르렀습니다. 여기서 말하는 질적인 도약이란 외국 독자들로 하여금 이제껏 보아온 다양한 면모들을 한국문학이라는 공통의 축 위에서 정연하게 정리하고 이해하며 공감할 수 있게 하는 틀을 제공하는 것입니다. 그 틀이란 바로 문학의 토대를 이루는 문화입니다. 과거에서 현재까지 한국인들의 꿈과 현실, 믿음과 정서를 이루어 온 한국문화를 이해시킨다면 한국문학의 세계화도 훨씬 수월하게 이루어질 것이기 때문입니다. 그러기 위해서는 우리 문화에 대한 분석 및 체계정리가 선행되어야 할 것이며, 소개 방법 역시 사이버 공간을 활용한다든지 영상 매체와 문자의 상호 보완적인 결합을 통한 새로운 방법을 모색한다든지 하는 질적인 제고를 거쳐야 할 것입니다. 실제로 한국영화가 요즘 들어 보여주고 있는 가능성은 음악, 미술은 물론이거니와 문학에 대해서도 시사하는 바가 큽니다. 영화나 음악, 미술이 영상 이미지 혹은 음, 색과 선이라고 하는 기호 체계에 의존함으로써 언어 기호보다 훨씬 자유롭게 소통될 수 있다는 장점은 있지만, 문학 역시 좋은 번역을 거쳐 소개된다면 영화나 미술, 음악 못지않게 세계인의 사랑을 받을 수 있을 것이기 때문입니다.

4. 번역출판의 과제와 해결책

그렇다면 한국문학을 세계에 알리는 일에 어떠한 어려움들이 따르는지, 그리고 그러한 어려움을 해결하기 위해 우리에게 주어진 과제들은 어떠한 것들이 있는지, 한국문학의 세계화를 위해 필요한 과정들을 창작, 번역, 출판, 유통 및 홍보의 사이클로 분절하여 각각의 과정에서 발생하는 문제점들과 해결책들을 짚어 보도록 합시다.

우선 창작의 경우에는 수많은 작가들이 저마다의 재능을 갈고 다듬어 주옥같은 작품들을 만들어 냈지만, 세계에 나가 주목을 받는 작가가 그리 많지 않았다는 것이 문제로 제기될 수 있습니다. 물론 그 작품들이 세계 여러 작품들과 견주어 수준이 낮다는 말은 결코 아닙니다. 다만 치열한 문제의식을 탄탄한 구성과 유려한 문체로 형상화한 작품들이 많음에도 불구하고 그 작품들에서 세계로의 열림보다는 한국문학만의 폐쇄적인 고유성을 더욱 많이 발견하게 되는 것이 문제라고 할 수 있습니다. 우리의 것을 지키는 것은 좋은 일이며 또한 우리의 문학이 척박한 현실 속에서 어떻게 한국인의 현실 인식, 정서와 꿈 등을 반영했는지 너무나도 잘 알고 있지만, 급속도로 세계의 경계가 지워지는 오늘날 외부로 눈을 돌려 세계문학의 조류, 동향을 파악하고 세계인들이 가는 길에 동참하는 것도 우리가 시급히 이루어야 할 과제가 아닌가 싶습니다. 그러기 위해서는 상업적 수익성이 떨어져 출판사들로부터 외면당하는 우수한 외국작품을 우리가 수용하여 세계의 작가들과 국내 작가들이 번역을 통해 서로 소통할 수 있는 길이 열려야 할 것이며, 동시에 해외에서의 우리 문학에 대한 반응이 피드백 작용을 통해 국내 창작을 진흥시킬 수 있도록 하는 순환성 확보가 이루어져야 할 것입니다.

둘째로 번역의 경우를 살펴보겠습니다. 지금까지 번역은 번역가 개개인의 능력에만 의존하고 있는 실정이었습니다. 장인적 경험에만 의존하는 번역작업은 개별적인 텍스트에 대해 그때그때의 경우에 따른 번역으로 이어지며, 번역의 질은 전적으로 번역가 개인의 자의적인 선택이 어떤 수준에서 이루어지고 있는가에 달려 있습니다. 그러나 단순한 정보 전달로서의 번역이 아닌 문학텍스트의 번역은 번역된 작품이 해당 언어권에서도 문학텍스트로 기능할 것을 요구하기 때문에 번역가는 그의 언어 능력과 문화, 사회의 맥락에 대한 해박한 지식, 그리고 한국문학과 해당 언어권 문학의 문학성에 대한 전문적 소양, 탁월한 문학적 감수성 등을 갖추고 있어야 합니다. 이러한 모든 것이 교육을 통해 이루어질 수 있다고 기대하는 것은 무리입니다만 그럼에도 불구하고 문학번역 전문가를 체계적으로 양성하는 것은 매우 중요합니다. 우리나라에서의 문학번역 연구가 아직은 일천한 단계에 있다고는 하지만 현재까지의 이론적 성과와 능력 있는 번역자들의 장인적 경험을 접목시켜 신진 번역인력을 양성하는 것은 한국문학 세계화의 기반 조성에 있어 매우 중요한 사업이며, 따라서 이러한 미래지향적인 과제를 수행하기 위한 전담기관의 역할이 막중하다고 할 수 있습니다.

마지막으로 출판 유통 및 홍보의 문제점과 앞으로의 과제를 살펴보겠습니다. 지금까지의 정책적 지원은 번역지원 및 해외 현지 출판사를 통한 출판지원이 주류를 이루었고, 그 가운데에 간간이 작가 파견을 통한 현지 홍보사업이 이루어져 왔습니다. 그러나 해외 출판을 서두르고 강조하다 보니 출판사가 현지에서 어떤 위상을 지닌 출판사인지, 또 한국문학의 홍보에 얼마나 열의를 가지고 있는지 점검하지 못한 채 출판된 작품들이 상당수에 이르고, 그러한 책들은 서점 진열대에 놓여 독자들을 기다리는 대신 출판되자마자 곧바로 재고 창고로 향하는 경우도 있었습니다. 설령 진열대에 놓인다 하더라도 사람들의 눈에 잘 띄지 않는 곳에 중국, 일본의 작품들과 구별되지 않은 상태로 진열이 되었기에 한국문학 작품의 변별성을 유지하기도 힘들었습니다. 해외 독자들의 눈길을 끌기 위해서는 무엇보다도 현지에서 권위 있고 평판이 좋은 출판사를 섭외하여 출판을 유도하는 것이 필요하며, 그런 출판사와의 긴밀한 공조 관계를 유지하는 출판 연계망을 구축해야 합니다. 또한 출판의 단계에서 지원을 종료하기보다 홍보 및 유통 단계에까지 연장하고 언론매체, 작가 교류, 작품 낭독회 개최, 한국문학의 밤 또는 영상으로 만나는 한국문학 등 홍보 전략을 다각화하여 해외독자들에게 다가가야 할 것입니다.

맺는 말

문화적 현상들의 실체는 서로 다른 문화권 사이의 상호교류와 수용발전의 과정입니다. 21세기 글로벌한 지구촌의 문화 풍속도는 나를 이해하는 한 방편으로서 타자에 대한 관심을 증대시키고 있고, 여기에서 우리는 한국문화의 잠재적 대외수요와 한국문학의 세계 문학시장으로의 접근 가능성을 예견할 수 있습니다. 그러나 지난 20세기 내내 우리의 굴곡된 정치현실과 만연된 문화적 상대주의는 한편으로는 서구 중심의 문화에 대한 일방적 수용과 모방만을, 다른 한편으로는 우리 것에 대한 지나친 강조와 외래문화에 대한 대항문화의 구축만을 문화 활동의 주류로 착각하기도 하였습니다.

그럼에도 우리의 문화 민족으로서의 잠재력은 음악과 조형예술 분야에서 수많은 세계적 예술가를 배출하여 글로벌한 세계문화의 발전에 기여하고 있습니다. 또한 역사적으로도 이미 세계 최초의 금속활자 발명이나, 한글창제에서 보이듯이 우리 민족은 전통적으로 문자문화에서도 뛰어난 업적을 쌓았습니다. 그러나 우리는 지금 무한한 잠재력을 지닌 우리의 문학적 성과물들이 타 문화권에서 널리 수용되고 있지 못하는 현실에 직면해 있습니다. 감각적인 형식들과 만국공통적인 기호체계를 기반으로 한 다른 예술 분야 — 특히 음악과 미술 — 와 다르게 국어를 매개로 하는 우리의 문학작품들이 제대로 그 문학성이 평가받을 수 있게 하려면 문학적 번역작업이 선결되어야 합니다.

근자에 노벨문학상을 수상한 중국 출신의 가오징젠(高行健)이나 일본의 오에 겐자부로의 문학에서는 서구의 독자층에게도 유효한 세계문학적 보편성을 읽어 내기가 어렵지 않습니다. 우리는 한국어로 쓰인 문학적 결과물에서도 역시 뛰어난 문학적 감수성과 세계문학적 보편성을 읽어 낼 수 있습니다. 세계문학사적 중심 테마에 대한 접근 및 한국적 변용의 차원을 넘어서는, 인류의 문화유산으로서의 한국문학의 독창성에 대한 기대를 우리는 결코 저버려서는 안 됩니다. 문학작품의 소개는 다른 방법으로는 얻을 수 없는 각국 일반 시민들의 정서에 호소하는 일이며, 서구 문화 중심의 세계문화적 보고에 우리의 문화적 기여를 통해 지구촌의 상호이해와 상호인정에 의한 공평하고 대등한 세계질서를 이루는 데 기여하는 일이 될 것입니다. 이를 위해 무엇보다 혼재해 있는 여러 담론들 속에서 우리 문학의 목소리를 내가 아닌 타자들에 의해 들려주는 일이 선행되어야 할 것입니다.

따라서 문학작품의 번역은 작품이 담고 있는 문화적 현상들에 대한 상호이해를 제공하는 작업이 되어야 할 것입니다. 이러한 넓은 의미의 번역 개념에 대한 관심과 연구만이 한국문화 현상 및 문학작품이 지닌 한국적 특성을 세계문학적 보편성으로 승화시킬 수 있는 계기를 마련하게 될 것이고 한국문학의 세계화를 위한 근간이 될 것입니다.

우리는 21세기 한국문학의 국제적 위상 확립과 질적인 도약을 위해서는 보다 거시적인 국가차원에서의 문화정책적 고려가 요구된다고 생각합니다. 따라서 한국문학 세계화의 우선 과제는 한국문화의 특수성에 대한 고민 속에서 문학적 텍스트의 번역가능성에 대한 끝없는 노력을 통해서만 찾아질 수 있을 것이라고 생각합니다.

일본 수목의학회 제10차 대회 참가기

농업생명과학대학 농생명공학부 | 나용준

작년 10월 29~31일에 걸쳐 일본 동경대학에서 개최된 일본 수목의학회 제10차 대회에 다녀올 기회가 있었다. 우리에게 다소 생소한 '수목의학(樹木醫學)'이란, 의학과 수의학이 각각 사람과 동물의 건강을 대상으로 연구하는 학문인 것처럼 수목과 삼림(森林)의 건강을 대상으로 하는 학문을 말한다.

일본에는 나무와 숲의 건강 및 보전(保全)을 대상으로 연구, 교육, 그리고 현장에서의 진단 및 치료 등의 활동을 하고 있는 대표적인 단체가 두 개 있다. 하나는 일본수목의학회(日本樹木醫學會, Tree Health Research Society of Japan)이고, 다른 하나는 일본수목의회(日本樹木醫會, Japanese Association of Tree Doctors)인데, 두 단체의 명칭이 너무 비슷해서 자칫 혼동하기 쉽다.

일본수목의학회는 수목의학의 발전을 목적으로 1995년에 발족했는데, 대학·연구소·수목병원 등에서 수병학(樹病學), 삼림곤충학, 수목생리학, 삼림토양학, 조경학, 수목학 등 수목의학 관련 분야에서 일하고 있는 교수, 연구자, 나무의사(일본에서는 樹木醫라고 부름) 등 700명의 회원을 가지고 있다. 이 학회는 매년 가을에 학술대회를 개최하고, 학회지 『수목의학 연구(樹木醫學研究)』를 연 2회, 「수목의학 뉴스레터」를 연 4회 발행하고 있다. 또 현지 검토회를 연 2회 정도 개최해서 수목보호관리의 기술적인 문제에 관한 현장검토를 실시하고 있다.

한편 1992년에 발족한 일본수목의회는 일본녹화센터가 실시하는 나무의사자격심사에 합격하고 일본 각지에서 실제로 수목의 진단과 치료 활동에 종사하고 있는 나무의사들의 전국조직으로서, 2005년 현재 1,240명의 나무의사가 회원으로 가입되어 있다. 수목의회는 회지 Tree Doctor를 연 1회, 「수목의학 뉴스레터」를 연 5회 발행하는 외에 수목과 삼림의 건강·보전에 관련된 다양한 출판물을 발간하고 있다. 최근에는 현대수목의학의 대부로 불리는 미국의 Shigo 박사의 저서 Modern Arboriculture의 번역판을 비롯해 다양한 해외출판물의 번역판을 발행하는 등, 최신 해외기술을 소개하는 데도 매우 적극적이다. 회지 Tree Doctor는 매 호마다 예를 들어 「소나무를 지킨다」, 「수목의와 가로수」, 「수목부후와 치료」, 「수목문화」 등과 같은 특정 테마를 선정해서 특집호로 발간되는데, 각 분야의 전문가에 의한 수준 높은 논문과 알차고 실용적인 기사로 가득 차 있어 나무의사들만 아니라 나무를 좋아하는 많은 사람들에게도 큰 인기를 끌고 있다. 또 매년 전국 각지에서 수목의 보호·관리에 관한 기술연수회를 실시하는 한편, 구미의 최신 수목의학 기술을 도입하기 위해 프랑스, 미국, 영국, 캐나다 등 수목의학 선진국에 수목의연수단을 파견하고, 구미의 관련 전문가를 초빙해서 강연회와 강습회 등을 여는 등, 나무의사의 기술과 지식 향상을 위해 힘을 쏟고 있다. 최근에는 태국정부의 요청으로 라오스 국경 부근의 삼림공원 내에 자라고 있는 세계에서 가장 큰 티크나무의 보전을 위해

진단·치료 팀을 파견하여 티크나무의 수세회복에 성공함으로써 태국정부로부터 높은 평가를 받는 등 해외기술지원사업도 활발하게 펼치고 있다.

이처럼 수목의학의 학문적 연구는 수목의학회에서, 그리고 현장에서의 진단과 치료 등의 기술은 수목의회가 각각 그 역할을 맡아, 학회와 수목의회가 수레의 두 바퀴가 되어 긴밀하게 연대하면서 나무와 숲의 건강관리와 보전에 적극적인 활동을 하고 있으며, 매년 가을에 개최되는 일본수목의학회에도 수목의회가 항상 동참하고 있다.

작년에 창립 10주년을 맞이한 일본수목의학회 제10회 대회에는 약 120명이 참가했는데 우리나라에서는 대학, 산림과학원, 나무병원, 농약회사 등에서 모두 9명이 참가하였다. 학술대회는 3일간 진행되었는데, 첫째 날에는 구두발표, 포스터 발표, 수목진단기기와 수목전용비료 등의 전시가 있었고, 둘째 날은 나무타기 실연(實演), '미래의 나무의사'라는 제하(題下)의 심포지엄, 포스터 발표, 기기 전시, 총회 등으로 이어졌다. 셋째 날에는 동경 시내에 있는 명치신궁(明治神宮)의 조경수 관리 기술에 대한 현장검토회가 있었다.

학술강연에서는 최근 우리나라에서도 심각한 문제가 되고 있는 소나무재선충병(材線虫病), 참나무 시들음병, 벚나무 빗자루병 등에 관한 연구를 비롯해, 재질부후병(材質腐朽病), 수목의 외과수술, 노거수와 가로수 등의 수세 및 부후(腐朽)진단법 개발 등 수목의 건강과 보전에 관련된 다양한 내용의 연구 발표가 있었다. 특히 이번 대회에서는 진단기기 개발에 관한 연구와 기기전시에 출품된 비파괴부후부진단기(非破壞腐朽部診斷器)가 많은 참가자들의 관심을 끌었다. 노거수나 가로수 등은 줄기 내부가 썩어 있는 경우가 많은데 외관조사만으로는 내부의 결함과 도괴위험도(倒壞危

險度)를 정확하게 판정하기 어렵다. 이러한 나무들을 방치할 경우, 강풍·대설(大雪)·기타 외부의 충격으로 줄기가 부러지거나 나무가 쓰러져 인명과 재산에 예기치 않은 큰 피해를 줄 수 있다. 따라서 줄기 내부의 부후상태와 위험정도를 정확하게 판정할 수 있는 실용적인 기술이 개발된다면 줄기 내부의 결함으로 일어나는 사고를 미연에 방지할 수 있을 뿐만 아니라 나무를 치료하는 데도 큰 도움이 된다.

사람의 경우는 단층촬영기, 초음파 진단기, X-ray 진단기, 기타 최신 진단기기를 이용해 인체의 내부 상태의 정확한 진단이 가능하지만 나무의 경우는 아직 이러한 기술이 실용화되지 못해 많은 나무의사들이 줄기 내부의 정확한 부후상태를 진단하는 데 어려움을 겪고 있다. 지금까지 몇 가지 부후진단기기가 개발되기는 했지만 이들의 대부분은 줄기를 뚫고 그 내부 상태를 검사하기 때문에 나무줄기에 원하지 않는 상처를 내야 하는 결점이 있다. 그러나 이번에 전시된 일본에서 개발된 감마선 수목부후진단기는 완전 비파괴진단기로 나무에 전혀 상처를 내지 않고 수간 직경 5~100cm 되는 줄기의 내부 부후상태를 컴퓨터 화상으로 진단할 수 있다. 또 최근에 독일에서 개발된 음파단층촬영수목진단기는 탄성파(彈性波)를 이용해 수간 직경 5m에 이르는 나무의 내부 부후상태를 화상으로 볼 수 있다. 전 세계의 많은 나무의사들이 오랫동안 갈망해 오던 비파괴 진단기기의 개발은 앞으로 천연기념물 노거수를 비롯해 가로수, 공원수 등 많은 귀중한 나무의 건강상태를 정확하게 진단하고 적절한 보전대책을 수립하는 데 크게 기여할 것으로 기대된다. 현재 진단기의 가격이 4,000~5,000만원으로 만만치 않은데, 앞으로 보다 저렴하고 실용적인 비파괴진단기가 개발될 수 있을 것으로 전망된다.

일본도 1991년에 수목의제도가 발족되기 전까지는 나무의 건강 진단과 치료를 포함한 조경수의 보호관리는 주로 기술수준과 경험 등에서 서로 차이가 많은 정원사들이 담당해 왔다. 과학적인 조경수관리에 대한 최신의 전문 기술과 지식이 부족한 정원사들이 주로 경험과 관행에 의지해서 가지치기, 외과수술, 토양관리, 병해충 방제 등을 비롯한 모든 관리작업을 하다 보니 여러 가지 문제점들이 드러났다. 특히 일본인들이 숭상하는 천연기념물 노거수를 비롯한 각 지방의 거목(巨木), 명목(名木)들이 외과수술에도 불구하고 수세가 더욱 악화되는 경우가 많아 큰 문제가 되었다. 한편 1970~1980년대는 전술한 Shigo 박사가 개발한 <자연표적 가지치기, Natural Target Pruning, NTP>라는 올바른 가지치기 이론과, 과학적인 수목외과수술의 토대를 마련한 <수목부후의 칸막음, Compartmentalization of Decay in Trees, CODIT> 이론과 같은 혁신적인 수목관리 이론들이 등장하고, 또 과학적인 수목관리의 이론과 실제를 집대성한 *Modern Arboriculture* 의 출간으로 전 세계의 수목의학계에 큰 변화를 가져온 시기였다. 이러한 국내외 상황에서 일본은 과학적인 수목관리 제도 도입의 필요성을 절감하게 되었고 결국 1991년에 수목의제도가 탄생하게 되었다. 나무의사가 되기 위해서는 우선 수목의 보호 관리에 관한 7년 이상의 업무경험이 있어야 하며, 2주간에 걸친 전문 분야에 대한 집중적인 숙박연수를 이수하고 최종 자격시험에 통과해야 하는데, 2002년부터 매년 약 120명의 나무의사를 선발하고 있다. 또 나무의사들은 단지 자격증을 취득하는 데 그치지 않고 수시로 열리는 재연수(再硏修) 프로그램을 통해 최신 기술과 전문지식을 습득하는 등 자기연찬에도 매우 열성적이다. 이러한 나무의사 제도의 도입으로 일본의 수목보호관리 기술과 수목의학은 나날이 눈부신 발전을 하고 있다.

몇 십 년이 지나도 땅속에서 썩지 않는 고무밧줄로 분을 칭칭 싸매다 못해 뿌리목까지 졸라매서 나무를 심는 잘못된 이식관행, 함부로 가지치기를 해서 수십 년~수백 년 된 귀중한 나무의 줄기가 썩어 들어가 공동(空洞)이 나게 하고 외과수술을 하는 병 주고 약 주는 식의 잘못된 가지자르기, 뿌리가 숨도 제대로 쉴 수 없게 50~60cm씩 복토를 하여 귀중한 천연기념물 노거수를 숨 막혀 죽게 하는 행위, 나무의 건강을 훼손시키는 잘못된 외과수술, 그리고 그 밖에도 많은 잘못된 수목관리 관행이 아직도 우리나라에서는 지속되고 있다. 수십 년, 수백 년 된 귀중한 노거수, 공원수, 가로수 등의 관리를 올바른 수목관리에 대한 전문 기술과 지식이 없는 사람들에게 맡기는 것은 중환자를 무면허의에게 맡기는 것과 다름없다. 수목 관리의 선진화를 위해 일본이나 구미 선진국처럼 공인된 자격증을 가진 '나무의사'를 양성하고, 또 지속적인 재연수과정을 통해 나무의사들의 기술과 지식을 향상시키는 제도적 장치가 필요하다고 생각된다.

노벨상 시상식 참관기

농업생명과학대학 농생명공학부 | 한인규

수년 전의 일이다. 필자는 스웨덴과학한림원장으로부터 그해 노벨상 시상식에 참석해 달라는 초청을 받았다. 물론 부부가 동행할 것을 요청하는 정중한 초청이었다. 우리는 시상식 이틀 전에 스웨덴의 수도 스톡홀름에 도착하여 먼저 행사장에 입고 들어갈 연미복을 대여하고 내 몸에 맞도록 손질하는 일을 해야 하였다.

일반적으로 노벨상 시상식은 12월 10일경 오후 4시 30분에 스톡홀름 콘서트홀에서 거행된다. 이 무렵 북구의 낮 시간은 연중 가장 짧다. 아침 10시경에 해가 뜨고 오후 3시면 어두워지는 것이다. 따라서 오후 4시경에 노벨상 시상식장에 참석자들이 도착하였을 때는 벌써 캄캄한 초저녁이었다. 필자 내외는 4시 10분에 식장에 도착하였는데 이미 콘서트홀의 단상, 단하 및 발코니는 1,300여 명의 참가자들로 입추의 여지가 없었다. 모두 부부동반으로 참석하였는데 현지에서 들은 얘기로는 시상식 참석이 확정된 다음에 만일 부인이 작고하게 되면 그 사람은 딸이라도 동반해야 입장이 가능하다는 것이다. 단상에는 수상자, 심사위원, 행사 진행요원 및 왕과 왕의 가족들의 좌석이 마련되어 있었다.

정각 4시 30분, 왕과 왕의 가족들이 입장하자 팡파르가 울리면서 시상식은 무언사회로 시작된다. 먼저 노벨재단 이사장인 S교수가 개회사를 짧게 말한다. 그는 그날 이른 아침 일찍 오슬로에서 개최된 바 있는 노벨 평화상 수상자를 축하하고, 근대 과학은 급속하게 국제화되고 있음을 역설하였다. 그의 개회사 중반에 "오늘날 과학기술의 발전이 G7 국가에 편중되고 있어 발전도상 국가들과의 격차가 날이 갈수록 더 벌어지고 있는 형편"이라고 말하였다. "미국 한 나라가 세계 과학기술 개발의 절반 이상을 차지하고 있다"는 말도 하였다. "과학기술의 R & D에 있어서 미국, 일본 및 EU 등 몇 나라의 투자 속도가 눈에 띄게 빠르며, 최근에 이르러 중국과 한국이 그 뒤를 이어 간다"는 내용의 말도 하였다. 매우 인상적인 발언이라고 할 것이다.

권위주의에 길들여진 필자의 눈에는 왕의 입장이 무방송으로 너무나도 조용하게 이루어진 것이 이상하게 보였다. 스웨덴 왕은 축사 한 마디 없이 단지 수상자에게 상패와 상금을 전달하는 역할만을 수행할 뿐이었다. 그 때 노벨 물리학상은 P. Carlson 심사위원장의 공적보고에 이어 R. Davis 교수, M. Koshiba 교수와 R. Giacconi 교수 등 3명에게 수여되었다. 이어서 Graslund 노벨 화학상 심사위원장의 공적보고에 이어 J. B. Fenn 교수, K. Tanaka 씨(박사학위 없음), K. Wuthrich 교수 등 3명에게 노벨 화학상이 수여되었다. 금년도 노벨 생리/의학상은 S. Brenner 박사, H. R. Horvitz 박사, J. E. Sulston 박사 등 3명이 공동으로 수상하였으며, 노벨 문학상은 I. Kertesz 씨에게, 노벨 경제학상은 D. Kahneman 교수와 V. L. Smith 교수 등 2명이 공동으로 탔다. 참으로 인상적인 것은 장면이 바뀌고 각각의 수상자가 등단할 때마다 박수와 팡파르가 힘차게 울려 퍼진다는 사실이었다. 그런 가운데 막간으로 2~3분가량의 오케스트라 연주가 계속적으로 있었다. 이렇게 해서 시상식은 한 시간 반 동안 진행되었다. 이미 우리가 알고 있는 바와 같이 금년에도 일본은 물리와 화학 분야에서 각각 노벨상 수상자를 배출하였다. 일본에서는 기자단 60명과 참가자 50명이 이 행사에 초청되었다. 노벨상을 일본대국 전역에 홍보하기 위한 조치였다고 한다. 그러나 우리 한국은 필자 내외와 『중앙일보』 K기자 등 3명이 초대되어 초라한 느낌을 금할 수 없었다.

여기서 한 가지 짚고 넘어갈 것은 이미 십여 년 전부터 주 스웨덴 일본대사관에는 과학관(science attache) 1명이 파견되어 있다는 점이다. 일본학술진흥회(JSPS)에서도 과학자 1명과 직원 1명을 현지에 파견하여 스웨덴 과학한림원의 수상후보자 선정에 대한 정보를 신속하게 얻어 내고 또한 자국의 과학자를 홍보하는 일도 한다는 것이다. 뿐만 아니라 모든 시상 분야의 심사위원 명단을 정확하게 파악해서 이들을 차례차례로 일본에 초청하여 강연을 실시하는 등 이른바 심사위원을 상대로 환심사기운동을 강력히 벌인다고 한다. 필자는 우리의 국력이 이만한데도 노벨 과학상 수상자의 배출을 위한 분위기 조성에 일찍 눈뜨지 못한 우리나라 과학기술계 지도자와 정부가 원망스럽기까지 하였다. 그나마 우리나라 한국과학기술한림원이 얼마 전에 노벨 물리학상 심사위원장과 노벨 화학상 심사위원장을 따로따로 우리나라에 초청하여 두 나라 과학정보 교류의 계기를 마련하였으니 그나마 다행스럽게 생각할 뿐이다. 그러나 그때 이 두 심사위원장을 모시고 강연회를 실시하였는데 해당 분야인 물리학과 화학 분야에서 참석한 청중은 각각 50명도 채 안 되었다. 이런 초라한 강연회에서 강연을 한 그들은 실망한 나머지 다시는 한국으로부터의 초청을 수락하지 않겠다는 말까지 하였다고 한다. 거의 모든 우리나라 과학 분야 학술모임의 현주소가 이러하거니와 이는 반드시 반성하고 시정되어야 할 일이라고 지적하고 싶다.

이렇게 해서 노벨상 시상식은 오후 6시에 모든 시상행사를 마치고 스웨덴 왕이 퇴장함으로써 제1장의 막을 내렸다. 6시 30분에 버스 편으로 참가자 일동은 남자의 경우 연미복을 입은 채, 여자도 야회복을 입고 스웨덴 시청에 마련된 만찬장으로 이동하였다. 이 만찬도 7시 정각에 스웨덴 왕이 입장함으로써 시작되었다. 이윽고 왕이 짧은 두 마디의 건배사를 마치고 참석자 일동과 함께 축배를 들었다. 특기할 사항은 1,300명의 신사숙녀에게 네 가지 술과 여섯 종류의 음식물, 두 가지 후식을 서빙하기 위해 전국 각 대학에서 선발된 200명의 남녀 학생들이 자원봉사 형태로 일하는 점이다. 주최 측의 말에 따르면 너무 많은 대학생들이 지원하여 올해도 시험을 거쳐 엄선한 다음 일정한 훈련을 거쳐 오늘 이 행사에서 음식 나르는 봉사를 하게 되었다는 것이다. 북구 사람들은 저녁을 그렇게 오랫동안 먹는 것인지, 네 시간 가까이 식사하는 일이 진행되었다. 그동안 간간이 음악이 연주되고 다른 공연도 있었지만 특히 식사를 하는 도중에 스웨덴 모든 대학의 교기가 차례로 입장하여 행사 분위기를 한층 더 고조시켰다. 옆 사람의 설명에 따르면 인구 850만 명의 스웨덴에는 종합대학교가 6개, 단과대학은 25개뿐이라는 것이었다.

필자가 앉았던 테이블에는 전 노벨 물리학상 심사위원장이었던 T. Claeson 교수 내외, E. B. Karlsson 교수 내외와 스웨덴에서 50년 이상 살았다는 교민 한영우 박사 내외(내과의사) 등이 자리를 같이하여 얘기를 나누었다. 우리들의 정담이 오가는 동안 이번에 노벨상을 탄 사람들이 한 사람씩 차례로 올라가서 짧은 수상소감을 밝히는 순서가 있었다. 식탁에서 오간 이야기 가운데 기억에 남는 것은 이러한 것이다.

이스라엘은 세계인구의 0.1%에 지나지 않지만 노벨상 수상률은 20%에 이르는 우수한 백성이라는 것이다. 그들은 국가와 민족을 위해 개인을 희생하는 성품을 지니고 있지만, 한국을 포함하여 많은 나라 백성들은 자기를 위해 국가와 민족을 버릴 수도 있다는 것이다. 해방 후 대만과 중국에서 미국으로 유학을 간 사람이 우리나라 사람보다 훨씬 적은데도 불구하고 중국 교포들은 이미 8명이나 노벨 과학상을 탔다고 한다. 미국에는 생존하고 있는 노벨 과학상 수상자만도 130명에 이르고 이웃 일본도 지금까지 15명이 노벨상을 수상했다고 한다. 그리고 세계 여러 나라 중 총 27개국이 노벨 과학상을 수상하였는데 우리나라는 아직 한 사람도 없지 아니한가? 그런 나라들이 수상자를 배출한 것은 민족의 우수성 때문일까, 아니면 우리나라 과학자들의 경우에는 창의력 부족 때문일까? 노벨 과학상 수상후보자로 선정되려면 먼저 분야별 수상후보자 추천위원으로부터 추천을 받아야 된다. 그런데 도대체 우리나라에는 이 후보자 추천위원도 몇 사람 안 되지만(총 2,000여 명) 그분들도 대개의 경우 외국 저명학자를 수상후보자로 추천하고 만다는 것이다. 우리나라 사람들은 배고픈 것은 참아도 배아픈 것은 정녕 못 참기 때문일까? 노벨 과학상을 타려면 먼저 우리나라 과학자들이 독창적인 업적의 수립도 있어야 하지만 남을 나보다 낫게 여기는 심성의 개조가 선행되어야 하지 않을까 싶다. R & D 투자 면에서 세계 랭킹 8위인 우리나라의 과학자들은 자성해야 할 일이다. 씁쓰레한 이야기들이 오가는 동안 축하만찬은 종반으로 치닫는 느낌이었다. 축하만찬은 밤 11시가 되어 대단원의 막을 내렸다. 그때부터 우리는 금으로 벽을 장식했다는 2층 무도장으로 옮겨 갔다. 거기서 선남선녀가 춤을 즐기게 되었고 밤 12시경에 이날의 스웨덴의 국가적 행사인 노벨상 시상식이 모두 끝난 것이다.

다음날 우리 내외는 스웨덴과학한림원 사무총장의 오찬 초대를 받아 스웨덴 한림원을 방문하였다. 그 자리에는 스웨덴 한림원장 내외, 일본학술회의 회장 내외, 일본 JSPS 사무총장 내외 등 10여 명이 참석하였다. 이 자리에서 우리 한림원의 IAP가입 문제, 일본학술회의와의 공동 심포지엄을 개최하는 문제 등이 논의되었다. 매우 유익한 대화였다고 생각한다.

우리나라도 노벨상 수상 분위기를 가꾸기 위해 하루 속히 스웨덴 한국대사관에 과학관의 파견을 실현해야 할 것이다. 이와 별도로 우리 한림원이나 한국과학재단 같은 기관에서 과학자를 현지에 파견하는 일도 중요하게 논의되어야 한다. 그렇게 하여 우리가 현지 사정을 정확히 파악함은 물론 분야별 심사위원의 초청, 우리 선도학자들의 세일즈를 위한 공동학술행사 개최, 공동연구 프로그램 개발 등을 보다 활발하게 실시하는 일을 모색해야 할 것이다. 그것으로 노벨 과학상 수상 시기를 5~10년 앞당길 수 있도록 노력해야 한다는 것이 필자의 소박한 희망사항이다.

노벨 과학상 수상자를 배출하게 되면 그만큼 우리나라의 국가적 품격이 높아지고 그런 나라에서 생산되는 공산품의 품격 또한 크게 향상될 것이 아닌가? 올림픽게임에서 금메달을 하나 따도 국민의 사기가 크게 높아지거늘 하물며 노벨 과학상 수상자가 한 사람이라도 나오면 우리 국민들의 성취감과 자긍심이 얼마나 높아질 것인가? 그때 우리 한국과학기술한림원장 내외가 이 행사에 초청을 받은 것은 한국과학기술한림원 역사상 처음 있는 일이었다. 앞으로는 더 자주, 더 많은 우리나라 과학기술자들이 초청되었으면 하는 마음 간절하다.

간질환(肝疾患) 상식

의과대학 의학과 | 김정룡

1. 간은 어떤 일을 하는가?

'우리 몸이 천 냥이라면 간은 그중 구백 냥'이라는 말처럼 우리 몸에서 간이 건강에 차지하는 비중은 무시할 수 없을 정도로 중요하다. 간은 2, 3천 년 전부터 생명을 유지하는 근간(根幹)임을 알고 있었다. 즉, 사람의 오장육부 중 가장 많은 일을 하는 장기가 간이다. 간은 담즙(소화액)을 비롯해 우리 몸에서 필요한 수천 가지의 물질과 효소를 생산하며 체내 외에서 발생하는 각종 유독물질을 제독(除毒)하는 기능을 한다. 예컨대 장내에서 단백질이 소화되는 과정에서 다량의 암모니아가 발생하는데, 그대로 두면 뇌에 치명적인 손상을 입히게 되지만 이를 해독하여 소변으로 배설시키는 역할을 하는 게 바로 간이다. 또한 간은 알코올을 대사하고 약물이 약효를 나타나게 한다. 그뿐만 아니라 간에 존재하는 '쿠퍼 세포'는 우리 몸속에 침입한 각종 바이러스나 병균, 이물질 등을 끌어들여 잡아먹는 '쓰레기 처리장' 역할까지 하니, 간이 인체 소화기관 중 가장 큰 이유도, 심장에서 내보내는 피의 약 25% 정도가 양쪽 손바닥을 합친 것만 한 크기의 간을 통과하는 이유도 이해할 수 있겠다.

그러면서도 간은, 염증이나 궤양이 생겨 약간만 불편해도 "아프니까 어떻게 좀 해 달라"고 끊임없이 주인에게 생떼를 쓰는 위(胃)나 장(腸)과는 달리, 엄살을 부리거나 불평하지 않고 우직하게 일만 한다. '간은 침묵의 장기'라는 말처럼 심각한 손상이 있기 전까지는 자각 증상이 거의 없는 것이 특징이다. 즉, 간은 웬만큼 지방이 끼고 붓고, 염증이 생기고, 세포가 죽어도 크게 내색하지 않고 묵묵히 자신의 일만 계속한다. 마치 주인을 위해 일만 하는 충직한 종처럼, 참을 수 있을 때까지 참다 도저히 견딜 수 없을 때가 되어서야 "나 좀 아픈데…"라고 기별을 한다. 그러다 보니 어지간히 간이 손상되어도 모르고 지내는 경우가 많고, 몸이 붓고, 소변색이 진해지고 황달이 생기면서 오른쪽 갈비뼈 아래 간 부위가 뻐근하게 아프다는 것을 알았을 때는 이미 간 기능은 70% 이상 손상되고 치료가 쉽지 않은 상태이기 십상이다. 실상 간은 인체에서 재생력이 가장 좋은 장기여서 간암이나 간경변증 환자에게 건강한 사람 간의 절반을 떼어 주는 '생체 간이식'이 가능하고, 지방간도 한두 달 금주해서 정상 간으로 회복될 수 있지만, 제 아무리 재생력이 좋다고 하여도 70% 이상 망가지면 문제가 생길 수밖에 없다. 간이 30%, 아니 50%만 망가졌을 때라도 미리 'SOS' 신호를 보내주면 얼마나 좋을까? 고깃집에 가면 기름소금에 찍어 먹으라고 소 생간이 나온다. 보기에 좋은 떡이 먹기에도 좋다고 간이 매끄러운 선홍색이 아니라 색깔이 누렇거나, 드문드문 암갈색 얼룩이 보인다면 먹고 싶은 마음이 들겠는가? 사람의 간도 건강하면 표면이 매끈하고 선홍빛이 돌아서 보기에도 좋지만, 지방간은 약간 누런빛을 띠면서 부어 있고, 간경변증으로 진행한 간은 표면이 오돌토돌하며 딱딱하고 쪼그라들어 있다. 많은 사람이 그렇게 누렇고 새까맣게 간이 변해 가는데도 자신의 간을 돌보지 않는다. 그러니, 간이 좌초되기 직전 살려 달라고 절규하기 전에 충직한 종인 자신 간의 상태를 스스로 점검하고 미리 관리하는 것이 간 건강을 지키는 가장 중요한 길이라고 할 수 있을 것이다.

2. 우리에게 흔한 간질환은?

우리나라의 간질환에 대해 살펴보자. 우리나라는 B형 간염 바이러스 감염이 많은 지역으로, 이로 인한 간염, 간경변증, 간암(간세포암종)의 발생이 매우 흔하며, 특히 간암은 중년 남성의 주요 사망원인으로 손꼽히고 있다. 특히 간암을 비롯한 간질환이 비교적 젊은 40대부터 주로 문제가 되기 때문에, 경제적으로 생산성이 가장 왕성한 연령대 인력을 상실한다는 것과 그 부양가족에 대한 사회적 부담이 증가된다는 것이 큰 문제점이다. 여기에서는 B형 간염과 연관된 간질환뿐만 아니라 다른 원인으로 인한 간질환에 대해서도 간략히 살펴보고, 음주(알코올)와 간질환에 대해서도 알아보도록 하겠다.

먼저, 흔히 말하는 간염이라고 함은, 여러 가지 원인에 의해 간세포에 염증이 온 상태로 고름은 끼지 아니한 급성 및 만성 간염으로 구분된다. 급성 간염의 경우 발병 후 3~4개월 내에 회복되나 6개월 이상 간염이 지속될 경우 만성 간염으로 진행하고 이후 간경변증이나 간암으로 진행할 수 있다. 왠지 모르게 피로하고 무기력해지거나, 평소보다 식욕이 떨어지고 메스껍거나 소화가 잘 안 된다든가 하는 증상이 나타날 경우 흔히 감기나 위장질환으로 오인하기 쉽지만 이후 소변색이 진한 갈색으로 바뀐다든가 전신 가려움증 등이 나타나게 되면 지체 없이 간 전문의를 찾아 진료를 받는 것이 좋다.

우리나라의 경우 흔한 원인은 간염 바이러스(A형, B형, C형 등), 약제, 그리고 알코올 등이 있다. 그중 A형 간염은 과거에는 대개 어려서 자신도 모르는 사이 앓고 지나가는 경우가 많았으나 위생 상태가 개선되면서 최근에는 젊은 성인에서 뒤늦게 감염되어 오히려 심하게 앓는 경우가 빈번해졌다. 그러나 A형 간염은 급성기를 지나면 대개 평생 면역력을 갖게 되므로 평소 위생 상태에 신경 쓰고 A형 간염에 대한 항체가 없는 사람은 미리 예방접종을 할 경우 큰 문제를 야기하지 않는다. 우리나라에 가장 흔한 B형 간염은 주로 수직 감염을 통해 출산 시 모체에서 태아에게 전파되는 경우가 많으므로 많은 예에서 가족 내 감염을 볼 수 있으며, 현재 우리나라 만성 간질환, 즉 간경변증, 간암 등으로 진행하게 하는 주된 원인이기도 하다. 그러나 B형 간염 백신의 개발로 인하여 과거에 비해 학동기에서의 발생률이 선진 외국과 비슷하게 현저히 감소하고 있고 질병의 자연 경과에서 무증상 비활동성 보유자로 남는 경우가 전체 감염 환자의 70~80%를 차지하므로 불필요한 간염 치료로 인한 내성을 키우기보다는 간 전문의에게 정기적 진찰을 받는 것이 좋다. C형 간염의 경우 B형 간염에 비해 임상 증상은 경미하지만 대부분 만성화되며 일부에서는 간경변증, 간암으로 진행하게 된다. 또한 B형 간염과 달리 확실하게 예방할 수 있는 백신도 딱히 개발되어 있지 않은 상황으로 현재 그 발생률이 증가하고 있지만 최근 C형 간염 치료와 관련하여 새로운 약제들이 개발되고 있고 그 치료 성적이 고무적이므로 향후 획기적인 발전이 있을 것으로 기대된다.

일단 만성 간염이 발병하여 활동성이거나, 아무리 황달이 없고 헛배(복수)가 부르지 않는 초기의 간병변증에서도 운동 후에는 쉽게 피로를 느낄 것이므로, 과로를 피하면서 단백질이나 비타민을 많이 함유하면서 탄수화물이 포함된 평형식(平衡食)을 하도록 한다. 이때 쇠고기나 돼지고기보다 소화가 잘되는 생선이나 닭고기가슴살의 단백질을 섭취하는 것도 한 방법이다. 과식은 피하도록 하고 변이 묽거나 설사가 나면 기름기 음식도 피한다. 그 외에도 콩, 달걀, 우유, 두부 등을 많이 섭취하고 비타민 B1, B12, C, 엽산 등 수용성 비타민을 보충해 주는 것이 좋다. 식품첨가물이 많이 함유된 인스턴트식품과 패스트푸드(튀긴 음식, 태운 고기, 말린 생선) 등은 오히려 간에 부담을 줄 수 있으므로 가급적 삼가야 한다. 쑥, 미나리, 신선초 등을 녹즙기로 짜서 매일 마시는 것도 좋지 않은데, 조리해서 먹는다면 몸에 좋은 쑥과 미나리도 생즙으로 마시면 오히려 간에 부담을 주거나 독성 간염을 일으킬 수 있기 때문이다.

3. 간은 술에 얼마나 버틸까?

술을 많이 마시고도 끄떡없는 술이 센 사람과 반대로 술이 약한 사람 사이에 간 기능이 어떻게 차이가 날까? 체내로 들어온 술 중 10% 미만은 간을 거치지 않고 바로 땀, 소변, 호흡에 의해 배출되나, 나머지 90%는 간에서 대사되어 배설되는데 술을 자주 마실수록 간 내 술 해독효소가 증가되므로 대사능력이 향상되어 술 분해 능력이 좋아진다. 그래서 실제 술을 자주 마시면 술이 세게 마련이며 판단력과 관련된 뇌 활동도 이에 적응되어 술 취한 후에도 행동을 잘 조절할 수 있게 되므로 술을 마실 때 긴장하면 덜 취한다는 속설이 틀린 말은 아니다. 하지만 간에서 술을 분해하는 것도 한계가 있어서 오래 마시다 보면 간 손상을 입게 되어 술병, 즉 알코올성 간질환(지방간, 지방간염, 간염, 간경변증)이 발생하게 되며, 음주를 계속하면 오른쪽 간 부위가 뻐근함을 느낄 때가 많다.

알코올성 간질환의 발생은 마시는 절대 알코올 양과 빈도에 비례한다. 대개 약한 술은 잔이 크고 강한 술은 잔이 작은 경향이 있어 한 병(340mL, 12온스)의 맥주, 한 잔(115mL, 4온스)의 포도주, 한 잔(30~43mL, 1~1.5온스)의 양주, 한 잔의 소주(약 50mL)에 들어 있는 알코올의 양은 10g 전후로 같다. 360cc의 소주에는 약 65g, 500cc의 양주에는 약 160g, 750cc의 와인에는 약 80g의 알코올이 들어 있다. 그러나 주종(소주, 와인, 양주 등)이나 알코올 도수와 알코올성 간질환의 발생 빈도는 무관하므로 술이 센 사람이 알코올성 간질환에 걸릴 위험은 더 크다고 할 수 있다. 따라서 과음 후 3~4일 간은 휴식(금주)을 취하고 간이 충분히 회복될 시간을 갖도록 하는 것이 좋다. '하루에 한두 잔은 급성 심근경색증 및 심부전에 의한 사망률을 낮춤으로써 건강에 좋다'는 말도 있지만, 이는 사람에 따라 달라서, 마시는 양이 하루에 간에서 처리할 수 있는 정도라 하더라도 피로 및 영양 결핍과 간독성 약물 섭취나 B형이나 C형 간염 감염 상태와 겹치면 얘기는 달라진다. 또한 만성 간질환 시에 감기에 걸리거나 잘못된 음식 때문에 배앓이를 앓게 되면 상태를 악화시킬 수 있다. 술을 마실 때에는 안주에도 신경을 쓰는 것이 좋다. 안주는 만성 음주자에게서 흔히 볼 수 있는 단백질과 비타민 등의 영양 부족을 막아 줄 수 있으므로 고단백 저지방의 담백한 안주나 비타민이 많이 함유된 야채와 과일 안주를 함께하는 것이 좋겠다. 반면 기름에 튀긴 안주는 지방이 많아 술과 함께 간에 부담을 줄 수 있으므로 피한다. '술을 마시면 얼굴이 붉어지는 사람은 건강하다'는 것은 잘못 알려진 속설이다. 오히려 알코올을 분해하는 효소가 선천적으로 결핍되어 있거나 부족한 사람에게 안면홍조가 더 심하게 나타난다. 따라서 술을 한 잔만 마셔도 얼굴이 붉어지는 사람은 특히 과음을 피해야 한다.

그러나 대개 이런 사람은 스스로 알아서 술을 조심하지만 오히려 알코올 분해 효소가 충분해 술을 아무리 마셔도 안색이 바뀌지 않는 사람은 알코올 섭취량이 많아 더 심한 간질환으로 진행할 위험이 높다는 말도 일리가 있다. 운동이 끝난 후 시원한 맥주 한 잔은 정말 꿀맛이지만, 운동 중 폭염까지 겹친 경우에는 맥주가 오히려 이뇨 효과를 초래하여 탈수 현상을 더욱 부채질할 수 있으므로 이온음료나 전해질이 들어 있는 음료를 마시는 편이 갈증을 해소하는 데 더 나을 수 있다. 술은 간의 대사기능 중 지방분해 능력을 감소시켜 간에 지방이 축적되게 하여 지방간을 일으키고, 이 상태에 이르렀는데도 알코올 섭취를 지속하면 알코올성 지방간이나 간염, 그리고 간경변증으로 진행할 수 있고, 일부는 간부전(간기능이 소실되는 현상) 및 사망에 이르므로 미리미리 음주량을 줄이는 것이 알코올성 간질환 예방에 가장 좋은 방법이다. 대개의 알코올성 간질환이 일주일에 35잔 이상을 마시는 사람에게서 발생한다는 점을 고려하면, 음주의 상한선은 남성은 주당 21잔, 알코올 분해 효소가 부족한 여성의 경우는 주당 7잔 정도로 생각하는 것이 '안전'하겠다. 특히 B형 간염이나 C형 간염 바이러스가 양성인 사람이 과량의 술을 거의 매일 마실 때에는 5~10년 후에는 간경변증이나 간암을 동반할 수 있음을 명심하여야 한다.

4. 각종 약제 및 간에 좋다는 민간요법이나 보조식품은 과연 간에 안전한가?

소위 건강 보조식품이라는 것을 포함한 생약, 한약, 양약제는 거의 다 간 손상을 줄 수 있는데 그 이유는 모든 약물은 섭취 후 일단 간으로 운반되어 대사되므로 독성 물질로 변할 수 있어 간 손상을 초래할 수 있기 때문이다. 약물에 의한 간 손상은 조기에만 발견되면 원인약물 복용을 금함으로써 대부분 완전 회복이 가능하다.

간염, 간경변증 등과 같은 간질환으로 처음 진단받은 경우 처음에는 누구나 의사를 믿고 처방에 따라 치료를 받는다. 그러나 치료를 받아도 병이 완치되지 않고, 호전과 악화를 반복하면 현대의학 자체와 그것을 맹신하는 의사에 대한 불신이 쌓이게 된다. 이러한 경우 '아무개는 다른 방법으로 간질환이 완치되었다더라', '양의학으로 완치가 불가능하지만 간질환에는 무엇이 특효약이라더라'는 얘기가 귓가를 어지럽힌다. 그러다 보면 지푸라기도 잡아 보자는 심정으로 민간요법이나 보조식품에 눈을 돌리게 되고, 특히 '특효약'이라고 선전하는 일부 버섯류, 헛개나무나 캄프리, 성분 미상의 생약, 스테로이드 성분이 포함된 한약 등을 무분별하게 복용하고 급기야 간부전을 일으켜 큰 낭패를 보게 된다. 따라서 간염 환자는 귀를 막는 연습부터 해야 한다. 좋은 약을 못 쓰는 것보다 간에 독이 되는 약을 한 번 쓰면 치명타를 당할 수 있음을 알아야 한다. 간에 악영향을 주는 성호르몬제나 항생제 내지는 비스테로이드성 항염증제, 타이레놀(간질환 환자에서는 1일 1.0gm 이상은 독이 될 수 있다.), 아스피린 등 감기약은 피해야 한다. 간염 때문에 경영 일선에서 은퇴했다가 간염을 극복하고 복귀했던 한 의대 출신 경영인이 "주위에서 여러 가지를 권유할 때 솔직히 유혹을 참기 힘들었다. 그러나 귀를 틀어막고 의사 지시를 따랐고, 그래서 간염을 이길 수 있었다."라고 언론을 통해 고백한 얘기를 많은 간염 환자들은 귀담아 들을 필요가 있다.

감기에 걸려 목이 아프거나 기침, 가래가 있는 경우 엷은 소금물로 양치

질을 하거나 구운 은행(많으면 나쁘니 1일 5알 정도)이나 도라지나물을 무쳐 반찬으로 먹는 것은 추천할 만하며, 코피나 잇몸에서 피가 날 정도라면 연뿌리요리(한 끼니에 세 쪽 정도)를 반찬으로 먹는 것도 효과를 볼 것이다. 감기에는 약보다 오렌지 주스와 휴식으로 대체하는 것이 좋을 것이고 배탈이 나면 무엇보다 일단 금식하고 진찰을 받은 후에 처방을 받아야 할 것이다. 간질환이 있다고 진단 받았으면 술이나 약물(간독성)은 금해야 하고 운동을 하고 나서 피로감이나 소변색이 변하는 등 여러 증상이 있으면 늘 가까이에서 자문을 받던 의사의 지시에 따라야 한다.

한편 간질환이 없는 사람이라도 고령이거나 만성적으로 음주를 한 경우에는 약물에 의한 간 손상의 위험성이 증가하는 것으로 알려져 있다. 특히 타이레놀의 경우가 대표적인 것으로서 만성 음주자가, 공복 시에, 두통이 있어 타이레놀을 두세 알 정도만 복용해도 간손상이 초래될 수 있으므로 주의해야 한다. 한편 우리나라에서는 민간요법이 남용되고 있어 천연물 및 식물제제에 의한 간 손상도 빈번하게 보고되고 있다. 특히 천연물에 의한 간 손상 중 가장 흔한 원인은 각종 한약재이며, 그 외에도 체중감량용 대체요법으로 사용하는 게르만더차(허브차), 중국산 다이어트 캡슐과 백선, 마황, 중국산 하수오, 뱀톱, 깽깽이풀, 황련, 황금, 백굴채, 애기똥풀, 홍차버섯, 겨우살이, 길초근, 쥐오줌풀, 야생독버섯 등이 독성 간 손상의 원인이 될 수 있다. 따라서 민간요법에 너무 의지하여 몸이 망가지거나 다른 부작용이 오지 않도록 속설에 속지 말고 전문가의 도움을 받는 것이 건강을 지키는 가장 좋은 방법일 것이다.

언제라도 간으로부터 느닷없이 적신호가 날아오지 않게 대비하려면 미리미리 간을 아끼고 보호하는 방법이 최선이다. 오래된 전래 동화에서 용왕의 병을 치료하려고 잡아 온 토끼가 용왕님 앞에서 간이 콩알만해져 '간을 육지에 꺼내 놓고 왔다'고 둘러댄 것처럼, 수시로 간을 꺼내어 확인이라도 할 수 있다면 얼마나 좋을까마는, 항상 그럴 수는 없는 노릇이 아닌가?

대학생의 학습량 크게 늘려야 한다

공과대학 재료공학부 | 나형용

내가 서울대학교에 입학했을 때는 6·25전쟁이 휴전된 다음 해 봄이었다.

그 당시, 나라가 얼마나 혼란스러웠고 또 얼마나 어려웠던 시대였는가를 한 가지 예를 들어 설명해 보겠다. 대학입학시험을 치르기 위해 상경할 때였는데, 야간완행열차를 이용한 탓이라 생각되지만, 저녁 8시경에 대전역을 출발한 열차가 이튿날 아침 8시경에 서울역에 도착했으니, 대전에서 서울까지 무려 12시간이 소요되는 시대였다. 이러한 시대에 우리는 대학에 입학하였고, 또 강의를 듣게 되었다. 첫해에는 동대문구 용두동에 있는 사범대학 부속중고등학교 교사에서, 다음 해부터는 성북구 공릉동에 있는 공대 옛 건물에서 강의가 이루어졌지만, 이 시기의 대학 강의실은 책상과 걸상과 흑판뿐이었고 실험실과 교재도 변변치 않아 주로 교수는 불러 주고 학생들은 받아쓰는 식의 강의가 진행되었을 뿐이었다. 그러니 제대로 공부했다고 자부할 수 있는지 자문해 보고 또 열심히 공부하지 못한 처지를 후회해 본다.

그러나 나의 2년 선배 되시며 또 평소 존경하는 분으로, 한국과학기술한림원 원장을 역임하신 한인규 박사의 미국 유학 회고담을 들어 본다. "염소가 물똥 싸는 날은 있어도 수학교수가 숙제 안 내주는 날은 없다."라는 말이 학생들 간에 유행할 정도로 학습량이 많았고, 또 어찌나 시험이 잦았던지 지금 생각해도 괴로운 추억뿐이라고 말씀하신다. 그렇게 교수들이 대학생들을 호되게 훈련시켰고 또 학생들은 기초과목을 충실히 공부했기 때문에, 한인규 교수는 자신이 학생들로부터 실력 없다는 평을 듣지 않았다고 웃으신다. 또 대부분의 미국인 교수들은 미리 작성, 배부한 강의계획서에 따라 강의와 실험에 충실하였고, 강의시간 몇 분 전에 강의실에 나타났으며 강의시간은 예외 없이 강의종료시간까지 계속되었던 것이 기억된다고 말씀하신다. 또 개교 100주년 기념행사와 같은 큰 행사도 점심시간이나 저녁시간을 이용하는 것을 보고, 귀국 후 40여 년간 강의하면서 미국 대학에서 배운 대로 어떠한 경우에도 휴강하지 않았고 또 강의계획서에 나타낸 대로 모든 분량의 내용을 전달하기 전에는 학점을 인정하지 않는 무섭고 까다로운(?) 교수생활로 일관했다고 자랑스럽게 말씀하신다.

얼마 전 우리나라 주요 일간지와 언론매체에서 우리나라 대학생들이 열심히 공부하지 않는다고 개탄하는 글이 게재된 바 있다. 또 어떤 신문에서는 「세계의 꼴찌 대학생」이라는 제목의 사설을 게재하기도 하였다. 게재된 내용에 따르면 우리나라 대학생들이 한 강좌를 수강하기 위해 투입하고 있는 학습시간은 주당 겨우 1~2시간뿐이란다. 이에 비해 일본, 미국, 영국, 독일 및 프랑스 등의 선진국 대학생들은 보통 주당 5~6시간을 바친다고 한다. 독서량에 있어서도 우리나라 대학생들은 한 학기에 평균 2.9권의 책을 읽는 데 반해 선진 외국의 대학생들은 평균 7.9권의 책을 읽는다고 한다. 또 우리 대학생들의 약 45%는 도서관을 독서실로 이용하고 있지만, 선진 외국의 대학생들은 약 95%가 전공 영역 이외의 정보를 얻기 위해 도서관을 이용하고 있다는 것이다. 강좌당 요구하는 report도 우리나라의 경우에는 1~2편이 고작이지만, 외국에서는 3~4편을 요구하는 강좌가 대부분이란다.

그러면 선진국 대학이나 대학생들은 왜 열심히 가르치고 또 열심히 공부하고 있는 것일까? 소시민적 사고라고 일축해 버릴지 모르지만, 대학에서 훌륭하게 교육받은 대학생들이 자기 자신과 가정은 물론 사회와 국가, 더 나아가 인류사회 발전에 크게 기여하게 된다면 모교의 명예를 드높이게 될 터이니, 선 순환적 입장에서 대학은 우수한 교수진과 훌륭한 시설을 갖추고 훌륭히 교육받은 학생을 배출하기에 전력할 것이며, 또 훌륭하게 교육받은 대학생들은 보다 좋은 일터에서, 보다 좋은 조건으로 또 자기가 원하는 일을 자신 있게 감당할 수 있게 될 것이며, 더 나아가 사회 정의를 실현할 수 있는 위치에 이르면 사회 발전에도 기여할 수 있게 될 것이니, 대학생이라면 학업을 연마하는 일 이외에 또 다른 길이 있겠는가?

바야흐로 세계는 모든 분야에서 무한경쟁시대에 돌입했다고 말한다. 국가 간 협력체제를 강화하여야 평화가 유지되고 또 사회가 발전한다고 말하고 있지만, 무한 경쟁시대에 강한 국가가 되려면 반드시 그 나라에서 우수한 인재가 많이 배출되어야 한다.

사실 우리나라는 1960년대 후반기부터 미국 등 선진국에 유학하여 박사학위를 취득한 인재들이 많이 귀국하여 대학은 물론 산업체에서 활동하여 오늘의 대한민국을 건설하는 데 큰 역할을 담당해 왔다. 그런데 아직도 우리나라 대학생들은 대학에서 4년 동안 수학한 후, 산업전선에 취업했을 때 아무것도 모른다는 평을 자주 듣게 된다. 그리고 장기간 산업 현장에서 교육을 받아야 비로소 쓸모 있는 기술자가 된다는 것이다. 그래서 지금도 해마다 수천 명의 대학졸업생들이 알찬 교육을 받기 위해 선진 외국 대학으로 유학을 떠나는 것인지 모르겠다. 과연 알찬 교육의 길이 이 길밖에 없는 것인가!? 우리는 언제까지 우리의 고등교육을 선진 외국 대학에 의존해야만 되겠는지, 대학인으로서 부끄러움을 느낄 뿐이다. 지금 기업체는 물론 대학에서까지 선진 외국에서 학위를 취득한 인재를 선호한다. 그 까닭은 무엇이겠는가? 한 마디로 선진 외국 대학생들은 한 학기에 10~12학점을 취득하면서도 코피를 흘리는데, 우리나라 대학생들은 20학점 이상을 취득하면서도 MT다, 동아리 모임이다 하면서 시간적 여유를 만끽하고 있는데, 그 원인이 있지 아니한가?

불과 며칠 전, 연세대학교 현직 총장이 우리나라 대학생들의 학습량이 크게 모자란다고 개탄하였다. 그리고 그 책임의 일부는 교수에게 있다고 단언하였다. 민족의 장래를 생각할 때 걱정스러운 일이 아닐 수 없다.

민주화 과정에서 데모 사태로 대학이 멍들고 있을 때, 뜻있는 교수들은 이런 상황이 오래 지속되어 공부하지 못한 대학생들이 사회에 진출하고, 또 그들이 나라의 지도자가 되면 우리나라는 어떻게 될 것인가(?)를 염려했던 때가 있었다. 그런데 오늘날의 환경은 그때보다 훨씬 좋은 분위기인데, 아직도 대학교육의 질이 문제가 되고, 또 대학의 국제경쟁력은 하위에 속하고 있으니, 대학교육이 앞으로 우리나라의 국제경쟁력 제고에 얼마나 이바지할 수 있을는지 염려스럽기 그지없다.

그러면 여기서 왜 우리 대학생들의 학습량이 이렇게 부족하게 되었는지 그 원인을 살펴보자. 첫째, 우리나라에서는 고3때까지 이른바 입시지옥(?)을 경험한 학생들이 대학에 들어가면 적당히 report만 제출하고 출석만 하면 졸업할 수 있다는 안이한 생각으로 대학생활을 동경해 왔다. 이는 크게 잘못된 생각이 아닐 수 없다. 그러나 선진국에서 고등학생에게는 폭넓고 다양한 분야의 지식을 쉽게 터득할 수 있도록 지도-교육하고 있으나, 대학에 입학하면 자기 스스로 자신의 인생을 개척할 수 있는 능력을 함양하도록 교육하고 있지 아니한가! 따라서 대학출신자는 자기 학문 분야에서 구체적으로 어떤 지식을 가지고 있으며, 또 감당할 수 있는 능력은 어떠한 것이 있는가(?)로 평가받게 되었으니, 자기 인생길을 찾는데 도전하지 않을 수 있겠는가!? 둘째, 우리나라 대학생들은 MT나 동아리 활동 등 과외활동에 지나치게 많은 시간을 빼앗기는 것 같다. 물론 MT나 동아리활동 등으로 심신을 단련하고 스트레스를 해소하는 등, 대학생활에 활력소를 불어넣는 일은 매우 필요한 것임을 부정하지 않지만, 소위 민주화 시절에 민주화 운동을 주도한 학생들이 공부는 뒷전이고 오로지 민주화 운동에 대학생활을 전부 바쳤던 분위기를 이어 받은 듯, MT나 동아리활동에 전념하는 모습은 안타깝기 그지없다. 셋째, 중고등학생을 대상으로 한 과외학습지도 또는 학원 강사 등의 아르바이트에 너무 많은 시간을 빼앗기고 있다. 대학생들이 이와 같은 아르바이트에 주당 10~20시간을 빼앗기고 있다니 어찌 안타까운 일이 아니겠는가. 대학이나 사회나 국가에서는 이들 대학생들이 학문연구에 전념할 수 있도록 재정적으로 지원함은 물론, 대학 기숙사 등 부대시설을 확충하여 미국의 명문대학 학생들처럼 공부하고 독서하는 일 외에는 다른 일이 없도록 지원해야 될 것이다.

젊은 시절의 1년은 노년기의 10년과 같다고 한다. 그런데 어찌 우리나라 젊은이들(대학생)은 좀 더 열심히 공부하려는 노력을 보여주지 아니하는가? 인적자원 외에 가진 것이 없는 우리나라에서 대학생들이 열심히 학문을 연구하지 않는다는 것은 대학의 발전을 저해함은 물론 민족의 장래를 어둡게 하는 정말 걱정스러운 일이 아닐 수 없다. 학문하는 일이란 결코 자기 개인의 영달만을 위함이 아니다. 학문의 발전은 대학과 국가와 더 나아가 인류 문화 문명의 발전에 이어지기 때문이다. 따라서 학문 연마란 전 인류를 위한 선의 실현 방법이다. 그러므로 학문을 연마한다는 것은 자아 계발은 물론 더 나아가 사회 정의 실현이라는 큰 뜻을 이루는 길이다.

무릇 모든 대학생은 자기 계발은 물론 대학의 발전과 국가의 발전, 더 나아가 인류의 선을 실현하는 길에 자신의 생을 바쳐서 열심히 일할 각오가 되어 있어야 한다. 그리고 이제부터라도 대학과 대학인은 물론 학부모와 사회와 국가에서는 대학생들의 학습량과 질을 획기적으로 향상시킬 수 있도록 함께 대책을 강구하고 함께 노력해야 할 것이다. 지금 전 세계인들은 인도의 IT를 눈 여겨 보고 있지 아니 한가? 세계 초일류 학생들이 모이고 배출될 때 비로소 그 대학은 세계 초일류 대학으로 인정받게 될 것이다. 이제 우리 대학으로 하여금 민족 웅비의 대학, 세계 초일류대학으로 성장하는 길에 모두 동참해 주기 바랄 뿐이다.

22세기 우주 통신을 생각한다

공과대학 전기컴퓨터공학부 | 이충웅

1. 서론

우리 인간은 통신의 거리, 통신의 매체에 관계없이 통신할 수 있는 수단을 오래전부터 염원해 왔다. 그중의 하나가 텔레파시 통신이다. 텔레파시 통신은 수세기 전부터 여러 영능자에 의해서 이루어졌다. 기록상으로는 1930년 미국 Duke 대학의 J. B. Rhine에 의해서 텔레파시 연구가 시작되었으며, 공산 치하의 소련에서도 활발하게 연구되었다. 1966년 1월에는 모스크바에서 시베리아에 이르는 장거리 텔레파시 통신실험이 과학자들의 입회하에 시연(試演)되었다.

텔레파시 통신을 경험한 사람은 수없이 많다. 일본의 PSI 회장인 세끼 히데오(關 英男)는 『일본정보통신학회지(日本情報通信學會誌)』 1995년 1월호에서 텔레파시의 전달속도가 광속의 수천 억 배 이상이라고 발표한 바 있다.(1) 그러나 텔레파시 통신은 아직은 공식적으로 인정받는 통신수단이 되지 못한다. 텔레파시 통신에 대한 부정적인 면은 다음과 같다.

1) 텔레파시 통신은 영능자만이 할 수 있다.
2) 현행 전파 통신같이 섬세한 신호 파형(波形)을 보낼 수 없다.
3) 텔레파시 통신은 재현성(再現性)이 적다.

반면에, 텔레파시 통신의 긍정적인 면은 다음과 같다.

1) 텔레파시 통신 신호는 전달속도가 광속보다 거의 무한대 배 빠르다.
2) 텔레파시 통신은 통신 거리와 관계없이 통신이 잘된다.
3) 텔레파시 통신은 전달 매체에 관계없이 통신이 잘된다.

텔레파시 통신은 이상과 같은 특징이 있기 때문에, 아직 정식 통신수단으로 사용되고 있지 않으나, 그 속도가 광속보다 훨씬 빠르고 통신거리와 관계없고 전달매체에 의한 감소가 없기 때문에 우주 통신에 가장 적합한 통신수단으로 전망되고 있다.

최근에 러시아에서는 인간이 텔레파시 통신을 할 때 뇌에서 토션파(Torsion Wave)를 발생하고 이것을 송수신한다는 것을 발견하였다. 토션파는 1922년에 Eli Cartan에 의해서 발견되었으며, 1970년 이후부터 100여 명의 과학자가 10,000여 편의 논문을 발표하고 있다. 이와 같이 텔레파시파는 토션파라는 것이 러시아에서 밝혀졌으며, 현재 토션 통신이라는 개념으로 텔레파시 통신의 과학화가 추진되고 있다.[(2)] 러시아의 대표적인 연구자는 러시아 학술원 회원인 A. K. Akimov이다. Akimov는 학술원의 이론 및 응용 물리연구소의 소장직에 있으면서 러시아의 토션 통신 연구를 총괄하고 있다.

2. 현 통신 시스템의 문제점

현 전파 통신 시스템은 초 원거리 통신에서 기술적인 어려움을 겪고 있으며, Shannon의 통신 용량의 한계 내에서 운용되고 있다. 우주 공간의 초 원거리 통신은 전파의 전달속도가 느려서 문제가 되고 있다. 예를 들면, 지구에서 가까운 행성인 화성으로 전파 신호를 보낼 때, 화성의 위치에 따라 다르겠지만, 5분 내지 20분 정도 걸린다. 지구에서 '여보세요' 하면 전파가 화성에 갔다 오는 시간을 고려하면 10분 내지 40분 후에 '예' 하는 응답의 소리를 듣게 된다. 그러므로 우주 공간에서 초 원거리 통신은 전파 통신으로는 실시간 통신이 불가능하다.

이러한 우주 통신 문제점을 극복하기 위해 우리는 새로운 물리적인 현상, 새로운 법칙에 근거한 과학적인 패러다임의 개념을 바꾸어야 한다. 지난 30년간 러시아의 과학자들은 제5의 자연계의 힘으로 불리는 토션장(torsion field)이 원자(原子)나 전자(電子)의 물리적인 회전(回轉), 전자기(電磁氣)의 기계적인 회전에 의해서도 발생된다는 것을 밝혔으며, 이에 대한 많은 이론적 연구와 실험을 수행해 왔다.

토션장은 축대칭이므로 토션파가 퍼지는 과정에서 물리적 진공(Physical Vacuum)[(3)]에 의해 홀로그래픽 특성이 나타나고 통신거리의 제곱에 반비례하는 법칙에 따른 감쇠 영향도 받지 않는다. 또한 토션파는 전달매체에 의해 흡수되지 않는다. 그 이유는 토션장의 양자(量子)가 초냉(超冷) 중성미자(中性微子)이기 때문이다. 중성미자의 높은 관통력은 물리학계에서 잘 알려진 사실이다. 러시아에서 연구한 바에 의하면, 토션파는 높은 군속도(群速度)를 갖고 있다. 이 토션파의 하한 한계치가 광속의

10억 배(10^9C)나 된다. 이 속도의 특성으로 인해 지구에서뿐만 아니라 태양계 및 은하계에서 실시간으로 정보를 전송하는 것이 가능하다. 토션파가 세계적으로 연구되지 않은 이유는 다음과 같다. 토션장은 중력장보다 30분의 1로 약하다고 생각되기 때문에 적용 및 연구 시도가 이루어지기 어려웠다. 즉, 토션장은 단지 이론적인 분야로 간주되고 있다.

3. 토션 통신의 성질

물리적 진공(眞空, physical vacuum) 기초한 확실한 이론은 러시아의 MNTV VENT에서 개발되었고, 현재 토션장 및 토션 기술에 대한 전문 연구진을 보유하고 있다. 기초 실험을 위한 토션 발생기 및 토션파의 등록 장치 등의 시제품을 개발하였다. 러시아의 여러 연구기관과 스페이스센터에서 성공적인 실험을 했으며, 우주 공간에서의 실험의 성공 여부는 아직 대외적으로 발표하지 않고 있다.

1) 토션장의 특성

① 토션파는 통신거리의 제곱에 반비례하여 감쇠(減衰)되지 않는다.

② 토션파는 모든 물체를 통과한다.

③ 토션파는 정보적으로 전송되며, 에너지적으로 전송되지 않으므로, 실제 전송 시 에너지의 소모가 거의 없다.

④ 토션파의 군속도(群速度)는 광속의 10억 배 빠르다.

⑤ 물리적 진공이 토션파의 매개체이다.

⑥ 물리적 진공은 토션파에 대해 홀로그래픽 미디어의 역할을 한다.

⑦ 토션 신호는 phase portrait를 통해 물리적 진공의 홀로그래픽 매개

체 내에서 퍼진다.

2) 토션 통신의 장점

토션 통신은 다음과 같은 토션 신호의 특성에 의해 기존의 어떠한 방법과 시스템으로도 해결할 수 없는 새로운 성능의 통신 시스템 및 우주 통신 시스템을 가능하게 한다.

① 토션 신호의 높은 군속도는 무한한 우주 공간에서 실시간으로 통신할 수 있게 한다.

② 통신거리의 영향을 받지 않고 자연적 매개체에 의해서 신호가 약화되지 않는 특성에 의해 무한히 넓은 우주 공간에서 아주 적은 에너지로 통신을 할 수 있다.

③ 토션 신호의 높은 투과력은 우주선의 착륙 시 주변에 발생하는 플라즈마 층을 통과하여 통신할 수 있게 한다.

4. 통신의 근본 원리

통신의 근본 원리는 음차(音叉)를 가지고 설명할 수 있다. 지금 음차 두 개 (가)와 (나)가 1~2m 떨어져 있다고 하자. 이 두 개의 음차는 재질이 같고 모양이 같아 공진(共振) 주파수도 같다고 생각한다.

1) 일반적인 경우

① 음차 (가)를 망치로 때리면 윙하고 운다. 그러면 떨어져 있는 음차 (나)도 음차 (가)와 공진 상태에 있으므로 윙하고 운다. 이와 같이 공진 주파수가 동일하면 둘 중 어느 한쪽의 음차를 망치로 때리면 다른 쪽의 음차

가 공명을 일으킨다.

② 이때 공명 상태에 있는 두 음차 (가)와 (나) 사이를 음파가 왕복한다.

③ 이 왕복하는 음파를 반송파(搬送波)라 한다. 이 반송파에 보내고자 하는 의사에 따라 어떤 변화를 주면(變調), 이 변화된 신호가 전달된다. 수신측에서 반송파의 변화분을 검출해 내면(復調) 통신이 이루어진다.

④ 우리가 실제로 상용하고 있는 전자무선통신에서는 음차의 공명시스템으로 LC의 공진회로(共振回路)를 사용한다. 여기에 전기를 인가하여 공진시키면, 이 LC 공진회로 내에서 공진 전류가 흐르며 이 공진 전류가 전파를 발생하여 이 전파가 안테나를 통해 공간으로 발사된다. 발사된 전파는 수신 안테나에 흡수되어 수신기의 공진회로로 간다. 수신된 신호의 주파수가 LC 공진회로와 일치하면, 이 수신된 신호가 크게 증폭(增幅)되는 반면에, 공진 주파수와 다른 주파수의 신호는 공진이 되지 않아 증폭이 되지 않으므로 공진이 이루어진 수신 신호와 구분된다. 따라서 헤아릴 수 없이 많은 전파 중에서 공진 주파수와 일치하는 전파 한 개만을 선택하게 된다.

2) 토션파(텔레파시)의 경우

① 텔레파시 통신도 위에서 언급한 바와 같이 체질이 같고 체형이 같은 일란성 쌍둥이의 경우에 잘 일어난다. 1970~1980년대 유명했던 토끼자매가 좋은 예가 된다. 토끼자매의 매니저는 토끼자매의 모친이었는데, 어머니는 토끼자매보다 1~2m 떨어져서 토끼자매를 수행하였다. 이렇게 어머니와 딸들이 걸어가고 있을 때, 한쪽 자매가 어머니를 부르고 싶어진다. 그러면 다른 한쪽 자매도 어머니를 부르고 싶어져 동시에 어머니를 부르는

일이 하루에도 서너 차례가 된다고 한다.

② 하루는 토끼자매가 공휴일에 집에 함께 있었다. 그런데 언니가 동생에게 슈퍼마켓에 갈 일이 있으니 자기에게 부탁할 품목이 있으면 말하라고 하면, 동생이 사 올 물건의 리스트를 언니에게 건네주어 언니는 슈퍼마켓으로 떠난다. 언니가 떠난 뒤에 추가로 살 품목이 생각나서 애를 태우고 있으면, 언니가 추가 품목도 사 가지고 온다고 한다. 동생이 리스트에 없는 품목을 왜 사가지고 왔느냐고 하면, 언니는 "내가 떠난 다음에 네가 신호를 보내지 않았느냐, 그래서 사 왔다."라고 한다.

③ 보통 토끼자매는 TV에 둘이 나와 듀엣으로 노래를 부르는데, 경우에 따라서는 스폰서가 한 사람만을 원하는 경우가 있다. 그래서 언니가 TV 방송국에 가서 녹화를 하고 동생은 집에 있는 일이 있다. TV 방송국 녹화실에는 여름철에도 에어컨을 틀지 못하며, 천장에는 3kW 조명등이 수십 개나 있다. 노래 한 곡을 녹화하는 데 걸리는 시간이 NG가 자꾸 생겨서 20분 정도 걸린다. 노래 두 곡 정도 녹화하면 40분 정도 걸린다. 더운 여름에 녹화한다는 것은 큰 고역이다. 그러니 녹화하는 도중에 시원한 냉면 생각이 난다. 그러면 동생도 냉면이 먹고 싶다는 생각이 난다. 녹화가 끝나면 언니와 동생은 거의 동시에 전화를 걸어 냉면을 먹으러 가는 경우가 종종 있었다고 한다.

이상은 1980년대 말에 KBS TV에 방영되었던 내용이다. 이와 같이 일란성 쌍둥이는 일상적으로 텔레파시 통신을 하면서 산다.

④ 인간이 텔레파시 통신을 할 때 뇌에서 토션파가 발생한다는 것이 러시아에서 발견되었으며, 이 토션파가 텔레파시 파이다. 토션 통신에서 송신자와 수신자가 공진 상태에 들어가게 하는 통신수단을 연구·개발해야

할 것이다.

5. 토션 통신

제5의 자연계의 힘이라 불리는 토션장은 원자나 전자의 스핀이나 전자기의 기계적 회전에 의해서 발생하며, 기하학적 구조, 생명체의 복합재질 등 모든 물체에서 발생된다. 1922년에 프랑스 학자 Eli Cantan이 토션장을 예언한 이후 70여 년간 토션장에 관한 논문 10,000여 편이 발표되었으며, Einstein-Cantan 이론이 학계의 폭넓은 지지를 얻게 되었지만, 토션파는 그 효과가 미미하여 관측할 수 없는 것으로 알려졌다. 그러나 반드시 그렇지만은 않다는 사실들을 실험적으로 확인한 러시아의 과학자들이 나타났으며 이들에 의해 심도 있는 연구가 진행되고 있다.

이와 같이 토션장은 주로 러시아 과학자 그룹에 의해 최소한 30년 이상 거의 비밀리에 연구되어 왔으며, 지난 수십 년간에 걸쳐 자연과학, 특히 물리학과 생물학에서 설명할 수 없었던 많은 미시적 및 거시적 현상들을 규명할 수 있는 가능성이 제시되었다. 이 토션 기술은 초 원거리 우주 통신, 수중 통신, 지하 통신, 지하탐사, 전파차폐물, 야금기술 등 새로운 응용 분야가 많다.

본 원고에서는 통신에 국한하여 다루고자 한다. 토션 발생기는 무선 신호를 토션 신호로 바꾸는 신호변환기의 역할을 한다. 이러한 이유에서 순수한 토션 통신 장비를 개발할 필요는 없다. <그림 1>에서 보는 바와 같이 정보원으로부터 신호는 기존 표준 장비에 의해서 발생된다. 또한 정보신호를 변조한 다음 토션 발생기로 보내진다. 이 토션 발생기에서 전파신호를 토션 신호로 변환 후 우주 공간을 통과 후에 토션 수신기에 보내진다.

이 토션 수신기에서 토션 신호를 라디오 신호로 다시 변환한다. 이와 같이 부조(復調)된 신호를 수신자에게 보낸다. 이 방법은 통신 및 항공 시스템에 이용된다. 지금 토션 통신의 실례를 소개한다. 세계에서 최초로 러시아에서 1986년 4월에 모스크바에서 2진 신호를 전송하는 토션 통신 실험이 K. N. Perebeynos에 의해서 수행되었다. 실험한 장소는 모스크바 중심가의 구릉지대였으며, 통신거리는 직선거리가 22km였다.

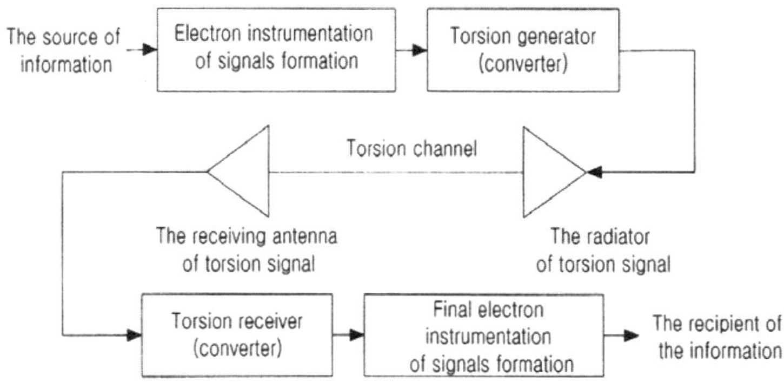

그림 1. 토션 통신의 계통도

즉, 토션 송신기는 모스크바의 순환도로 근처에 있는 빌딩의 1층에 놓고 토션 수신기는 모스크바의 중심부에 있었다. 토션 송수신기는 안테나의 역할을 하는 장치가 없으며, 따라서 집의 지붕, 빌딩 및 구조물을 관통하여 이들에 의한 통신의 장애를 받지 않았다. 토션파의 비전자기(非電磁氣) 성질로 인해 단파대(短波帶)의 전파가 이온층으로부터 반사되는 현상은 없다(그림 2 참조). 이와 같이 송신기로부터 수신기에 이르는 토션 신호는 토션 신호의 통로 상에 있는 지역의 구조물과 모든 빌딩의 철근 콘크리트 벽

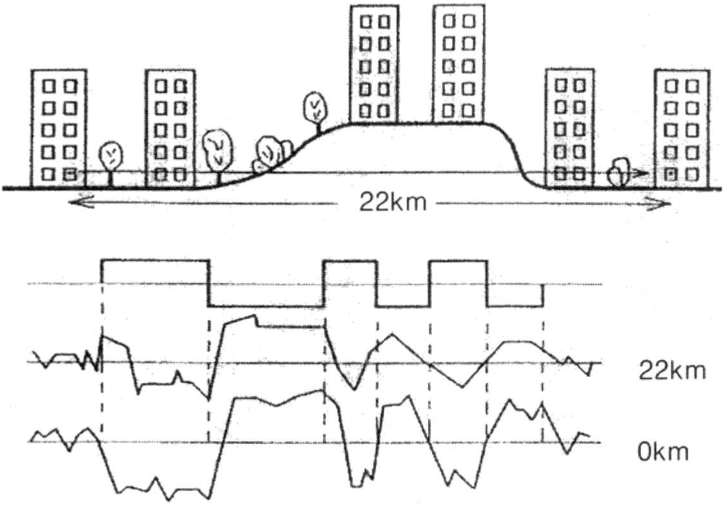

그림 2. 1986년 4월에 시행된 토션 통신실험의 2진신호의 전송 파형. 위에서부터 line of communication channel, transmitted binary signal, received binary signal with the line of 22km, and received signal with the line of 0km(without attenuation).

을 뚫고 전송되었다. 모스크바의 빌딩 밀도를 고려하여 실험지역의 토션 통로 상에 있는 건물의 모든 벽의 두께를 합하면 철근 콘크리트 50m의 두께에 해당된다. 실제 상태는 습지가 있어 더 나쁘다. 상식적으로 생각해서 통상적인 전기통신 방식으로는 이러한 차폐물을 통한 통신은 실질적으로 불가능하다. 이 실험에서 송신출력은 30mW였다고 한다.

6. 결론

지금까지 토션 통신의 개요를 소개하였다. 현재 우리가 상용하고 있는 전파통신은 지구 내에서 사용하는 데에는 아무런 불편한 점이 없으나, 무한한 우주공간에서는 너무 느려서 사용할 수 없다. 이미 과학기술은 인간의 우주여행을 실현했으며, 다가올 22세기는 인간이 달이나 화성으로 이민을 가게 될 수도 있다. 진정한 우주통신이 필요할 때가 도래할 것이다. 기초과학의 패러다임을 달리한 토션 통신이야말로 실시간 우주통신을 해결할 수 있는 열쇠이다. 이 중요한 열쇠를 쥐고 있는 토션 통신의 연구를 국가적인 차원에서 추진하여 22세기에는 한국이 우주통신의 주도권을 잡아야 할 것이다.

참고문헌

(1) 關 英男, 「텔레파시 通信」, 『電子情報通信學會誌』 vol. 78, no. 1, Jan. 1995.

(2) A. E. Akimov, "Torsion communication - The basis of space systems of information transfer on new physical principles," The 2nd Aerospace International Congress, Moscow Russia, 3 Aug. - 6 Sept. 1997.

(3) G. I. Shipov, "A theory of physical vacuum," *A New Paradigm*, Moscow, 1998.

우리나라 행정개혁의 진로

행정대학원 행정학과 | 오석홍

이 글에서는 우리나라 행정개혁이 나아가야 할 방향의 대강을 논의하려고 한다. 국민을 위한 정책의 개혁과 행정체제 자체의 개혁이라는 두 가지 범주를 나누어 관견을 피력하려고 한다.

먼저 대국민정책의 개혁에 관련하여 특별히 강조하고 싶은 것 몇 가지를 이야기하려고 한다.

첫째, 경제적 욕구라는 국민의 기초적 욕구에 보다 많은 정책적 관심을 보여야 한다. "먹는 것이 하늘이다"라는 말은 농경시대의 궁핍사회에서 만들어진 말이지만 그것이 전달하는 메시지의 저력은 지금도 강력하다. 국민에게 베푸는 것보다 국민으로부터 빼앗는 것이 더 많은 정부는 실패한다.

둘째, 재분배정책은 간접적이어야 한다는 민주국가의 조건을 깊이 성찰해야 한다. 부자들로부터 직접 빼앗아 가난한 사람들에게 나누어 주려는 접근방법은 저항을 부르고 상처를 남긴다. 스스로 노력하여 부자의 반열에 진입하려는 가난한 사람들의 꿈을 좌절시킬 수도 있다.

많이 먹는 자들이 덜 먹게 하려면 많이 먹어서 싫증을 내도록 만들어야 한다. 재분배정책의 구상에서는 언제나 불공자파의 교훈을 명심해야 한다.

셋째, 자유와 평등을 잇는 연속선 위에서 정책적 역점이 자유 쪽으로 약간 이동해야 한다. 자유와 평등은 민주주의의 양대 축이지만 정책실천에서는 양자가 흔히 충돌하기 때문에 개혁추진자들은 양자의 조화점을 찾는 아슬아슬한 게임을 해야 한다.

자유 또는 평등의 치우침은 시대마다 있다. 그러한 치우침은 시계추처럼 자유와 평등 사이를 오가며 역사를 발전시킨다. 지난 정권에서 평등 쪽으로의 치우침이 갈등증폭, 효율성 저하, 역차별, 하향평준화 등의 부작용을 수반했다면 어느 정도는 자유 쪽으로의 치우침을 불러와야 할 것이다.

넷째, 정책결정자들은 정부능력의 제약, 그리고 국민생활에 대한 정부개입의 한계를 확실하게 인식해야 한다. 어느 시대 어느 나라의 정부도 국민의 모든 문제를 해결해 줄 수는 없다. 민주주의 국가의 정부는 더욱 그러하다. 민주국가에서 정부능력·정부개입의 한계는 심각하다. 인류가 만들어 낸 최선의 정치적 이념과 질서가 민주주의이지만 그것은 어쩔 수 없이 약간의 지저분하고 구질구질한 흠절을 안고 있다. 정치적 타협으로 옳은 것이 패할 수도 있다. 인권문제 때문에 무질서가 방치될 수도 있다. 정부가 할 능력이 없는 일을 하도록 요구하는 국민들은 정부개입의 긁어 부스럼을 만들고 화를 자초할 수도 있다. 국민의 각성이 요망된다.

다섯째, 뿌리 깊은 문화적 전제에 묶여 있는 문제나 이 시대의 거의 불가항력적인 문제에 대한 선부른 또는 과시주의적 대응은 자제해야 한다. 고작해야 증세를 완화할 수 있는 문제를 발본색원할 것처럼 떠들어 불신을 자초할 일은 아니다.

극복하려 노력할 뿐만 아니라 그에 적응해야 할 우리 시대의 난제들은 많다. 집값 상승, 취약한 농촌경제, 경제성장 둔화, 노사분규, 실업증가, 사교육비증가, 입시지옥, 재래시장의 피폐, 신용불량자의 양산, 저출산·고령화, 공해, 전통적 관료문화 등을 그 예로 들 수 있다. 이런 문제들은 세월의 흐름과 사회구성원들의 자율조정을 기다리는 참을성을 요구한다.

이제 우리나라 행정체제 자체의 개혁 문제에 말머리를 돌리기로 한다.

앞으로 행정개혁을 구상하고 결정하는 데 참여하는 사람들은 고도산업화, 정보화, 사회적 다원화, 변동의 격동성, 민주화의 촉진과 지방자치의 발전, 행정수요의 분화·유동화·고급화, 가속되고 있는 세계화와 국제경쟁의 격화 등 일련의 여건 변화가 조성하는 행정개혁수요를 깊이 성찰해야 한다.

우리 행정의 오래된 병폐, 그리고 새 시대의 요청과 마찰을 빚는 전통관료제적 요인들을 또한 정확히 분석해야 한다. 그러한 요인들은 대개 거대정부, 기능분립과 구조분립, 집권화, 경직화, 고층구조화, 부패·부정적 행태 등에 연관된 것들이다.

우리나라에서 장차 행정을 개혁할 때 국민중심주의의 기반 위에서 추구해야 할 기본적 지향노선 내지 목표상태 추구의 원리들을 다음과 같이 처방할 수 있다.

첫째, 행정민주화를 촉진해야 한다. 행정체제가 스스로 민주적 역량을 키우고 국민생활의 민주화에 기여할 수 있도록 개혁해야 한다. 행정체제가 민주적 방법으로 역량을 강화해야 국민중심주의적 행정서비스를 충실화할 수 있다. 다원화되어 가는 권력중추들과 행정체제의 파트너십 발전도 민주화의 과정을 통해야 한다. 정부가 수평적 권력관계의 확대에 대비하려면 그렇게 할 필요가 크다.

둘째, 행정체제의 통합성을 향상시켜야 한다. 사회와 행정의 분화·분립화가 심화되어 가는 추세에 대응하여 통합화의 노력을 배가해야 한다. 여기서 통합화란 행정조직의 모든 활동이 궁극적으로 조직의 목표와 국가의 목표에 귀일되게 하는 것을 말한다. 협력과정을 통해 통합조정능력을 향상시키고 구조적·행태적 경계 때문에 일의 흐름이 방해받지 않도록 해야 한다. 할거주의·기능분립주의의 해독을 막고 국민에게 이음매 없는 서비스를 할 수 있게 해야 한다.

셋째, 건강한 성과주의를 발전시켜야 한다. 성과주의를 실질적으로 구현하고 성과통제의 부작용을 시정해 나가야 한다. 선언보다는 실천, 절차나 수단보다는 목표를 중요시하고 형식주의를 배격하는 분위기를 조성해야한다. 성과주의는 건강한 성과주의라야 한다. 과잉측정, 목표왜곡, 수량화에 따르는 오류, 측정피로 등 서투른 성과주의의 폐해는 막아야 한다.

넷째, 정보화를 촉진해야 한다. 행정은 스스로, 그리고 국민이 정보기술 발전의 혜택을 누릴 수 있도록 정보화에 앞장서야 한다. 행정개혁에서 추구하는 정보화는 인간적 정보화라야 한다. 인간의 필요에 충실해야 한다. 인간성에 해를 끼칠 재앙을 막는 데 주력해야 한다.

다섯째, 반부패주의를 강화해야 한다. 비부패사회·비부패행정을 구현하는 것은 행정개혁의 장기적인 과제이다. 과격한 대중적 반부패행동의 폐해에 대해서는 경각심을 가져야 한다. 공무원의 인권은 안중에도 없는 반부패사업은 재고되어야 한다.

여섯째, 행정체제의 연성화를 촉진해야 한다. 인간생활 전체에 걸쳐 부드럽고 유연한 대응의 필요가 날이 갈수록 커지고 있다. 환경적 격동성이 높아지고 있기 때문이다. 격동하는 시대의 요청에 대응할 수 있게 하려면 행정체제의 연성화를 촉진해야 한다.

일곱째, 작은 정부를 지향하고 민간화를 촉진해야 한다. 규모가 비교적 작지만 꼭 해야 할 일은 잘하고 불필요한 일은 하지 않고 낭비하지 않는 정부를 구현하기 위해 노력해야 한다. 앞으로 상당기간 탈국가화의 요청과 작은 정부에 대한 요청은 수그러들지 않을 것이다. 그러한 요청에 대응하는 중심적인 수단은 민간화이다. 정부는 민간경영으로부터 배우고 민간에 필요한 정보를 제공해야 한다.

여덟째, 정치친화적 행정을 발전시켜야 한다. 정치화의 시대가 열리고 있다. 정치의 역할이 커지고 발전해야 하는 시대가 되어 가고 있다는 뜻이다. 정치와 행정이 일탈하던 시대, 정치·행정 냉전시대의 정치혐오감은 청산해야 한다. 행정개혁은 커져 가는 정치의 역할을 받아들이고 그에 적응해야 한다. 거버넌스의 한 축으로서 행정부가 맡아야 하는 정치적 역할은 재설정해야 한다. 선출직 공무원들에게 적용되는 정치활동금지조항은 전면적으로 바꾸어야 한다.

아홉째, 지방화를 지향해야 한다. 지방화시대의 전개를 전제한 위에서 행정개혁을 구상해야 한다. 행정의 지방부문이 확대·강화되면 중앙·지방의 파트너십은 더욱 강화해야 한다. 지방 부문의 일탈행동을 감시하는 체제도 강화해야 한다.

열째, 세계화 대응능력을 향상시켜야 한다. 행정개혁은 날로 심화되는 세계화의 추세에 대응해야 한다. 국제적인 협력관계를 넓히고 국민적 경쟁력 강화를 지원하는 행정능력을 키워야 한다. 행정관리의 안목을 세계화해야 하며 선진행정으로부터의 학습을 게을리 하지 말아야 한다.

위와 같은 일련의 원리들을 수용하는 행정개혁추진자들은 정부개입의 한계 인식, 비일관적이거나 자가당착적인 개혁정책의 방지, 조령모개적 변동의 방지, 난해한 문제에 대한 적응방안 탐색, 개혁에 수반하는 이익과 비용 배분의 적정화, 가치갈등의 적정한 조정, 급진적·점진적 개혁의 적정한 조화, 개혁의 효과를 뒤집는 '관료적 환원'의 방지 등 일반적 개혁행동 준칙을 상시 유념해야 할 것이다.

개혁대상의 영역에는 거의 무한한 문제가 있다. 국가가 행정개혁의 마스터플랜을 짤 때는 주요개혁문제의 범주들을 망라한다.

여기서는 필자가 최근 특별한 관심을 가지고 있는 개혁현안 몇 가지를 열거해 보려 한다.

첫째, 작은 정부 추진정책의 정착에 관심이 많다. 정권 초기에 과감하게 집행한 작은 정부 구현정책이 차츰 무효화 되거나 심지어는 역추진되는 경우를 여러 차례 보아 왔다. 시간이 지나면 다시 규제가 늘고 공무원이 느는 것이 예사였다. 공직자의 물갈이, 세력교체, 엽관의 필요, 관료적 제국건설 등등의 세력이 정부 재확장의 압력을 형성했을 것이다. 정부규모의 정당한 신축(伸縮) 사이클도 있을 것이다. 예컨대 정책역점의 변동에 따라 정부의 각종 위원회들이 대대적으로 폐지되고 새로운 위원회들이 다시 양산되는 것은 우리가 관대하게 보아 넘겨야 할 것이다. 위원회 폐지·신설에 드는 비용 또는 낭비는 민주주의의 비용일 때가 있다.

그러나 정당성 없는 정부 재확장은 막아야 한다. 이를 위한 제어장치를 발전시켜야 한다. 성과기준의 조직평가, 정부기능의 영기준평가, 일몰법 방식 도입 등 여러 아이디어가 제안되고 있다. 앞으로 그 이상의 창안이 나와야 할 것이다.

둘째, 어느 정권이나 정부조직개편에 많은 관심을 갖는다. 그에 대한 필자의 관심도 크다. 정부조직개편이란 행정기구의 구조개혁을 말한다.

국민의 편의를 증진하고 정부조직 전체의 효율성을 향상시킬 수 있도록 구조적 분화와 통합의 체제를 개편해야 한다. 개별적인 직무의 설계에서는 직무의 완결도를 높이고 다기술화(多技術化)를 촉진해야 한다. 조직단위간 또는 부처간의 업무분화에서는 일의 흐름을 중시해야 한다. 일의 흐름을 기준으로 일개 단위의 서비스 또는 사업은 같은 부서에서 완결될 수 있도록 일을 배정해야 한다. 정부에서는 '기능중심'의 조직개편이라는 용어를 사용하고 있는데 그 의미가 불분명하다. 동질적인 기능들끼리 묶어 조직단위를 형성해야 한다는 고전적 원리를 말하는 것이라면 잘못이다. 동질성의 원리에 따라 기능분립적·조직분열적 구조를 설계하는 전통적 방식은 수정되어야 한다. 기능중심의 조직개편이라는 말을 사업 또는 서비스 중심의 조직개편이라는 말로 바꾸어야 한다. 조직 활동 통합장치 개편에서는 협동적 조정체제의 역할을 강화해야 한다.

분권화와 저층구조화를 촉진해야 한다. 분권화와 저층구조화는 표리의 관계, 상호적인 원인-결과의 관계에 있다. 조직을 저층구조화하는 것은 분권화·자율화를 촉진하는 전제가 될 뿐만 아니라 경비를 절감하고 서비스를 개선하며 조직의 민주화와 적응성 제고에도 기여한다. 저층구조화의 효용 발휘를 뒷받침하려면 조직 내의 권력체제를 임무중심주의적인 것으로 재편해야 한다. 직제상의 계급이나 계층적 명령권에 집착하면 고층구조화라는 관료적 병폐를 악화시킨다. 계급주의의 폐단을 시정하기 위해서도 부총리제와 같은 것은 없애야 하며 여러 행정기구의 계급을 하향조정해야 한다. 관리단위를 확대하여 대국(大局)대부처제를 구현하면 행정관리비용을 줄이고 분권화를 촉진할 수 있다.

그러나 거대조직의 관료화, 경직화, 대응성 저하가 우려된다. 관리단위 확대와 함께 구조설계의 다원화, 복수기준에 의해 설계된 복합구조의 운영, 조직에 내장된 문제인지장치의 강화, 경계관리구조의 민감성 제고 등 일련의 방책에 의해 조직을 연성화해야 한다. 그러지 않으면 관리단위확대가 관료화의 폐단을 초래할 수 있다.

셋째, 오늘날 행정개혁에서 리더십과 집단은 분명한 주제어이다.

관료적 계서주의를 완화하자는 것이 현시대의 개혁사조이지만 실천세계에서 무계급체제를 당장 실현할 수는 없다. 따라서 적어도 멀지않은 장래에는 관리자와 감독자의 리더십이 여전히 중요할 것이다. 격동하는 행정환경에서 리더십의 역할은 더욱 중요해질 수 있다. 행정환경의 격동성이 높아지고, 행정문제가 복잡해지고, 정보화·분권화가 촉진될수록 행정과정에서의 집단적 노력이 중요해진다.

그런데 탈관료화를 지향하는 여러 가지 개혁은 각급 관리자들의 리더십과 업무통제력을 약화시켜 놓았다. 성과측정의 객관화, 다면평가, 팀제 도입, 중앙인사기관의 인사개입, 분권화 등등은 관리자들의 조직장악력을 떨어뜨리는 부작용을 수반할 수 있다. 성과주의·경쟁주의의 강조는 협동과 집단적 노력을 어렵게 할 수 있다. 개혁 물결의 와중에서 리더십과 집단적 협력을 살려 내어야 한다.

넷째, 행정의 일선부문(하급계층; 길바닥 수준의 행정)을 개혁하는 데 보다 높은 국책적 우선순위를 부여해야 한다.

지방자치 행정에는 충분히 힘을 실어 주어 일할 수 있게 해야 한다. 그러나 중앙-지방의 관계는 '느슨하면서도 조이는' 것이라야 한다. 지방자치행정에 대한 감찰강화방안을 개발해야 한다. 불법적 엽관행태나 자율을 틈탄 일탈을 막을 방도를 찾아야 한다.

민원행정을 보다 적극화하고 민원인의 입증책임을 경감해야 한다. 민원담당 공무원들의 민생관련 정책건의를 독려하고 건의통로를 제도화해야 한다. 민원인이 억울한 것을 잘 알지만 법령의 규정 때문에 별 수 없다고만 하지 말고 법령 등 제도를 고치기 위해 노력하도록 해야 한다. 법령 가운데는 엉터리도 있고 멍청한 것도 있다. 그것을 가장 잘 간파할 수 있는 사람은 민원담당 공무원들이다.

국가적인 지적 자산 축적을 위한 제언

자연과학대학 생명과학부 | 이인규

과학 기술의 발달로 우리의 평균 수명이 날로 다르게 연장되고 있다는 것은 결코 새삼스러운 이야기가 아니다. 단순히 평균 수명만 늘어나는 것이 아니라 건강하게 살 수 있는 삶의 질도 높아져서, 오늘의 70대는 과거 우리 선친 세대가 환갑을 맞을 때보다 더 건강하고 활동적임을 모두가 인지하는 바이다. 그럼에도 불구하고 우리 사회는 개인적인 능력이나 건강 여건은 불문에 부치고 정년이라는 획일적인 잣대로 공적 활동을 정지시키고 있으니, 이로 인한 국가적인 손실은 말할 수 없이 크게 되었다. 대학의 경우 그것은 고급 두뇌가 지닌 지적 자산을 사장시키는 일로 직결되고 있어, 이제는 한 번쯤 이 문제를 심각하게 논의해야 할 시점에 이르렀다고 생각한다.

우리나라 사회 전반이 이처럼 물리적인 연령으로 정년을 재단하고 있으니, 대학만을 예외로 하라고는 할 수 없을 것이다. 더욱이 대학은 만 65세라는 가장 늦은 나이까지 활동을 보장하고 있어, 더 이상 무엇을 요구한다는 것은 과욕이라고 말할 수도 있을 것이다. 그럼에도 불구하고 이와 같은 문제를 공론하고자 하는 것은 실버 세대가 급격하게 늘어난 오늘의 사회적인 여건을 외면할 수 없기 때문이다.

반세기에 가까운 지난 날 학위 공부를 위해 일본으로 유학 갔을 때 이웃 연구실에서 이미 정년을 한 노교수가 보여준 정년 후의 삶은 두고두고 내 가슴 속에 소중한 기억으로 남아 있다. 한 사람이 겨우 드나들 수 있는 한 평 남짓한 조그마한 실험실에서 위상차현미경(phase contrast microscope) 한 대를 가지고 외롭게 연구하는 모습이었다. 그 명예교수는 당시에 70을 바라보는 연세였지만, 대학이 배려해 준 이 암실 같은 방에서 현직 시절에 쓰던 그 낡은 현미경을 빌려 연구에 몰두하고 있었던 것이다. 아무도 찾지 않는 그 방에 가끔 들르면 너무 반가워하며 그동안 자신이 연구한 성과를 자랑스럽게 이야기해 주곤 하였다.

그분은 정년 후 연구비도 없고 도와줄 조교도 없었지만, 이 현미경을 도구로 삼아 현미경 용 깔유리(slide glass) 위에 물 한 방울을 떨어뜨리고, 들과 산에서 따 온 갖가지 꽃가루를 그 위에 뿌려, 낮은 배율로 관찰하는 단순 연구를 시작한 것이다. 그 연구를 시작한 지 4~5년, 그는 3000년의 긴 생물학 역사에서 그 누구도 보지 못한 위대한 현상을 발견한 것이다. 노교수가 나에게 보여준 그 현미경 상은 다치 어두운 밤하늘에 폭죽을 터뜨린 것처럼 영롱한 점들이 시시각각으로 퍼져 나가는 아름다운 광경이었다. 그것은 이들 꽃가루에서 번져 나오는 기름방울들이 빛에 반사되어 그처럼 아름다운 무늬를 이루어 가는 것이었다. 이 놀라운 현상을 계속 추적한 결과 그 기름방울이 만들어 내는 무늬의 형태가 꽃의 종류에 따라서 일정하다는 것을 알게 되었고, 따라서 그런 무늬만을 분석해서도 식물의 종류를 알아낼 수 있다는 결론에 도달하게 된 것이다.

이 노교수가 혼자 현미경과 씨름하면서 축적한 데이터는 결국 기름 따위 화석연료를 포함하는 지층의 연대 측정과 그 시대 식물상의 실태를 추적할 수 있는 기초 자료로 활용할 수 있게 되었고, 나아가 식물형태학의 새로운 학문 분야를 개척하는 역사적인 연구 성과를 낳게 하였다. 그분이 이 연구를 위해 필요했던 것은 단지 그 현미경의 상을 시시각각으로 기록해 남길 사진 필름과 인화지, 그리고 한 평의 공간과 현미경 한 대였다. 그는 이 연구를 위한 최소한의 지원을 문부성에 탄원하였고, 그 연구 성과를 확인한 일본 문부성은 그에게 필요한 연구비를 특별 지원하여 이 연구가 빛을 볼 수 있게 도와주었다. 노교수는 그 후 10여 년간 건강이 허락하는 범위에서 이 연구를 지속하여 수만 장의 사진을 남겨 책으로 출판했다는 소식을 귀국 후 나에게도 알려 주어 진심으로 축하드린 적이 있다.

서울대학교가 명예교수제도를 도입한 지 45년이 되었다. 그간 추대되신 명예교수의 수는 850여 명에 이르고, 작고하신 분을 제외하고도 650여 명이 생존하여 활동하고 있는 것으로 파악되고 있다. 그중에는 연세가 높아 학문 활동이나 사회 활동을 하기 어려운 분들도 많으시겠지만, 아직도 현역 시절 못지않게 여러 분야에서 활발히 활동하고 계신 분들이 허다하다. 이들이 30년을 넘게 연구실에서 축적한 지적 자산은 단순한 개인적인 소유물이 아닌 국가적인 자산이라고 생각한다. 그러므로 어떤 형태로든지 그들이 축적한 이 지적 자산은 기록으로 남기어 학문 후속세대에게 전승되어야 할 것이다.

현대 학문의 발전 추세는 참으로 급격하여 정년을 한 교수들이 지닌 지식은 이제 너무 낡아 쓸모없다고 평가할 수도 있을 것이다. 어떤 부분에서는 그런 평가가 일리 있을 것이나 그런 지식이 축적되는 역사적인 과정을 기초로 하여 오늘과 내일의 새로운 지식이 생성되었음을 감안한다면, 이런 학문 발전의 기록은 반드시 남겨져서 후학들이 공부하는 데 필요한 참고서적으로 활용되어야 하리라고 본다. 더욱이 그런 학문 발전의 역사를 참조하지 않고는 오늘날의 학문을 세울 수 없는 영역 또한 허다하다. 생물학의 경우 분류학은 그런 부류의 학문이다. 신종 생물 하나를 동정하기 위해서는 이 분야의 학문을 처음으로 정립한 1700년대 스웨덴의 식물학자 린네가 쓴 논문까지 확인해야 할 경우가 빈번하기 때문이다.

자연과학 분야의 경우 대학에서 현직으로 봉사할 때는 연구 논문을 준비하는 일에 매달려서 전공 분야의 책을 쓴다는 것은 참으로 어려운 결단을 요구하는 일이었다. 그러므로 불가피하게 필요한 강의 교재를 위한 저술 외에, 참으로 기록으로 남겨야 할 전문 분야의 모노그래프를 저술하는 일은 엄두도 낼 수 없어서 정년 후로 미루는 것이 보통이다. 이런 일을 할 수 있도록 배려하여 대학은 명예교수 연구실을 마련했을 것으로 짐작한다. 그러나 이들에게 현실적으로 필요한 일은 집필을 위한 동기 부여이다. 그런 동기를 얻지 못할 경우 집필의 필요성은 절감하면서 차일피일 미루는 경우가 많기 때문이다. 앞에서 언급한 일본의 노교수가 정년 후 그런 연구 성과를 얻을 수 있었던 것은 대학이 배려한 작은 공간과 낡은 실험 기기, 그리고 문부성이 지원한 작은 연구비가 그처럼 위대한 성취를 위한 동기 부여로 작용한 것이라고 믿고 있다.

대학이나 국가가 현직 교수들이 연구 논문을 쓸 수 있도록 연구비를 지원하는 것과 마찬가지로 이들 명예교수들이 현직 시절에 하지 못하던 저술 활동에 대한 동기 부여를 위해 필요한 최소한의 지원을 할 수 있는 정책적인 결단을 촉구한다. 그리하여 국가는 이런 원로 교수들의 필생의 연구를 집대성하는 전문 분야의 모노그래프를 출판하여 국가적인 지적 자산으로 활용될 수 있도록 배려해 주기를 간곡히 건의하는 바이다. 비록 그런 출판물의 이용자가 희소하여 상업적인 이윤을 기대하기는 어렵더라도 그것은 우리 대학이 지닌 위대한 지적 자산으로 축적될 것이 틀림없음을 믿기 때문이다.

응급실

사범대학 사회교육과 | 차경수

우리나라 사람들의 평균수명이 80세를 넘었다 하니 우리가 꽤 오래 살게 된 것 같다. 생활수준과 의료기술의 향상이 수명을 연장시키고 있다. 생명이 오래 보존된다는 것은 무엇보다 축복받을 일이다. 우리가 귀중하게 맺은 아름다운 인연을 오랫동안 가질 수 있다.

그러나 한편 어려운 일도 많이 따른다. 요즈음에는 오늘 멀쩡하게 살던 사람이 내일 갑자기 세상을 떠나는 경우는 매우 드물다. '998834'는 희망사항일 뿐 실제로는 대부분 짧게는 몇 달, 길게는 몇 년을 요양원과 병원 신세를 지다가 이승을 하직한다. 부부가 이미 나이가 많이 들었고, 자녀들도 독립적인 생활을 하거나 외국에 있는 경우도 있어 독거노인의 가정도 많이 발생하게 된다.

이런 상황에서 노년기에는 응급실, 병실 입원, 중환자실 등을 거치는 경우도 흔히 있게 된다. 이 과정이 노인들에게는 특히 힘든 것이 될 수 있다. 서울의 한 유명 대형병원의 응급실에 가 보면 환자가 너무 넘쳐서 정신이 없다. 모자라는 의료진이 너무 바쁘게 뛰어다니니 환자의 자세한 상황을 물어 볼 수가 없다.

환자들이 응급실에 와도 침대가 있는 안에는 못 들어가고 밖에 있는 소파에서 링거를 맞고 있는 모습도 흔히 볼 수 있다. 소파에서 밤을 새워 침대 나기를 기다리고, 응급실에서만 며칠을 지내고 퇴원하는 경우도 있다고 한다. 더 어려운 문제도 있다. 응급실에서는 식사가 제공되지 않기 때문에 보호자가 하루 세 끼의 식사를 개인적으로 준비해야 한다.

응급환자들이 조금 더 편안한 마음으로 응급실에 갈 수 없을까? 필자는 이 분야에 대해서 아는 것이 없지만, 단순히 수요자의 입장에서 생각할 때, 응급실과 입원실이 이렇게 되는 것은 수요는 많은데 공급인 시설과 인력이 모자라기 때문인 것으로 생각된다. 왜 더 늘릴 수 없을까? 아마 무슨 사정이 있을 것이다.

다음으로는 인기 있는 대형병원 몇 곳으로 환자들이 몰리는 데에 중요한 원인이 있다. 대형병원에 가보면 전국에서 환자들이 집중하여 온다. 지방에서 올라오는 환자들은 더 고생할 것이다. 질병은 귀중한 생명과 관련되어 있기 때문에 환자들이 좀 더 좋다고 생각하는 병원에서 의료서비스를 받으려고 하는 것은 자연적인 현상일 것이다. 그러나 결과적으로는 환자와 의료진 모두가 어려운 상황을 경험해야 하게 되는 것이다.

한 단계 높은 삶의 질을 위해 응급실과 입원실의 서비스가 좀 개선되었으면 좋겠다. 먼저 간단히 생각해서 의료인력과 시설을 늘리는 방안을 찾아야 할 것 같다. 의료서비스는 삶의 질 향상을 위해 가장 핵심적인 위치에 있다. 자고 나면 호화로운 고층빌딩이 몇 개씩 서는 것을 보는 우리의 실정에서 의료문제의 해결에 우리가 더 많은 관심을 가져야 하겠다.

그러나 의료시설의 확대만으로 문제가 해결될 것 같지는 않다. 왜냐하면 인기병원으로 집중하기 때문이다. 따라서 인기 있는 병원을 여러 곳에 만들어서 균형 있게 의료시설을 발전시키는 것이 핵심이다. 매우 어려운 일이기는 하지만 우리 사회가 이 문제의 해결에 적극적으로 나서야 할 것이다. 고속도로를 만들고 빌딩을 짓는 것 이상으로 우리가 관심을 집중해야 할 문제이다. 생명을 존중하고 인간의 고통을 덜어 주는 것보다 더 중요한 일이 어디 있겠는가?

필자는 십여 년 전에 미국의 샌프란시스코 근처의 한 병원에 간 일이 있다. 진료를 마치고 병원을 나서자마자 어떤 사람이 설문지가 든 봉투를 하나 주었다. 펴서 보니 거기에는 "의사가 병명을 명확하게 말해 주었는가?", "무슨 약을 얼마나 어떻게 먹으라는 것을 명확하게 말해 주었는가?", "다음에 오는 약속은 잘 받았는가?", "의사는 친절했는가?" … 등을 비롯하여 여러 가지 질문이 있었다. 그 봉투는 병원장 앞으로 바로 가도록 주소가 미리 쓰여 있었다.

우리의 환자들이 이런 설문지에 답한다면 그 결과가 어떻게 될지 궁금하다. 2만 달러의 소득시대에 진입한 우리 사회에서 환자와 의료인 모두를 위해서 국민의 의료서비스가 좀 더 개선되었으면 좋겠다.

'한글학회'의 나아갈 길

창립 100돌을 맞아

인문대학 국어국문학과 | 고영근

1981년 12월 한글학회 창립 60돌 기념 도서전시회에서 『한글모 죽보기』란 희한한 책이 전시된 일이 있었다. 당시 전시회를 참관했던 나는 위의 책의 저자가 누구인지 물었으나 당시 이사장이셨던 허웅 선생조차도 모른다는 것이었다. 나는 책을 보자마자 글씨가 눈에 익어 자세히 들여다보니 책의 대부분이 주시경 선생의 충실한 제자였던 '이규영(李奎榮)' 선생의 필체였다. 바로 그 전 해 당시 고려대학교 교수이셨던 김민수 선생이 『한국학보(韓國學報)』 19호에 「이규영의 문법연구」라는 논문을 발표한 일이 있어 그 편자가 누구인가를 금방 알아차릴 수 있었다.

이 책은 원래 육당문고 관리인이었던 윤재영 선생이 간수하고 있다가 당시 한글학회 사무국장이셨던 박대희 선생의 손으로 넘어와서 전시회에 얼굴을 내밀게 된 것이다. 나의 말을 전하여 들은 김민수 선생도 바로 현장에 오셔서 편자가 이규영이라는 사실을 확인했으며, 이와 관련된 사실이 『중앙일보』 지상에 보도되기도 하였다. 『한글모 죽보기』에서 '한글모'는 '조선언문회(朝鮮言文會)'란 뜻이고 '죽보기'는 '일람(一覽)'이라는 뜻이다.

나는 얼마 뒤 앞의 박대희 선생의 배려로 복사본을 얻어 『한글모 죽보기』를 총체적으로 분석하여 그 결과를 우선 국어학회 공동연구회에서 구두로 발표하고 『한국학보(韓國學報)』 30호(1983)에 논문 형태로 발표한 바 있다. 나는 이 자리에서 오늘의 한글학회는 그 연원을 1913년의 '한글모'(조선어문회)로, 궁극적으로는 1908년의 '국어연구학회'로 올려 잡아야 하며 이는 오늘의 한글학회의 목표를 어떻게 설정하느냐에 달려 있다는 소견을 붙인 바 있다. 당시의 본인의 견해가 반영되었는지는 몰라도 1987년부터 한글학회의 창립 연대를 1908년 8월 31일로 잡아 행사를 치르고 있어서 나로서는 감개무량한 바가 없지 않다. 올해를 한글학회 창립 100돌로 기념하게 된 것은 위와 같이 『한글모 죽보기』의 출현이 결정적으로 작용했다는 것을 밝혀 두는 바이다.

조선어학회 기관지 『한글』 창간호(1932)의 「본회중요일지(本會重要日誌)」를 보면 당시 개명한 '조선어학회'의 유래를 다음과 같이 설명하고 있다.

> 조선말과 글의 과학적 연구와 통일과 보급과의 운동은 고(故) 주시경 선생으로부터 시작되었다. 서력 1897년에 '國文同式會'가 조직된 후로 연구회와 강습소와 강연회 등 여러 가지 조직으로 활동해 오다가 그때 몰리어 오는 풍진에 최후로 1915년에는 '조선말글모'(朝鮮語文會)도 부득이 해산함에 이르렀다. 그 뒤에 7년 동안은 아무 형식적 조직은 없었으나 이 운동의 목숨만은 끊임없이 이어 온 것이다. 그러다가 1921년 12월에야 다시 '朝鮮語研究會'라는 새 조직이 생기어, 이 운동의 중추가 되다. 작년 1월 총회에는 회명을 고쳐 '朝鮮語學會'라 하였다. 본회의 지난 40 동안의 긴 역사를 … (현대 맞춤법으로 고쳐 적음)

이곳의 '조선말글모'는 '한글모'의 한 이칭(異稱)임에 틀림없다. 위의 일지는 국문동식회로부터 시작하여 한글모와 조선어연구회를 거쳐 조선어학회에 이르기까지의 발자취를 더듬었다. 위의 인용문에서 언급하고 있는 '연구회'는 바로 1908년에 창립된 '국어연구학회(國語硏究學會)'를, '강습소'는 '하기국어강습소(夏期國語講習所)', '조선어강습원(朝鮮語講習院)'(한글배곧) 등을 가리킨다. 1908년의 국어연구학회와 1913년의 '한글모'의 창립을 구체적으로 언급하지 않은 것은 『한글모 죽보기』와 같은 실증 자료를 보지 못한 것과 관련이 있는 것 같다.

국문동식회는 학회라기보다 독립신문사 안에 설치된 주시경 선생 중심의 철자법 연구 친목단체였다. 그러나 국어연구학회는 2차에 걸친 하기국어강습소의 졸업생을 규합(糾合)하여 '國語를 硏究할 目的으로'와 같이 창립 취지를 분명히 밝히고 회장을 선출하는 등 학회로서의 요건을 갖추었다는 점에서 이 땅 최초의 국어연구단체라 규정할 수 있다. 그리고 1913년의 '한글모'(조선언문회)는 '朝鮮言文을 實行'하는 데 창립목표를 두었다. 이곳의 '실행'은 우리말과 우리글을 수호, 발전시키는 실천적 방면의 연구와 관련되지 않나 한다. 1921년의 조선어연구회는 '朝鮮語의 法理를 硏究'하는 데 목표를 두고 창립되었으며, 조선언문회보다는 오히려 국어연구학회의 목표와 가까워 보인다. 그러나 1921년 이후 학회의 활동을 보면 우리말 연구보다는 철자법 등 민족어문의 표준화와 관련된 문제에 더 관심이 많았다. 1932년에 개명된 '조선어학회'에 와서야 비로소 학회의 목표가 올바로 정립되었다. 조선어학회는 '朝鮮語文의 硏究와 統一'을 목표로 삼았다. 국어연구학회와 조선언문회의 창립 취지를 통합한 것으로 보인다. 조선어문을 연구하여 정리와 통일, 곧 표준화를 수행한다는 의지가 분명히 표백(表白)되어 있다.

실제로 조선어연구회는 1924년 2월에는 훈민정음 창제 8주갑 행사를 치렀고, 1926년 9월, 훈민정음 반포 8주갑에 즈음해서는 '가갸날'(뒤에 '한글날')을 기념하여 오늘날 '한글날'의 연원(淵源)을 이루었으며, 1929년을 전후해서는 조선총독부의 언문철자법을 형태음소적인 것으로 개정하도록 투쟁하는가 하면 조선어연구회를 거점으로 삼아 한글맞춤법을 제정하는 쾌거(快擧)를 이루었다. 이어 표준말을 사정하고 외래어 표기법을 제정함으로써 민족 숙망의 『조선어 대사전』의 편찬에 착수하였다. 그러나 사전이 완성될 무렵인 1942년 10월에 조선어학회 사건이 터짐으로써 회원들은 옥고(獄苦)를 겪었으며 그중에는 옥중 고혼(孤魂)이 된 분도 계셨다. 해방 후 조선어학회는 수년간 폐간되었던 학회지 『한글』을 복간함으로써 잃었던 민족어문을 되찾는 일에 진력(盡力)하였다. 일제강점기에 조선어학회에 맞서 민족어문의 표준화운동을 벌이던 단체로 '조선어학연구회(朝鮮語學硏究會)'가 창립되어 그 나름의 활동을 많이 했지만 조선어학회만큼 가시적 성과를 거두지 못했으며 이미 해방 전에 해체되다시피 하였다.

한글학회는 처음부터 해석학적 언어철학을 등에 업고 우리말과 우리글의 정리와 그 보급에 역점을 두고 창립되었다. 해석학적 언어철학이란 언어를 언어사용 주체와 긴밀하게 연결시키는 관념론에 입각한 언어연구 방법론이다. 해방 후 정부가 수립되자 학회 이름을 바꾸어야 한다는 여망(輿望)에 따라 1949년 10월에 '한글학회, 국어학회, 국어연구회, 한글갈 모임, 대한국어학회, 한국어학회, 대한어학회' 등의 후보를 놓고 토론을 거듭한 결과 '한글학회'가 최종 결정되어 지금까지 사용되어 오고 있다. '한글학회'란 문자 그대로 해석하면 '한국문자학회'란 뜻이다. 앞에서 본 바와 같이 한글학회 이전에도 이름을 세 번이나 바꾸었다. 해방 후 하나밖에 없던 어문연구단체가 60여 년의 세월이 흐르는 동안 수백에 이르고 있으며 국어 관계 학회만 해도 현재 수십을 헤아린다.

오늘날 지식인 사이에서도 '한글'을 문자보다는 우리말을 가리키는 뜻으로 사용하는 일이 많다. 이러한 잘못은 '朝鮮言文'을 의미하는 '한글'의 태생에 그 씨앗이 배태되어 있었다. '글'이 '言文'에 대응되니 자연히 그런 잘못을 저지르게 되어 있다. 나는 오래전에 작고한 어느 국문학자로부터 세종대왕이 '모국어'인 '한글'을 창제했다는 말을 들은 일이 있으며, 얼마 전 어느 법학 교수는 신라시대의 한글이 현대의 한글과 얼마나 다르냐고 묻는 것을 듣고 실소(失笑)를 금치 못한 일이 있다. 이런 오용(誤用)을 바로잡는다는 의미에서도 '한글'을 머리에 얹은 '한글학회'란 말은 이제 재고할 필요가 있어 보인다. 일반 사람에게 한글학회의 '한글'이 우리말로 이해되는 것을 더 이상 방치할 수 없기 때문이다.

한글학회의 연례행사 중에서 가장 큰 것은 '전국 국어학 학술대회'이다. 국어연구학회와 조선언문회, 조선어연구회와 조선어학회의 창립정신과 그 발자취를 보더라도 '국어학 학술대회'보다는 '민족어학 학술대회'라 부르는 것이 어울려 보이고 그것이 진부하게 느껴진다면 더 피부에 다가오는 '겨레말 연구 학술발표대회'를 택할 수 있다. '국어학'이라고 하면 우리말에 대한 실증적 연구를 연상시킬 가능성이 많다. 이 상태대로 나아가면 한글학회는 '국어학회, 한국어학회' 등의 어문단체와 조금도 차별성이 드러나지 않는다. 이와 동시에 연구 방향도 해석학적 언어철학과 관련시킬 필요가 있다. 그렇다면 학회의 이름도 '겨레말 학회'와 같이 바꿀 필요가 있다. 이러한 의미의 학회는 우선 관념론에 입각한 민족어 연구를 선도(先導)할 수 있고 다음으로는 극도로 분화된 남북의 언어문화를 통합하는 메타이론을 제공할 수 있다. 2005년부터 9개년 계획으로 남북이 공동으로 편찬하고 있는 '겨레말 큰사전'에서 '겨레말'이 선택된 것이 결코 우연의 일이 아님을 알 수 있다.

*이 글은 2008년 한글학회 100주년 기념을 맞아 『한글새소식』에 투고했으나 학회의 사정상 게재할 수 없다고 하여 보류된 것임을 밝혀 둔다.

우리에게 필요한 교육

사회과학대학 사회학과 | 김경동

이미 10개 성상(星霜)도 훨씬 더 지난 시절의 이야기이다. 1994년 초, KBS의 신년 특별대담프로그램 녹화를 위해 하버드(Harvard)대학의 다니엘 벨(Daniel Bell) 교수와 대화를 나눈 때이다. 그때만 해도 우리나라는 승승장구 경제가 뻗어 나가던 중이었다. 희망적인 얘기가 나오지 않을 수 없었다. 자연스레 21세기를 바라보는 세계의 변화가 화두로 떠올랐다. 그 대담에서 내가 맨 먼저 꺼낸 질문은 21세기 신문명의 중심에 관한 것이었다. 토인비를 비롯하여 사회학자와 문명비평가들이 문명의 진앙(震央, epicenter)이 동쪽에서 서쪽으로 이동하는 역사적 추세를 들어 21세기에는 아시아로 옮아 갈 것이라는 예측들을 내어 놓은 것을 언급하면서, 벨 교수의 견해를 물었다. 그의 대답은 주저 없는 "Maybe but No!"였다.

그는 문명을 구성하는 주요소로, 경제, 기술, 민주주의, 세 가지를 들었다. 벨 교수는 주저 없이 경제력에서 동아시아가 세계의 중심이 될 수 있을 것으로 내다보았다. 그러나 민주주의는 아직 아시아권이 좀 더 고민하고 노력해야 할 것이라는 지적이었다. 사실 이 과제가 그리 간단한 것이 아님은 다 아는 일이다. 가령 일본이나 인도가 아시아에서는 비교적 일찍이 민주주의적 이행(democratic transition)을 성취한 나라들이지만, 이들이 과연 진정으로 민주적인 정치문화와 사회적 생활세계(生活世界)의 민주화를 온전히 누리는지를 묻는다면 대답은 그다지 긍정적인 편이 못된다. 하물며, 기타 아시아 국가의 민주화 정도는 더 말할 나위도 없다. 민주화란 단순히 자유로운 선거에 의한 평화적 정권교체만 이룩하면 완성하는 것이 아니고 사회의식과 행위를 규정하는 민주적 문화의 정착이 관건이다. 따라서 아시아가 새로운 문명의 진원지로서 자격을 갖추는 데는 상당한 장애가 놓여 있다는 말이다.

다음은 기술이다. 동아시아의 '용호(龍虎)'들이 서방의 기술을 도입하여 이를 효율적으로 제품생산에 응용함으로써 경제성장에 성공한 점을 인정하면서도 한 가지 근본적인 약점을 놓치지 않았다. 기술혁신을 가능케 하는 '이론적 지식(Theoretical Knowledge)'의 개발에서 세계 어느 나라도 미국을 능가할 수 없다는 사실을 강조하고 나섰다. 그 이유는 이론적 지식은 연구에서 창출하는 것이고 이를 가능케 하는 제도적 틀의 기본은 대학원 교육인데, 미국을 제외하면 아직은 어느 나라도 이처럼 고도의 추상적인 이론적 지식을 생산할 수 있는 연구가 가능한 수준의 대학원 교육을 제공하지 못하기 때문이라고 못 박았다. 바로 이 점에서 동아시아가 미국과 경쟁하여 새로운 문명의 진앙으로 부상할 수 있을지는 의문이라는 주장이었다.

주지하다시피 노벨 과학상이 하나의 지표라면 역대 수상자들이 연구를 하는 여건은 쉽사리 간과할 수 없는 특징을 보인다. 이제는 한 개인의 연구실에서 새로운 이론이 탄생하는 것이 아니라 특정 과학자를 중심으로 모여든 거대한 과학자 집단의 집합적 성과로 나타나는 것이다. 여기에 다수의 대학원 학생이 동참하며 이들의 연구 활동을 지원하는 엄청난 경비가 뒷받침한다는 것은 더 말할 필요도 없다. 근자에는 중국이 새로이 생성한 경제력을 동원하여 재미 과학자들을 유인하는 대규모 프로젝트에 투자하기 시작한다는 뉴스를 접하면서 어쩌면 벨 교수의 예측이 빗나갈 수도 있을지 모른다는 생각이 뇌리(腦裏)를 스쳤다. 적어도 과거를 돌이켜 볼 때, 인류문명사에서 획기적인 발명을 가장 먼저 가장 많이 쏟아내어 놓은 나라는 다름 아닌 중국이라는 사실이 마음에 걸리기 때문이다. 물론 중국에서는 서방(西方)의 과학기술 발전사와 달리 지난날의 발명이 이론적 지식의 근거를 결여했기 때문에 더 이상의 누적적(累積的)이고 연속적인 발전을 이룩하지 못했던 점을 인정하지만, 그래도 혹시 알 수 없다는 미심쩍음은 여전히 남는다.

우리나라는 과연 이 맥락에서 어떤 위치에 설 수 있을 지를 생각하면서 떠올린 생각이다. 결국은 교육이다. 한국이든 중국이든 어느 나라든 벨 교수의 지적은 피해 갈 수가 없을 것이다. 그런 일이 있은 지 2~3년이 흐르고 나서 나는 아주 우연히 재미있는 교육 이야기를 들었다. 1990년대 중후반 두 차례 듀크(Duke)대학에서 한 학기씩 강의를 할 기회가 있었다. 한국사회의 발전과 변동에 관한 강의였다. 어느 날 지인(知人)의 제자라는 여성으로부터 만찬에 초대를 받았고, 그 자리에서 그녀의 남편이 들려 준 얘기이다. 나는 이 일화를 강연이나 산문에서 즐겨 자주 언급한다.

서울대학교 공과대학을 우수한 성적으로 졸업한 그는 MIT대학원에 입학하여 첫 학기 시험을 치렀다. 성적은 물론 A+이었다. 좋아서 날아갈 것 같은 기분인데 담당 교수가 연구실로 불렀다. 답안이 너무나도 완벽해서 최고 점수를 주지 않을 수 없다는 칭찬이 듣기 좋았다. 그러나 다음부터 이런 식 답안을 쓰면 낙제점밖에 줄 수 없으니 주의하라는 충고가 따랐다. 처음 답안의 내용은 해당 분야의 모든 주요 이론과 연구 성과를 깡그리 암기하여 빠짐없이 적어 낸 것이었으므로 일단 좋은 점수를 주기는 했으나, 이는 고등학생이나 할 일이지 대학원에서 박사과정 공부를 하고 장차 연구와 교수를 할 사람이 쓸 시험 답안이 아니라고 하였다. 자신의 독창적인 생각의 편린(片鱗)조차도 발견할 수 없기 때문이라는 것이다. 그 깨달음을 바탕으로 그는 박사학위를 마친 뒤 유명 연구소를 거쳐 이제는 벤처기업을 일구어 크게 성공하게 되었다.

나는 교육을 바퀴 둘 달린 짐수레에다 비유하곤 한다. 우리나라의 교육은 초등학교, 아니 유아교육부터 수레의 짐칸에 짐이 너무 많이 실려 수레가 뒤뚱거릴 지경에 이르렀지만 정작 굴러 가야 할 바퀴 둘은 망가져 움직이지 못하는 형국이란 말이다. 온통 머릿속에는 암기해서 축적한 정보가 가득 차 있지만 시험만 치르고 나면 그런 정보 자체는 쓸모없는 것이다. 정보가 유용한 지식이 되려면 인생에 무언가 유익하게 쓸 수 있어야 한다. 그것도 단순한 실용적 지식보다는 삶의 지혜라면 더 바람직하다. 그렇게 수레에 실린 정보라도 우선 수레가 움직여 준다면 그나마 쓸모가 있을 법도 한데, 이 수레는 바퀴에 탈이 나서 꼼짝도 못한다. 한 바퀴는 창의력 교육이고 또 한 바퀴는 사회성·도덕성 교육이다.

하루는 TV의 뉴스 해설 시간이었나, 하여간 어머니가 젖먹이 아기를 유아용 높은 식탁에 앉혀 놓고 이유식을 먹이는 모습에 접하였다. 그런데 아기의 앞에는 커다란 책이 펼쳐져 있었고 어머니는 이유식 한 술을 떠먹일 때마다 손으로 커다란 책을 가리키며 영어로 '엘레펀트(elephant)'라고 외쳤다. 이런 행동을 되풀이 하는 젊은 어머니는 지금 말도 제대로 하지 못하는 아기에게 조기 영어교육을 열심히 시키고 있는 것이었다. 이 엄마의 교육열을 누가 막을 수 있으며 어찌 탓하랴마는, 그 아기가 참으로 불쌍하다 싶었다. 그저 무엇을 못 가르쳐서 안달을 하는 어머니들의 열정이 우리의 아이들을 '교육지옥'으로 내몰고 있음이다. 그 시간에 엄마는 아기와 놀아주고 동화를 들려주고 이웃의 다른 아기들과 놀게 해 줄 수는 없었을까? 방과 후 학원에서 보충수업을 듣고 그도 모자라 피아노, 바이올린, 미술, 발레, 무엇이든 남이 하는 거면 다 하고서야 밤중에 파김치가 되어 귀가하는 우리의 청소년 학동들은 그렇게 불쌍한 존재들이다. 다른 친구들과 놀 틈도 빼앗겨 버린 박제인간이다.

여기서 우리는 수레에 가득 넘치는 정보에 시달려야 하는 우리의 젊은 세대를 보며, 거기서 우리는 창의력과 사회성·도덕성 교육의 공백을 읽는다. 그리고 대학에 진학하면 그때부터 해방이다. 적당히 놀며 학점이나 잘 따면 졸업은 따 놓은 당상이다. 대학 졸업을 하고도 취업이 어려운 것은 쓸데 없는 것을 잔뜩 배운 탓도 있지만 정작 배워야 할 것을 놓쳤기 때문이다. 내가 어떤 자세로 삶에 임해야 할지를 올바로 배울 기회가 없었던 게다. 대학교수는 전문지식 주입에 열중하고 창의력, 사회성·도덕성 교육에는 관심도 없고 소양도 별로이다. 한 세대 전의 얘기지만 실업고등학교 교육에 대한 현장 연구를 하던 중 서울의 유수한 대학 출신보다는 실업고등학교 졸업생이 더 훌륭한 종업원이라는 인사관리자의 말을 들은 기억이 아직도 살아 있다. 웬만한 직업적 정보는 대학 교육이 아니어도 현장에서 습득가능하다고 하였다. 직장에서 더 중요한 요소는 일에 임하는 자세와 함께 일하는 사람들과 맺는 관계, 그리고 특히 창의력이라는 것이었다. 창의교육, 사회성·도덕성 교육으로 귀착하는 연유이다.

우리나라는 아직도 주요 수출품목의 핵심부품이나 생산품의 기본 주형(鑄型)의 상당수를 일본과 구미지역에서 수입하여 제품을 생산해야 하므로 이에 대한 로열티가 수출·수입의 큰 몫을 갉아 먹고 있는 나라이다. 우선 핵심 기술력과 디자인에서 뒤지기 때문이고, 다음은 제품의 마지막 손질(Final Touch)에서 밀리기 때문이다. 창의력에서 밀린다는 말이고, 또 물건을 만드는 데 투입해야 마땅한 정성과 직업의식이 모자란다는 말이다. 사람을 상대로 하는 서비스업에서 우리나라 종업원들이 자존심만 앞서지 진정한 직업인으로서 서비스정신의 발휘에서 부족한 것도 사회성 교육의 공백 탓이라 할 만하다. 우리처럼 교육열이 강해서 평균 학력이 세계에서 제일가는 나라에서 일상의 기본질서 지키기가 그리도 어려운 것 또한 일찍부터 지식교육만 치중하지 사회성·도덕성 교육을 거의 무시하다시피 한 때문일 게다.

모든 보통교육이 대학입학으로 지향하고 있는 데서 문제의 발단이 생겼다면 대학에 다니고도 쓸모없는 인간을 양산하는 우리의 교육은 과연 무슨 존재이유를 내밀 것인가? 대학입학에 목매는 부모들과 그로 인해 고통받는 학동세대를 생각해서 내어 놓은 대책이 평준화였다. 시험 준비로 젊음을 허비하는 일은 막아야 한다고 제비를 뽑아 취학하도록 한 것이 평준화이다. 이름이 번드르르 하지 평준화는 잘못된 표현이고 실지로는 그냥 거주지역 내 등교제도였다. 거주지의 사회경제적 여건에 따라 학교는 다시 서열이 생겼다. 평준화는 실패작이 되고 말았다. 그런 평준화 아닌 평준화를 놓치지 않겠다고 발버둥치는 교원이나 학부모는 자기네의 위선적인 이중성을 의식조차 하지 못한다. 학업수준별 또는 수업능력별 학급편성에 의해 이동수업을 받을 수 있는 유연하고 교육적인 제도를 반대하는 교원과 학부모가 그들이다. 평준화라는 미명이 그들의 가소로운 명분이다.

교육은 기본적으로 선별과정이다. 학습능력에 따라 학생들을 차별화하고 수준에 맞춘 교육을 제공함으로써 모두에게 학력향상의 기회를 균등하게 주자는 것이 정당한 교육의 목표이다. 그리고 능력에 따라, 학업열의에 따라 성취가 달라지면 그만큼 차별적인 평가를 내리고 상벌이 주어지는 것이 교육의 기능이다. 수월성을 추구하되 각자 수준에 맞게 그 목표를 지향하는 경쟁의 원리를 배제하면 교육은 죽는다. 교육은 경쟁이 아니라고 우기는 유토피아적 사회주의 사고는 교육을 뿌리부터 망가뜨리는 원천이다. 경쟁을 하되, 동등한 기회구조 속에서 공정한 룰(rule, 규칙)에 의해 추구하는 것이 옳지, 처음부터 경쟁을 차단하는 교육은 왜곡을 면치 못한다. 다만 사회정의라는 가치기준에서 처음부터 사회경제적으로 불리한 위치에서 경쟁을 해야 하는 집단과 계층에 대한 배려가 중요한 쟁점으로 떠오는 것은 당연하다. 그러나 경쟁은 경쟁이다. 기회균등의 가치를 위해 수월성 추구의 가치를 포기하는 것은 교육의 기본을 망각하는 처사이다.

교육현장에서는 학생만 경쟁하는 것이 아니다. 교사도 경쟁해야 한다. 최선의 교육을 제공하기 위한 교원의 경쟁은 치열해야 한다. 경쟁의 결과로 나타나는 성과는 학생의 학업능력 향상 여부로 판가름이 난다. 교사도 이 기준으로 평가를 받아야 하는 것은 당연하다. 문제는 평가의 방법이다. 보통교육 수준에서는 일차적으로 학생의 학업결과가 평가의 기준이다. 학교 내의 감독교사와 동료 교원이 평가에 참여할 것이다. 학생들의 의견도 반영할 수 있다. 그러나 학생은 원칙적으로 교사를 '평가'할 능력도 자격도 갖추지 못한 집단이므로 평가라는 말은 벌써 어휘상으로 잘못이다. 학생의 의견조사가 적절한 표현이다. 동시에 학부모가 평가에 참여하는 것도 삼가는 게 바람직하다. 이런 원칙은 대학교수의 평가에도 그대로 적용해야 한다. 학생들은 교수의 평가자가 아니고 평가는 전문가 집단의 몫이다.

경험담 한 가지를 더 소개한다. 1970년대 미국 대학에서 가르칠 때 해마다 연말이면 자기평가서 혹은 자기업적보고서를 작성하느라 분주했던 기억이 새롭다. 강의, 연구, 교내봉사활동, 사회봉사활동 등 다양한 항목에 대한 자세한 보고를 스스로 마련하면서 자기 자신을 되돌아보는 좋은 경험을 하였다. 그리고 학생들의 의견을 조사하는 질문서를 구성하는 위원회에도 참여하여 조사표를 직접 작성하기도 하였다. 이런 모든 내용에 덧붙여 학과장과 학장이 동료 교수들의 의견도 참작하여 종합적 평가를 한 데 기초하여 당해 연도의 연봉조정, 승진, 종신재직(tenure) 여부 등의 결정에 임하였다. 한 가지 기억나는 일을 덧붙인다. 당시는 미국의 경제사정이 매우 불리하여 대학교수 자리가 많지 않았던 때이지만 운 좋게 내가 근무하던 대학 사회학과에서는 6명의 신규채용이 있었고 내가 그중 유일한 유색인종이었다. 그로부터 5년 후 부교수 승진과 테뉴어를 위한 평가에서 나와 또 한 명의 백인 교수만 부교수 승진과 동시에 테뉴어를 받았고 나머지 네 사람은 자의반 타의반으로 학교를 떠났던 것이다. 물론 나는 소수민족으로 살아남기 위해 연구와 강의에 죽을힘을 다했기 때문이라고 생각한다.

학생과 마찬가지로 교원과 교수의 업적과 업무수행에 대한 평가의 결과는 반드시 차별적인 대우로 이어져야 마땅하다. 지금까지는 사회주의적 평균주의 혹은 평준화 지향에 빠져서 온갖 미명의 명분을 내걸고 평가받기를 거부해 왔던 게 사실이다. 이제 시대는 바뀌고 있다. 어떤 핑계를 대고서도 평가를 피하려는 이중성은 구시대적 사고의 산물이다. 당당하게 경쟁하고 공정하게 평가받아 떳떳하게 보상과 대우를 받는 게 도리이다. 물론 평가는 공정성이 핵이다. 여기서도 우리 사회의 불신의 씨앗이 엿보인다. 평가자를 믿지 못하는 게다. 인정에 끌리고 연고에 매이고 청탁과 '인정(人情)'에 발목 잡혀 불공정한 평가를 일삼아 온 우리이다. 참고로 여기서 '인정'이라 따옴표를 쓴 까닭은 이런 맥락에서 쓰는 이 말의 뜻에는 '뇌물'이라는 의미가 들어 있기 때문이다. 우리는 이런 인정에 너무도 약하며, 진짜 인정사정 다 봐 주어야 하는 우리네 인정주의(Personalism) 때문에 합리성과 공정성을 훼손하고 따라서 불신이 팽배해진 것이다. 교육에서 인정은 학습능력에 맞게 인간적으로 충분히 감정이입(感情移入, empathy)을 경험하게 하고 헌신적으로 학습자를 양육하겠다는 따뜻한 손길을 요하는 것이지, 누구나 실력과는 상관없이 평가를 잘하라는 뜻은 아니다. 그리고 이런 관행과 자세에서도 우리는 유토피아적 사회주의 평준화 의식의 발로를 엿보게 된다. 사회주의적 평준화가 경제의 생산성뿐만 아니라 사회의 활력 자체를 억제하여 체제 자체가 붕괴할 수 있다는 것을 20세기 역사에서 확연히 보았음에도 우리에게는 타산지석(他山之石)이 되지 못하였다.

여기에 국가의 규제라는 엄청난 장애가 교육발전을 가로막고 있다. 사회주의 체제의 또 다른 병폐가 바로 국가의 일방적 통제와 명령이었다는 사실을 우리는 아직도 깨닫지 못한 것이다. 물론 국가가 교육에 개입하는 배경에는 학교 운영 주체를 불신하는 신뢰결여의 문제가 도사린다. 입학관리에서 비롯하여 학생정원이나 등록금 등 교육비 책정, 교과과정 운용, 졸업 관리, 교원의 임용, 평가, 승진, 포상, 징계, 퇴임 등 모든 교육의 과정에서 주체가 정상을 벗어나는 관행으로 불신을 자초한 점은 시인할 수밖에 없는 과거를 업고 있다. 그렇더라도 국가의 손길은 이제 풀어야 할 때가 지났다. 규제와 감시의 손을 풀면 분명히 불미한 관행이 되살아나는 문제가 초기증상으로 나타날 것이다. 그러나 그 시행착오의 시기를 잘 견뎌야 비로소 우리의 교육은 자가정화력(自家淨化力)과 자치(自治) 능력을 갖추게 될 것이다.

도대체 왜 우리나라 사람들은 교육에 그토록 목을 매는가? 우리사회가 워낙 지위(감투)와 권력만 있으면 온갖 특권을 차별적으로 향유할 수 있다 보니, 지위·권력 지향적 가치관이 팽배하게 되었다. 사회적 지위와 특권은 학벌이 좌우하는 사회니까, 고등교육에서는 유리한 지위획득에 도움이 되는 분야의 전공으로 몰리는 현상이 나타났고 명망 있는 대학에 집중하는 성향이 강해졌다. 결국 교육의 궁극적 목표가 입신양명(立身揚名)을 지향하는 교육관이 굳게 자리 잡았고 보통교육은 대학입학이 주목적인 것으로 전락하였다. 이 같은 구조적 악순환 속에서 우리의 어린이는 사교육의 수렁에서 고통 받으며 인간교육의 상실이라는 깊은 병에 시달리고 우리의 경제는 사교육비의 짐으로 허덕이고 있다.

사교육만 해도 그렇다. 학교가 담당하는 공교육이 부실하다는 불신에서 유래한 관행이지만 이제는 공교육을 능가하는 위력을 발하는 형국이 되고 말았다. 도대체 '과외'라는 말의 용법부터가 잘못되었다. 본래 과외란 '교과과정 틀 밖에서 행하는 교육, 훈련 활동(extra-curricular activities)'을 뜻한다. 예능과 체능실기, 컴퓨터 기능, 기타 교양인으로서 쌓고 싶은 소양의 습득 같은 것이 필요한 학동들에게 학교가 제공하려는 방과 후 교육활동이다. 학교에서 정식으로 수업을 받는 정규교과목을 사설학원이나 개인

강사들이 가르치는 것은 과외가 아니고 사설 정규과목 보충수업이다. 국어, 영어, 수학, 과학, 사회 등 정규과목은 학교에서만 가르치고, 사설학원에서는 학교가 과외로 가르쳐야 하지만 여건이 허락하지 않아 제공하지 못하는 프로그램을 전담하는 목적으로 운영하는 것이 이치에 맞다. 그런데 현실은 사설학원이나 개인 강사들이 정규과목의 보충 수업을 더 효율적으로 진행한다니 이야말로 언어도단이다.

그러한 사교육 번창의 이면에는 교원수급과 보상체계의 근원적인 문제가 도사린다. 우선 교육은 가능하면 다른 직종에 종사하는 사람들보다 우수한 인력으로 충원하는 게 옳다. 현실적으로 어렵다면 최소한도 다른 직종의 인재보다 열등해서는 곤란하다. 그러자면 교직을 지망하는 젊은이들에게 적정한 수준의 유인(誘因, incentives)을 제공할 수 있어야 한다. 사회경제적 존경과 대우와 보상이다. 공교육의 교원이 사설학원이나 개인교습강사보다 인기가 없는 까닭은 진정한 실력의 차이가 아니라 이러한 유인과 보상체계의 문제에 있다. 이 문제만 해결하면 우선 사교육의 필요성을 격감시킬 수 있다. 그리고 중등교육이 대학입학시험 지향으로 가는 한, 사교육은 소멸하지 않을 것이다. 보통교육은 교육적인 관점에서만 시행하면 되고, 고등교육의 입학전형은 전적으로 대학 당사자들이 결정하고 선별하는 기준과 절차를 마련하여 시행하고 책임지는 것이 정석이다. 물론 지금까지는 불신에서 비롯한 온갖 전형의 규칙과 방법이 횡행했으나 이제는 대학이 결과를 온전하게 책임지도록 자율성을 허용한다면 솔직히 문 닫아야 할 대학은 도태하게 하고 앞서가는 대학은 쑥쑥 자라도록 하는 것이 발전의 초석이 되는 원리이다.

뭐니 뭐니 해도, 궁극적으로 모든 교육의 뿌리는 가정교육으로 귀착한다. 부모, 특히 어머니의 몫으로 고스란히 돌아온다. 우리 교육의 정상화를 위한 첩경은 어머니의 각성이다. 어머니의 재교육이 중요한 이유가 여기에 있다. 다만, 사회의 관점에서는 직업별 특권의 격차를 줄이는 사회적 노력이 따라야 한다. 그래야 개인은 각자 좋아하는 일을 하며 즐거운 삶을 누릴 수 있을 것이다.

일상생활 속에서의 자연보호

치과대학 치의학과 | 이종흔

사단법인 자연보호중앙협의회는 1977년 창립되어 자연보호활동 및 계몽에 역점을 둔 순수민간 봉사단체입니다.

1978년 자연보호헌장을 제정하여 전 국민에게 자연보호의 중요성을 인지시켰으며 전국의 환경공무원과 본 협의회 회원을 대상으로 매년 자연보호세미나를 개최하고 있습니다. 18회에 걸쳐 자연실태종합학술조사, 산림 내에서의 취사금지, 일사일산(一社一山) 지키기 운동, 자연정화활동, 자연보호활동 수기공모, 홍보책자 발간 등 전 국민을 대상으로 교육과 홍보활동을 하고 있으며, IUCN과 같은 국제 환경기구와의 상호 정보교환 등을 추진해 온 우리나라 최초의 환경운동 단체입니다. 저희 협의회는 전국에 16개 시도협의회와 231개 시·군·구 협의회, 그리고 3,785개 읍·면·동 협의회로 구성되어 있고 13만여 명의 회원이 활동하고 있습니다.

지구는 급속한 인구의 증가와 함께 과학·기계문명 발달로 인해 빠른 자연환경의 훼손과 파괴를 진행시키고 있습니다. 지구촌 속의 우리나라도 급속한 산업사회로의 진행으로 인해 우리들이 물려받은 금수강산의 자연환경의 훼손이 심각한 상황에 도달하였습니다. 생명의 원천인 물을 예로 들어 보면 UN은 그 중요성의 인식으로 '물의 해'를 지정하였고, 한국은 이미 물 부족 국가로 분류되고 있습니다. 지구상의 물은 총 14억 km^3 가량이 되는데, 그중에서 인류가 사용할 수 있는 양은 20만 km^3에 지나지 않습니다. 더욱이 지구촌의 물 사용량 증가와 오염지역 확대 등으로 수자원 부족 현상은 날로 심각해지고 있는 실정입니다.

UN환경계획이 발표한 바에 의하면 현재 지구상 인구의 약 4억 명이, 2050년에는 인구의 절반인 40억 명이 물 부족으로 고통 받을 것이라고 경고하고 있습니다.

이런 물의 중요성을 살펴보면 우리 몸무게의 약 75%가 물로 구성되어 있고 체중의 8% 가량이 혈액인데, 혈액의 약 80%가 물로 되어 있다는 것을 볼 때, 물의 소중함은 더해집니다.

물은 독성이 적은 용매로써 물질운반은 물론 해독작용, 체온을 안정적으로 유지하는 등 생명의 근원입니다. 사고로 인한 출혈이나 질병으로 인한 탈수현상은 생명을 위협하는 원인이 됩니다. 이런 생명의 근원인 물을 함부로 낭비하고 오염시키는 원인을 우리 생활 주변에서 살펴보면, 전국에서 하루에 2,300만여 톤의 오폐수가 발생하는데 그중 생활오폐수가 약 1,600만 톤으로 수질오염의 70%를 차지한다는 사실입니다.

우리들이 생활 주변에서 할 수 있는 가장 간단한 방법은 물을 아껴 쓰고 가능한 재활용하며 샴푸와 세제의 사용을 자제하고, 농약과 비료사용량을 줄이는 것입니다. 또한 수질오염의 70%를 점하는 오폐수를 줄이기 위해서는 다음을 참고하시어 일상생활에서 지켜야 할 것입니다. 상한 우유 한 컵은 약 3,000l의 물이, 라면 국물 1컵은 약 750l의 물이, 된장국 1그릇은 약 1,400l의 물이, 식용유 한 스푼은 약 2,000l의 물이 정화용수로 필요하다는 실험결과가 나와 있기 때문입니다.

또 하루에 발생하는 음식물 쓰레기는 약 1만 1,000톤으로 그중 약 6,000톤이 비료나 사료 등으로 재활용되고 나머지는 매립되거나 하수에 섞여 나갑니다. 또한 유기물 산소 소비량의 100배를 사용하는 질소와 인은 비료에서 70%, 축산 사료에서 20%, 가정에서 사용하는 화학제품에서 10%가 발생되는 것으로 추정되며, 우리나라의 비료 사용량은 OECD 평균의 10배를 사용하고 있다고 합니다.

저희 협의회는 지금까지의 진행되고 있는 사업을 계속 수행하면서 나아가 자라나는 새싹들의 교육을 담당하는 초·중·고 선생님들의 환경 교육을 강화하고 있습니다.

자연보호는 자기 자신의, 가족의, 국민의, 더 나아가 세계인의 생명보호라는 사실을 인식하시고 비옥한 산야, 맑은 공기, 마음 놓고 마실 수 있는 깨끗한 물을 후손들에게 물려주기 위해서는 일상생활 속에서의 자연보호 실천을 해야 하겠습니다. 이를 생활화하도록 1978년 10월 5일에 선포된 자연보호헌장을 소개합니다.

(사)자연보호중앙협의회 회장 역임(2003. 1~2006. 1)

자연보호헌장

인간은 자연에서 태어나 자연의 혜택 속에서 살고 자연으로 돌아간다.

하늘과 땅과 바다와 이 속의 온갖 것들이 우리 모두의 삶의 자원이다.

자연은 인간을 비롯한 모든 생명체의 원천으로서 오묘한 법칙에 따라 끊임없이 변화하면서 질서와 조화를 이루고 있다. 예로부터 우리 조상들은 이 땅을 금수강산으로 가꾸며 자연과의 조화 속에서 향기 높은 민족문화를 창조하여 왔다. 그러나 산업문명의 발달과 인구의 팽창에 따른 공기의 오염, 물의 오탁, 녹지의 황폐와 인간의 무분별한 훼손 등으로 자연의 평형이 상실되어 생활환경이 악화됨으로써 인간과 모든 생물의 생존까지 위협을 받고 있다. 그러므로 국민 모두가 자연에 대한 인식을 새로이 하여 자연을 아끼고 사랑하며, 모든 공해요인을 배제함으로써 자연의 질서와 조화를 회복·유지하는 데 정성을 다해야 한다. 이에 우리는 이 땅을 보다 더 아름답고 쓸모 있는 낙원으로 만들어 길이 후손에게 물려주고자 온 국민의 뜻을 모아 자연보호헌장을 제정하여 한 사람 한 사람의 성실한 실천을 다짐한다.

1. 자연을 사랑하고 환경을 보전하는 일은 국가나 공공단체를 비롯한 모든 국민의 의무다.

2. 아름다운 자연경관과 문화적, 학술적 가치가 있는 자연 자원은 인류를 위하여 보호되어야 한다.

3. 자연보호는 가정, 학교, 사회의 각 분야에서 교육을 통하여 체질화될 수 있도록 하여야 한다.

4. 개발은 자연과 조화를 이루도록 신중히 추진되어야 하며, 자연의 보전이 우선되어야 한다.

5. 온갖 오물과 폐기물과 약물의 지나친 사용으로 인한 자연의 오염과 파괴는 방지되어야 한다.

6. 오손되고 파손된 자연은 즉시 복원하여야 한다.

7. 국민 각자가 생활 주변부터 깨끗이 하고 전 국토를 푸르고 아름답게 가꾸어 나가야 한다.

한국어 표준발음의 진단과 치료

나의 발음 실력은 어느 정도인가

인문대학 언어학과 | 이현복

1. 표준발음은 왜 필요한가?

정확하고 올바른 말씨를 구사한다는 것은 사회생활에 아주 중요한 요소이다. 만약에 발음이 부정확하거나 심한 사투리 발음을 하면,

내 뜻을 남에게 정확하게 전달할 수 없고,
좋은 인상과 인품을 유지하기 힘들며,
성공적인 사회생활을 영위하기 어렵다.

따라서 국민을 대하는 정치인이나 공무원, 학생을 교육하는 교사, 교수, 그리고 대중을 상대하는 종교인이나 방송인, 연예인, 기업인, 사회의 지도층 인사들은 바르고 정확하며 표준적인 말씨를 구사하는 것이 바람직하다. 그동안 한국사회에서 문제점으로 지적되어 왔던 지역감정 문제도 말씨로 촉발되거나 악화되는 일이 많았다고 볼 수 있다. 발음과 말씨가 표준적으로 통일된다면 그러한 지역감정은 극복되거나 완화될 수 있을 것이다.

그러나 그렇다고 하여 지역 사투리 발음을 낮추어 보는 것은 아니다. 지역 방언은 그것대로 해당 지역에서의 쓰임과 의미가 있으며 고유의 정서를 전달하기 때문이다. 가령, 전라도 방언으로 불리는 판소리를 서울의 표준 말씨로 노래한다면 전혀 어울리지 않을 것이다.

2. 발음 진단법

자신의 발음이 얼마나 바른지, 그리고 얼마나 표준적인 말씨를 지녔는지를 정확하게 알려면 음성학 전문가의 진단을 직접 받아야 한다. 음성학자는 발음을 듣고 정밀한 진단과 평가를 할 수 있다. 의사가 인체의 병을 진단한다면 음성학자는 사람의 말을 진단하고 치료할 수 있다. 저자는 1970년대부터 대한음성학회 사업의 일환으로 한국어와 영어의 발음 진단을 해 왔으며, KBS와 부산시 교원연수원, 경상남도 교원연수원, 서울시 교원연수원 등에서 방송인과 교사를 위한 발음진단을 해 온 바 있다.

그러나 전문가를 찾아 가서 발음진단을 받는다는 것은 그리 쉬운 일이 아니다. 따라서 전문가의 도움을 받기에 앞서서 스스로가 자신의 발음 상태를 개략적이나마 진단해 볼 수는 없을까? 이 글은 바로 이 질문에 대한 답으로 마련되었다. 이는 손쉽고 간단하며 부담 없는 <자가 발음 진단법>이라고 할 수 있으며, 한국인뿐 아니라 외국인, 그리고 언어장애자의 발음 진단에도 활용될 수 있을 것이다.

3. 발음 진단용 이야기

발음을 진단하려면 진단에 필요한 언어 자료가 있어야 한다. 진단용 이야기는 되도록 짧고 쉬운 문장이면서도 진단에 필요한 자료가 모두 포함되어 있어야 한다. 다음 5개의 문장으로 구성된 진단용 이야기를 사용하여 발음 진단을 해 보기로 하자.

표 1. 발음 진단용 이야기

I	빨간 천막에 틈이 벌어진 것이 왜 내 탓인가요?
II	결혼한 흑석동 성당을 묻길래 똑바로 대답했지.
III	그렇지요. 관광회사는 불경기로 성적이 못해요.
IV	별다른 말도 없이 그림만 그리는 착한 학생.
V	소설을 읽다가 돼지 네 마리를 확실히 봤지.

4. 발음 진단 요령

위의 이야기를 실제로 발음되는 형태로 다음에 다시 적는다. 맞춤법으로 적은 문장은 실제 발음과는 거리가 있기 때문이다. 이 이야기를 천천히 자연스럽게 읽으면서 번호마다 사선 < / >으로 구분해 놓은 두 가지(x, y) 또는 세 가지(x, y, z)로 표시된 발음 형태 중에서 자신이 실제로 쓰고 있는 발음을 택하여 적는다. 보기를 들면, (2)번의 천[ʌ](x)/촌[o](y)/전[ɔ](z)마게(여기서 대괄호 안의 기호는 국제음성기호이다.)는 사람에 따라, 그리고 외국인인 경우에는 국적과 모국어의 배경에 따라 <천막에>란 말을 [천마게], [촌마게], [전마게]와 같이 여러 가지로 발음될 수 있음을 뜻하며, 그 중에서 자신의 발음을 선택해야 한다. 그리고 자신의 발음에 따라 진단서에 2x, 2y 또는 2z로 적을 수 있다. 스스로 자신의 발음을 선택하기 어려울 경우에는 주변 사람의 도움을 받아 선택할 수도 있을 것이다.

진단에 앞서서 몇 가지 알아 둘 일이 있다:

(19)번의 [말(x)/마알(y)도/말또(z)]에서는 [말]의 모음 [ㅏ]가 짧게 나면 x, [마알]과 같이 모음이 길게 나면 y, [말또]로 발음되면 z로 표시할 수 있다. 이같이 길게 나는 모음은 해당 모음 뒤에 같은 모음을 작은 글자로 한 번 더 적어서 나타낸다. 모음의 길이는 말의 리듬을 결정하는 요인이기도 하므로 정확하게 판단하여 적어야 한다. 만약에 이 같은 긴 모음의 발음이 자신에게 어색하게 느껴지면 자신은 이를 평소에 짧게 발음하고 있다는 증거로 판단하여 y로 적어야 할 것이다.

(11)번의 [똑(x)/떡(y)/독(z)]에서 [떡]은 [똑]보다 턱과 입이 더 벌어지고 입술을 둥글게 하여 내는 모음 [ɔ]를 뜻한다. 북한이나 중국 조선족, 그리고 일본인의 발음에서 자주 나타나는 모음이다. (6)번 [내(x)/네(y)]는 모음 [애/ε]와 [에/e]의 차이를 나타낸다. 오늘날 우리나라에서 혼란이 극심한 모음이다. 이들 소리를 발음할 때에 윗니와 아랫니 사이에 새끼손가락이 안 들어갈 정도로 틈이 좁으면 [네](y)이고 엄지손가락이 들어갈 정도로 틈이 넓으면 [내](x)로 발음한다고 판단할 수 있다.

(8)번 [흑썩똥(x)/흑석똥(y)/헉[ə]석동(z)]은 세 가지 서로 다른 발음 형태를 보인다. x와 y는 [흑]을 발음할 때 윗니와 아랫니가 완전히 닫혀 있어서 손톱도 안 들어갈 정도로 좁은 틈으로 발음되나, z의 [헉]은 새끼손가락이 들어갈 정도로 아래윗니가 벌어져 있으며 혀도 내려와 있음을 나타낸다. y와 z는 두 번째 음절이 [석]으로 잘못 발음되었다. 21)번 [그(x)/그으(y)/거(z)럼만]도 같은 경우이고 (22)번도 마찬가지이다. (15)번 [회외사(x)/훼에사(y)와]에서 x의 [회]를 발음할 때는 입술이 한 동안 동그랗게 앞으로 나오나 [단순모음 ø], y에서는 입술이 둥그렇게 시작하여 곧바로 펴

지며 [에]로 이어져 이중모음 [웨/we]로 발음된다.

5. 자기의 발음 진단하기

그러면 이제부터 스스로 자신의 발음을 진단해 보자.

다음에 제시된 30개의 문항을 순서대로 하나씩 발음하면서 자신의 발음 형태를 택해서 다음의 기록표에 x, y, z로 적어 넣는다.

표 2. 기록표

I	1	2	3	4	5	6
II	7	8	9	10	11	12
III	13	14	15	16	17	18
IV	19	20	21	22	23	24
V	25	26	27	28	29	30

1. (1) 빠알간(x)/발간(y)/팔간(z) (2) 천(x)/촌(y)/전(z)마게
   (3) 트(x)/투(y)/두미(z) (4) 버어러(x)/버러(y)진 것이
   (5) 으에(x)/왜(y)/웨(z) (6) 내(x)/네(y) 탓인가

2. (7) 결혼한(x)/겔론한(y) (8) 흑썩(x)/흑석뚱(y)/헉석동(z)
   (9) 서엉당(x)/성당(y) (10) 묻길(x)/묻낄(y)/무읃낄래(z)
   (11) 똑(x)/떡(y)빠로/독(z)바로
   (12) 대답핼(x)/대애답팬찌(y)/데답펜찌(z)요

3. (13) 그러치요(x)/그러지요(y) (14) 관광(x)/간강(y)

(15) 회의사(x)/훼에사(y)　　(16) 불경기(x)/불겡기(y)

(17) 서엉저기(x)/성저기(y)　　(18) 모대(x)요/모오태요(y)

4. (19) 말(x)/마알(y)도/말또(z)　　(20) 업(x)씨/어업씨(y)

(21) 그(x)/그으(y)/거(z)림만　　(22) 그(x)/그으(y)/거(z)리는

(23) 차간(x)/착칸(y),　　(24) 학셍(x)/학생(y)/학쌩(z)

5. (25) 소설(x)/소오설(y)/서설(z)　　(26) 일따가(x)/익따가(y)

(27) 뒈지(x)/돼지(y)/돼애지(z)　　(28) 네에(x)/내(y)마리

(29) 학실히(x)/확씰히(y)　　(30) 받찌(x)/봗찌(y)/봐안찌(z)

6. 발음 진단 결과 및 평가와 등급 확인

위의 진단 단계가 끝났다면 다음의 평가 단계로 넘어간다. 만약에 정확한 진단에 자신이 없으면 다시 한 번 살펴보기 바란다. 이제 위의 진단 결과를 종합하여 스스로 채점하여 보기로 한다. 기록표에 기록한 진단 결과는 다음에 제시하는 정답과 대조하며 자신의 발음 오류가 몇 개인가를 먼저 확인해야 한다.

이제 오답의 합계를 <발음평가표>와 대조하면 자신의 평점과 등급이 어느 정도인지 확인할 수 있다. 이 같은 발음 진단 결과를 바탕으로 하여 발음교정을 체계적으로 받을 수 있을 것이다. 발음의 교정은 진단보다도 시간과 노력이 필요한 작업이며 전문가의 지도가 필요한 과정이다.

표 3. 정답표

I	1x	2x	3x	4x	5y	6x
II	7x	8x	9x	10z	11x	12y
III	13x	14x	15y	16x	17y	18y
IV	19y	20y	21y	22y	23y	24z
V	25y	26y	27z	28x	29y	30z

표 4. 발음평가표

	정답수	평 가	등 급
1	30 ~ 28	A+	수
2	27 ~ 25	A	우
3	24 ~ 20	B	미
4	19 ~ 15	C	양
5	14 이하	D	가

<올바른 발음 형태>

앞에서 제시한 진단용 이야기의 표준발음은 다음과 같다. 여기서 강세를 받는 음절은 (')로 표시되어 있다.

1. '빠알간 '천마게 트'미 '버어러진 거시 '왜 내'타아신가요?
2. 결'혼한 '흑썩똥 '서엉당을 '무욷낄래 '똑빠로 '대애답팬찌.
3. 그'런치요. '관광 '훼에사는 '불경기로 '성저기 '모온태요.
4. '별다른 '마알도 '어업씨 '그으림만 '그으리는 '착칸 '학쌩.
5. '소오서를 '익따가 '돼애지 '네에 마리를 '확씰히 '봐앋찌.

우리나라 과학기술용어의 표준화 방안에 관한 나의 제언

의과대학 의학과 | 지제근

1. 머리말

조국 광복과 더불어 거의 모든 문화와 과학을 새로 시작한 우리나라의 경우 전문 용어의 빈곤은 불가피한 현상이었다. 이러한 현상은 과학기술 분야의 전문 용어에서 특히 두드러졌음은 그 용어의 절대다수가 서양용어에서 유래했기 때문이었다. 이 때문에 우리나라 과학기술계는 그동안 용어와 관련한 여러 가지 시행착오와 혼란을 겪어야 하였고, 혼란은 아직도 계속되고 있다. 그 혼란의 중심에는 용어의 표준화 부재가 자리 잡고 있다.

본인은 이와 같은 사실에 입각하여 우리나라 과학기술용어 생성의 역사적 배경과 현실, 그리고 앞으로 표준화되어야 할 당위성과 그 방안에 대해 토의하고 몇 가지 제언을 하려 한다.

2. 역사적 배경

우리나라 과학사에서 알 수 있듯이 우리 선조의 과학적 두뇌와 과학기술적 사고 및 그 결과물의 우수성은 인정되고 있다. 그러나 현대과학기술의 개념형성이나 용어의 발전에 있어서 우리나라 과학기술의 공헌은 미미하다고 할 수밖에 없다. 이런 현상은 우리나라뿐만 아니라 우리보다 앞섰다고 하는 일본이나 중국도 크게 다를 것이 없다. 우리는 현대 과학을 도입하면서 중국, 일본과 함께 서양용어, 즉 영어로 된 과학기술용어와 그 개념에 의존할 수밖에 없는 처지였다. 이런 처지에서 이웃 두 나라는 서양용어를 자신들의 과학용어로 바꾸고 이를 표준화하기 위해 일찍부터 국가적 차원의 꾸준한 노력을 하였다.

그런데 우리나라는 어떠했는가? 조선시대에도 우리말로 된 과학기술용어가 부분적으로는 있었다. 그러나 20세기 초 일제 강점이라는 민족적 비극과 함께 한국적 용어는 사라지고 외국, 특히 일본식 한자어로 된 용어가 현대 과학이라는 이름으로 준 강제적으로 도입되었다. 당시 외국어, 특히 일본어로 교육받은 사람들은 이러한 외래 한자어 용어들을 무의식적으로 사용하였고, 또 이른바 한자 문화권에 속한 그들에게는 이 용어들이 그렇게 낯설게 느껴지지도 않았다. 그리하여 광복에서 1950년 한국전쟁까지는 우리나라 교육계를 포함한 거의 전 분야에 걸쳐 일본식 한자 용어에 우리말로 음과 토를 단 과학기술용어를 사용하였고, 그것이 불편한 경우에는 서구어(주로 영어나 독일어) 용어를 그대로 사용하였다.

3. 외국의 전문용어 표준화 현황

미국과 유럽의 전문용어는 이미 1937년 International Federation of the National Standardizing Association에 의해 전문용어기술위원회 ISA/TC 37이 발족하여 1952 ISO/TC37로 승계되어 SC 1, 2, 3분과로 활동하고 있다. 현재 우리나라도 이 기구에 관여하고 있지만 이것은 영어가 기본이기 때문에 우리말 용어 자체의 표준화와는 직접 관련이 되지 않는다. 앞으로 표준화된 우리 과학기술 용어가 여기에 들어가야 할 것이다.

1) 중국

1909년 당시 청나라 정부가 대학부 산하에 '과학용어 편찬관'을 설립하였고, 1950년 중국정부는 '학술용어통일작업위원회'를 설립하여 정부차원에서 과학기술용어를 포함한 학술용어통일작업을 시행하였다. 1985년 중국국가과학기술용어위원회(China National Committee for Terms in Sciences and Technologies)를 국무원비준으로 설립하고 과학, 공학, 농학, 의학 및 기타 상호 교환적 분야로 나누어, 중국을 대표하여 용어를 심의, 결정하고 발표하는 최고권위기구가 되었다. 여기서 공식 발표된 과학기술용어는 권위와 구속력을 가지고 중국의 각 과학연구기관, 학교, 기업체 및 신문출판계는 반드시 사용하도록 규정하고 있다. 지금까지 연차적으로 표준화된 20여만 용어를 확정 발표했는데 이를 위해 1,700명(그중 170명이 중국과학원 및 중국기술원 소속 학자)의 학자들이 심의작업에 참여하고 있다고 한다.

2) 일본

일본은 1891년『화학용어집』, 1904년『전기공학용어집』을 학회별로 발간하였고, 1920년대에 이르러 정부차원의 전문용어표준화가 시작되었다. 1931년 일본정부의 기술전문용어위원회가 발족하였고, 1941년 표준화 영역을 확장했으며, 이후 교육, 과학문화부가 과학기술용어표준화 작업에 착수, 1954년부터 분야별로 용어집을 발행하여 현재까지 30권을 통해 138,000용어가 표준화되었다. 이 용어들은 정부의 공식문서, 학교 교과서, 특허 설명서 및 일본산업표준(JIS)으로 사용되고 있다.

4. 우리나라의 과학기술용어 표준화 현황

중국이나 일본이 독자적으로 1900년도 중반기부터 전문용어 정비작업을 국가단위에서 한 것과 달리, 우리나라는 오랫동안 전문용어 정비를 수행할 여건이 조성되지 못하였다. 즉 우리나라에는 1910년 한일합방 이후 광복까지 독자적 과학기술 활동이 없었다 해도 지나치지 않을 것이다. 그런데 1910년 전후, 일본은 이미 과학기술용어가 표준화를 시작했기 때문에, 우리나라에는 당연히 일본식 한자용어가 도입되어 사용되었고, 혹시 우리말로 쓰는 논문에도 일본식 한자용어를 우리말 토만 달아 쓸 수밖에 없었다.

광복 직후부터 새로 창립된 과학 분야의 몇몇 뜻있는 학회에서 고유한 우리말 학술용어를 제정하려는 노력을 공학과 의학의 몇몇 분야에서 시작하였다. 그러나 1950년 한국전쟁을 겪으면서 그러한 노력은 수포로 돌아가고 1955년경에 와서야 학회 또는 개인이 필요에 따라 우리말 용어를 제정하려는 움직임이 시작되었다. 1960년대에 들어서는 각 학회마다 교과서 편찬, 논문 작성 등을 위해 우리말 과학기술용어를 만들고 다듬기 시작하였고, 그 결과 한국과학기술단체총연합회에서 1976년에 『과학기술용어 제1집』, 그리고 1978년에는 의학 용어로만 구성된 『과학기술용어 제2집』을 출간하였다. 그러나 이 시기에도 대부분의 교수들이, 강의에서는 서구어 용어에 우리말 토를 달아 사용하고 논문 작성에서는 외국(주로 일본)의 사전이나 한자로 된 외국 학술용어집을 이용하였다. 우리말 용어가 없는 것이 많고 또 있다고 하더라도 표준화되어 있지 않았기 때문에 우리말 용어를 쓰는 것이 불안했기 때문이었다.

우리말로 된 과학기술용어의 필요성이 절실해지면서 1980년대에 들어와 이공학계, 생물학계, 의학계 등 각 분야에서는 앞을 다투어 용어집을 발간하였고, 문교부에서도 초·중등학교 교과서 편수지침과 외래어 표기 용례집을 펴내었다. 그런데 이러한 용어집들은 각 분야의 과학자, 기술자들 사이에 충분한 의견 교환 없이 학문 분야별로 독자적으로 만들었기 때문에 용어 선택의 기준이 통일되지 못하였다. 또 용어심의자들이 대부분 한글세대가 아니어서 아무래도 자신들에게 익숙한 한자어 용어를 채택했으므로 후세들을 위한 용어 가다듬기 작업이 소홀해진 경향도 있다.

더욱이 이 시기에는 많은 과학기술 분야 학자들이 서양에서 공부하고 돌아온 까닭으로 강의, 학회발표, 논문작성 등에서 애써 새로 만든 우리말 용어를 사용하고 보급하기보다는 우선 편하고 익숙한 서구어 용어를 그대로 사용하려는 경향이 지배적이었다. 당시만 해도 많은 사람들이 서구어를 섞어 쓰는 것이 국제화에 이바지하는 것이라고 생각하였고, 또 사실 새로 나온 서구어 과학기술 용어들을 그때그때 우리말로 바꾸지 못했기 때문에 이를 탓할 수만도 없는 실정이었다.

그 결과 과학기술용어가 홍수처럼 쏟아져 나온 1990년대에는 개개 학문 분야 사이는 물론 같은 분야에서도 대학이나 학자에 따라 같은 서구어로 된 용어와 개념에 대해 서로 다른 우리말 용어를 사용하는 경우도 많아서 학문세계의 의사소통이 불가능한 상태가 되었다. 특히 이러한 대화 불통 현상은 우리말 용어를 사용하는 초·중등학교와 대학의 기초과학 각 분야 사이에 심각한 문제를 불러일으키게 되었다. 같은 의미의 서로 다른 용어를 이중으로 익혀야 하는 학생들의 처지는 실로 딱하기 그지없는 일이었고 이것은 아직도 부분적으로 사실이다.

이러한 용어의 혼돈상태는 과학의 발전을 가로막는 큰 걸림돌이다. 왜냐하면 우리 고유의 과학기술용어 없이 과학의 저변확대는 불가능하고 국민의 과학화 없이 나라의 과학발전은 기대할 수 없기 때문이다. 그러므로 모든 국민이 쉽게 이해할 수 있고 공동으로 사용할 수 있도록 과학기술용어를 표준화하는 일이 시급한 과제로 등장하였다.

5. 우리나라 과학기술용어 표준화 방안

과학기술용어의 표준화, 즉 통일방법에는 자연적인 것과 인위적인 것이 있을 수 있다. 그중 바람직한 것은 자연적 통일이지만, 용어들이 자연적으로 통일되려면 선진국의 예에서 볼 수 있듯이 오랜 세월이 흘러야 한다. 이에 비해 인위적 통일은 빠르고 효과가 탁월한 장점이 있는 대신 용어의 적합성과 타당성을 검증할 시간이 충분하지 않으므로 이상하고 불합리한 용어가 채택될 위험을 내포하게 된다. 그러므로 사안의 시급성을 생각해서는 인위적 통일 방법을 채택하되, 적절하고 합리적인 통일을 위해서는 통일 과정에서 자연적 통일이 이루어지도록 해 나가야 할 것이다. 즉, 처음부터 한 가지만 채택하는 것이 아니라 필요하다면 현재 쓰고 있는 몇 개의 용어를 한시적으로 같이 쓰되 시간이 지나면서 사용자들이 선호하는 용어로 서서히 통일해 나가는 것이다.

용어통일 과정은 (1) 각 분야에서 현재 쓰고 있는 용어를 분야별로 수집하여 자료집을 만들고, (2) 그중에 여러 분야에서 공동으로 쓰고 있는 핵심용어를 선택하여, 우선적으로 중복용어를 조정하고 권장용어를 선택하여

'핵심과학기술용어집'을 확보하고, (3) 이들 용어에 대한 국어학자와 용어학자들의 자문을 받은 후, (4) 정부에서 이 용어들을 공식용어로 인정하는 것이다.

용어의 제정과 선택은 개인의 취미나 기호에 따를 수 없는 것이기 때문에 이 사업은 특정 개인이나 단체가 아니라 모든 과학기술 분야의 의견을 통합한 국가단위의 기구를 통해 지속적으로 수행되어야 할 것이다.

한국과학기술한림원은 창립과 더불어 숙원 사업이었던 과학기술용어의 통일을 위해 '과학기술용어통일위원회'를 구성하고 용어통일 과정의 1단계 사업을 시행하였다. 즉, 전문학회별로 발간된 용어집을 중심으로 현재 쓰고 있는 용어들을 모두 수집하여 분류, 정리한 후 다시 해당 전문 학회별로 재검토하고, 용어집으로 정리되어 있지 않은 분야는 『과기총: 과학기술용어집』(1976)에 수록된 용어를 해당 학회에서 검토하여 최종 올림말을 결정하였다. 총 22만 용어를 수록하여 1998년 『영한, 한영 과학기술용어집』을 발간하였다. 용어통일 과정의 제1단계가 완결된 것이다.

그 다음 2단계 사업을 시작하였다. 4개 학문 분야 이상이 함께 쓰는 약 2만 2,000어휘로 구성된 핵심과학기술용어를 선택하여 이들을 대상으로 약 40명의 분야별 위원들과 6인 소위원회의 집중적 심의를 거쳐 '핵심과학기술용어집'을 2005년에 1차년도 사업을 완결하였다. 이제 국가적 기구에 의한 검증을 거쳐 표준화 안으로 정착되는 과정을 밟게 되기를 기대한다.

한편 학술용어표준화를 위한 기타 단체의 역할, 특히 학술단체연합회가 교육인적자원부의 연구비를 받아 수행하고 있는 전문용어 정비사업도 한림원 사업과 상호 협조하여 국가표준화사업에 함께 이바지해야 할 것이다.

이 점은 한국과학기술원의 KORTERM의 사업도 마찬가지로 우리 과학기술용어 표준화를 위한 사업에 동참할 필요가 있다고 판단된다.

과학기술용어의 표준화는 우리나라 과학기술의 발전을 위해 최우선적으로 수행되어야 할 사업이다. 그렇기 때문에 중국과 일본은 이미 100년 이상 이 사업에 국가적 노력을 경주하고 있다. 늦었지만 이제라도 우리는 후세들을 위해 미래를 준비하는 과학기술용어의 표준화를 서두를 때가 되었다고 생각한다.

지난 2005년 7월 우리 정부는 국어기본법을 공포하였다. 여기에서 전문용어를 포함한 우리말의 심의 및 제정에 대한 책임과 권한을 국립국어원에 부여했기 때문에, 앞으로 이 국가기구를 통해 전문용어의 표준화와 더불어 표준화된 용어가 보급되고 정착될 수 있도록 국가적 뒷받침이 있기를 바란다.

6. 우리나라 과학기술용어 표준화를 위한 제안

(1) '국가과학기술용어위원회'(가칭)를 설립할 것. 이것은 국립국어원에 설치해도 좋고, 기타 정부 산하 독립기구로 설치해도 좋다.

(2) 이 용어위원회는 과학기술 분야의 모든 용어를 크게 이학, 공학, 농수산, 의학 및 기타 상호연관 분야의 5개 분야로 나누어 학술원이나 한림원 회원이 주가 되어, 젊은 세대 과학자들을 적극 참여하게 하여 분야별 위원회를 구성하여 운영한다.

(3) 이 용어위원회에서 심의·결정된 용어는 국립국어원의 최종심의를 거쳐 국정교과서, 기업체, 언론, 한국산업규격(KS), 그리고 각종 국가시험에 반드시 적용하도록 한다.

(4) 이 용어위원회의 기구나 운영에 관해서는 외국, 특히 중국과 일본의 과학기술용어 표준화 기구를 참고하여 시행착오를 최소화할 것.

7. 맺음말

우리나라 과학기술용어의 역사는 50년이 채 되지 않는다. 그동안 비록 국가단위로서의 표준화 작업은 없었으나 민간단체들이 분야별로 많은 노력을 하였다. 이제 이들의 노력의 결실을 정리하여 국가적 차원에서 표준화할 시기가 되었고, 이는 '국가과학기술용어위원회'를 통해 지속적으로 수행되어야 한다.

참고문헌

(1) 과학기술단체총연합회, 『과학기술용어집 제2집』, 1976.
(2) 한국과학기술한림원, 『영한, 한영 과학기술용어집』, 1998.
(3) 한국과학기술한림원, 『핵심과학기술용어집』, 2005.
(4) 지제근, 「우리나라 과학용어 표준화의 필요성」, 『과학문화』 통권 8호, 2003. 6.

놀이와 인간의 존엄성

사범대학 윤리교육과 | 진교훈

논다는 것은 인간의 어떤 의식보다도 더 원초적이며 근원적이다. 왜냐하면 인간은 생명을 부여받는 순간부터 엄마 뱃속에서 이미 놀기 시작하기 때문이다.

논다는 것은 단순한 생리 현상 이상의 것이며, 생리적 제약을 받는 심리 반응 이상의 어떤 것이다. 놀이는 생명을 주창하려는 직접적 충동만으로는 설명할 수 없는 삶의 중요한 의미를 담고 있다. 그러나 놀이는 우리의 삶의 현장에서는 주변 현상으로 나타난다. 놀이는 심각한 삶의 모습이라고 할 수 있는 노동과는 대조적으로 나타난다. 그래서 사람들은 놀이란 삶의 긴장을 풀기 위한 수단이며, 구속력이 없는 것으로서 해도 그만 하지 않아도 그만인 것이며, 인생의 중대사가 아닌 것으로 간주한다. 예컨대, 놀이는 휴식, 기분전환, 심심풀이, 장난 등으로 흔히 간주된다.

짧은 인생에서 할 일이 너무나도 많은데 논다는 것은 어쩌면 인생을 낭비하는 것이 아니냐는 걱정도 생길 수 있을 것이다. 그래서 우리말의 놀이라는 개념 속에는 부정적인 의미가 많이 담기게 된 듯하다. 논다는 말은 게으르다는 뜻이 들어 있기도 하고 부도덕한 이성 관계를 나타내기도 한다.

가령 '놀고먹는다'는 말은 아주 나쁜 뜻으로 사용되고 일종의 욕설이 된다. 화투놀이, 마작놀이라고 말할 때는 도박(노름)도 일종의 놀이로 불리기도 한다. 그래서 사람들은 논다는 것은 나쁜 짓이라는 선입견을 가지게 되는 것 같기도 하다. 우리는 어려서부터 놀지 말고 '공부하라'는 말과, '일하라'는 말을 귀가 따갑도록 듣고 살아왔다. 그러나 그와 같은 부정적인 생각은 놀이의 참된 의미를 모르고서 하는 말이다.

원래 노동과 놀이는 분리되거나 단절된 것이 아니라 일체화(一體化)되어 있는 것이었다. 가령 옛 사람들은 논에 모를 심으면서도 노래를 불렀으며, 노를 저으면서도 노래를 불렀고, 나무를 베거나 길쌈을 하면서도 노래를 불렀다. 그들은 일하면서 놀이하고, 놀이하면서 일하였다. 그러나 오늘날 불행하게도 우리는 놀이의 참된 의미를 상실하고 있다. 사람들은 일할 때는 일하고 놀 때는 놀라고 말한다. 일과 놀이가 분리되어 있다. 그러므로 일은 고달프고 따분하며 재미없고, 마침내 사람들로 하여금 스트레스를 쌓이게 만든다. 그래서 현대인은 스트레스를 해소하기 위해 여러 가지 암울한 방법을 모색하지만, 기계적인 노동에 습관이 되어버림으로써, 그리고 상상력의 부족으로 인해 비속한 짓이나 하며, 모처럼 얻은 여가도 건전하게 즐길 줄을 모른다. 가정이나 학교에서 놀이를 제대로 배우지 못한 사람들은 나쁜 오락에 탐닉하거나, 말초신경을 자극하는 천박한 짓에 몸을 내던지고 마는 얼빠진 구경꾼으로 전락하여 정신적 공허감에 빠져 있다. 문제는 오늘날 많은 종류의 놀이는 상업주의에 물들어 깨끗하지 않고 공정하지도 않을뿐더러 종내에는 인간의 존엄성을 해치며 불건전한 죽음의 문화를 초래하고 있다는 것이다.

놀이는 대체로 명령되는 것이 아닌 자유로운 행위이며, 필수 불가결한 행위가 아닌 여가에서 하는 행위이며, 일정한 시간과 장소에서 행하는 행위로서 깨끗하고 공정한 질서와 엄격한 규칙을 가지고 있으며, 집단적으로 행하는 행위이므로 문화형태로 고정될 수 있고 전수될 수 있는 것이며, 반복되는 것이며, 항상 긴장과 해소가 있기 마련이고 심미적 요소가 깃들어 있는 것이라고 요약될 수 있다. 따라서 건전한 놀이는 이러한 놀이의 요소를 감안하되 인간의 품위를 손상시키지 말아야 할 것이다. 정상배의 책략이 놀이를 이용하여 대중을 조종하고 인간을 타락시키고 있다는 사실에 우리는 주목하고 이에 대비해야 한다.

건전한 놀이를 할 수 있는 인간만이 비인간화를 가속화시키는 현대사회의 지배체제(즉, 관료제도와 기술지배)를 변혁시킬 수 있는 가능성을 지니고 있다. 놀이는 때로는 정치적·사회적 비판과 풍자도 할 수 있고 비꼼과 불만을 발산할 수도 있을 것이다. 그러나 참된 놀이는 삶에 대한 긍정과 찬미이며, 오랜 역사를 가지고 있는 종교적·문화적 의미를 함축하고 있으며, 궁극적으로 인간의 존엄성을 보전해 주는 것이어야 한다. 그러므로 우리는 취학 전 어린이부터 노인에 이르기까지 건전한 놀이문화를 육성해야 할 것이다.

그림공부와 어머님의 눈물

미술대학 동양화과 | 이종상

1. 그림공부

내가 아주 어렸을 적, 그러니까 8·15광복이 되고 그 이듬해 서울 후암동에 있는 삼광초등학교 1학년에 입학하여 해방교육 1세대로서 우리 교육을 받기 시작할 무렵의 일이다.

나는 어려서부터 워낙 그림 그리기를 좋아한데다가 덕산에 계신 고암(顧庵) 이응로 선생과 친분관계로 화가의 꿈을 키우셨던 아버지 덕분에 유치원 때부터 그림을 배우기 시작했었다. 아버지께서는 완고하신 할아버지의 반대로 고암 선생을 따라 동경 유학길에 오를 수 없게 되자, 청운의 뜻을 접고 본래 전공하셨던 원예학으로 복귀하시어 지방 군청의 연구기관 공무원이 되셨다.

아버지께서는 직접 과수원을 경영하셨고, 예산 읍내 발연리 120번지에 손수 설계하신 집 울타리 안에 미니 동물원을 방불하게 할 만큼의 갖가지 관상용 조류들을 사육하며 나와 함께 스케치하시는 것이 유일한 취미셨다. 내가 아버지를 따라 곧잘 그리는 걸 대견스레 칭찬하시며 늘 "작은놈은 화가로 키울 거야."라고 어머니에게 자주 말씀하셨다. 아버지께서는 광복 이

듬해에 텅스텐 광산업을 하셨던 할아버지께서 거래하시던 서울의 명동성당 부근에 있던 적산 전구공장을 불하 받아 경영하게 되셨다. 그래서 아버지를 따라 서울 용산구 후암동으로 이사를 오게 된 나는 곧바로 삼광초등학교 1학년에 입학하였고, 가장 자신 있는 도화(미술)시간이 돌아오기만을 손꼽아 기다렸었다. 그림 그리는 일이라면 자신이 있었기 때문이었다. 내가 태어난 예산에서부터 서산으로 이사하여 지금은 정치가가 된 변웅전이랑 유치원에 다닐 때까지 아버지로부터 그림 수업을 단단히 받은 바가 있어 어린 나이에도 도화시간만은 칭찬을 들을 자신이 있었던 것이다.

그러나 그렇게 고대하던 도화시간이 찾아왔을 때, 뜻밖의 사건이 벌어졌다. 당시 우리 반 담임이셨던 여자 선생님께서 내가 그린 그림에 대해 의심을 품었기 때문이었다. 광복 직후라서 인쇄술이 낙후되어 원색도판이 들어가야 하는 새 나라의 도화책을 새로 발행할 엄두를 내지 못한 채 2년이나 지나도록 일본시대 쓰던 도화책을 그대로 사용하고 있었으니 어처구니없는 일이었다. 바로 그 일본시대 도화책을 1학년 학생들의 고사리 같은 손에 나눠 주고 밖에 나가 임화를 그려 오라는 것이 첫 도화시간의 수업 내용이었다. 해방 직후 아무리 궁색하고 질서가 아직 잡히지 않았을 때라지만 지금 와서 생각해 봐도 도무지 이해할 수 없는 대목이었다. 어찌되었든 아무 짬도 모르던 어린 나는 나눠 주는 도화책을 운동장 등나무 밑 벤치 위에 펼쳐 놓고 구도가 그럴싸한 그림을 골라 이를 앙다물고 아주 열심히 그려 댔다. 도화책의 내용이 하나같이 일장기를 그린 비행기와 군함이 미·영 연합군과 싸워 이기는 전쟁기록화 같은 그림이었다. 어려서부터 닮게 그리는 그림이라면 제법 많이 그려 보았던 터이어서 남들보다 쉽게 가미가제들이 공중전을 하는 멋진(?) 그림을 거의 원본과 같게 그려 낼 수가 있었다. 그때 마침 청소를 하고 계시던 수위 아저씨가 내 그림을 등 뒤에서 지켜보시다가 "일장기를 그대로 그려 넣는 것은 옳지 않다."라고 하며 들고 있던 마당비를 거꾸로 들고 운동장 바닥에 커다랗게 태극기를 그려 보이시며 적·청색과 사괘를 가르쳐 주셨다. 그래서 주변의 친구들도 일장기 위에 덧칠로 태극기를 덮쳐 그린 친구들이 많았다. 그것 말고는 학년에 걸맞지 않게 너무도 일본 도화책의 원본 그림처럼 똑같이 전투 장면을 그대로 모사해 냈다. 그런데 문제는 이런 내 그림을 보신 담임선생님께서 "누가 그려 주었는지 바른대로 그 사람의 이름을 대라"며 어린 나에게 무조건 꾸중부터 하시니 억울하기 짝이 없는 노릇이었다. 급기야는 수위 아저씨와 옆에 있던 친구들마저 증인으로 불러들여야 하는 엄청난 사건으로 번져 버렸다. 결국 나는 거짓말을 한다는 이유로 방과 후에 울면서 날이 어두워질 때까지 그 큰 내실의 청소를 혼자 해야 하였다. 그럼에도 불구하고 나를 끝내 믿지 못하시던 담임선생님이 직원실로 불러들여 마지막으로 심판을 구한 분이 바로 도화 전담 교사로 고학년 반만 맡으셨던 곱슬머리 조봉현(趙奉賢) 선생님이셨다. 전문가의 눈으로 보았을 때 내가 그린 그림이 1학년 학생의 수준으로 가능하냐는 것이 문제의 핵심이었다. 조봉현 선생님이 내 그림을 한참 들여다보시더니 그러나 뜻밖에도 "소질이 있는 학생이라면 이 정도를 그려 낼 수도 있습니다."라며 내 어깨에 손을 얹어 품안에 감싸 안으시며 단호한 어조로 결론을 내려주시는 게 아닌가. 그 바람에 나는 겨우 담임선생님의 지독한 혐의에서 벗어나게 되었고, 또 그 덕분에 3학년부터 들어갈 수 있는 도화반에 불려가 전문화가 스승님으로부터 특별지도를 받게 되었으니 전화위복이라고나 할까. 후에 나는 화가가 되었고 그 때 선생님은 문교부 장학사와 국정교과서 편수관으로 광복 직후 한국미술교육에 크게 이바지하셨다.

아주 어려서부터 화가가 꿈이셨던 아버지를 따라 그림 그리기를 좋아했던 나는 시도 때도 없이 시간만 나면 그림을 그려 댔다. "종상아! 넌 싫증도 안 나냐? 왼종일 '그림공부'만 하게…." 초등학교 때부터 도화지와 크레용을 손에 든 채 하루 종일 그림만 그리고 있는 나에게 참다못해 곁에 다가오시어 짐짓 조용한 말투로 그러나 호소하시듯 나를 타이르셨던 어머님의 꾸중(?)이셨다. 식음을 전폐하고 종일 그림만 그리고 있는 아들에게 '그림공부'만 한다고 하셨던 그때, 어머니의 그 말씀은 그림도 '공부'라는 잠재의식을 은연중에 어린 자식에게 심어 주심으로써 나를 한국 최초의 화가철학박사로까지 만들어 주신 무언의 교육이었음을 늘그막에서야 깨닫게 되었다. 만일에 그때 어머니께서 "하라는 공부는 않고 그림이나 그리고 있냐!"라고 윽박지르셨다면 나는 분명, 그림은 하라는 '공부'가 아니고 '다른 짓'으로 치부하고 '그림' 아니면 '다른 짓'을 했을 것이다. 그것도 아니라면 '공부'라는 개념을 매우 비좁게 생각하여 '공부'하는 척하면서 어른들 몰래 뒤에서 '그림'을 그렸을 터이다. 하여간, 어머니의 이 한 마디 말씀은 평생 내가 누구 앞에서도 당당하게 '그림공부'를 하게 만든 큰 원동력이 되었던 것이 분명하다.

2. 어머니의 눈물

6·25전쟁이 나던 해의 일이다. 초등학교 6학년인 나는 태평양미술학교 출신의 조봉연 미술전담 선생님으로부터 각별한 사랑을 받으며 도화반 활동에 열중하면서 중학교 진학 준비에 여념이 없었다. 그러나 졸업을 2개월 여 남겨 두고 졸지에 아버지께서 돌아가시고, 동란까지 겹치면서 어린

형제는 편모슬하에서 가난한 피난민 신세가 되었다. 남으로 남으로 피난민 대열에 끼어 철둑길을 따라 천신만고 끝에 고향땅 예산까지 피난을 가게 되었다. 그러나 믿고 의지하려 했던 삽교의 큰아버지께서는 인민재판에 걸려 자식들이 다니던 초등학교 운동장에서 장살을 당하셨고, 가족은 만신창이가 된 이후였다. 목구멍이 포도청이라 생전 고생이라고는 모르시던 어머니께서 "내 청상의 처지로 서방질하고 도둑질 아니라면 자식들을 위해 무슨 일인들 못하겠느냐." 하시며 광주리를 머리에 이셨고 경복중학 2학년생이던 두 살 터울의 형은 목발이 질질 끌리는 나뭇지게를 지고 먼 산에서 나무를 해다 팔아야만 하였다.

그러나 어머니와 형은 초등학교도 졸업하지 못한 나를 몹시 측은해 하시며 자주 눈물을 감추셨고, 헌 교과서를 빌려 오시어 집에서 독학으로라도 '공부'하기를 바라셨다. 하루 종일 집구석에 틀어박혀 책만 읽고 있자니 너무나 지루하여 슬슬 '그림공부'가 하고 싶어졌다. 더구나 교복을 단정하게 차려입고 등교하는 이웃의 같은 또래 아이들이 울타리 밖을 지날 때면 부러운 생각에 몸을 숨기고 그 아이들이 골목길을 다 빠져 나갈 때까지 뒷모습을 우두커니 지켜보며 얼마나 부러워했던지. 이토록 어려운 가정 형편 속에서도 그림을 그리고 싶은 욕망은 도무지 가눌 길이 없어, 그렇게도 숫기 없던 나 자신을 급기야는 길거리의 엿장수로 만들기에 충분하였다. 이런 용단은 두 말할 나위도 없이 모두가 '그림공부'를 하기 위한 화구를 사고 싶었기 때문이었다. 이런 아들의 마음을 읽고 눈치를 채신 어머니께서는 그 알량한 광주리장사 밑천에서 얼마간의 돈을 떼어 내주셨다. 나는 그 돈으로 엿도가에서 엿을 받아다가 시장바닥에서 엿목판을 펼쳐놓고 드디어 엿장수를 시작하였다. 궁핍한 피난생활 속에서도 나는 늘 그림 '고프고' 손이 '마려워서' 어떻게 하면 하고 싶은 '그림공부'를 실컷 할 수 있을까 하는 생각으로 가득 차 있었다. 그러니 보이는 것은 다 그림의 소재요 잡히는 것은 다 그림의 재료로만 보였었다. 삽다리 읍내, 오일장이 열리는 시장 모퉁이에 있던 허름한 문방구 진열장에서 먼지가 뽀얗게 쌓인 수채화 물감과 몇 자루의 붓을 발견한 나는 몹시 반가워서 그날 밤잠을 설치기도 했었다. 내가 평소에 보아 두었던 바로 그 문방구상 앞에서 첫날의 엿장수 개업을 시작했던 것은 오래전부터 계산된 일이었다. 내가 보아 두었던 그 물감이 누군가에 의해서 팔려 나갈까봐 조바심이 나서 연신 등 뒤로 진열장을 확인해 보면서 엿을 팔았던 것이다. 길목이 좋았던지, 이렇게 시작한 첫 장사는 아주 성공적이었다. 저녁 해가 서산에 뉘엿뉘엿 기울고 파장터에 사람들이 썰물처럼 빠져 나가는데, 빈 엿목판을 들고 구겨진 지폐 조각들을 침 발라 헤아리며 수없이 망설이던 나는 용기를 내어 문방구점으로 들어갔다. 갖고 싶었던 화구를 이것저것 사고 보니 장사밑천까지 다 털어야 하였다. 순간 노기어린 어머니의 얼굴이 뇌리에 스쳤다. 지게질을 해서 어깻죽지에 피딱지가 앉은 형의 얼굴이 노하신 어머니의 얼굴 위에 겹쳐졌다. 그래도 지금 내 품안에 안고 있는 이 화구만은 절대로 양보할 수가 없다. 순간 나는 비장한 결심이 생기면서 어떤 묘안이 떠올랐다. 빈 엿목판을 문방구점 주인에게 맡겨 놓고, 누런 회포대 봉투 안에 화구만 챙겨 든 나는 집에 들어서자마자 마루 밑의 흙을 대강 파내고 감쪽같이 봉투를 묻어 버린 다음 살금살금 건넌방으로 들어갔다. 냉기서린 빈 방에서 이불을 머리 위까지 뒤집어쓴 채로 벌렁 누워 버렸다. 모두가 내 각본대로 연출을 해 가는 것이다. 밤늦게 지쳐 돌아오신 어머니와 형 앞에 첫 장사의 결산보고를 하면서 깡패들에게 끌려가 돈을 몽땅 털리고 몸만 이렇게 겨우 빠져 나왔노라며 능청맞게 둘러댔다. 난생처음 이렇게 당돌한 거짓말을 해대는 어린 가슴은 내심, 마구 두방망이질을 하는 것이었다. 그러나 어머니께서는 눈치 채셨던지 야속하리만치 끝내 추궁하시며 "가난은 죄가 되지 않지만 거짓은 죄가 된다." 또 "먼저 사람이 돼야 좋은 그림을 그린다."라고 하시며 조용히 내 눈을 마주치시니 더 이상 버틸 재간이 없어 마루 밑에 숨겨 둔 화구를 어머님 앞에 갖다 드렸다. 그리고 얼른 용서를 받아 내기 위해 무릎을 꿇었다. 발이 저려 오도록 이렇게 한 동안 침묵이 흘렀다. 아무런 말씀이 없으시던 어머니께서 비장한 표정으로 '회초리를 꺾어 오라'고 단호하게 명령하셨다. 그리고 성난 어머니는 어린 아들의 가녀린 종아리에 핏발이 배어나올 때까지, 한 다발의 싸릿대가 다 꺾어져 없어질 때까지 마지막 회초리를 놓지 않으셨다. 철없던 나는 그런 매몰찬 어머니가 너무도 미웠다. 이럴 때 말려 주시던 아버지가 생각났다. 그러나 그 아버지마저 이 세상에 나와 함께 계시지 않았다. 나는 북받치는 서러움을 참지 못하고 목 놓아 울었다. 그러다가 나는 보았다. 회초리를 들고 계신 어머니의 눈에서 한없이 눈물이 쏟아지고 있는 것을 ….

어머니는 어린 자식 앞에서 눈물을 들키지 않으시려고 고개를 외면하신 채 매를 들고 계셨다. 언제부터 울고 계셨는지 이미 어머님의 눈자위는 빨갛게 젖어 있었다. 나는 어머니의 가슴을 파고들었고 어느새 내 등 뒤로 보듬어 안는 어머니의 따뜻한 손길을 느끼면서 잠이 들었다.

다음날, 어머님은 훨씬 더 좋은 화구를 먼 예산 장터까지 나가시어 한 아름 사들고 오셨다. 그리고 세 모자는 서로 엄당겨_부둥켜안고 해가 저물도록 그렇게 울기만 하였다. 이제와 돌아보니 내가 화필을 든 지도 어언 반세기가 훨씬 넘었다. 한 사람의 화가로, 인간으로, 또 교육자로 정년을 맞을 때까지 50여 년 동안, 나는 그때 그 어머니의 눈물을 단 한 시도 잊어 본 적이 없다. 그리고 그림도 엄연한 '공부'라는 생각을 갖게 해 준 어머님의 말씀 한 마디가 오늘의 나를 만들어 놓은 빌미가 되었을 것이라는 생각을 지울 수가 없다. 그래서 나는 지금도 이론공부와 그림공부가 다르지 않은 하나이며 동전의 앞뒤와 같은 것이라고 믿고 있다. 내가 평생 붓을 들 때마다 "먼저 사람이 돼야 좋은 그림을 그린다."라고 하시던 어머니의 그때 말씀을 되뇌면서 살아왔고, 또 앞으로도 그렇게 되기 위해 숨을 거두는 그날까지 '그림공부'를 열심히 하면서 살아갈 것이다. 영원한 미완을 향하여, 텅 빈 충만을 위해서 말이다.

건강한 삶을 위하여

치의학대학원 치의학과 | 최상묵

20세기 이후부터 질병의 형태가 전염성 질환이 점점 감소되면서 흡연, 과식, 운동 부족 등으로 인해 발생되는 만성퇴행성 질환 형태가 증가되어 의사의 직접적인 치료 형태보다는 자신이 어떻게 건강한 상태를 유지할 것인가에 더 많은 관심을 가지게 되는 경향으로 의료시술의 패턴이 바뀌고 있다. 질병을 예방하고, 오래도록 장수하기를 바라고, 보다 활력 있는 모습을 찾기 위해서 삶의 방식을 개선하여 얻을 수 있는 생산적인 어떤 실체를 획득함으로써 보다 건강해질 수 있을 것이라는 실용적인 의료 형태로 변화되고 있는 셈이다. 건강에 대한 문화적 해석은 건강은 어떤 상태가 아니라 성취해서 얻어지는, 개인이 소유하고 사용하고 소비하는 실체적인 생산품과도 같은 것으로 생각하는 것이다. 즉, 건강은 어떤 본질적인 상태가 아니라 개인이 합리적으로나 체계적으로 추구하고, 지키고, 시도하는 성취로 이루어지는 구체적인 생산품과 같은 것이라는 개념이다. 때문에 건강은 이념화된 어떤 상태라기보다는 어떤 임무를 수행하기 위한 실제적 기능을 할 수 있는 구체적인 실체가 되어야 한다는 것이다. 건강한 삶을 유지하기 위해서 건강을 증진시키는 일이 얼마나 효과적인 것인지는 이미 입증된 바 있다. 예를 들어, 지속적인 운동 하나로 콜레스테롤, 혈압의 수치를 감소시킬 수 있고, 심장병으로 인한 사망의 위험을 줄일 수 있다는 증거는 많이 연구, 발표된 바 있다. 건강한 삶에 대한 개인에 대한 책임을 강조하는 것은 건강의 상당한 부분을 의사가 담당하고 있었던 기존 의료체계에 대한 대단한 혁명일 수도 있다. 건강한 삶을 위해 건강에 대한 책임을 의료 부분으로부터 분리시켜 개인에게 그 부담을 돌리려는 경향은 미래의학이 지향해야 할 과제일 수도 있다.

건강의 상당한 부분을 의사와 다른 의료종사자들과 접촉하는 일이 매우 중요한 것임에 틀림없지만 일상의 삶에서 건강의 상태는 공식적인 의료체계 밖에서 이루어지고 있다는 상황이 더 중요함을 강조하고 싶은 것이다. 좋은 건강은 강건한 정신의 기본이 되며 도덕적, 종교적, 그리고 성공적인 삶을 위한 노력의 일부도 반드시 성취해야 할 절대적인 생활의 도구 같은 것이라 생각된다. 미래의료의 중심 관심사는 아픔을 느끼고, 의학적 치료가 필요한 사람보다 건강을 계속 유지하고자 하는 '건강한 사람'들의 상태를 검토하는 일에 더 중요한 비중을 두는 패턴으로 바뀌어야 할 것이다. 건강지향적인 행동은 병이나 장애를 회복하기 위한 활동에만 국한시킬 것이 아니라 건강한 사람이 계속 건강하기 위해 행동할 수 있는 모든 것에 관심을 두는 일이 되어야 한다. 건강지향적인 행동은 건강 형태와 질병 형태로 구분될 수 있다. 질병 형태는 말 그대로 아픔을 느끼는 사람의 질병의 본질을 파악하고 치유를 목적으로 행하는 모든 의료 활동을 뜻하며, 건강 형태는 건강 자체를 유지, 증진시키고 예방하면서 긍정적인 신체의 균형을 얻기 위해 노력하는 행동을 말한다. 결국 건강은 이 두 가지 요소가 조화롭게 이루어질 때 얻어지는 결과물이라 생각된다.

건강한 삶의 본질은 건강과 관련된 행동들의 집합적 패턴이다. 이러한 행동은 인간의 삶의 과정에서 자유로이 취사선택할 수 있는 권리에 속한다. 어떤 선택을 하느냐에 따라 몸과 다음이 긍정적인 또는 부정적인 결과를 초래할 수 있다. 건강한 삶을 위한 어떤 선택과 실천은 개인의 구현이나 개연성으로 많은 영향을 받을 것이다. 어떤 음식을 먹을 것이며, 운동을 어떻게 적절히 해야 하며, 개인위생에 대한 관심, 사고의 위험 노출에 대한 주의력, 흡연, 스트레스, 음주, 약물남용 등의 여러 복합적인 요소들을 개인이 어떻게 적절히 조정, 활용하느냐에 따라 변수가 많이 생길 것이다. 어떤 사람이 건강하기 위한 삶의 양식을 선택할 때 그 사람은 자신의 동기, 노력, 능력의 정도에 따라 좋은 결과를 이룰 수 있게 된다. 물론 건강을 노동의 수단으로 필요로 하는 사람이 있는가 하면 건강을 생활의 활력과 만족으로 생각하는 사람도 있다.

건강한 삶의 형태는 사회 속에서 한 사람의 지위를 반영하며 무엇을 생각하느냐보다 무엇을 소비하느냐에 더 비중을 두게 된다. 물론 건강한 삶의 행동을 하기 위한 여러 가지의 선택을 필요로 하게 되며 그 선택은 오로지 개인의 실현 잠재력에 달려 있다. 건강한 삶을 영위하기 위해 의료(의사)에 의존을 하는 경우도 있겠지만 대체적으로 자가치료(self care)에 대한 관심을 중요시하지 않을 수 없다. 요즈음의 질병 형태가 급성질환에서 만성으로 변화되기 때문에 의학적 치유보다는 본인의 가료 쪽을 더 강조하게 되었으며 비인간화되어 가는 의료에 대한 일반 대중의 불만이 급증하고 있기 때문에 더욱 자가치료에 비중이 높아진다.

세계적으로 대체의학에 대한 관심이 점점 더 가시화되어 가고 있으며, 직접적인 의료시혜에서 얻는 효과보다 건강에 대한 삶의 방식의 변환이 더 효과가 높다는 인식이 높아지고 있기 때문에 건강 문제는 개인의 책무를 더 중요시하는 자가치료의 중요성이 강조되고 있는 점을 간과해서는 안 될 것이다. 질병과 싸우고 수명과 활력을 증진시키는 노력이 전쟁과도 같다면 우리의 적은 누구인가? 가장 먼저 물리쳐야 할 적은 바로 자기 자신이다. 나의 건강을 누가 책임져 줄 것이라 기대하는 것은 지나친 어리석음이다. 건강행동은 개인이 건강해지기 위해 예방을 목적으로 스스로 관리하는 활동이다. 건강한 삶의 방식은 의사와 의료 종사자의 도움이 포함되지만 대부분 공식적인 의료체계 밖에서 이루어지는 일이다. 인간의 육체는 활발하게 움직이도록 진화되어 왔다. 퇴행성질환이 주축을 이루고 있는 현대 유행병의 대부분은 지나치게 앉아서 일하거나, 움직이지 않는 우리 생활방식에서 기인하는 것이다. 우리 조상들은 불과 몇 천 년 전까지만 해도 수렵 채집인이었다. 21세기에 사는 인간의 DNA도 수렵 채집인의 DNA와 동일하다고 생각한다면 우리 조상들이 살아왔던 모습 그대로 뛰고, 기어오르고, 걷고 하는 원기 왕성한 활동방식 위에 튼튼하게 유지되어 왔다. 건강은 참으로 귀중한 것이다. 사람들은 그 추구를 위해 시간뿐만 아니라 땀이나 노력, 재력까지도 아니 때로는 생명까지도 소비할 값어치가 있는 유일한 것이다. 병은 천 가지 넘게 있으나 건강은 한 가지밖에 없기 때문에 더욱 소중한 것이다. 있다가도 없고 없다가도 있을 수 있는 것이 자본이라면 영원토록 변함없는 자본은 건강이다. 건강을 잃으면 모든 것을 잃지만 건강한 사람은 그 자체가 하나의 자본이다. 가장 확실하고 안심할 수 있고 믿을 수 있는 자본을 가지는 것이다. 건강한 사람은 두려움이 없고 두려움을 당해도 두려움으로 받아들이지 않는다. 의욕과 자신을 갖고 있기 때문이다.

'삶은 단순히 생존하고 있음을 뜻하는 것이 아니라 건강하게 있음을 뜻한다 ….'

대학 경영 혁신 방안

인문대학 국어국문학과 | 조동일

모든 사람은 맡은 일을 잘한다는 말을 듣고자 한다. 대학 총장은 존경받아 마땅한 선출직이므로 평가가 더욱 소중하다. 총장은 학식과 덕망을 갖추면 된다고 여기던 시대가 지나가고, 경영 능력을 문제 삼는다. 총장이 무엇을 어떻게 해야 하는가? 잘한다는 일을 셋 들고 살펴보자.

인화와 단결에 힘쓰면 잘한다고 한다. 이것은 아무 일도 적극적으로 추진하지 않는다는 말이다. 기부금을 많이 모으면 잘한다고 한다. 이것은 누가 보아도 칭송할 만한 실적이지만, 새로운 재원을 집을 더 잘 짓는 데나 쓰고 내실은 키우는 투자 방법은 찾지 못하는 것이 예사이다. 교수 업적 심사를 엄격하게 해서 부적격자를 철저하게 배제하면 잘한다고 한다. 이것은 반발을 무릅쓰고 결단을 내린 살신성인의 쾌거라고 할 수 있지만, 불량품을 힘써 가려내면 합격품의 품질이 향상되는 것은 아니다.

대학 경영에서 판매 수익보다 생산성 향상이 더욱 긴요하다. 생산성 향상에서 연구를 잘하는 것이 으뜸이다. 연구 결과를 활용하는 교육은 그 다음의 과제이다. 건물의 외관을 잘 꾸미고 불량품 검사를 철저하게 하면 생산성이 향상된다고 하는 경영 방법이 있는가? 한국의 대학은 외관에서 세계 최상이다. 외화내빈을 키워 무얼 하는가? 이제는 내실에 힘써 생산력을 향상해야 한다. 대학 총장들의 경영 능력 점검이 일제히 요구되는 시기이다.

생산성을 향상하려면 먼저 인사관리를 잘해야 한다. 기술혁신은 담당자의 소관이지만, 인사관리는 경영 책임자가 직접 책임져야 하는 임무이다. 대학의 기술혁신인 연구 능력의 향상이 실현되려면 인사관리를 어떻게 해야 하는가 하는 것이 문제의 핵심이다. 이 문제 해결 능력에 따라 대학 발전이 좌우되고, 나라의 장래가 결정된다.

총장은 식견이 탁월하다고 해도 만능일 수는 없고 모든 일을 혼자서 할 수 없다. 실무를 맡은 사무직원들은 대학 경영의 동반자 노릇을 할 수준이 아니다. 그 때문에 보직교수들이 많은 일을 맡도록 하는 지금의 방식이 심각한 부작용을 낳고 있다. 보직교수들은 연구를 하지 못하는 사정이어서 불량품으로 지목될 것을 염려해 빨리 면하기를 바라고 일을 열심히 하지 않는다. 오래 하는 동안에 연구를 하지 않고도 논문을 만드는 위장술을 개발하여 대학을 혼탁하게 만드는 장본인이 된다. 교수 평가를 맡아 빈축을 산다.

그러면 어떻게 해야 하는가? 보직교수 전문화가 해결 방안이다. 대학을 제대로 알면서 능력이 뛰어난 교수들이 보직을 전담해, 연구는 면제받고 강의는 최소한만 하면서 연구경영 전문가 집단을 이루어 대학을 이끌어 나가도록 하자는 말이다. 이 제도를 마련하면 연구하는 교수들이 질투의 대상이 되어 방해를 받지 않고 필요한 도움을 얻을 수 있어 생산력 향상이 바로 이루어진다.

보직교수의 전문화는 연구교수 전문화와 쌍벽을 이루어야 목표를 달성할 수 있다. 학위논문 지도를 교육의 중심과제로 삼으면서 연구에 전념하여 탁월한 성과를 올리는 연구전문 교수를 발탁하고 지원하는 것이 생산력 향상을 목표로 하는 인사관리의 핵심 과업이다. 일률적인 제도를 폐지하고 연구의 분야와 성격에 따라 지원 방법을 다르게 하는 융통성을 가지는 것도 긴요하다.

교수라면 누구나 연구를 잘해야 한다는 것은 무리이다. 강의를 잘하는 것도 훌륭하다. 연구는 절실하게 하고 싶고, 진정으로 잘할 수 있는 사람이 해야 한다. 시간 여유와 자발성을 필수조건으로 해서 창조력이 발현되어야 탁월한 성과가 이루어진다. 영감이나 득도의 결과라고 할 수도 있다. 오직 질이 소중하므로, 한 사람이 잘해도 열 사람 몫을 할 수 있다. 발목잡기 풍조는 없어지고, 도와주는 사람이 많아야 가능한 일이다.

21세기를 대비한 공학교육

공과대학 전기컴퓨터공학부 | 한송엽

1. 서론

우리나라는 매년 7만여 명의 공학사를 배출하고 있다. 그런데 산업체에서는 쓸 만한 사람이 별로 없다고 불만이 많다. 이것은 우리나라의 공학교육이 공급자 중심의 교육을 하여 왔기 때문이다. 이와 같은 산업체의 불만을 해소하기 위해 늦게나마 근래에 공학교육 인증제도를 도입하여 우리나라의 공학교육이 수요자 중심의 교육체제로 전환되고 있다.

본고에서는 새롭게 도입되고 있는 공학교육 모델을 설명하고 21세기의 산업체가 요구하는 엔지니어를 양성하기 위한 방안들을 제시한다.

2. 엔지니어의 자질

미국 공학한림원에서는 최근에 발표한 책자에서 21세기의 엔지니어가 갖추어야 할 엔지니어의 자질을 아래와 같이 요약하고 있다.

Strong analytical skill, Practical ingenuity, Creativity, Communication skill, Business and management, Leadership, High ethical standard and a strong sense of professionalism, Dynamism(활력), agility(민첩), resilience(탄력, 쾌활성), and flexibility(유연성), Lifelong learner 등이다.

삼성전자의 임관 박사는 21세기의 엔지니어가 갖추어야 할 자질을 전공 분야의 전문지식을 갖추고 변화하는 환경에 적응하며 학습할 수 있는 능력, 의사소통 능력이 중요하고 나아가 국제화시대를 맞아 외국어구사능력, 창의력과 문제해결능력, 팀 내 화합력을 발휘할 수 있는 능력, 성취동기 및 도전정신, 리더십 등으로 요약하고 있다.

21세기의 산업사회는 과거 어느 때보다 기술의 발전 속도가 빠르고 여러 분야의 기술이 융합되어 새로운 기술을 창출하고 있다.

급속히 발전하는 기술에 부응하기 위해 엔지니어는 기초과학과 수학에 기초한 공학이론(Engineering Science) 지식이 튼튼해야 하고, 이들을 활용하여 새로운 제품을 설계할 수 있는 창의적 문제해결능력을 갖추어야 한다. 또한 기술의 예측이 매우 어렵기 때문에 도전정신도 있어야 한다.

융합기술의 창출을 위해서는 각기 다른 배경을 갖춘 연구자들이 팀을 이루어 작업을 해야 하므로 엔지니어는 팀워크기술, 의사소통기술을 갖추어야 한다. 또한 리더십, 프로젝트관리능력도 있어야 한다. 즉, 21세기의 엔지니어는 전공지식, 설계능력과 같은 기술적 자질(Hard Skill)은 물론 팀워크기술, 의사소통기술 등 비기술적 자질(Soft Skill)을 모두 갖추어야 한다.

지금까지 공학교육은 주로 기술적 자질을 키우기 위한 교육만을 다루어 왔는데 앞으로는 비기술적 자질의 교육에도 큰 비중을 두어야 한다. 그러나 비기술적 자질의 교육을 누가 어떻게 교육할 것인가에 대해서는 논란의 여지가 많다.

3. 공학교육 모델과 공학교육인증

1999년에 한국공학교육인증원이 설립되었으며 그 역할은 인증기준을 정하고 그 기준에 따라 공과대학의 교육프로그램을 평가하여 인증기준에 부합하는 프로그램에 '공학교육 인증'을 부여하는 것이다.

인증기준을 정할 때 우리나라의 공학교육을 국제적 수준까지 높이는 것을 목표로 하여 미국, 일본, 호주 등 선진 외국에서 채용하고 있는 공학교육모델을 참고로 하여 한국의 실정에 적합한 인증기준을 제정하였다. 우리나라에서 채택하고 있는 공학교육모델은 <그림 1>과 같으며 '순환적 자율개선형'이라 부르고 이 모델의 특징은 다음과 같다.

첫째로 수요자 중심 교육체제이다. 즉, 한 개의 교육 프로그램을 설립하려면 우선 교육목표(Program Educational Objective)와 학생들이 졸업 시 갖추어야 할 학습성과(Program Outcome)를 먼저 정해야 한다. 그런데 이것을 정할 때 학과의 교수들의 의견을 모아 정하는 것이 아니라 교육수요자, 즉 산업체, 학생, 지역사회, 학교설립자 등의 의견을 반영하여 교육목표와 학습 성과를 정한다. 실제로는 교육 수요자 중 산업체의 의견이 가장 크게 반영된다(그림 1에서 a, b, c 부분). 특히 학습 성과를 정할 때 앞 절에서 언급한 엔지니어가 갖추어야 할 자질과 능력을 매우 중요하게 고려하였다.

둘째로 계속적인 교육개선 체제이다. 재학생에 대한 교육이 끝나면(그림 1에서 d, e 부분) 반드시 학생의 학습결과를 평가하고(그림 1에서 f 부분) 이것을 프로그램에서 목표로 하는 학습 성과와 비교한다. 그 결과 목표치에 이르지 못하면 그 원인을 분석하여 교과과정과 교수/학습법을 개선한다(그림 1에서 g 부분). 이와 같은 개선활동은 매학기 또는 매년 주기로 이루어진다.

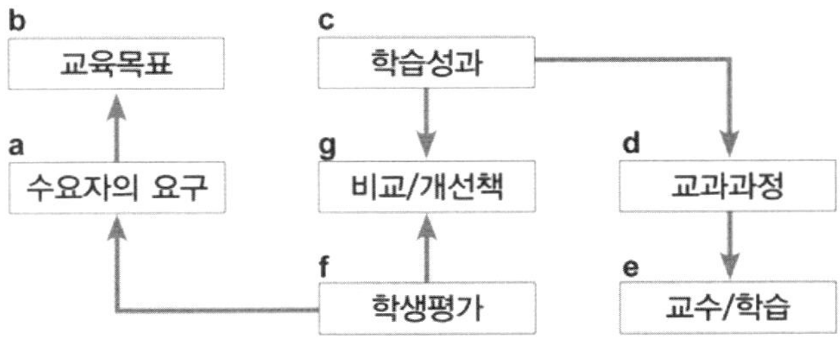

그림 1. 순환적 자율개선형 공학교육 모델

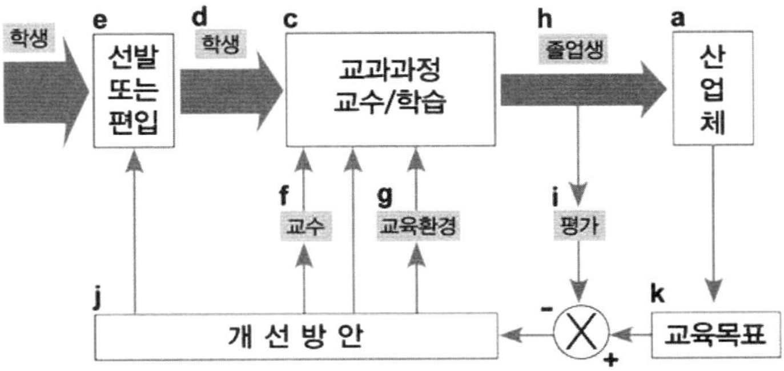

그림 2. 공학 교육시스템

<그림 2>는 위에서 설명한 '순환적 자율개선형 공학교육모델'을 실제 공학 교육시스템에 적용한 예이다.

첫째로 산업체 또는 현장 졸업생의 의견을 모아 프로그램의 교육목표를

정한다(그림 2에서 a, k 부분).

둘째로 고등학교 졸업생 중에서 신입생을 선발하거나 타 학과 또는 타 대학으로부터 편입생을 선발한다(그림 2에서 e, d 부분).

셋째로 교육목표를 달성하기 위한 교과과정을 정하고 적절한 교수/학습법을 적용하여 학생을 교육시킨다(그림 2에서 c, h 부분).

넷째로 교육된 학생들이 교육목표를 얼마나 달성했는지를 평가하게 된다(그림 2에서 i 부분).

다섯째로 교육목표와 졸업생의 평가결과를 비교하여 학생 선발 또는 편입방법, 교과과정 또는 교수/학습법, 교수의 자질, 교육환경 등을 개선하게 된다(그림 2에서 j 부분).

한국공학교육인증원은 위에서 설명한 인증기준에 따라 2001년부터 인증평가를 시행했으며, 2007년 8월 현재 15개 대학 88개 프로그램이 '공학교육 인증'을 받아 졸업생을 배출하고 있으며, 18개 대학 92개 프로그램은 '공학교육 예비인증'을 받아 곧 졸업생을 배출할 예정이다.

한국공학교육인증원, 공과대학 학장협의회, 한국공학한림원 등 공학교육 관련 단체들의 부단한 노력으로 한국공학교육인증원은 2007년 6월에 Washington Accord(세계 공학교육 동등성 인정 협의체)에 정회원으로 가입하게 되었다. WA에는 현재 미국, 영국 등 11개국이 정회원으로 가입되어 있고 비영어권으로는 일본, 대만, 한국 등 3개국이 포함되어 있다.

한국공학교육인증원의 WA 가입으로 한국의 공학교육 시스템은 일단 국제화에 성공했지만 교육환경에 있어 다른 나라에 크게 못 미치기 때문에 앞으로 이에 대한 대책이 뒷받침되어야 한다.

4. 설계교육지원센터의 설립

현재 우리나라 공과대학 졸업생의 가장 취약한 부분이 현장적응력이다. 즉, 산업현장에서 각종 기기를 제대로 다루지 못하고 제품설계를 제대로 하지 못한다. 그러므로 산업체에서는 신입사원을 채용하면 2~3년 사내훈련을 시켜야 겨우 엔지니어로서의 구실을 한다. 따라서 신입사원 훈련비가 많이 소요되고 시의 적절하게 필요한 인력을 사용할 수 없다. 그래서 최근에는 신입사원보다 경력사원을 선호하는 회사도 있다.

공과대학 졸업생의 현장적응력을 높이기 위해 인턴사원제도, 현장실습제도 등을 시행하고 있으나 산업체의 호응이 낮아 실효를 거두지 못하고 있다.

한편 국내 공과대학의 졸업생이 국제적으로 인정을 받으려면 한국공학교육인증원의 인증을 받아야 되는데 인증기준에서 설계 관련 교과목을 18학점 이상 이수할 것을 요구하고 있다. 그리고 졸업 직전에는 Capstone Design과 같은 종합설계를 필수로 하도록 하고 있다. 그러나 현재 대학의 교육환경이 위와 같은 설계교육을 시행하기에는 매우 열악한 실정이다.

위의 문제를 해결할 수 있는 방안으로 여러 대학이 공동으로 이용할 수 있는 '설계교육지원센터'의 설립을 제안한다. 설계교육지원센터의 기본 개념과 구성은 아래와 같다.

(1) 기본 개념: 대학이 밀집한 전국의 주요 도시에 설계센터를 설치하고 주변의 대학이 공공으로 이용한다.

(2) 시설 및 장비: 산업체에서 현재 사용하고 있는 최신 시설 및 장비를 구축하여 학생들이 이곳에서 훈련을 받으면 산업현장에 가서 다시 훈련할

필요가 없게 된다. 설계하는 과정에 필요한 s/w 등 최신 tool, 공작기계, 측정기기 등을 구비한다.

(3) 공간: 일반 강의를 할 수 있는 대형강의실, 팀별로 모여 brain storming 등 팀회의를 진행할 수 있는 소형공간, 설계작품을 보관할 수 있는 수납장, 작품을 조립할 수 있는 조립작업장, 공작기계 등 대형기기를 설치할 작업장 등이 필요하다.

(4) 지도교수: 산업체에서 다년간 설계경험이 풍부한 엔지니어를 채용한다.

설계교육지원센터의 운영으로 기대되는 효과는 아래와 같다.

(1) 학생들이 산업현장에서 사용하는 기기를 미리 사용하고 제품 설계방법도 배우게 되므로 졸업 후 산업현장에 취업했을 때 현장 적응기간이 크게 단축된다.

(2) 센터에는 설계전문가가 집결되어 있기 때문에 학생들이 매우 우수한 교수의 지도를 받을 수 있어 학생들의 설계능력이 크게 향상된다.

(3) 센터는 대학과 산업체가 교류하는 교육현장이기 때문에 산업체의 요구사항이나 최신 설계기법이 빠르게 전수될 수 있다.

(4) 설계센터는 여러 대학이 공동으로 이용하기 때문에 대학 간의 정보교환이 빨라 설계교육의 발전에 크게 도움이 된다.

(5) 설계센터는 공동이용 시설이기 때문에 그 이용률이 높아 각 대학에 실험시설을 설치하는 것보다 경제적이다. 그리고 구식 기기를 새로운 기기로 교체하기도 용이하다.

5. 공학교육 연구와 교육업적 평가

공학교육의 질적 향상을 위해서는 공학교육에 관한 연구가 수행되고 교육평가를 통해 교육개선 활동이 이루어져야 한다. 그러나 우리나라에서는 교수의 승진 시 교수의 업적평가에 있어서 주로 연구업적을 평가하고 교육업적은 형식적으로 평가하고 있기 때문에 교수의 교육개선 활동이 미진하다. 또한 공학교육 연구를 위한 연구비 지원이 거의 없어 교수들의 공학교육에 관한 학술 논문이나 사례 발표들이 매우 저조한 실정이다. 미국의 경우는 미국과학재단(NSF)이 1990년부터 매년 200억 원의 공학교육 연구비를 지급하고 있어 교수들의 공학교육 연구 활동이 매우 활발하다.

<표 1>은 한국공학교육학회와 미국공학교육학회의 정기학술발표대회 현황을 비교한 것이다. 한국공학교육학회의 정기학술대회에는 매년 약 150여 명의 교수가 참여하고 약 40여 편의 논문이 발표되는데 이것은 미국에 비해 크게 뒤떨어지고 있다.

표 1. 한국과 미국의 공학교육 연구 현황 비교(2005년)

항목	공과대학 교수수(명)	교육논문발표		학회참석자		연구비 (억 원)
		발표논문수 (편)	교수 1,000명당 발표논문수(편)	참석자수 (명)	전체교수에 대한(%)	
한국	8,000	40	5	150	1.9	0
미국	28,000	1,300	46	3,000	10.7	200

교수의 교육에 대한 관심과 수업능력 증진을 위해서는 우선 각 대학에서 교수의 승진 시 교육업적을 정확히 평가하여 반영하도록 해야 하고 교

육에 대한 연구를 할 수 있도록 연구비를 지원해야 한다. 다행히 산업자원부는 2007년에 전국의 50여 개 공과대학에 '공학교육혁신센터'를 설치하도록 하고 여기에 100억 원을 지원하여 각 대학이 공학교육혁신 프로그램을 운영하게 하였다. 이 프로그램을 통해 공학교육에 대한 연구가 활발하게 이루어지기를 기대한다.

6. 공학 석사의 배출 증대

21세기는 지식기반사회이다. 따라서 고학력의 인재를 더욱 많이 배출하는 것이 요망된다.

표 2. 공학 분야 학위별 졸업생수

		한국*	미국**	일본***
공학사	졸업생수	69,147	72,893(1.05배)	92,494(1.34배)
	진학률	20.0%	54.7%	29.1%
공학 석사	졸업생수	13,838	39,837(2.88배)	26,957(1.95배)
	진학률	14.2%	16.6%	11.3%
공학 박사	졸업생수	1,971	6,604+ (3.35배)	3,048++ (1.55배)

* 2004년도 졸업생수, 장수영, 『한국공학교육학회』 12권 1호, PP14.
** 2004년도 졸업생수, "Profiles of Engineering," *ASEE*, 2004 Ed.
*** 2002년도 졸업생수, 장수영, 『한국공학교육학회』 12권 1호, PP15.
+ 55%는 외국인.
++ 과정박사수, 논문박사수를 고려하면 약 70%를 가산해야 함.
( ) 내 숫자는 한국을 1로 했을 때 배수임.

<표 2>는 한국, 미국, 일본의 공학사, 공학석사, 공학박사의 배출실적을 나타낸다. 공학사의 경우 미국은 한국과 비슷하고, 일본은 한국의 1.3배이

다. 그러나 공학석사의 경우는 미국은 한국의 2.9배이고, 일본은 한국의 2배에 달하고 있다. 그리고 공학사의 석사과정 진학률을 보면 한국은 20%인데 반해 미국은 54.7%, 일본은 29.1%이다.

이상의 자료를 분석하여 볼 때 우리나라 산업기술자의 국제 경쟁력을 높이기 위해 공학석사학위 취득자를 현재의 1.5배 내지 2배로 대폭 늘려야 할 것이다.

공학석사 배출을 확대하는 방안으로 학석사 연계과정을 두는 것을 제안한다. 대학에 학사과정과 석사과정을 연계한 5년제 학석사 연계과정을 설치하여 학사과정에서 성적이 우수한 학생에게는 5년에 석사까지 마치도록 하는 것이다. 이것은 미국의 MIT 등 대부분의 대학에서 근래에 시행되고 있는 제도로서 공학석사만 마치고 산업체로 진출할 학생들에게 매우 유용한 제도이다. 즉, 현행(학사 4년, 석사 2년)의 제도보다 시간적으로 1년 단축되고 등록금도 절약되게 된다.

그리고 5년제 프로그램은 같은 분야 (예를 들면 공학사 + 공학석사)로 5년을 할 수도 있고 2개 분야(예를 들면 공학사 +경영학석사)를 5년에 할 수도 있다. 그리고 현재는 석사학위를 받기 위해 모든 학생이 석사학위 논문을 제출하고 있는데 이 조건도 다양화하는 것이 바람직하다. 즉, (1) 교과학점 27학점 취득 및 프로젝트 보고서를 제출하거나 (2) 교과학점 33학점을 취득하면 학위를 취득할 수 있는 방안을 고려할 수 있다.

7. 결론

21세기의 산업사회는 기술적 자질은 물론 비기술적 자질을 겸비한 엔지니어를 요구하고 있다. 공학교육은 이와 같은 산업사회의 요구에 부응하는 수요자 중심의 교육을 시행해야 할 것이다. 다행히 우리나라에는 공학교육인증제도가 시행되고 있어 수요자 중심 교육을 시행하기 위한 체제는 갖추어졌지만 교육환경이 열악하여 질 높은 교육이 이루어지려면 많은 재정적 지원이 필요하다.

설계교육지원센터의 설립으로 학생들의 창의적 문제해결 능력을 향상시키고 공학교육 연구비의 지원으로 교수의 공학교육에 대한 관심과 수업능력을 향상시키는 것이 시급한 문제이다.

고급인력의 확보를 위해 석사졸업생의 증원이 시급하며 이를 위한 제도 개선이 보완되어야 할 것이다.

우주 개발의 미래

이소연 우주인의 국제우주정거장 활동을 보면서

공과대학 기계항공공학부 | 노오현

1957년 10월 구소련이 인류 최초로 인공위성 스푸트니크 1호를 성공적으로 발사함으로써 우주시대가 열리게 되었다. 이로부터 선진공업국들 간에는 과학기술 개발 경쟁 때문에, 그리고 개발도상국들 간에는 전반적인 과학기술 수준 향상을 위해 우주 개발에 국가적 차원으로 참여하고 있다.

1. 우주 개발 및 운영의 목적

첫 번째 목적은 행성과 별들의 과학적 탐험이다.

우주란 무엇인가, 태양계는 어떻게 생성되었는가, 토성의 고리는 어떤 구조로 되어 있을까와 같은 과학적 문제점을 구명하는 것과 아울러 태양계 내에서도 지구상의 생물과 유사한 생물이 존재하며, 또는 과거에 존재했던 흔적이 있는가 하는 문제들이다.

이러한 문제들을 해결하기 위해 여러 나라에서는 각종 행성 탐사 위성을 발사하고 있다. 먼저 최근 몇 년 동안 세계 우주 산업의 45%를 차지하는 미국을 살펴보면, 아폴로 11호가 달착륙에 성공함을 기점으로 다양한 활동을 해 왔다. 금성을 탐사하기 위해 Pioneer Venus 호를, 목성 및 그 위성을 탐사하기 위해 Galileo호를, 그리고 화성을 탐사하기 위해 Pathfinder 호를 또한 외행성 탐사를 위한 보이저 1, 2호를 발사하였다. 보이저 1, 2호는 태양계 탐사를 훌륭히 마치고 태양계 밖 미지의 우주를 탐사하며 항진하고 있다. 최근에는 화성 탐사 로봇인 'Spirit'와 'Opportunity'를 이용해 화성 표면에 대한 정보를 수집하고, 우주 탐사선 호이겐스를 토성의 위성인 타이탄에 착륙시켰다. 쌍둥이 화성 탐사 로봇을 통해 화성에 한때 물이 존재했음을 보여주는 특이한 모양의 암석들과 모래언덕들을 발견하였고, 클로비스라 불리는 기반암의 노출 부위에서 물의 흔적을 발견하였다. 또한 타이탄이 환경 측면에서 38억 년 전의 지구와 닮은꼴이라는 점을 미루어 볼 때, 타이탄 탐사를 통해서 생명 태동의 단서뿐만 아니라 수십억 년 지구에 생명체를 탄생시킨 정보를 제공받을 수 있는 실마리를 잡게 되었다.

미국과 한때 우주산업에 있어 경쟁을 벌였던 러시아는 소련이 무너진 후 예산 부족으로 인해 우주 탐사 부분에서는 크게 영향을 끼치지 못하였다. Verena 3호가 처음으로 금성을 탐사하였고, Lunar 9호가 최초로 달에 착륙하였다. 미국과 러시아의 틈에서 비교적 늦게 참여한 유럽은 1975년에 유럽우주기구(European Space Agency)를 창설하였다. Mars Express가 화성을 탐사하여 얼음을 촬영하는 데 성공하고, Venus Express가 금성의 대기를 탐사하였다. 그리고 미래를 내다보는 프로젝트로 '코스믹 비전(Cosmic Vision)'을 검토하고 있으며, 이 프로젝트는 그 규모에 따라 L-class 프로젝트와 M-class 프로젝트로 구분하고 있다. L-class 프로젝트에서는 목성과 그 위성에 대한 탐사, 토성의 위성인 타이탄에 기구형태의 탐사선 발사, 차세대 천체망원경으로 X-선을 이용한 우주탐사, 극적외선을 이용하여 우주를 관측하는 천체망원경을 개발하고 있다. 또한 M-class 프로젝트에서는 12대의 인공위성을 통해 지구 주변의 플라즈마 측정, 근지구 물체의 샘플을 회수, 태양계 외부에 대한 관측 등이 고려되고 있다.

탄탄한 경제력을 바탕으로 이를 뒤좇는 일본은 기존의 3개 항공우주 관련 연구소를 통합하여 미국 NASA와 같은 JAXA(Japan Aerospace Exploration Agency)를 설립하여 우주탐사에 참여하고 있다. 그 결과 2007년, 일본은 아시아에서는 처음으로 달 탐사위성 가구야를 쏘아 올렸다. 이 위성을 통해 현재 달 뒤편은 물론 지구의 생생한 모습을 볼 수 있게 되었다. 일본은 오는 2013년에는 착륙선을 달에 보내어 달 표면 물질을 가져온다는 계획도 진행 중이며, 2025년이면 달에 유인기지를 건설해 자원도 탐사한다는 계획 또한 갖고 있다.

마지막으로 거대한 잠재력을 가진 중국은 2007년 창어 1호 발사를 계기로 달탐사 계획인 창어공정을 본격화하기 시작하였다. 1994년부터 시작한 이 공정은 2단계로 2012년에 달착륙선 창어 2호의 발사를 계획하고 있다. 이때에는 달 표면에서 광물자원 등을 채집·분석 가능한 로봇을 탑재할 예정이다.

이처럼 전 세계의 국가들은 지속적으로 인공위성을 대기권 밖으로 쏘아 올리며 우주시대를 대비한 과학적 연구에 박차를 가하고 있다.

두 번째 목적은 군사적인 것이다.

1958년부터 2008년까지의 50년간 미국, 영국, 러시아, 프랑스, 중국, 일본, 인도, 이스라엘, 한국 등의 나라가 인공위성을 쏘아 올렸다. 지금까지 쏘아 올린 인공위성은 약 6,000개에 이르고 있으나, 이 가운데 폐기하거나 대기권에 타서 없어진 것을 제외하면, 현재 약 2,000여 개가 운영되고 있다. 대부분의 군사위성은 냉전체제 당시 미국과 소련이라는 두 강대국에 의해 발사되었다. 이러한 군사위성은 적의 상공에서 사진 촬영을 하고, 상대의 미사일 발사를 탐지해 알리기도 하며, 군사용 통신에 사용되기도 하고, 군사용 GPS(위성항법장치)를 위해 사용되기도 한다. 또한 목적이 밝혀지지 않은 비밀 위성도 많이 있는 것으로 추정되고 있다. 군사위성은 현재 각국의 국방력, 정보력과 관련되는 부분이므로 우주개발이 시작되면서부터 최우선적으로 다루어져 오늘에 이르고 있다.

세 번째 목적은 상업적인 것이다.

전 세계의 통신, 기상 관측, 지구자원 탐사 목적으로 인공위성을 활용하고 있다. 1998년부터 2007년에 걸친 10년 사이에 발사된 상업용 위성은 238개로, 2000년 이후 상업용 위성의 발사는 다소 감소한 편이다. 이는 기술발전에 의한 상업용 위성의 수명연장, 지구관측과 지구환경 감시 등을 위한 비상업용 위성 수요의 증가에 주로 기인한 것으로 분석되고 있다. 지구의 통신위성은 주로 정지궤도위성으로 지구의 자전과 같은 방향, 같은 각속도로 돌고 있다. 3만 5,786km 고도의 정지궤도에는 1,147개의 통신위성이 배치된다.

그런데 정지궤도위치는 한정되어 있을 뿐만 아니라, 우주 발사체를 이용한 위성 발사 및 지상 송수신 과정의 비용이 비싸고, 정지궤도 위성을 이용한 통신은 통화 지연 시간이 발생하게 된다. 이에 따라 정지궤도보다 낮은 궤도(LEO)의 위성시스템 개발이 필요하게 되었다. 현재 개인이 휴대할 수 있는 크기의 소형 단말기와 이동통신은 이러한 저궤도 위성시스템이 개발됨에 따라 가능하게 되었다. 저궤도 위성시스템은 크기와 사용주파수에 따라 두 가지가 있다.

먼저 미국의 모토로라사에 의해 제안된 이리듐(Iridium)시스템은 지상 780km 높이의 극궤도에 중량 700kg의 위성 66+(6)개로 통신망이 구성된다. 극궤도 6면으로 1면당 11개의 위성을 배치했으며, 특히 극지방까지 원활한 통신이 이루어질 수 있다. '위성 간 링크(ISL)'를 구성하고 있는 점이 특징이며, 현재 저궤도 위성시스템 중에서 가장 궤도가 낮아서 링크마진이 가장 큰 장점이 있다. 서비스 지역은 전 세계로, 서비스 종류는 음성전화, 무선호출, 팩스, 데이터, 위치 확인 등이 예상되고 있다.

다음으로 글로벌 스타 사업은 미국의 Loral/Qualcomm사에 의해 제안된 것으로, 지상 1,400km(750 nautical mile) 상공에 중량 480kg의 소형 인공위성 48+(8)개로 구성된다. 위성의 궤도는 52경사궤도로서 8개의 궤도면을 가지며, 극지방의 서비스는 어렵지만 위도 70도 이내의 인구밀집지역은 대부분 통신이 이루어진다. 위성 간 링크를 구성하지 않는 대신, 지역 간의 망구성은 기존의 국제전화망(PSTN)을 최대한 이용한다.

인공위성은 GPS, 휴대전화기, 위성 TV 등에 사용되어 이제는 현대사회에 있어서 필요 불가결한 것이 되었다. 그중에서 통신 위성은 알다시피 지구국 간의 통신을 중계하는 위성. 잘 알려진 것으로는 '세계 상업 통신조직'의 위성으로 운영되고 있으며 현재 우리나라도 이러한 정지위성 중계에 의해 세계 각국의 뉴스를 중계 받고 있다.

일본은 제2차 세계대전 후 극히 어려운 경제 여건에서도 미리 항공우주분야의 중요성을 인식하여 인공위성 연구를 시작하였고, 자체 개발한 발사체를 이용하여 이미 1970년대 초에 과학위성을, 1983년에는 실용 통신위성을 쏘아 올렸다. 또한 2006년 12월에는 세계 최대 크기의 통신 위성

키코 8호가 발사되었다.

우리나라도 인공위성 기술의 발전으로 매번 위성이 발사될 때마다 새로운 기술이 적용되었으며, 다양한 목적의 상업적 목적의 인공위성이 개발되었다. 2006년, 최초의 군 통신위성이자 네 번째 상업 통신위성으로 민군겸용으로 개발된 무궁화 5호 발사에 성공함으로써 군의 위성통신시대에 진입하게 되었다. 무궁화 5호는 군 위성통신시대의 새로운 개막을 알리는 신호탄이자 21세기 네트워크 중심전(戰)(NCW) 인프라 구축의 한 획을 긋는 시발점으로 미래전인 네트워크 중심전을 수행할 수 있는 발판을 마련하게 되었다. 또한 2009년 9월, 세계 최초로 기상과 해양 관측을 동시에 할 수 있는 위성 조립을 수행하여 향후 2년간 시험 및 발사될 예정이다. 현재 우리나라는 일본, 미국 등의 위성을 통해 기상 정보를 받고 있으나 향후 우리의 통신해양기상위성이 서비스를 시작하면 좀 더 빠르고 정확한 기상 예측이 가능해질 것이다. 또한 한반도 연안의 지속적인 관찰을 통해 해양 자원보호와 개발에 큰 역할을 할 것이다.

네 번째 목적은 우주관광이다.

민간인을 대상으로 하는 우주관광은 여행 종류에 따라 세 가지 정도로 나눌 수 있다. 지구 저궤도(지상 160~2,000km) 여행, 그보다 낮은 고도로 비행하며 무중(無重, weightless) 상태를 체험하는 여행, 지구궤도를 벗어나 달이나 화성으로 여행하는 행성 여행이 있다.

미국은 미르코프와 스페이스 어드벤처스라는 민간 회사가 우주 산업에 진출하고 있다. 미르코프는 유인 화물운송과 유영사업, 우주정거장행 유인 우주비행을 하고 있고, 스페이스 어드벤처스는 우주관광 상품으로 1억 2,000만 달러의 매출을 올리고 있으며 아랍에미리트와 싱가포르에 우주

공항을 건설하였다.

러시아 또한 재정문제로 한때 방치하다시피 했던 우주항공 산업을 이젠 국가 우선과제로 키우고 있다. 이미 우주여행을 사실상 상품으로 개발해 상당한 수입을 올리고 있으며, 영국·일본·한국의 우주인을 실어 보낸 것도 그 하나다. 여기에 저가의 무중(無重) 상태 경험 상품도 개발하고 있다.

유럽 또한 이러한 움직임에 뒤처지지 않고 있는데, 유럽의 아스트리움사는 관광용 우주선인 스페이스 플레인(Space Plane)의 설계를 공개하였다. 아스트리움은 보잉에 이어 세계 2위 규모의 항공우주 기업인 유럽항공방위우주산업(EADS)의 자회사로서 계획이 차질 없이 진행된다면 2012년 첫 비행에 나서게 된다. 이 우주선은 활주로를 이용해 이륙하며 고공에서 로켓 엔진을 점화하여 신속히 우주까지 날아간다. 공항에서 이착륙하기 때문에 어디에서나 비행이 가능하다는 것이 가장 큰 장점이다.

다섯 번째 목적은 유인 우주 프로그램이다.

우주 개발이 21세기 생존 문제의 대안으로 인식되면서 유인 우주 프로그램의 참여는 여러 가지 의미를 갖는다. 지상에서 불가능한 과학실험을 통해 신약 및 신소재 등을 개발함으로써 고부가 가치를 창출할 수 있기 때문이다.

일본은 미국의 우주왕복선 엔데버호에 일본인 우주비행사 도이 다카오가 탑승해, 실험동 건설에 참여했으며, 현재 국제우주정거장(ISS) 내 유인우주실험실 키보(Kibo)의 건설에 착수하였다. 키보는 ISS에 둥지를 튼 미국과 러시아, 유럽 등 4개 우주실험실 가운데 가장 큰 규모로 약학, 생물학, 바이오테크 등 다양한 부문에서 실험을 진행할 예정이다.

우리나라 또한 이번 <한국 우주인 배출 사업>을 통해서, 우주인 배출을 위한 훈련과정과 우주 과학 실험 등 유인 우주 기술을 경험하고, 국가의 위상 및 인지도 제고 등의 간접적인 파급 효과를 갖게 되었다. 이소연 씨는 세계 35번째 우주인이자 7번째 여성 우주인이 되었으며, 대한민국은 우주에서 과학 실험을 수행한 12번째 국가가 되었다. 지구로부터 350km 떨어진 국제우주정거장에서 식물 발아 생장 및 변이 관찰, 초파리의 중력 반응 및 노화 유전자 탐색, 얼굴 형태 변화 측정 등의 전문 실험과 물이 어는 과정, 식물 성장 비교 등의 교육 시험을 수행하였다. 이를 통해 우주 식량 생산 시스템 개발 및 우주 환경에서의 인체 변화 분석, 중력 변화에 따른 성장 형태 차이 등 다양한 방면으로 응용되며 교육적으로 활용될 것으로 보인다.

2. 우리나라 우주 개발

우리나라는 교육과학기술부가 마련한 <국가 우주 개발 중장기 기본계획>에 따라 우주 선진국이 되기 위해 96년부터 2010년까지 모두 2조 4,649억 원의 예산을 들일 계획이다. 우주 개발 계획의 목표는 "우리 땅에서 우리가 만든 인공위성을 우리의 우주 발사체에 실어 발사한다."라는 것이다. 따라서 우리나라는 소형 위성을 자력으로 발사할 수 있는 능력을 확보하고, 2010년까지는 저궤도 실용 위성을 독자 개발하는 데 주력한다. 우주산업 시장에 진출하기 위한 기술 기반도 다질 예정이다. 우주산업은 자체 발사 시설과 기술력을 갖지 못하면 선진국에 의존할 수밖에 없고, 위성 기술이 경쟁국에 노출되는 단점이 있다.

이에 따라 현재 다목적 실용 위성인 아리랑 3호와 5호, 통신해양기상 위성, 그리고 소형위성(100kg 이하)의 발사체인 KSLV-I의 개발과 우주센터

건설이 금년에 완공된다.

100kg급 인공위성을 지구 저궤도에 진입시킬 수 있는 발사체 개발을 목표로 하고 있는 소형위성발사체(KSLV-I) 개발사업은 한·러 협력을 통해 추진하고 있다. 우주발사체 기술은 전 세계적으로도 미국, 러시아, 유럽, 일본, 중국 등 8개 국가만이 보유한 것으로 이들 국가는 기술의 첨단성과 고부가가치성 측면에서 독보적인 위치에 있다고 할 수 있다. 소형위성발사체가 개발되어 성공적으로 발사되면 우리나라는 자국의 발사체로 자국의 위성을 발사하는 아홉 번째 국가가 된다. 소위 '우주클럽(Space Club)'의 반열에 당당히 오르는 것이다.

국내 최초 정지궤도 개발위성인 통신해양기상위성은 2009년 발사되어, 고도 3만 6,000km 상공에서 위성통신, 해양관측 및 기상관측 서비스의 복합임무를 수행하며, 특히 기상 분야 국내 독자위성 확보와 세계 최초로 정지궤도 해양센서를 활용함으로써 국가 기상재난 조기예측체계를 구축하고, 해양자원의 관리 및 해양환경 보존을 통한 여러 가지 이익을 기대하고 있다.

우주센터개발사업은 <우주개발진흥기본계획>에 의거하여 우리나라 최초 인공위성 발사장 건설 및 발사운용 기술을 확보하기 위해 추진하는 대규모 국책사업으로, 현재 한국항공우주연구원 나로우주센터에서 전남 고흥군 외나로도 약 500만 m^2 부지(시설부지 약 36만 m^2)에 발사장이 건설되고 있다.

나로우주센터는 인공위성 발사대를 비롯하여 발사통제동, 추적레이더동, 위성 및 발사체 조립시험시설, 기상관측소, 제주추적소 등 인공위성 자력발사 수행을 위한 발사장 시설과 함께 발사대시스템, 추적레이더, 원격

자료수신장비, 광학추적장비, 발사통제시스템, 비행종단지령장비 등 발사 운용을 위한 장비를 갖추고 100kg급 소형 인공위성인 과학기술위성 2호를 소형 위성발사체에 탑재하여 국내 최초 자력발사하게 된다. 우주센터는 위성 발사장 기능을 수행함은 물론, 21세기 우주시대를 여는 첨단과학기술 및 우리나라 우주 개발 활동을 알리는 교육 현장의 역할도 담당하게 된다.

다목적 실용 위성인 아리랑 3, 5호는 국가영상수요 충족을 위해 계획되었고, 국내 주도적이고 독자적 기술 확보를 목표로 하고 있다. 3호 위성은 1호와 2호의 개발 경험을 바탕으로 하여 국내 독자기술을 사용하여 개발을 수행하는 것을 원칙으로 했으며, 위성본체의 경우에는 핵심 전자장비라 할 수 있는 종합탑재 컴퓨터와 전력조절 및 분배기 등을 국산화 개발하게 된다. 영상레이더(SAR, Synthetic Aperture Radar)가 탑재된 다목적실용위성 5호 개발은 다목적 실용위성 1호·2호·3호로 이어지는 광학카메라 탑재위성에서 나아가 한반도의 전천후 지상·해양 관측이 가능한 저궤도 실용위성을 보유하게 된다는 의미가 있다.

3. 우주미래

우주가 장래에 어떻게 이용될 것인가에 대해 생각해 보자. 지구는 현재 인간이 거주할 수 있는 유일한 장소이지만 늘어나는 인구와 자원의 한계 등으로 위협을 받고 있다. 따라서 인류의 야심이자 필연적일 수밖에 없는 계획은 오늘날의 과학과 최첨단 기술의 집합체인 우주기지의 개발로 인간의 새로운 생활공간을 넓혀 나가는 것이다.

1971년부터 1981년까지의 10년간 미국이 100억 달러를 들여 개발한 우주왕복선은 우주 수송수단으로서는 물론 우주공간에서의 작업 능력까지 완전히 실현해 보였다. 이에 따라 1992년 미국이 주도한 국제 우주정거장 알파 건설 계획에 영국, 프랑스, 독일 등 유럽 우주 기구 산하 11개국과 일본 등이 동참했고, 우주정거장에 관한 가장 진보된 기술을 가진 러시아가 합류하였다. 1997년에 미국과 러시아, 캐나다, 일본, 그리고 유럽이 관여하는 국제우주정거장의 건설이 시작되었다. 40여 차례의 우주왕복선 추가 비행을 통해 2006년 완성된 국제 우주정거장은 108.5m×88.4m의 크기에 전체 무게는 약 500톤에 달한다. 6개의 정밀 실험실 모듈에는 6~7인의 우주인이 상주하면서 각종 연구를 진행할 수 있다.

중국 또한 우주정거장 건설 계획이 진행 중이다. 올해까지 세 번째 유인우주선 선저우 7호 발사를 계획하고 있는 중국은 5~6번의 유인우주선 발사를 거친 뒤, 2020년 우주정거장을 건설하는 것을 목표로 하고 있다. 우주정거장 건설을 위해서는 운반로켓의 성능개선이 필수적인데, 1970년 최초의 운반로켓인 창정(長征) 1호가 발사된 이래, '우주정거장 운반용' 창정 5호 시리즈를 개발하고 있다.

또한 러시아와 카자흐스탄이 공동으로 2008~2009년 기간 동안 카자흐스탄에 무인 우주왕복선 발사정거장을 건설하기로 합의하였다. 이 정거장은 소유즈추진발사체의 뒤를 이을 친환경 무인로켓 앙가라호를 위해 설계한 것으로서 러시아는 이 정거장을 임대차할 계획이다.

오늘날 여러 방면으로부터 위협받고 있는 인류문명을 지속적으로 유지하고 성장 발전시키는 데 우주 이용의 궁극적 목적이 있다면 우주정거장은 이와 같은 목적을 달성하는 데 가장 중요한 발판이 될 것이다.

인류의 발전은 물질적인 기반에 바탕을 두고 있다. 그런데 필요한 물질적 기반을 마련하기 위해서는 오직 하나의 합리적인 방법, 즉 지구환경을 파괴시키지 않고 우리의 현재와 미래를 충족시키기 위한 생산 기반을 확보하는 것인데, 이것은 새로운 산업혁명에 의해 환경에 부담을 주지 않는 범위 내에서의 산업생산성의 개선과, 다른 한편으로는 지구 밖의 자원을 산업화함으로써 얻을 수 있는 것이다.

우주로 확산되는 인류환경의 다양화, 즉 '개방세계'의 개발은 생태계 진화와 같은 두 개의 라인으로 진행될 것이다. 첫 번째 것은 효율적인 산업혁명을 통해 지구환경에서 무한한 기능을 개발해 내는 것이며, 다른 하나는 지구 밖의 산업화를 통해 무한한 환경을 개발하는 것이다.

2012년에 완성될 우주정거장은 여러 기능에 따라 모듈형 부분들로 구성되며, 우주왕복선 및 로켓과도 결합할 수 있도록 설계된다. 우주정거장의 초기운영의 목표는 인간의 상주, 자치 수단, 내부 기구 작동의 자동화, 기초과학과 그 응용 분야의 연구 및 개발 등이 포함되고 있다.

미래에 우주기지가 건설되게 되면 인간에게 새로운 세계로의 지혜와 기술과 상상력을 넓히고 새로운 아이디어를 창출하고 창의력을 키울 수 있는 기회를 마련해 주게 될 것이다. 역사적으로 인간은 무중력 상태에서의 경험이 없었으나 이 우주기지를 이용함으로써 우주공간에서의 새로운 아이디어와 개념의 형성, 설계, 개발, 제작, 시험에 대한 인간의 능력이 새로이 평가되고, 그 결과는 지상과 우주에서의 생산성 개선에 이용될 것이다.

또한 우주기지는 여러 궤도를 돌고 있는 수많은 인공위성으로부터 수집된 자료를 관리할 뿐만 아니라 지구 관측을 위한 효과적인 중심체로서, 그리고 달기지 건설을 위한 중간 기지로 이용될 것이다.

이 방대한 규모의 우주기지는 주거 부분, 연구 부분, 생산 부분으로 구성되는데 주거 부분은 회전에 의한 원심력을 발생시켜 지구에서와 같은 크기의 인공중력을 갖게 되어 지구에서와 똑 같은 생활조건이 마련된다. 연구 부분은 우주환경을 이용하여 기초 및 응용 연구를 하게 되며, 생산 부분의 산업설비는 무중력과 진공으로 된 독특한 작업시설이 될 것이다. 이것은 지구 생태계의 보호 유지를 위해 지구환경으로부터 인간기술을 분리시키는 것이다.

2012년까지의 우주정거장 건설 및 운영에는 유럽 여러 나라를 비롯하여 캐나다, 일본 등의 선진국들이 참여하고 있다. 우리나라도 과학기술 수준 향상을 위해서나 장차 전개될 방대한 규모의 우주산업에 교두보를 마련하기 위해서도 가능한 한 우주정거장 개발이나 미래의 우주기지개발에 적극 참여해야 한다. 끝으로 강조하고 싶은 것은 우주 개발은 단기간에 이익을 추구하는 경제논리로 접근해서는 안 된다. 미래를 위한 투자임을 인식해야 한다. 우주는 먼저 차지하는 자의 것이다.

약학대학 학제개편의 사회적 필요성과 6년제 약학교육의 바람직한 개편방향

약학대학 약학과/(재)의약품정책연구소 소장 | 문창규

2005년 8월 19일 정부는 약대 교육연한을 6년으로 연장할 것을 확정하여 발표하였다. 교육인적자원부가 약학대학 교수, 의과대학 교수, 교육학 교수, 보건경제학 교수 등으로 연구진을 구성하여 '약사인력 양성을 위한 교육과정 및 학제 개선 방안에 관한 연구'를 수행케 하고 그 연구결과를 근거로 약학대학 교육연한 연장의 당위성을 인정하고 학제개편을 결정한 것이다. 약학대학은 새 학제가 실질적으로 시행되는 2011년도부터 신입생을 선발하게 되고 이들은 새롭게 편성된 교육 프로그램에 따라 교육을 받게 된다. 그동안 우리나라의 보건의료 환경은 많은 변화를 겪어 왔다. 질병 발생의 패턴이 변화되고 제약 산업이 급속히 발전하고 있으며 임상적으로 사용되는 의약품의 종류도 급속히 증가되고 있다. 특히 의약분업의 실시는 보건의료 환경에 엄청난 변화를 가져왔다. 이와 같은 여건과 환경의 변화에 따라 약사들의 직무와 역할은 보다 전문화되었고 이에 부합하는 약학교육으로의 개선이 필수적인 상황이 되었다. 그럼에도 불구하고 약학대학이 6년제 교육체계로 결정되기까지는 많은 논란이 있었고 오랜 시간이 소요되었다. 혹 관심 있는 독자들의 이해를 돕기 위해 필자는 약학대학 학제 개편의 사회적 필요성과 6년제 약학교육의 개편방향에 대해서 간략하게 기술해 보고자 한다. 필자는 약학대학 교육연한 연장의 필요성을 검토하기 위해 교육인적자원부가 실시했던 연구프로젝트에 직접 참여했고, 이 원고는 그 연구보고서를 참조하고 인용하여 작성했음을 밝혀 둔다.

1. 약학대학 학제개편의 사회적 필요성

1) 의약분업에 따른 약사직무의 변화에 대처할 필요성

우리나라의 약학교육은 병원이나 약국에서 근무하는 약사의 양성뿐만 아니라 신약개발, 의약품의 제조 및 품질관리, 유통관리 등에 종사하는 제약 산업 인력과 약무 및 보건위생 행정과 연구에 종사하는 공직자, 약학교육에 관계하는 교원 등 다양한 인재를 양성해 왔다.

우리나라에서 약학교육의 개선을 서두르게 한 가장 큰 요인 중의 하나는 의약분업제도의 시행이다. 이 제도로 인해 그동안의 투약 관행이 변화됨에 따라 전 국민은 물론 보건의료인도 적응하는 데 많은 어려움을 겪었다. 의약분업이라는 선진 보건의료체계의 도입에 의해 약사의 직능은 발전적 변화를 요구받게 되었다. 의약품의 오남용 및 과용을 방지하고자 많은 어려움에도 불구하고, 2000년부터 도입된 의약분업제도에 따라 의약품을 의사의 진단과 처방이 필요한 전문의약품과 일반의약품으로 분류하고 이중 전문의약품에 대해서는 의사는 조제투약, 약사는 임의 조제행위를 법으로 금지하였다. 이러한 제도가 제대로 효과를 발휘하기 위해서는 의사는 의약품을 처방, 약사는 조제하는 단계에서 의학적으로 불필요하거나 부적절한 의약품이 환자에게 투여되지 않도록 하는 양 직능간의 이중 점검(double-checking 또는 check-balance) 기능이 제대로 작동되어야 한다. 이를 위해 약사들은 보다 전문적인 처방전 검토를 위해 환자의 임상정보를 수집, 처방된 약물의 적정성과 안전성을 점검하는 능력을 갖추어야 한다. 이러한 전문적 기능을 발휘하기 위해서는 약사는 의사가 소유하고 있는 전문지식을 적절하게 공유, 환자의 질병과 처방된 사유를 이해해야 하며 약의 전문가로써 처방된 의약품에 대한 약학적 전문정보 및 지식을 바탕으로 처방의 안전성과 적정성을 평가할 수 있어야 한다. 약사가 이러한 전문적 지식과 실무적 능력을 갖추기 위해서는 물질로써의 의약품에 대한 학습과 의약품을 인체에 안전하게 적용하기 위해 필요한 지식을 바탕으로 한 약물치료학 지식을 골고루 갖추어야 하며 이러한 전문지식을 실제 업무현장에서 응용하는 연습을 거쳐, 업무의 미숙으로 인한 약화사고 등 치명적 사례를 발생시키지 않고 약제서비스를 제공할 자질을 갖추어야 한다. 더 나아가 의사가 진단하여 처방한 의도대로 환자가 약을 제대로 복용할 수 있도록 상담과 더불어 복약지도를 철저히 실시해야 한다. 이러한 일련의 과정이 실수 없이 철저히 이루어져야 환자는 의약품을 안전하고 효과적으로 소비하게 된다.

그러나 이러한 과정에서 의사가 처방한 내용이 환자의 안전에 위해성이 있는 요인(중복약물의 처방, 알레르기 약물의 처방, 약물상호작용이 있는 약물의 처방, 환자의 질병에 금기인 약물처방 등)이 제거되지 않은 상태로 약사가 복약지도를 시행한다면 오히려 큰 화를 부를 수 있다. 따라서 약사는 우선적으로 처방검토(Drug Utilization Review, DUR)를 철저히 하여 의사와의 전문적 상호작용으로 오류를 포함한 부적절한 약물처방을 교정할 의무가 있으며, 모든 문제가 해결된 후에는 복약지도를 철저히 시행해야 한다. 또한 의약분업제도의 도입을 위해 개정된 약사법에도 이러한 약사의 의무사항이 명시되어 있으므로 약사의 전문적 업무수행의 책임은 과거보다 훨씬 높아진 상황이다.

따라서 이제 약사는 의사와 환자 사이의 중간에 위치한 약의 전문가로서의 부단한 학습과 실무능력의 연마로 법적으로 의무화된 기능을 수행하지 않으면 안 되게 되었다. 현행 약사법에 의하면 약사는 처방된 약물의 안전성을 보장하기 위한 처방검토와 환자의 복약순응도 향상을 위한 복약지도를 수행해야 하는 의무를 부여받고 있다. 이와 같은 의무는 위반 시 강력한 처벌을 받게 되어 있는 강제 규정이며, 의약분업이 실시되고 있는 모든 나라에서 공통으로 적용되고 있다. 이러한 약사업무의 변화는 바람직한 약학교육 개선방안의 한 출발점이 되고 있다. 특히 최근 의료의 질을 한층 개선할 것이 요구되는 가운데 보건의료인으로서 자질을 갖춘 약사양성에 대한 강력한 기대가 더해지고 있다.

의약분업이 정착되고 의료수준이 고도화되면서 약사의 기능이 단순하게 약의 전달자에 머무는 것이 아니라 의약품의 적정사용 및 안전관리자로서의 역할이 요구되고 있다. 국내에서는 통계자료가 없으나 선진국의 경우 약사의 전문화로 약화사고가 감축될 수 있으며 이로 인해 인명 및 의료비 손실을 예방할 수 있음이 보고되고 있다. 따라서 약사들은 의약품의 적정 사용을 보장하기 위한 복약지도, 약력관리, 약물안전관리, 안전한 약물요법의 제공, 의약품정보의 전달 등의 업무를 보다 적극적으로 수행할 것을 요구받고 있다.

또한 세계보건기구(WHO) 등과 같은 국제기구에서도 우수약무(Good

Pharmacy Practice, GPP) 가이드라인을 제정, 개발도상국에 권장하고 있다. 우리나라의 경우, 최근 우수약무(GPP)기준이 제안되었으며(한국임상약학회, 2005) 곧 시행될 것이 예상되고 있다. 2004년부터 시작된 의료기관서비스평가는 의료기관 약사로 하여금, 설정된 기준에 따라 약제서비스를 제공하도록 하고 있으므로 GPP 기준이 반영된 평가기준에 순응하여 약제서비스의 질을 향상시킬 의무가 주어지고 있다. 이와 같은 약제서비스의 질 보장을 요구하는 의료 환경의 변화에 부응하여 약학대학 교육도 적극적인 변화를 수용해야 할 것이다.

2) 약사들의 신약 개발 능력 신장의 필요성

그동안 의학과 약학의 눈부신 발전에도 불구하고 우리가 극복해야 할 난치병, 불치병 환자의 수는 오히려 늘어나는 추세에 있다. 약학의 사명 중 하나는 이러한 질환을 치료할 수 있는 신약을 개발하는 일일 것이다. 아울러 신약개발은 정밀화학산업과 생명공학산업의 꽃으로서 21세기에 가장 기대할 수 있는 고부가가치 프로젝트이다. 신약개발능력을 위해서는 화학적 합성관련 교육뿐만 아니라 생물공학(biotechnology) 등 생물과학 관련 교육도 보완되어야 한다.

국민의 소득과 생활수준이 향상됨에 따라 국민들의 의료의 질에 대한 욕구수준도 비약적으로 높아지게 되었다. 따라서 국산의약품의 품질향상을 통해서 신뢰도를 높이는 것은 의약분업시대에 당면한 주요 과제의 하나가 되었다. 다수의 국산 제네릭 제품들의 약효가 원개발사의 제품과 비교할 때 생물학적 동등성이 입증되면 보험재정적 측면뿐만 아니라 국내 제약 산업 발전에도 매우 중요한 기여를 하게 된다.

국산 신의약품의 개발과 품질향상은 국내 제약기업이 새 시대에 살아남기 위한 절대 절명의 과제이다. 만약 국내 제약 산업이 붕괴되어 제약시장이 다국적 기업에 의해서 장악된다면 우리 정부는 의약품의 가격 등의 시장조절기능을 상실하게 될 것이다. 그 결과는 우리 국민의 건강권을 외국기업에 종속시키는 상황을 초래할 우려도 있다. 자국의 제약 산업이 붕괴된 필리핀, 대만 등 동남아 국가의 현실이 이를 입증하고 있다. 요컨대 글로벌시대에 국민 건강권을 지키기 위해서는 품질 향상을 통한 국내 제약 산업의 생존이 필수적이며, 품질 향상을 위해서는 종래의 제약기술 수준을 업그레이드시킬 수 있는 약학교육의 보강이 절실히 요구되고 있다.

3) 약물부작용 및 약화사고 예방을 위한 약사 전문성 향상 필요성

우리나라의 경우, 건강보험심사평가원(2003)이 2002년 9월 중 전국의 약국에서 청구된 처방조제 데이터를 약물 용량, 상호작용, 투약기간 등의 적정성에 대해 분석한 결과, 병용투여가 금지되고 있는 병용처방, 과잉/과소 용량의 처방, 과다투약기간 처방 등 부적절한 처방이 많다는 사실이 발표된 바 있어 사회에 충격을 준 바 있다(숙명여자대학교 의약정보연구소, 2003). 이러한 처방사례들은 환자에게 치명적인 결과를 가져올 수 있으므로 보건복지부는 이를 예방할 목적으로 국민건강보험법에 의거, 2004년 1월부터 의약품사용평가(Drug Utilization Review, DUR) 위원회를 설치, 운영하기에 이르렀다. 그러나 이러한 사회적 경각심에도 불구하고 일선 현장에서는 아직 약사의 처방검토기능에 해당하는 DUR 업무가 제대로 시행되지 않고 있으며 그 근본적인 원인은 이러한 처방검토 업무를 효율적으로 시행할 수 있는 약사의 실무능력이 제대로 갖추어지지 않은 데에 기인하고 있다. 또한 보험재정에서 의약품이 차지하는 비중이 외국에 비해 훨씬 높은 것으로 나타나고 있으므로 의약품의 과용이 의심되고 있으며 부적절한 의약품사용 사례가 많다는 건강보험심사평가원의 연구보고를 감안할 때 이로 인한 보험재정의 낭비는 물론, 부작용 발생위험이 매우 높은 상황이라 볼 수 있다. 이러한 현상은 의약품의 오남용 및 과용을 억제함으로써 의약품의 무분별한 사용을 예방코자 의약분업을 실시하고 있음에도 불구하고 그 효과가 제대로 나타나지 않고 있음을 반영하고 있으며, 그 원인은 약사직능의 핵심부분인 처방검토와 복약지도가 제대로 이루어지지 않고 있다는 데에 있다. 따라서 현재의 의약분업 체제하에서 약사기능이 보다 전문화되고 업무기능이 향상된다면 부작용 사례의 발생이 상당부분 사전에 예방되는 효과와 더불어 막대한 의료비절감효과를 가져올 수 있을 것이다.

이러한 효과는 미국에서도 이미 역사적으로 증명되고 있다. 1970년대 이후 본격적으로 도입된 임상약학교육의 강화로 약사의 전문기능이 강화되고 병원을 비롯한 다양한 형태의 요양기관에서 약사의 전문업무가 활성화되어 왔다. 특히 외래환자의 약제서비스를 대상으로 1990년에 도입된 의약품사용평가(DUR)제도의 실시는 일반약국 약사의 전문성을 크게 향상시켜 의약품사용의 안전성 향상과 더불어 부적절한 의약품사용을 억제, 의료비를 절감하는 결과를 낳았다. 한편, 최근 입원환자를 진료하고 있는 의료기관에서의 약화사고가 심각함이 밝혀짐에 따라 이를 예방코자 하는 안전조치(JCAHO의 Medication Management Standards 2004)도 크게 강화되고 있다.

이 새로운 기준은 입원환자에 대한 약물치료과정에서 약사의 처방검토

(DUR) 기능을 필수화한 것으로서 의료기관에서 의약품사용의 안전이 획기적으로 향상될 수 있을 것으로 예상된다. 이와 같이 의약품사용의 안전성과 적정성을 확보하고자 하는 정부차원의 다양한 조치들은 약사의 전문적 처방검토 및 복약지도 업무를 기반으로 하고 있으므로 이러한 업무를 수행할 수 있는 약사를 양성하는 약학교육제도가 없이는 불가능했을 것이다.

전체 국민의료비 중 약제비로 지출하는 비용을 분석해 볼 때 미국이 전 세계적으로 가장 높은 약가를 유지하고 있음에도 불구하고 약제비가 차지하는 비중이 10% 정도인 데 반해, 우리나라의 경우 2003년도에 27%에 이르는 높은 약제비 비중을 보이고 있다. 이와 같은 약제비 과다현상은 전문성 높은 약사들에 의해 투약기간 등의 적정성에 대해 분석, 과잉/과소 용량의 처방, 과다투약기간 처방 등에 대한 철저한 점검을 통해 낮추어 갈 수 있고, 궁극적으로는 약의 오남용을 방지하여 국민보건건강증진에 이바지할 수 있다는 점에서도 보다 전문성 있는 약사들을 길러 내기 위한 약학교육 개선이 필요함을 시사해 주고 있다. 따라서 우리나라 보건의료의 질을 향상시키기 위한 약학교육제도의 개선은 의료의 질 향상은 물론, 의약품사용의 안전성 확보에 필수불가결한 전제조건이며 이러한 개선노력은 궁극적으로 사회 전반적으로 의약품사용의 안전성, 적정성 및 경제성을 향상, 의료비 낭비를 줄이는 효과를 발휘한다는 것은 분명한 사실이다. 전 세계적으로 이러한 약사직능의 기능에 초점을 맞춘 약학교육의 개선노력은 공통된 현상이다. 최근 일본, 태국 등을 비롯한 아시아권 국가들도 6년제 약학교육을 도입하는 과정 중에 있으며 대부분 같은 목적으로 추진되고 있다.

4) 약사의 국제적 경쟁력 확보 필요성

의약품 분야에서 국제적인 조화와 교섭이 진전되고 있는 가운데, 시장 자유화 추세에 따라 신약개발 분야에서 국가경쟁력의 비약적 향상이 요구되고 있다. 또한 EU에서는 약사 자격의 상호인정이 추진되고 있으며 이는 국제적으로 확대되고 있다. 여기에는 교육연한과 교육과정 내용의 공통성이 전제되고 있다. 미국의 경우에는 약대 6년제 전환 이후 4년제 약대교육과정을 갖는 나라의 약사는 미국 약사자격 취득을 제한하고 있다. 전 세계 대부분의 나라의 약학교육은 5~6년의 과정으로 되어 있다. 그러나 유럽의 경우는 대학에서 우리나라의 경우와 같이 약 1년에 걸친 교양과목 이수과정이 없기 때문에(영국의 Sixth Form이나 Grammar School, 프랑스의 리세, 독일의 김나지움 등은 대학 공통 교양 교육과정을 고교 마지막 학년에서 이수하고 들어옴), 우리나라 교육 연한과 비교할 때는 1년을 가산하여야 한다. 우리나라에서도 의약분업이 도입되었고 시기적으로 약학교육의 국제통용성이 강조되는 시점에서 적정교육과정 운용을 위한 교육 연한의 연장은 매우 중요하다. 만약, 이러한 세계적 추세를 무시하고 우리만 기존의 교육체제를 고집한다면 오늘날과 같은 글로벌시대에 한국 약학은 국제적으로 고립될 수밖에 없다.

특히, Doha Development Agenda(DDA)의 합의 사항에 따르면, 세계적으로 많은 국가들은 보건의료시장을 조만간 개방하게 될 가능성이 높다. 이 경우, 우리나라 약사의 세계 진출이 어려워질 것임은 물론 우리 시장에 선진국에서 교육 받은 약사가 진입할 경우, 우리나라 약사는 이들과의 경쟁에서 낙오될 우려가 높다. 이러한 글로벌시대의 변화되어 가고 있는 환경도 우리나라 약학교육개혁의 당위성을 뒷받침하고 있다.

5) 보건의료 환경의 변화에 따른 필요성

향후 약사인력은 보건의료인으로서의 역할을 담당해야 한다. 따라서 질병의 치료와 회복, 예방과 건강유지 및 증진을 위해 보건의료와 복지체계가 상호 연대하는 포괄적 보건의료체계로 발전해야 할 것으로 생각된다. 최근의 국제적 약사환경 변화와 국내의 사회적 환경변화는 약사직능의 전문화 및 세분화가 보다 강하게 요구되고 있으므로 이에 상응하는 약사의 교육이 요구되고 있다. 무엇보다 세계 각국이 약사직능의 목표로 설정하고 있는 health care(pharmaceutical care)에서의 약사의 역할을 충실히 수행할 지식을 습득할 수 있는 교육체제로 발전할 수 있도록 개선되어야 한다.

약사인력의 분야별 수급현황을 살펴보면 약국 또는 병원약국에 비해 제약 산업, 공중보건 분야 등에는 약사 진출의 감소현상이 지속되고 있다. 이는 제약 산업 또는 공중보건 분야의 약사에 대한 급료가 저급한 수준이라는 점이 결정적 원인이 되고 있다. 이와 같은 현상은 비전공자의 대체 활용이라는 사실상 심각한 제약 산업 환경의 취약성으로 발전되고 있다. 여기에는 제약관련 유사학과의 출현도 이 같은 불합리한 상황을 부추기는 또 하나의 요인이 되고 있다. 우리나라의 제약 산업의 발전과 공중보건사업의 확대는 전문약사 인력의 원활한 수급을 절실히 필요로 하고 있다. 특히 인류의 노령화와 질병형태 변화 등에 대비하여 예방 및 건강증진, 신약개발 및 제약 분야 등에 약사들이 적극 참여할 수 있는 여건이 조성되어야 한다. 이를 위해 약학대학 교육은 과감한 첨단학문의 도입과 보건의료인으로서의 지식체계를 갖출 수 있는 내용으로 발전해야 한다.

6) 사회적 요구에 대한 충족 필요성

창약 및 제약 산업 환경의 변화, 질병발생 패턴의 변화, 의료체계의 변화 등 다양한 요인들로 인해 약사 양성 교육제도의 개편은 불가피하다. 그러나 현재의 교육체계는 국내외적 약사환경의 변화에 부응하지 못하고 있다는 것이 명백한 사실이며, 이러한 현실은 국민보건의 질적 향상과 의약품 생산, 유통, 소비단계에서의 국가경쟁력 강화에 장애요인이 되고 있음이 현 정부의 국가정책연구(대통령자문 정책기획위원회 연구보고서, 2004. 1)에서도 지적된 바 있다(대통령자문 정책기획위원회, 2003). 이 정책연구 보고서에서는 약사인력의 경쟁력 향상을 위해 6년제 약학교육 실시를 제안하고 있다. 이러한 제안은 이미 국민의 정부에서 설치, 운영되었던 약사제도발전특별위원회(약발특위)에서도 약계는 물론, 소비자단체, 의료계 등의 전문가들이 참여하여 만장일치로 의결된 사항이다.

따라서 참여정부가 추진하고 있는 보건복지 인프라 개편을 위한 정책적 관점에서 다루어진 약사관리 인프라 개선의 핵심요소 중의 하나인 인적자원의 경쟁력 향상은 더 이상 미루어져서는 안 될 사안이다. 약사라는 특정 전문직능인을 양성하는 교육제도를 개선하기 위해서는 개선의 주체가 되는 현재의 교육담당자, 즉 약학대학 교수진의 자발적 참여와 개선노력이 무엇보다도 중요하며 이들 집단이 개선노력을 게을리 하지 않도록 감시하고 지원하는 외부적 지원노력 또한 필요하다.

그러나 오랜 동안 지속된 약학대학 교육제도 개선에 대한 논란에도 불구하고 교육제도의 큰 틀이 약학대학 교수진에 의해 크게 개선되지 않고 있음을 감안할 때 외부적 지원노력이 더 절실하다는 결론에 이르게 된다.

이는 외국의 사례에서도 나타나고 있다. 미국의 경우, 1951년 의약분업이 시작된 이후, 약학대학 교육내용의 개선이 필요하다는 약업계, 보건의료계 및 교육계의 지적에도 불구하고 개선되지 않고 있던 약학교육이 1971년 연방정부의 약학대학 재정지원 정책(capitation fund)에 의해 획기적 개선이 이루어졌으며 이를 기반으로 6년제 약학교육이 적극적으로 도입되기 시작한 바 있다.

급변하는 보건의료 환경과 약학발전의 세계적 조류에 대응하기 위해서는 현재 국내에서 추진되고 있는 약학교육제도의 개선을 더 이상 미룰 수 없다는 인식을 약학대학 교수진 및 약사직능단체가 다 함께 해 왔으며 약학교육의 결함이 미치는 사회적 역효과 등을 우려하는 정부당국과 소비자 인식이 외부적 요인으로 작용하였다.

2. 6년제 약학교육의 바람직한 개편방향

1) 학문성과 실무활용성이 합리적으로 조화된 약학교육

오늘날과 같이 다양하게 분화된 사회는 각 분야의 전문교육에 의존하여 유지·발전되고 있다. 전문교육이란 그 분야를 전공하지 않은 사회 구성원들이 쉽게 접근하기 어려운 전문지식을 유용하게 활용할 수 있도록 재화나 서비스의 형태로 제공하는 전문 인력을 양성하는 과정이며, 우리 사회에는 이들의 생산적 기여를 기대하고 투자하는 묵시적 교육계약이 존재한다고 볼 수 있다. 그러나 전문 인력이 새롭고 필수적인 이론과 실무적인 지식을 습득할 수 없다면 사회는 그 분야에서 새로운 혜택을 기대할 수 없기 때문에 전문 인력을 양성하는 대학교육의 내실 있는 발전은 국가적으로도 매우 중요한 일이다.

현행 약학교육은 의약품의 생산과 품질관리, 그리고 조제와 투약이라는 약사들의 가장 중요한 기본 직무인 제약 산업 실무 및 임상실무 수행에 필요한 실무교육이 크게 부족하여 유능한 약사를 양성하는 교육목표를 달성하지 못하고 있는 심각한 문제를 안고 있다.

이는 교육연한의 연장, 교육과정의 개선, 약사국가시험제도의 개선 등 약학교육의 제도적 발전이 이루어질 경우 해결될 수 있다. 약학교육은 현행 약학대학의 학문적 강점에 우수한 실무수행능력을 보완함으로써 제약 산업 발전과 임상실무를 통한 국민보건 향상에 크게 기여할 수 있게 될 것으로 생각된다. 약학의 연구 분야는 지속적인 발전을 거듭하게 되어 근래에 와서는 약학대학의 교육 목표가 전문직업인 양성보다는 연구 인력의 양성에 오히려 역점을 두는 경향이 강하게 되었다. 이에 각 과목의 교육내용도 유능한 약사배출보다는 약학 연구자 양성교육 중심적인 강의가 이루어지는 풍조가 생기게 되어 약국 등 현장으로부터 실무교육이 부족하다는 비판이 지속적으로 제기되어 왔다. 이와 같은 불균형적인 현상은 최근 자연과학계열 대학의 연구중심대학으로의 전환에 따라 더욱 심화되었다.

전국의 약학대학 연구능력은 해당 대학교 내에서 대부분 최상위 수준이고 서울대학교 약학대학은 논문 발표 건수에 있어서는 전 세계 약학대학 중에서 제1위이다. 이는 학문 지향적 측면에서의 약학교육이 이미 최상위 국제적 수준에 와 있고 신약 개발 및 제약 산업을 선도할 수 있는 강한 잠재력이 향상되어 가고 있음을 의미한다. 우리는 여기에 실무교육을 합리적으로 보완시키기 위한 교육과정을 개발하고 있다. 새 교육프로그램에 따른 약학교육을 통해 배출되는 약사들은 국민보건에 보다 적극적으로 기여할 수 있을 것이다.

2) 첨단 약과학의 발전추세에 적절히 부응하는 약학교육

약학교육은 종래 화학 중심의 물질과학 교육으로부터 생명과학 분야가 도입되면서 새로운 발전을 이루게 되었다. 21세기에는 유전체학, 단백체학 및 분자생물학적 영역의 비중이 크게 확대될 것이 확실시된다. 게놈프로젝트의 완성은 인간의 질병을 보다 근원적으로 해석하는 것을 가능하게 할 것이며, 그 치료방법을 인체의 기능을 수정하는 방법으로 전환시키는 계기가 될 것으로 보인다. 따라서 다가올 맞춤약 시대의 유전체 해석을 통한 적정한 약물요법이라는 혜택을 사회에 제공하기 위해서는 이러한 지식을 생산해내는 약학자는 물론이거니와 생산, 공급되는 의약품의 소비단계에서 처방검토, 조제투약 및 복약지도를 담당하는 일선 약사의 역할이 더욱 중요하게 되므로 이러한 시대를 대비한 교육이 이루어져야 할 것이다.

또한 산업적 기반이 없는 학문과 교육은 소외되고 위축될 수밖에 없다. 그러므로 의약품과 의약품 정보의 생산주체가 되는 제약 산업의 미래는 약학 교육의 중요한 지표가 된다. 21세기는 지식산업의 시대이다. 모방적 기술은 이미 한계에 도달해 있어 앞으로는 새로운 지식의 산업적 독점성과 지식창출의 빠른 속도에 대비해야 한다. 앞으로 우리가 양성해야 할 약사는 높은 창의력과 폭넓은 지식을 갖춘 과학자라야 한다. 의약품 관련 화학적 지식과 인체와 관련된 생물학적 첨단지식의 종합과 조화를 통해 질

병과 건강을 이해시키는 방향으로 약학교육을 시행함으로써 신약개발과 제약산업기술의 발전을 창의적으로 주도해 갈 수 있는 약사들을 양성할 수 있게 될 것이다. 이와 같은 교육의 효율성을 제고시키기 위해서는 약학교육방법을 주입식 지식의 전달 체계로부터 이해와 사고 중심으로 전환하는 일대 혁신이 필요하다. 새로운 6년제 약학 교육은 눈부시게 발전하는 과학의 지식들을 의약품의 영역에 수용하여 새로운 약학적 지식을 생산하고 이를 제약 산업과 임상약학 분야에 활용할 수 있는 능력을 가진 약사를 양성할 수 있는 내용을 포함하게 될 것이다. 그리고 사회에 새로운 혜택을 줄 수 있는 방향으로 발전하게 될 것이다.

3) 국제통용 가능한 세계적 수준의 약학교육

각국의 약사양성제도를 보면 대체로 대학에서 교양과목 없이 순수 약학교육만 4년을 실시하고 있다. 유럽연합(EU) 국가들은 점차 교육제도와 교육과정 및 면허와 자격제도를 통일해 가면서 국제적으로 통용될 수 있는 약사양성제도의 표준화를 모색해 가고 있다. 미국의 약학교육 연한도 4년제, 5년제 및 6년제가 공존하는 과도기를 거쳐 2000년 이후부터는 약학교육 6년제가 정착되었다. 일본의 경우에도 국제 통용화된 약학교육 도입의 필요성을 인지하여 2006년부터는 6년제 교육을 실시하고 있다. 향후 약학교육은 교육목표와 내용의 발전추세로 보아 6년의 교육연한이 국제통용의 교육제도가 될 것이 확실하다. 또한 교육내용도 인간 중심적이고 환자지향적인 교육으로서 약학의 발전이 이루어질 것으로 판단된다. 파급효과가 매우 클 것으로 예상되는 의료시장 및 교육개방을 앞두고 우리나라에서도 세계적 추세에 부응하기 위해서 약학교육의 새 학제 도입이 확정된 점은 다행한 일이다. 우리는 6년의 교육과정을 국제적 수준의 교과과정과 교과요목으로 편성할 수 있도록 최선을 다하고 있다.

4) 문제 중심의 선진교육방법이 활용되는 약학교육

인간의 생명현상에 긴밀하게 접근하게 되는 약사들에 대한 소양교육의 확대와 임상 및 제약 산업 실무교육의 강화는 약학대학 교육연한 연장의 핵심요소들에 속한다. 현행 약학교육과정에는 인간 생명현상에 중대한 영향을 미치는 의약품의 생산을 담당하고 또한 환자를 직접 대하는 약사로서의 소양과 자질을 갖추기 위한 기본교양교육과 실무교육이 많이 부족한 실정이다.

의약분업 이후에는 약학대학을 졸업하고 약사자격을 취득한 후 지역약국이나 병원약국에 바로 취업하는 근무약사가 급증하는데, 이들이 처방검토나 복약지도를 하는 데에는 사실상 어려움이 많은 것으로 평가되고 있다. 약국에 취업하게 되는 대부분의 신입약사들이 실무교육 부족으로 인해 취업 후 초기에는 많은 어려움을 겪게 되고 이는 약의 안전사용에 중대한 위험요인이 되고 있다. 이러한 점은 교육인적자원부의 약학교육 개선연구 중 오즈컨설팅에서 수행한 신입약사 조제 역량분석에서 10인 이상의 약사가 근무하는 전국 병원의 약제부 책임자를 대상으로 조사한 결과에 잘 나타나 있다.

6년제 약학교육에서는 이와 같은 문제점들을 개선하기 위해 기본소양교육, 전공이론교육, 그리고 실무교육의 연계성을 감안한 교육과정에 대한 전면적인 재검토가 이루어지고 있으며 교과목들에 대한 새로운 편성과 보완, 추가 등이 이루어질 것이다.

약학교육은 의약품의 생산에서부터 최종 소비에 이르기까지의 전 과정을 관리하고 실무를 수행할 수 있는 능력을 갖출 수 있는 전문적 지식을 부여하며, 특히 약의 위해관리(risk management)를 하는 약사를 배출하는 것을 그 목표로 하고 있다. 그러나 4년제 교육과정에서는 강의위주로 교육되고 있으며 교과목 간 복합지식 활용능력과 실무활용능력의 계발이 사실상 어렵게 되어 있기 때문에 환자 및 환자 보호자를 대하게 되는 보건의료분야의 실무 전문인 양성에는 미흡하다는 지적이 있다. 따라서 학생들에게 문제 중심의 사고와 해결능력을 갖출 수 있도록 교육여건을 제공하여야 한다. 이러한 역량을 갖추도록 하기 위해서는 증례별 약물치료(case study)와 같은 문제 중심의 교육방식(problem based learning)의 도입이 필요하다.

의료 선진국에서는 이미 약학교육의 새로운 방식으로서 문제 중심의 교육방식이 도입되어 있으며, 이러한 교육방식에 의해 배출된 약사들이 약화사고의 예방 등 보건의료에 기여하는 바가 크다는 점이 입증되고 있다. 따라서 국내에서도 이러한 교육방식으로 전환하기 위한 각 대학의 자구적 노력과 교육부 등 관계당국의 협조가 필요한 시점이다. 특히 현재 대학설립 규정에서 자연과학계열에 소속되어 있는 약학대학을 의약계열로 환원시키고 교수인력을 확충하여 문제 중심의 교육을 할 수 있는 여건을 마련하기 위해 노력해야 한다. 이를 위해서는 사립대학의 경우 교수충원에 따른 재정적 부담을 이유로 약학대학의 의약학 계열로의 재조정을 기피하는 일이 없도록 하는 인식의 전환도 필요하다.

5) 교육성과가 합리적으로 평가되는 약학교육

약사가 사회적 기능을 충분히 수행하도록 하기 위해서는 약학을 전공한 대학 졸업자에게 부여되는 약사국가시험이 충분히 그 능력을 평가하는 역할을 할 수 있어야 한다. 외국의 약사면허시험은 단편적인 지식보다는 실제 업무수행에 필요한 지식과 통합적인 사고력, 판단력, 의사결정 능력을 중요시하고 있다.

현재 시행되고 있는 12개 과목 중심의 국가시험 운영은 통합적 판단과 실무능력을 평가하기에는 한계점이 있다. 단일과목 중심의 문항출제 방법을 지양하고 여러 과목의 지식이 종합적으로 적용되는 종합지식 평가문항, 실무능력에 대한 평가문항 등이 개발되어야 할 것이다. 따라서 앞으로 약사국가시험은 약학의 기본지식뿐만 아니라 실제 업무수행능력을 평가할 수 있는 내용으로 발전적인 개편이 이루어질 것으로 전망된다. 또한 최근에는 국시원이 연구용역사업으로 보건의료계 전문인력 면허의 세계 통용성을 향상시키기 위해 연구를 진행하고 있으며 현재 의사, 약사, 간호사, 치과의사 등 5개 직종에 대한 면허제도의 세계수준화 방안을 검토하고 있다.

이와 같은 면허제도의 개선노력들에 우리 약계는 적극 동참하는 뜻으로 적정한 평가방법을 개발 중에 있다. 이는 약학교육 내용과 방법에도 절대적인 영향을 미치게 될 것으로 생각된다. 즉, 환자 또는 제약 산업 환경에 맞춤하는 실용교육이 중시되는 교육체계로의 발전이 불가피해질 것이다.

6) 발전적으로 개선된 교육환경 속의 약학교육

약학대학은 현재 자연과학계열에 소속되어 있어 교수 대 학생 법정비율이 1 대 20으로 되어 있다. 1 대 8의 비율이 적용되는 의약계열로 복귀가 선행되지 않으면 약대 6년제 시행의 실효를 기대할 수 없다.

가장 긴급한 실무담당 교수 등의 충원이 적절하게 이루어지기 위해서는 의약계열로의 복귀가 필수적인 요건이다. 교수 충원뿐만 아니라 실험실, 실습실, 공동기기실, 실습약국, 실습제약공장, 약초원, 의약품정보센터 등 각종 필수 교육부대시설을 갖추어야, 유능한 약사 양성과 장차 능력 있는 약학 연구자 및 신약개발자를 양성할 수 있는 기반이 된다. 현재의 시설과 설비는 학교에 따라 차이가 있지만 영세한 곳이 적지 않다. 이와 같은 교육 여건과 환경의 개선을 위해서 약대 평가인정제를 도입할 것이며 정부와 대학당국도 이에 대한 협조를 아끼지 않아야 할 것이다.

7) 타 보건의료인 양성교육과 균형을 이루는 약학교육

보건의료 인력과 관련된 현행 법령을 보면, 의료법, 의료기사 등에 관한 법률, 약사법, 응급의료에 관한 법률, 식품위생법 등이 있으며 각 법령에서 정의하는 인력의 직종은 22개에 이르고 있다. 직무의 내용과 성격에 있어서 약사직무와 연관성이 높은 것으로 인식되고 있는 의사, 치과의사, 한의사 3개 직종에 대해서만 비교·검토하기로 한다.

현재 우리나라의 의사의 경우 6년 교육받는 일반의(GP)가 있고 임상기간을 합쳐서 평균 10년 정도 교육받는 전문의(specialist)제도로 나누어지고 있다. 다른 나라에 비해, 그리고 현실적인 의료 수요에 비해 상대적으로 전문의의 비중이 매우 높은 편이다. 간호사의 경우에는 4년제(53개 대학)와 3년제(63개 대학)가 병존하고 있으며 임상경력(10년)이 있는 간호사 중에서 석사과정에 해당하는 소정의 교육과정을 이수한 자에 대해 전문간호사 자격을 부여하고 있다. 이에 비해 약사들은 4년의 교육을 받는다. 병원약사의 경우에는 대체로 체계적인 현직 교육을 통해 계속적으로 전문성을 향상해 가는 편이다. 예컨대 핵의학, 암을 비롯한 종양 외과 등에는 점차 전문적 지식과 기술을 지닌 약사를 요구하고 있으며, 대형 종합병원에서는 점차 전문 혹은 전담 약사들이 증가하고 있는 추세이다.

보건의료관련 전문인력의 양성과 활용 방안은 보건의료 인력에 국한된 문제가 아니라 국가의 인력수급체계와 연관된 문제라 할 수 있다. 따라서 국가적인 인력수급방안과 체계 속에서 보건의료 인력의 양성도 평가되어야 할 것이다. 현재 보건의료관련 전문인력의 양성과 교육에 관한 변화의 시도가 다양하게 진행되고 있다. 이러한 변화 시도의 배경에는 국가차원의 시대적 요청과 보건의료 환경의 변화에 대응하기 위한 각 보건의료 전문 인력의 내부적인 필요성 등이 있다.

지식기반사회의 진전과 세계화, 정보화의 가속화에 따라 그 나라가 보유한 인적자원의 경쟁력이 국가의 생존과 운명을 좌우하는 시대가 도래하고 있으며, 이에 따라 인적자원의 개발과 활용에 대한 국가 차원의 비전 제시와 전략 수립이야말로 일류국가로 도약하기 위해 가장 시급한 과제로 대두되고 있다. 국가 차원의 시대적 요청에 따라 보건의료 전문 인력 양성과 활용에 관한 효율적인 체계에 대한 연구와 정책들이 시행되고 있다.

21세기 지식기반사회로 진입하면서 의료기술이 크게 발달하고 있다. 그러나 인구의 고령화와 국민생활의 변화에 따라 만성퇴행성 질환이 증가하면서 보건의료정책 영역이 개인의 생활 습관과 환경에 이르기까지 폭넓게 확대되는 추세에 있다. 이와 같은 보건의료 환경의 변화는 보건의료의 대상, 보건의료서비스, 보건의료자원 등에 관한 보건의료 정책과 밀접하게 연관되어 있다. 보건의료 환경 변화의 주된 요인은 인구의 고령화, 질병구조 변화, 건강증진 욕구 증대 등으로 보건의료서비스 수요가 다양해지고 있는 데서 나타나고 있다. 이에 따라 보건의료 정책 수요도 크게 증가하고 있다. 진료비지불제도 도입, 의약분업 실시, 의료기관서비스 평가제도 도입, 의료기관 가정간호 및 보건소 방문간호 활성화, 간호관리료 차등제 도입, 전문간호사 제도 도입, 보건소 중심 건강증진사업 활성화 등 최근 보건의료 정책 및 제도 변화는 현행 보건의료 인력의 기능 및 역할을 다시 설정하도록 유도하고 업무수행 성과의 극대화를 지향하고 있다.

이러한 의료보건 환경의 변화에 효과적으로 대응하는 것이 무엇보다도 중요하며, 21세기 지식기반사회에서 그러한 중요한 역할을 하기 위해서는 보건의료와 관련한 전문 인력의 양성과 활용을 효율화하는 것이 중요하다. 약사는 보건의료 전문 인력의 한 축으로서 의약품을 중심으로 한 전문적인 보건의료서비스를 제공하는 역할을 하고 있다. 따라서 질 높은 보건의료서비스를 제공하기 위해서는 보건의료 인력의 동반자적인 협력과 전문화가 필요하다고 볼 때 타 분야의 보건의료 인력양성 교육과 그 수준을 유사하게 유지해야 될 필요가 있다. 의료서비스를 제공하는 의사, 치의사, 한의사 등의 교육에 비해 상대적으로 매우 낮은 분량의 교육이 이루어지고 있는 약학교육에 있어서는 이를 확대하여 보건의료서비스 전달 체계의 일원으로서 제 역할을 할 수 있도록 해야 할 것이다. 이러한 점은 이미 외국에서는 충분히 인지되어 미국의 경우 6년간 적어도 230학점 이상을 이수하고 있으며 일본의 경우에도 188단위(1단위 = 약 1.5시간 강의)를 이수하도록 하고 있으므로 이러한 세계적 추세를 고려하여 교육과정이 편성될 것이다.

창작을 존중하고 보호하는 제도와 환경을 마련해야

인문대학 언어학과 | 이정민

1. 우리 저작권을 키우려는 자각부터

학문, 문학, 예술, 대중문화, 기술, 지역 특산품 등 모든 분야의 창작을 북돋기 위해 창작자의 권리를 특별히 보호하고자 영국을 비롯한 세계 각 나라는 18 세기 이후 저작권법과 관련법을 만들어 시행해 오고 있다. 우리나라도 저작권법이 1957년 일본법의 영향 아래 제정되고 또 미국의 영향 아래 몇 차례 개정되어 왔다. 그러나 이번 한미 자유무역협약(FTA) 협상에서도 보듯이 다분히 방어적인 자세로만 받아들이다 보니, '저작권' 하면 물어 주어야 할 외국의 저작권만 생각하고 이를 경시하고 저항하는 풍조가 만연되어 저작좌파(copyleftist) 천하의 인상을 주고 있다. EU와의 협상에서도 마찬가지이다. 여하간 우리나라의 또 하나의 새 개정저작권법은 작년 7월부터 시행되었으나, 저작자에게 유리한 조항들은 별로 반영되지 않았다.

우리나라의 저작권법은 본래의 취지에 따라 우리나라 저작자들의 저작권을 최우선적으로 고려해야 한다. 그리하면서 영리적인 저작권 이용자

(판매자)와 개별적인 사용자(저작물 소비자) 및 사용 중개자(도서관, 대여점, 영화관, 노래방 등)들의 공정한 이용이 가능하도록 서로 이해관계를 최대한 절충케 하여 법과 제도에 반영토록 하고, 창작을 북돋아 주는 사회 분위기를 조성토록 하고 침해에 대해서는 투명성 있게 입증하고 징벌적 배상으로 재발 방지 효과가 나타나게 법과 제도를 시급히 정비토록 해야 한다. 저작권의 투명한 운용은 미국이 요구하기 이전에 국내 저작자들의 생존을 위한 처절한 요구라는 것을 잊어서는 안 된다. 그리 해야 학술과 문화 각 분야의 저작자들이 의기저상치 않고 좋은 창작을 계속할 의욕을 갖게 된다. 일방적인 대미, 대외 방어 태세에서 서서히 벗어나 우리의 모든 창작 영역에서 한류를 타고 해외로 뻗치면서 점차 우리의 저작권과 그 밖의 지적재산권을 중국 등 아시아, 중동, 유럽, 북미, 남미 및 아프리카 지역과 같은 밖에서도 거두어들이는 다변적인 대외 공세적 자세를 취할 수 있게 되어야 한다.

2. 각 분야의 창작을 북돋우는 제도·환경의 마련이 시급하다

학문, 기술 및 예술의 모든 분야에서, 세계적 경쟁력을 발휘하고 있는 창조자들을 우리 사회가 다 같이 밀어 주는 한편, 연구·창작 윤리의 제도 확립으로 공정한 경쟁의 심각한 걸림돌이 되는 표절과 자료 위조·변조의 부정을 엄단해야 한다. 규범을 지키는 경쟁에서 이겨 지적·예술적 혁신에 기여할 수 있게 창의적인 저작에 대한 저작권부터 확보되도록 만전을 기해야 한다. 물론 미래의 저작자를 위한 교육, 인재 발굴, 신참 저작인들의 어려움에 대한 정책적인 배려와 지원 및 우수 저작인에 대한 포상제도가 있겠지만, 정책당국은 수월성에 입각한 지원의 공정성을 확보해야 한다(예컨대 문예 진흥 기금의 대부분이 특정 이념 작가 단체 계열로 넘어간다는 편파성 비판(김동형, 「봄의 찬가」 에필로그), 우수 저작물 지원 명목으로 실질적으로는 출판 등 이용자 측 지원을 한다는 등의 비판을 듣지 않게 해야 한다.). 선별적인 과감한 연구 투자로 노벨 생리/의학상, 물리학상을 타게 해야 한다. 좋은 이야기와 시가 샘솟듯이 나오고 국제화도 되고 해서 자연스럽게 노벨 문학상도 굴러 들어오게 해야 할 것이다.

영화 분야의 경우, 우리나라 감독들이 국제적으로도 명망을 쌓아 가고 있는 가운데 영화 예술의 저작권이 우선 주로 감독에게 있음에도 불구하고 아직도 우리 저작권법에 감독의 저작권을 명시하지 못하고 마치 그 지위가 '실연자' 중의 하나인 것으로 크게 잘못되어 있다. 이웃 일본의 구로사와 감독은 1950년에 이미 「라쇼몬」으로 베네치아 영화제에서 그랑프리를 수상하고 30년 뒤에도 칸느 영화제 그랑프리를 타면서 20세기 최고의 감독 중의 하나로 꼽힐 정도로 세계적인 추앙을 받고 있고 사후 그의 기념관을 11년 계획으로 짓고 있다. 또한 일본에서는 TV에 영화 몇 장면만 방영되어도 감독이 동일성 유지권 위배에 의거해 저작권료를 받고 있음에도, 우리의 감독들은 전혀 못 받고 있을 뿐 아니라 극장용 외의 방송권, 공연권, DVD권, 재방권, 해외 수출 이익 등 모든 권리를 속칭 '노비문서'로 제작사에게 넘기도록 강요받는 처지에서 벗어나지 못하고 있다. 그런데 요새는 또 그 위에 투자자들의 세력이 과다하여 더더욱 실질적 저작권자인 감독이 설 자리가 없게 돼 있어 한국 영화의 앞날이 어두워지고 있다. 정부는 당초 한국 문예 학술저작권협회에 주었던 영화 등 영상저작물의 신탁 업무를 쪼개 저작자들과 무관하게 공연권을 영상산업협회에, 전송권을 영화제작자협회에 주어 물의를 빚고 있다(저심위 심의 참조). 이러한 난맥을 이루는 제도가 시급히 시정·개선되어 우리에게도 세계적인 존경을 받는 위대한 감독들이 등장하는 환경을 마련해야 한다.

미술도 재판매시장이 급격히 커 가고 있다. 이때 미술작가들의 이익과 저작권이 확보되도록 도와야 한다. 한-EU FTA에서 불거진 EU측의 '추급권' 도입 요구도 미술품의 이용으로 이익을 보는 화랑·경매사 측의 주장만 듣지 말고 재판매 때 화가에게 이익의 일정액을 지급하는 추급권을 인정하여 위작시비 등 부작용을 차단하라는 수십 명의 원로 및 일선 화가들의 소리도 심각하게 들어야 한다. 만화, 사진, 기타 미술 관련 분야의 작가들의 저작권이 무참히 침해되고 있다. 함부로 방송, 인터넷, 출판물에 이용되고 사적으로 사용되어 저작권이 작가에게 실태 파악이 안 될 정도로 광범하게 침해되고 있다. 카페나 레스토랑 영업장에서 음악을 틀 때 저작권료를 내게 하는 '공연보상청구권'은 EU 주장에 앞서 음악저작권협회가 주장해 오던 것이니, 어떤 합의점을 찾도록 해야 할 것이다.

언론도 저작권법 50년의 역사를 가진 한국에서 우리가 도입하지 않은 영역의 저작권을 항시 '생소'하다는 표현으로 외면하려는 태도를 버리고 진지하게 창작을 고취하는 방향을 잡아 주어야 성숙한 언론이 된다. 이제 한국문예학술저작권협회 소속 미술가, 사진작가, 만화가, 영화감독들의 단체회원들은 좀 더 협회와 긴밀히 협조하여 저작권을 챙겨야 할 것이다. 교과서 보상금 신탁관리 업무도 6년간 한국문예학술저작권협회가 맡은 뒤 6년간 오차 없이 저작자들에게 분배해 왔으나 최근 저작권 관련 과가 그 권한을 빼앗아 그 과의 영향 하에 있는 복사전송권 협회를 자의적으로 지정해 그리로 넘겨 버리는 일을 저질렀다.

한국문예학술저작권협회도 각 장르의 저작권을 보호하기 위해서 배전의 노력을 기울여야 한다. 새 법으로 커진 '저작권위원회'도 일반에게서 기부금까지 받는 부당한 괴력의 규정까지 만들었다. 온 국민에게 저작권의 중요성을 알리고 존중하면서 이용자와 소비자가 어찌하면 침해하지 않으면서도 쉽게 정당히 접근할 수 있는지 알려 이용-소비도 과도히 위축되지 않게 돕고, 심의-조정 시 침해에는 엄격히 대처하고 조정실패 시 독일처럼 바로 재판으로 넘어가게 해 좋은 판례가 서게 해야 한다. 그렇지 않으면 미국처럼 그런 기구 없이 바로 법에 호소할 수 있게 하는 것이 나을 것이다. 원래 초기 개정 공청회에서는 법정에 가기 전에 위협적이지 않은 사랑방 같은 데서 오순도순 상의해 풀자는 김동현 시인-변호사의 제의가 채택된 것이나, 조정은 관권 하에 이용자 측에 쏠리는 위원들이 주로 앉아 시간만 끌고 무성의한 침해사의 무책임한 주장으로 돈만 떼고 조정불성립이 되고 말아 저작권자들에게는 별 도움이 되지 못한다. 판례에는 이용회사인 출판사나 방송사가 침해 작품을 출판, 방영했을 때 몰랐으면 책임이 없다는 수준의 것들이 있다. 결과에 대한 응분의 책임을 지게 하는 것이 선진국들의 판례다. 한편 음악, 문예-예술-학술, 방송극 집중관리 단체들이 외국 협회들과 협약을 활발히 맺어 국제저작권을 길러 나가야 한다.

3. 창작인(homo creatura)을 기르는 교육에 정성을 모으고 집중 투자해야

우리는 무엇인가를 새롭게 표상하고 만들어 낼 때 행복을 느낀다. 교육은 어려서부터 이런 행복을 느끼게 해 주는 데 초점을 맞추어 유아, 유치원, 초등, 중·고등, 대학(원) 교육과정을 밟게 해 주어야 한다. 생일 카드에 뭐라고 써야 또는 그려 넣어야 친구가 좋아할지 생각해서 쓸 줄 아는 유치원생, 때로 다소 엉뚱하지만 말이 되는 질문을 종종 던질 줄 아는 아이로 길러야 한다. 퍼다가 가위질, 풀질해 내놓기만 하면 내용도 보지 않고 해냈다고 점수 주는 교육은 그만두어야 한다. 그런 아이는 선진국에 유학을 가서도 같은 짓을 하다가 표절로 퇴학당하기 쉽다. 가르치는 사람은 쓴 학생, 만든 학생의 마음을 읽기 위해 제출한 창작물을 세심히 읽고 평가해 돌려주어야 한다. 그것이 안 되어 첨삭지도를 학원에 맡기는 공교육이라면 그것은 교육이 아니다. 차라리 대안으로 대안 학교를 고려해야 한다. 창작인으로 기르기 위해서 수준에 맞추어 숙제도 단계 단계 사유체계를 따라 생각하게 하는 창의적인 숙제를 내주어야 한다. 책 제목 같은 벙벙한 제목의 숙제를 내면 인터넷을 뒤져 기존 정보를 옮겨 오기 쉽다.

우리는 얼마 전 영화를 유난히 좋아하는 민사고 여학생의 이야기에 접하였다. 교사도 이 학생에 대한 배려로 영화에 관한 귀한 자료들을 도서관에 구입해 이 학생이 이를 이용할 수 있게 해 주었다. 미국에서의 극본 모집에 응해 우수하게 뽑히기도 하고 영화감독을 꿈꾸며 공부하고자 예일대학에 입학하였다. 공간지각 능력도 뛰어나 영화 만들기에 적성이라 한다. 교육은 이런 창작인에의 꿈을 찾아내어 기르고 창의성을 뒷받침해 주는 것이라야 한다. 창작과 전문성에 대해 늘 자부심을 갖도록 교육과정과 사회가 배려해 준다면 가짜 학력·학위 소란도 안 일어날 것이다.

특히 혁신(innovation)이라 할 지식의 창의적 생산과 예술의 창작을 직접적인 목적으로 삼는 대학(원) 경쟁력은 국가경쟁력의 기본 요소가 되므로 대학에 대해 사회적으로 국가적으로 집중적인 투자를 해 주어야 한다. 우동 할머니의 전 재산 기증뿐 아니라 제도적으로 기업과 전 사회인의 사회적 환원의 일차적 목표가 되도록 동참해야 한다.

4. 총체적 한류 진작과 선진화를 위해

특히 현대는 저작권을 포함한 지적재산권이 모든 선진국들의 가장 중요한 재산이 되는 시대이다. 그렇기 때문에 미국은 자동차 등의 제조업에서 다소 부진해도 엄청난 지재권을 한국 등 외국에서 받아 자국의 대학(원)을 길러 학술, 기술 및 예술의 우위를 지속한다는 전략을 수행한다. 우리나라도 학문과 문화 창작 내용물을 키워 지적 재산 창조에 혁신적 기여를 해야만 선진국 반열에 오를 수 있다. 나아가 세계를 이끄는 나라가 될 수 있다고 본다. 1976년부터 선진 산업 민주 국가 G7이 형성되고 1994년부터 러시아가 들어가 1997년부터 G8이 되고, 이제 경제대국 중국, 인도, 브라질과 멕시코, 남아공이 G13에 들어갈 태세이나, 중-일에 낀 우리나라의 이름은 없다. 나라의 전략은 무엇인가? IMD 평가에서 국가경쟁력 순위가 31위로 떨어졌다. 금년에 G20 주최국이 된 것은 다행이나, 두뇌 유출의 방향 등으로 보아 아직 아시아의 세기, 한국의 세기는 아니라고 기 소르망이 충고한다. 기획·디자인을 잘하고 모든 과정을 효율화하고, 놀기만 하는 인구를 줄이고, 대학교육을 혁신적으로 내실화해야 한다.

한 가지 길은 연속 방송극, 영화, 대중음악, 온라인 게임, 비보이 등이 주도한 한류를 차원을 높여 기술(특허건수 미-일 이어 3위로 오름), 학문, 순수예술 등 모든 분야에서 총체적 해결의 신명나는 한류가 전 세계로 뻗치도록 노력하는 일이다. 저작권 보호가 사후 70년까지로 늘어날 60번째 이후의 나라가 우리나라이다. 2006년 7월 개정법에서 쏙 빠져 그나마 한미 FTA 체결 이후로나 바라보게 되었다. 보호기간 연장 논의에 불평만 보도되고 저작자들의 진작 있었어야 할 요구는 없었다. 세계인들이 한자, 아랍

문자, 일본문자 등은 쉽게 알아보아도 그 독창적이라는 '한글'은 알아보지 못한다. 총체적 한류가 뻗어나가도록 총력을 기울이되 실속, 즉 저작권, 지재권을 챙겨 사후 70년 아니 700년, 7000년 보장 받는 문화 자산으로 삼아야 한다. 우리에게는 지난 5000년의 문화유산과 '빨리빨리' 경제를 일으키는 능력과 세계 최고 수준의 IQ도 있다.

*『저작권 문화』(2007년 9월호)에 게재한 글을 다소 새롭게 함.

새만금(萬金)의 태(胎)와 실(實)

농업생명과학대학 지역시스템공학과 | 정하우
농업생명과학대학 지역시스템공학과 | 이정재

2007년에 서울대학교 명예교수님들께서 방조제 공사 현장을 방문하는 기회를 가졌었다. 본문은 그때에 많은 교수님들께서 관심을 보이셨고 사업 배경에 대해 궁금해 하셨던 부분들을 보완하기 위해 마련되었다. 초기 새만금사업계획 입안자의 한 분이신 본교 이정재 교수로부터 사업 의의와 조사에 대한 소개를 실었다. 또한 초기사업의 구상자(이관범 전 농림부 농지개발국장)의 역사와 지리적 배경사상과 우리나라 간척기술개발에 크게 기여하신 간척기술자(윤오섭 전 농업진흥공사 이사)의 기술적 발전사에 대한 탐방 기사들을 곁들이고, 한국농촌공사의 새만금사업단과 농어촌연구원의 자료를 묶어 간략하게 소개하고자 마련되었다.

간석지를 유용한 공간으로 만드는 방법에는 매립과 간척이 있다. 매립은 외부에서 토사를 들여와 메우는 것이고, 간척은 바닷물을 차단하는 방조제를 먼저 짓고 간석지가 노출되면 이를 개발한다. 따라서 소규모의 상공업 용지는 매립에 의해 조성되지만 대규모의 토지는 간척에 의해서 조성될 수밖에 없다. 매립이나 간척은 모두 국토해양부의 업무이지만 농업을 주목적으로 하는 간척의 경우에는 농림수산식품부에 권한이 위임되어 있다.

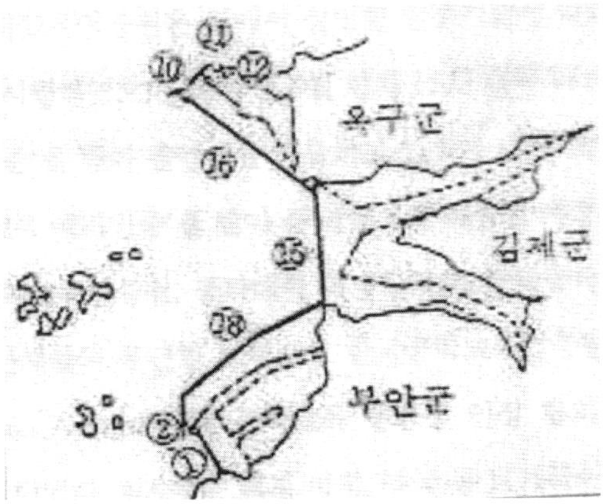

그림 1. 김제·부안 지구 위치도

국민의 관심이 집중되고 있고, 국가 경쟁력 향상의 한 축으로 인정되고 있는 새만금 간척사업은 1975년의 '서남해안 간척조사'에 그 시원을 두고 있다. 그 후 금강, 평택 및 영산강 등 대중규모 간척사업이 추진되면서 비슷한 수준으로 김제·부안 지구가 조사되었다(그림 1).

만경강과 동진강 하구는 바다에서 육지로 들어오면서 점점 좁아지기 때문에 파도가 중첩되면 조위가 높아지는 경우가 많다. 그래서 그 넓은 만경평야가 여름철에는 홍수로 인한 침수가 거의 매년 반복되고, 가끔씩은 겨울의 북서 계절풍으로 해일이 일어 바닷물이 범람하여 수년간 농경지에 피해를 입히는 일도 허다하였다. 김제·부안 지구는 이런 문제를 해결하고 아울러 소규모의 간척지를 얻고자 하는 계획이었다.

일반적으로 간척사업은 많은 토지를 얻게 되지만 성패의 여부는 그에 걸맞은 수자원이 확보되는가에 달려 있다. 서해안 곳곳에 실패한 간척의 흔적이 있는데, 대부분은 너무 작은 규모로 공사를 진행하다가 무너진 경우이거나 수자원 확보가 불가능하여 버려진 경우이다. 김제·부안 지구는 만경강과 동진강을 안고 있었기 때문에 수자원에서는 조금 자유스러웠지만 상류 지역의 만경평야는 수차를 이용하여 용수를 재이용할 만큼 물이 풍부하지 못했고, 생활용수의 공급도 원활하지 못한 지역이어서 여전히 수자원 문제가 남아 있었다.

1983년에 금강 하구둑이 착공되면서 서천·옥구·김제 및 부안 지구의 수자원 문제가 근본적인 해결책을 가지게 되자 김제·부안 지구 계획은 우리나라 최대의 평야지대인 금강, 만경 및 동진강 유역의 장기계획으로는 손색이 있음을 느끼게 되었다. 이에 따라 1987년에 금강, 만경 및 동진강의 수자원과 금강 및 만경 평야, 그리고 인근의 해안을 포괄적으로 검토하여 국가의 미래 비전인 서해안시대의 개막을 통한 국력의 신장을 위해 세계적으로 가장 앞선 우리나라의 간척기술에 바탕을 둔 새만금지구가 탄생하게 되었다.

새만금사업은 몇 년 후인 1991년 노태우 대통령 임기 중 공사가 착수되었고, 1999년에 김대중 대통령 재임 시에 공사가 중단되었다가 2001년에 다시 공사를 재개했으며, 2006년 노무현 대통령 재임 시에 대법원의 최종 판결이 있어 공사를 지속할 동력을 얻었다. 현재는 최종물막이를 완성하고 방조제를 보강하고 있는 중이다.

새로운 공간을 조성하는 간척사업인 계화도, 영산강, 평택 등 사업을 진행하면서 몇 가지 개선점이 도출되었다. 새로운 공간을 조성하기 위해서는 먼저 사회와 문화 및 복지를 종합적으로 고려하는 새로운 공간의 조성방법이 필요하고, 다음으로 계화도 등 중대규모의 간척사업은 기존 배후 간척지와 중복되어 개발효과가 잠식되고 있을 뿐 아니라 기존 공간계획과 무관한 계획을 세우기에는 너무 규모가 작다는 것이다. 이에 반해 공사가 계속되면서 중장비의 운영이 가능해지자 우리 고유의 공법이 고안되고 이와 함께 기술적 자신감도 쌓이게 되어 새로운 이상향에 대한 열망은 높아지게 되었다.

새만금지구는 1,000km 내에 상해, 청도, 대련 등 중국의 주요 해안도시가 있고, 첨단경제활동이 적은 호남 지역의 중심에 있으며, 배후에 김제와 부안 등 인구밀집 지역이 있고, 고군산열도는 수심이 25m에 달하는 양항의 입지이다(그림 2). 그동안 우리의 주안점이 일본과 태평양을 겨냥한 경부축이라면, 앞으로 대한민국의 비전은 서해와 중국에서 구해야 한다는 것이 서해안시대의 핵심이다.

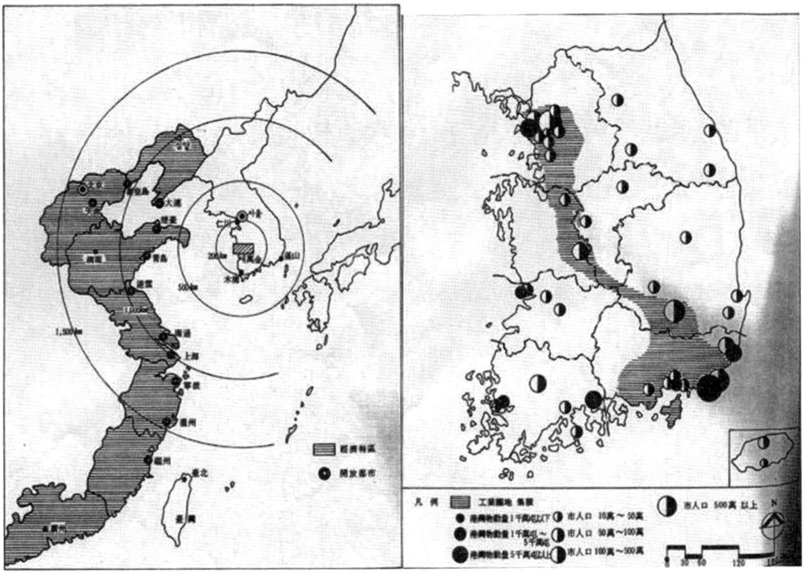

그림 2. 새만금 지구 위치도

이러한 서해안시대의 개척에 가장 필요한 자원은 토지와 수자원, 그리고 양호한 항만과 훌륭한 인적자원일 수밖에 없다. 이런 관점에서 본다면 새만금사업이야말로 서해안시대를 여는 태풍의 눈이 될 수 있는 것이다.

서해안에는 인천, 아산과 평택, 군산 및 목포 등 개발된 곳이 많아 새로운 입지가 필요 없다는 사람도 있다. 그러나 중국의 동해안을 보면 우리의 스케일이 얼마나 작은지 알 수 있다. 단언하건대 서해안 전체가 개발되어도 중국의 흡인력을 이겨 내는 데 부족할 것이다. 중국은 상해의 수심이 낮은 것을 극복하기 위해 심해까지 항구를 연장하고 있다.

초기에 구상한 새만금사업은 건교부의 요구에 따라 군산 인근 산업 용지를 확보하고, 항만청의 요구에 따라 신항만 배후용지를 확보하는 한편

그림 3. 초기 새만금계획 개념도

그림 4. 최근 새만금계획도(2008. 10.)

해수와 담수의 수산자원을 포함하는 등 종합적인 토지이용계획을 염두에 두었다(그림 3). 다만 농업용지가 축소된 것을 제외하면, 이 계획은 최근 최종적으로 확정된 새만금계획안과 유사한 것이다(그림 4).

새만금사업 지역은 여의도의 140배 정도인 4만 정보(1억 2,000만 평)가 된다. <그림 4>의 '생태마을'은 아무리 커 보아야 여의도 반의반도 안 될 테지만 '생태마을'이라는 글씨의 크기는 실제로 여의도만 하기 때문에 전체적으로 균형이 있는 그림처럼 보이지만 실제와는 다르다. 여의도는 상주인구 3만, 유동인구 35만인 도시이다. 또 우리나라 주요 공단인 반월, 아산, 구미, 온산, 오송 단지를 합해도 7,000정보에 불과하다. 새만금이 산업과 관광도시가 된다고 해도 여의도와 같은 도시가 몇이나 있을 것이며, 유효한 산업공단 또한 몇이나 될 것인가? 그러므로 여전히 많은 토지는 환경이나 농산업의 차지가 될 것이다. 새만금사업의 모델이 된 화란의 주더지(Zuiderzee) 간척사업은 1932년부터 공사를 진행했지만 내부 간척지의 30% 정도만 개발되었고, 앞으로도 100년 이상 공사할 것이다. 같은 규모의 새만금지구도 적어도 100년은 필요할 것이므로 지금 토지이용계획을 수립하는 것은 별 의미도 없고 앞으로도 분쟁만 일으키지 않을까 우려가 된다. 쥬더지와 같이 단계적인 목표를 설정하여 그 시대의 수요에 부응해야 할 것이다.

우리는 지금 자원의 부족과 기상변화, 그리고 통일문제와 같은 불확실한 여건에서도 발전하지 않으면 안 되는 어려운 시점에 있다. 국가가 무엇을 하고자 하여도 모두 제 이익만을 앞세워 땅 한 평 구하기 어려운 것이 현실인데, 이런저런 이유로 미래를 위한 대비마저 소홀할 수는 없지 않은가? 새만금사업에 대해 바랄 게 있다면 앞으로 이 공간이 통일이나 대 중국 업무와 같은 국제적 변화에 능동적으로 대처할 수 있는 국가의 예비공간으로서, 중요한 국가의 정책을 시험하고 개발하는 창조공간으로서, 또 미래의 생활과 문화 환경을 조성하고 발전시킬 미래공간으로 이용되었으면 한다.

새만금사업은 필자가 농림부에 재직하던 당시에 농지개발국이 계획하여 착수된 사업이다. 그 당시 이 계획을 이끌어 주신 이관범 국장께서는 "공무원은 세밀한 계획도 능해야 하지만 국가와 역사를 꿰뚫는 통찰력도 갖추어야 한다."라고 말씀하시고, 새만금계획이 좌초할 때마다 우리에게 힘을 주셨다. 돌이켜 생각해 보면 통찰력을 갖춘 한 사람의 신념은 불가능을 가능하게 만드는 것 같다. 우공이산이라 하지 않았던가? 이 지면을 빌려 새만금계획의 진행을 위해 애쓰신 여러 분의 땀과 열정에 고개 숙여 경의를 표한다. — 이정재 교수 글

구상자는 큰 꿈을 꾸고서 묵묵히 완성의 날을 지금도 기다리고 있다. 흔히 꿈은 확실하지 않지만 그러나 믿음으로 보면서 꾸준하게 꿈을 품고 추진하면 이루어진다는 사실이 아름답다. 새만금사업의 추진도 이러한 꿈의 실현이라 하겠다. 다음에서 구상자의 추진 배경을 소개해 본다.

역사적으로 보면 삼국시대의 호남 지역은 백제국의 국력을 제공하는 영토로서 중요 관리대상이었으나, 고려시대와 조선시대를 거치면서 여러 가지 원인으로 이 지역은 국가의 중요 정책관리대상에서 멀어져 있어야 하는 사회적·경제적 모순에 직접적인 영향을 받게 되었다. 이러한 상황이 지속되면서 지역차별이라는 논란을 빚게 되었으며, 그 지역 관리들의 부정부패로 인해 급기야는 여러 번의 농민봉기가 발생했던 것을 기록에서 볼 수 있다. 지난날의 역사적·사회환경적 조건들을 극복하고, 새로운 시대에 걸맞고 국가중흥의 기틀이 되는 새로운 형태의 국가지역균형발전을 이루기 위해서 이 지역에 이러한 개발구상을 하여 추진하게 되었다.

지리적으로 이 지역은 모악산이 호남평야를 안고 변산의 갑남산(甲南山)과 고군산의 신시도(新侍島)로 양팔을 벌려 바다 가운데 진주(眞珠)를 찾고 있는데 양팔 위에 켜진 등불이 우뚝 서 밝히는 모습이고, 또한 금강, 만경강, 동진강 세 강은 한 곳으로 모여 들고 있는 형상이다. 이 천혜의 땅을 후손을 위해 어떻게 남겨 두어야 하는가? 개장지무(開張之舞)는 불가파(不可罷)라, 벌린 춤은 거둘 수 없다. 기왕이면 학(鶴) 춤을 추어야 할 것이 아니겠는가? 호랑이 담뱃불 피울 때인 옛 전설에 전해 오는 이야기는 고운 최치운 선생께서 신시도 머리에서 옥바둑판을 만들어 바둑을 두실 때 바다 건너 중국에서 개 짖는 소리가 들렸다고 한다. 또한 "호남이 있어 예(禮)를 알고 나라를 구한다."라는 성현의 말씀을 종합하여 이 계획을 시도하게 되었다.

구상자는 다음과 같은 한시로 미래적 송시(肇域所止, 새 땅 위에 사노라)를 읊조린다.

> 乙堤百理 三江明, 動動仙遊 水越來, 萬世金盤 大野穀, 關門四海 樂園開
>
> (을자형 2개의 방조제가 백 리에 이르는데 여기에 백 가지 이치를 담고, 3개 강(만경강, 동진강, 금강)이 2개(日, 月)의 호수로 모여 일월호를 이루었네. 선유군도가 바다 위에 떠 있는 모습이 마치 강강수월래의 홍에 맞추어 물 건너오라고 춤추는 듯하는구나. 전혀 새로운 만세에 길이 남을 금반석을 만들고 큰 들판에는 알곡식으로 가득하여라. 온 세계로 관문을 열어 낙원을 이루어라)

이상(理想)이 아무리 좋아도 그를 뒷받침할 여건이 되지 않으면 공상에 불과할 수밖에 없는 것이다. 기술자들은 이상에 걸맞은 상황을 만들기 위해 설계기술과 현장기술을 끊임없이 발전시켜 나가고 있다. 광복 이후 우리나라 간척기술의 발전은 1952년 이후 식량자급이란 절체절명의 국가적 과업에 따라 농지의 외연적 기반 확대를 위해 간석지를 농지화하는 정책을 추진하게 됨에 힘입어 간척기술이 활발하게 전개되었다. 1970년대 중반까지는 우리나라의 간척기술이 국내의 기술로만 인정되었으나, 이후 끊임없는 기술개발을 통해 한국 특유의 간척지 개발의 설계와 시공기술을 확보하게 되었을 뿐 아니라 이것을 국제적으로도 인정받기에 이르렀다. 여기에는 외국에서 시도되지 않았던 것들로서 지난 40여 년 동안 한국형 방조제의 단면형식 확립, 방조제 단면의 Filter 구조개발, 방조제 외측소단의 경사부여 및 외측경사면의 곡선 돌쌓기의 구조개선, 한국형 기초기반 보호용 Mattress 개발, 방조제 끝막이 공사용 재료로 반기계화된 돌망태공법의 개발 및 도입, 방조제의 끝막이 공사에 점축식(漸縮式) 공법의 도입, 끝막이 공사의 작업능률 극대화 방법개발 등 10여 가지의 특수기술을 보유하게 되었고, 국내 처음으로 새만금 방조제에서 유압식 선형 배수갑문 36련도 설치하였다. 특히 돌망태공법은 기존 규격석 공법보다 높은 조류속(潮流速)에도 재료간의 마찰력을 3배나 크게 해 주었고, 단위중량도 쉽게 조절할 수 있게 되어 끝막이둑 선단부 시공 시의 재료 손실을 감소시키는 데 크게 기여하게 되었다. 방조제 축조공사의 성패는 끝막이 공사를 어떻게 하느냐에 달려 있다. 다시 말하면 끝막이 공사가 가장 어려운 간척의 시공기술에 속한다는 것이다. 우리나라의 해안은 세계에서 유래를 찾아볼 수 없는 여건을 가지고 있다. 그럼에도 불구하고 세계에서 가장 큰 대조평균 유출입 조석량(潮汐量)이 18억 2,900만 톤인 조건에서 새만금방조제를 2개 끝막이 개방구간을 동시에 시공하는 첫 시도에서 성공적으로 공사를 마쳤다. 또한 한국의 방조제 축조기술은 축조공법이 용이하고, 단기간에 공사를 완성하는 축조기술을 바탕으로 간척공사를 수행한 어떤 나라보다도 가장 저렴한 공사비로 방조제의 축조를 완성했는바, 이런 기술과 경험은 국제적인 경쟁력을 갖춘 국가로 발돋움을 하게 되었다는 것과 함께 해외에서 발주하는 방조제공사에 참여 요청을 받게 되었다는 것이 더욱 기술한국으로서의 자부심을 갖게 하는 것이다.

이러한 방조제 축조를 성공적인 시공을 과학적으로 뒷받침하기 위해 당시 네덜란드의 수리시험장을 능가하는 거대한 새만금수리시험장(105m×105m)을 건설하고, 실내 수리실험과 수치해석을 통해 시공 전후에 발생될 수 있는 제반 문제점을 파악하고 이에 따른 각종 대책을 세워 나갔다. 그중에는 끝막이 공사의 시기, 조류속의 예측, 사석재료의 중량 산정, 바닥공사의 세굴현상 예측, 방조제 사면 경사 등의 최적공법을 찾아 시공에 활용하였다. 그 밖에도 방조제 공사를 완성한 후에 운용할 배수갑문의 개폐시기 결정, 야기될 시공 및 수질 환경문제의 해결방안 등에 대한 다각적인 상황을 예측하고 그의 대안(代案)을 지속적으로 강구하는 중에 있다.

새만금간척사업은 우리나라에서 최초로 시도한 심해간척공사일 뿐 아니라 단일 토목공사로서도 최대 규모에 속한다. 또한 이의 방조제 길이가 현재로서는 세계에서 가장 긴 33km에 이르는바 가히 자랑하기에 부끄럽지 않다고 생각한다. 이 사업은 새로운 4만 ha의 국토를 확장하고, 멀지 않는 장래에 닥칠 식량부족을 극복할 수 있으며 국제적으로 경쟁력 있는 대규모 우량농지를 조성할 수 있고, 물 부족을 대비한 연간 10억 톤의 수자원을 확보하는 데 기여할 것이다. 부가적으로 매년 12,000ha의 상습침수 피해 지구를 예방할 수 있어 경제적 손실을 방지하고, 더 나아가 군산과 부안 사이의 66km 육로의 단축과 해운 환경의 개선을 가져다 줄 것이며, 고군산열도의 항만 개설과 변산국립공원 등의 활용으로 경제의 중심권 형성을 비롯하여 세계적인 천혜의 관광권을 형성할 것을 기대하고 있다. 더욱이 여기에는 특별히 민족의 미래를 내다보면서 후손들에게 부끄럽지 않게 국가의 부국기틀을 마련하려는 강한 의도에서 구상하였고, 이를 구체화하는 입안자들의 고뇌어린 노고와 우리나라의 간척기술자들이 불철주야의 수고와 땀으로 오늘에 이르렀다고 생각하며, 구상안을 제외하면 이 사업의 중심에 본교의 농공학과 졸업생들이 주된 역할을 했다는 것에 더욱 자긍심을 갖게 한다.

역사는 하루아침에 이루어지는 것이 아니다. 조물주는 그의 뜻에 합당할 때에 인재를 불러 세우셨고, 적소에 보내어 위대한 일들을 성취케 해 주시는 것을 보면서 무한한 기쁨을 금치 못한다. 또한 이 사업이 꿈이 아닌 현실로 승화하게 된 것은 무엇보다 구상자의 탁견과 이에 필요한 기획 입안자와 설계 및 시공 기술자의 기술축적이 있었고, 이를 활용할 기회가 되었기에 가능했다고 확신하면서 수고하신 모든 분들과 환경론자의 정성어린 충고와 인내로 협력하신 국민 모두에게 감사드리고자 한다.

최근 이 사업에 대한 접근방식을 보면서 마음이 썩 편안치 않은 것은 사실이다. 수많은 시간과 노력, 그리고 기술과 자본을 투입하여 기반을 다졌지만 자연의 기본을 거슬러 현세의 편익주의에 밀려 본래의 목적을 저버리는 일들이 일어나지 않을까 심히 걱정된다. 헤밍웨이의 「노인과 바다」에서 얻은 교훈과 같이 용두사미의 결과로 빚어질까 해서이다. 수익성이란 입맛에 걸려 황금만능주의에 치우치는 환상에 집착하여 후세에 돌이킬 수 없는 늪으로 빠뜨린다면 이보다 더 불행이 어디에 있을까? 이 사업의 구상에서 주어진 실현에 있어서 주(主)가 무엇이고 부(副)가 무엇인지를 깊이 인식하고 신중하게 진행했으면 하는 것이다. 여기서 '주'는 농지를 전적으로 확보하자는 의미는 아니다. 그렇지만 건전한 먹을거리 없이 인간이 사람답게 살 수 있다고도 볼 수 없기 때문이다. 황금으로 해결할 수 없는 것이 있다면 인간의 존귀한 생명의 보존이리라고 본다. 역사적으로 보면 국가나 인류가 멸망한 시기는 생명의 존엄성이 퇴락하고 자만심에 도취되어 있는 경우가 많았다. 이곳에서만은 고귀한 생명을 지속시키기에 합당한 사회문화에 알맞게 지역기반을 형성하도록 최적의 개발계획으로 수립했으면 좋겠다. 뿌리 깊은 나무는 바람에도 잘 흔들리지 않고 오랜 세월 속에서도 꿋꿋하게 지탱해 가는 모습이 얼마나 아름다운 것일까 생각한다.

이 사업은 지역경제에도 중요한 사항이지만 국가의 근본과 경제에도 더 중요한 것임을 인식하고 추진해야 한다고 본다. 따라서 보다 더 큰 시각에서 미래를 관조하면서 지역 생태계의 속성도 유지하면서 오고 오는 후세들에게도 이익을 줄 수 있는 지속가능한 이용이 되도록 계획이 되었으면 한다. 환경문제에 있어서도 지엽적인 관점에서보다 환경오염을 극소화할 수 있는 최첨단 기술개발과 적용, 그리고 최신의 환경경제적 및 생태경제적 평가방법에 의한 전략적 접근으로 인간답게 살 수 있는 쾌적한 환경이 유지되도록 끊임없는 노력을 병진해 나갔으면 좋겠다. 끝으로 이곳에 만세에 길이 빛나는 이상향(理想鄕)이 펼쳐지기를 간절히 바라마지 않는다.

— 정하우 교수 글

서로 뜯어먹고 사는 한국사람

경영대학 경영학과 | 최종태

1. 서로 뜯어먹고 사는 한국사람

수년 전에 일어난 일이라고 한다. 우리나라의 한 기업가가 자기회사의 고객인 미국의 한 바이어를 한국으로 초청하였다. 초청된 미국의 바이어가 서울에서의 10일간 체류를 마치고 떠나는 날 공항으로 배웅 나온 자기를 초청해준 한국기업가에게 다음과 같은 질문을 하였다. "김 사장! 내가 한국에 머무는 동안 하나의 불가사의를 발견했소이다. 대한민국은 부존자원이 대단히 빈약한 국가인데 이 많은 사람들이 모두 어떻게 먹고 사는지 정말 나에게는 하나의 커다란 수수께끼요. 살아가는 무슨 비결이라도 있으면 말 좀 해 주시오."라고 하였다.

이때 질문을 받은 한국 기업가는 대답하기를 "아 그것 말이요. 그 이유는 간단합니다. 우리 한국사람은 서로 뜯어먹고 삽니다."라고 웃으면서 농담했다고 한다. "이 일화를 교수님은 이론적으로 어떻게 생각하십니까?" 하는 질문을 처음 받았을 때 나는 한 동안 당황하지 않을 수 없었다. 하지만 곰곰이 생각해 보니 그 답변이 이론적으로도 의미가 있는 것 같다.

그동안 우리나라 기업 경쟁의 원동력을 생산요소별로 볼 때 노동, 자본,

기술, 토지 중 노동이 가장 큰 요소였음은 아무도 부정할 수 없다. 사실 우리나라 기업이 자본에 있어 경쟁력이 없다는 것은 자본상품의 거래가격인 이자율만 보아도 잘 알 수 있다. 이자율이 경쟁 국가들과 비교해 볼 때 상대적으로 높기 때문에 경쟁력 약화를 초래한다. 기술과 토지 역시 마찬가지이다. 그러므로 우리는 유일한 경쟁우위 요소인 노동의 경쟁력을 통해 성장해 왔다. 환언하면 그동안 노동의 경쟁력인 인건비를 뜯어먹고 산 셈이 되기 때문에 "서로 뜯어먹고 산다."라는 답변도 일리 있는 응답이라고 볼 수 있다.

생물의 생태계에는 네 가지의 존재유형을 찾아볼 수 있다고 한다. 첫째, 서로 뜯어먹으면서, 즉 서로 상호작용하면서 모두가 이득을 보는 경우로서 이를 상생(相生)관계라 한다. 둘째, 서로 상호작용하면서 한쪽은 이득을 보고 다른 한쪽은 이득도 손해도 입지 않는 경우이며, 이를 편생(片生)관계라 한다. 셋째, 서로 상호작용 하면서 한 쪽은 이득을 보고 다른 한 쪽은 손해를 보는 경우이고, 이를 기생(寄生)관계라 한다. 마지막으로 서로 상호작용하면서 서로가 손해 보는 경우로서 이를 상생의 반대인 상극(相剋)관계라 한다.

우리 경제는 그동안 저임금 고도성장하에 노동의 경쟁력을 통해 상생 혹은 적어도 편생 관계였다고 볼 수 있다. 그러나 고임금 저성장의 환경변화와 더불어 우리는 상생관계에서 상극관계로 변하기 시작하여 공존공생(共存共生)이 아닌 공도공멸(共到共滅)관계로 변할 위기에 놓여 있다.

노동요소에 있어 서로 뜯어먹으면서도 서로를 모두 살찌우기 위해서는 성과를 도출시킬 수 있는 능력 있는 경쟁력을 갖춘 자산적인 인적자원이 확보되어야 하고 이를 위해서는 우리 모두가 함께 힘을 합쳐 노력하지 않으면 안 된다.

2. 인도여행

지난 2월에 나는 기회가 되어서 인도 여행을 하게 되었다. 갠지스 강과 타지마할을 비롯해서 명소를 답사하고 자아푸르에 도착했을 때 나는 불의의 변을 당하였다. 그때가 정확히 2월 10일 오전 11시 30분경이었다. 갑자기 우리 일행이 타고 가던 합승차 창밖에서 돌이 날아와 나의 왼쪽 턱을 강타하였다. 나는 "억" 하는 소리와 함께 바닥에 주저앉게 되었다. 차안은 부서진 유리조각으로 난장판을 이루었다. 순간 나는 바로 그날 오전 9시경 벨기에 관광객 부부가 차에 치어 남편은 즉사하고, 부인은 신음하는 장면을 본 것이 머리에 떠올라 대단히 불길한 마음을 감출 길 없었었다.

나는 상처 난 턱을 감싸고 안내를 받아서 자아푸르에 있는 Santokba 종합병원을 찾았다. 자아푸르는 인도 북부의 델리, 아그라와 함께 삼각관계를 이루는 인구 약 1,300만이나 되는 큰 도시이다. 큰 종합병원이지만 MRI가 없어서 CT촬영부터 하고 나서 그것을 토대로 해서 진단을 받았다. 진단결과는 다행히 가장 강한 턱뼈에 돌을 맞았기 때문에 뇌와 신경에 이상이 없다는 소견이 나왔다. 조금만 비켜서 맞았더라도 큰 불상사를 초래했을 것이라고 "불행 중 천만 다행"이라고 위로하였다.

숙소인 호텔로 돌아와 의사 처방에 따라 아픈 상처에 얼음찜질하는 도중 인도인에 대한 증오심이 일기 시작하였다. 하지만 순간 갑자기 6·25동란 때 의료지원단으로 참전한 인도군의 모습과 그들에게 매달려 먹을 것을 달라고 애걸했던 우리들의 일들이 나의 머리를 스쳐 갔다. 당시 굶주림에 허덕이던 우리들이 인도군인에게도 손을 내밀면서 먹을 것을 달라고 애걸했던 사실은 지금 인도의 길거리에서 가는 곳마다 우리를 보고 구걸하는 장면과 다름이 없었던 것이었다.

만약 이들이 싸워 주지 않았다면 오늘날 대한민국과 한국 자본주의는 지구상에서 사라졌을지도 모르는 일이라 여겨져 6·25 참전국으로서 인도에 대한 고마움이 나의 마음 한가운데 떠올라 이들에 대한 증오심이 사라지기 시작하였다.

이러한 6·25 참전국에 대한 고마움은 지난해 8월 아프리카 여행에서도 느꼈다. 아프리카 대륙에서 남아공과 에티오피아 2개국이나 참전하여 용감히 싸워 주었다. 당시 남아공은 물론 에티오피아도 한국보다 훨씬 잘사는 나라로서 우리나라에서 보여 준 그들의 당당한 모습과 위용은 지금도 잊을 수 없다.

비록 오늘날 에티오피아나 인도가 최빈곤 국가의 나라들로 지목받고 있지만 70년대 초까지만 해도 이들이 우리나라보다 소득이 높은 나라로 자리매김을 해 왔다. 어디 그뿐이겠는가. 우리의 이웃인 동남아 여러 나라들도, 이를테면 필리핀, 태국, 인도네시아, 미얀마 등도 70년대까지만 하더라도 모두 우리보다 잘살았지 않았던가. 더욱이 오늘날 우리의 도움을 간절히 구하고 있는 북한도 1972년 전까지 GNP가 우리보다 앞서 있지 않았던가.

그러면 부존자원이 부족한 우리나라가 선진산업국들이 수백 년 이상 걸려서 달성한 산업화를 불과 지난 40여 년이란 짧은 기간 동안 이룩한 경쟁의 원동력은 무엇인가? 이에 대한 답변은 두말할 나위도 없이 우리 인적자원의 경쟁력이라 함은 누구도 부정할 수 없겠다.

그러나 인적 자원은 경영상으로 볼 때 항상 자산인 동시에 부채로 등장된다. 기업이 유능한 자를 확보하고 있을 때는 그 기업의 자산이 되겠지만, 무능한 구성원을 안고 있을 때는 부채가 되는 것이다. 이는 국민경제상으로 볼 때도 마찬가지이다. 한 나라의 인구는 그 나라 경제발전의 원동력도 되지만 동시에 저해요인으로도 작용하기 때문이다.

3. 산업사회 지각변동과 인적자원개발

생각건대 지난 40여 년 동안 급격한 경제성장을 통해 60달러대의 1인당 국민소득을 오늘날 2만 달러대에 이르게 된 이면에는 우리 기업들이 저임금 고도성장형의 경제적 환경을 장기간 누려온 것이 사실이다.

그러나 1980년대 후반에 들면서, 특히 1987년의 증폭된 노사분규와 산업민주화운동은 급격한 임금 상승과 더불어 저임금·고도성장시대의 막을 내리게 하였다. 따라서 1990년대 말 IMF 구제금융 요청과 함께 우리가 당면한 경제적 위기는 단순한 단기적인 외환위기나, 외부 힘의 작용에 의해서 야기된 것이 아니라, 그동안의 우리 인적 자원의 경쟁력 약화와 그에 따른 격변기를 효과적으로 대응하지 못한 우리의 내생적인 위기의 결과라는 점을 인식하지 않으면 안 된다. 더욱이 이러한 위기상황이 오늘날 산업사회의 지각변동과 더불어 심하게 불어 닥쳐오고 있음을 우리는 정확히 지각하고 여기에 대한 대응조치를 적극 강구하지 않으면 안 된다 그렇지 않으면 언제 다시 빈곤국으로 몰락할지 모른다.

실로 오늘날 우리를 둘러싼 경제기술 및 사회의 지각변동이 그 어느 때보다도 급속히 일어나고 있다. 즉, 산업시대에서 지식시대로, 지식시대는 다시 창의시대로 계속 급격하게 전개되고 있다. 이러한 지각변동을 야기시키는 주요 원인으로서 우리는 경제적인 측면에서의 세계화와 기술적인 측면에서의 디지털화를 손꼽을 수 있다. 그중에서도 디지털혁명은 기술사회와 지식사회의 지각변동을 일으켜 창의기반 시대로 옮겨 가도록 하는 가장 중심적인 역할을 하고 있다고 볼 수 있다. 따라서 급격한 지형변화에 따른 자산적 인적자원 개발을 위한 효과적인 전략적 선택에 국가경쟁력의 사활이 걸려 있다고 볼 수 있다. 이러한 지각변동의 한가운데 서 있는 우리 서울대학교에 부여된 창의적 인재양성을 위한 책무는 그 어느 때보다도 막중하다고 여겨진다.

만 원이 문제다

음악대학 작곡과 | 서우석

얼마 전부터 미터법 사용이 강제화되었다. 그래서 아파트를 평당 가격으로 표기하지 않고 제곱미터 단위로 표기하게 되었다. 그러나 아파트값을 $1m^2$당 가격으로 표시하지 않고 $3.3m^2$당 가격으로 표기하는 것을 보면 일상화되어 있는 단위를 바꾸는 것이 얼마나 어려운 일인가 실감하게 된다. 다 알다시피 $3.3m^2$가 한 평이니 아직 평(坪)의 개념을 버리지 않은 셈이다. 그러나 어쨌건 진일보한 것이다. 많은 시간이 필요하겠지만 세월이 흐르고 나면 토지나 건물의 면적을 제곱미터 단위로 표기하게 될 것이기 때문이다. 그런데 내가 보기에는 더 절실하게 고쳐야 할 곳이 있다. 어렵겠지만 언젠가는 반드시 바꿔야 할 개념이다. 그래야 우리의 과학적 사고가 한 단계 편해지기 때문이다.

수의 진법에 있어서 우리는 10^4단위를 사용한다. 우리는 수를 십, 백, 천, 만으로 진행시킨다. 다시 말해 1 다음에 0이 네 개가 더해지면 만(萬)이라고 칭하고 다시 네 개가 더해지면 억(億)이라고 칭한다. 그러나 세계적으로 통용되는 진행은 10^3단위이다. 그래서 이 단위를 따르자면 1만은 십 천(ten thousands)이 되고 10만은 백 천(hundred thousands)이 된다. 그리고

0이 하나 더해져 우리가 백만이라고 부르던 수는 천 천(thousand thousands)이 되는데 단위 명칭이 겹치므로, 밀리언(Million)이라고 부른다. 우리말에 없으니 새로 만들어 1밀이라고 하면 될 것이다. 밀리언에서 다시 0이 세 개 더 붙으면 빌리언(billion)이 되는데 이를 1빌이라고 칭하면 될 것이다. 이렇게 되면 서구에서 one billion이라고 부르는 것을, 0이 아홉 개니까 넷으로 나누면 0 넷, 0 넷, 0 하나가 되므로 10억이라고 불러야 하는 복잡한 암산을 하지 않아도 된다. 항변하는 사람이 있을 것이다. 그것까지 서구의 관습을 따라야만 하는가 하는 항변이다. 그러나 만으로 진행하는 단위도 중국에서 유래한 것이니 밀과 빌의 수입을 외래의 것, 또는 사대주의라고 비난할 필요는 없다.

하루는 맥주집에서 과학기술처에 계시던 분과 담소하던 중 이 이야기를 했더니 그것을 가장 크게 가로 막고 있는 것이 만 원권 지폐라는 것이다. 천단위의 진행을 받아들이기 위해서는 어릴 때부터의 산술교육을 고쳐야겠지만 더 어려운 일은 아마도 만 원을 십천 원으로 표기해야 하는 일이라는 것이다. 이러한 개혁이 쉽지 않은 일임을 우리는 영국의 역사에서 찾아볼 수 있다. 1971년 2월 영국은 12페니가 1실링이 되고 20실링이 1파운드가 되는 단위를 개혁하였다. 실링 단위를 없애고 100페니가 1파운드가 되는 10진법 화폐 단위로 개혁한 것이다. 그 후 12페니가 1실링이 되고 20실링이 1파운드가 되는 진법에 익숙한 할머니가 돈 계산하기가 너무 불편해서 자살했다는 신문보도가 있었다. 물건 사는 일이 너무나 골치 아파 사는 것보다 죽는 것이 편할 것 같다는 유서를 남기고 자살한 것이다.

이처럼 10^4 진행에서 10^3 진행으로 옮기는 일 역시 쉬운 일이 아닐 것이다. 그러나 언젠가는 고쳐야 할 것이고, 중국, 일본, 한국 중 누가 먼저 고

치느냐에 따라 누가 먼저 과학적 사고에 쉽게 적응하느냐가 결정될 것으로 보인다.

과학적 사고를 말하는 이유는 10^3으로 올라가는 진법 때문이 아니고 10^{-3}으로 내려가는 진법 때문이다. 과학계는 미시 세계를 측정함에 있어서 10^{-3}을 사용한다. 1미터의 1,000분의 일, 즉 1밀리미터(millimeter)는 우리가 분명히 지니고 있는 크기의 길이이다. 어릴 때부터 교육을 받았기 때문이다. 밀리미터는 1미터의 크기, 즉 성인이 의자에 앉은키 1미터를 10으로 세 번 나눈 길이인 것이다. 이것이 1밀리미터(10^{-3}m)의 크기이고 그 크기를 우리는 눈으로 보듯 알고 있다. 이 1밀리미터의 천분의 일(10^{-3})을 우리는 1마이크로미터(micrometer, 10^{-6}m)라고 칭한다. 그리고 이 1마이크로미터의 천분의 1을 우리는 1나노미터(nanometer, 10^{-9}m)라고 칭한다. 이때 우리는 1m가 1mm가 되는 비례에 유비하여 마이크로미터의 크기를 상상할 수 있고, 다시 나노를 상상할 수 있다. 이 실제적 상상의 기반은 아주 중요하다. 만 단위 진행에서는 이러한 상상이 불가능하므로 억과 빌리언의 비교가 개념화되지 않듯이 마이크로와 나노의 크기 개념이 우리에게는 상상적으로 개념화되지 않는다. 그래서 우리는 마이크로미터와 나노미터를 작기는 작은데 얼마나 작은지 확실히 모르는 상태에 머물게 된다.

요즈음 물리학에서 말하고 있는 물질의 최소 단위인 끈 이론의 경우 그 끈의 길이를 10^{-34}미터로 추정한다. 이 경우 우리는 그 크기를 상상할 수 없다. 그러나 원자의 주위를 전자가 돌고 있는 모습을 태양의 주위를 화성, 지구 등의 행성이 돌고 있는 모습이라고 가정했을 경우 끈의 크기가 가로수의 크기에 해당된다고 말한다면 그나마 우리는 상상적으로 그 크기를 가늠할 수 있다. 이처럼 과학이 말하고 있는 크기를 상상으로나마 파악하는 경우와 그렇지 못한 경우, 우리의 과학적 태도는 크게 달라진다.

과학적 개념을 종잡을 수 없는 개념으로 가르쳐서는 안 된다. 실생활과 실제의 경험에 끌어들여 가능한 한 이해되는 개념으로 만들어야 하는 것이다. 이를테면, 이제 우리는 새로운 4차선 고속도로 건설비용이 모두 300빌 원이 들었고, 미터당으로 보자면 십 밀원이고, 그 고속도로 중 가장 어려웠던 공사인 1.5킬로미터의 터널은 미터당 삼십 밀원이 들었다는 식으로 표현해야 할 것이다. 호주산 소고기 부채살 100g당 1,900원이라는 표기가 생활화되었듯이 노력하면 과학적 수치도 우리의 의식 안에 끌어들일 수 있는 것이다. 그 첫 발로 화폐개혁과 같은 좋은 기회가 있을 때에 만 원 대신 10천 원권을 발행해야 할 것이다. 100천 원권은 몇 년 후 그 발행이 결정된 모양이다.

민족의 확대, 재외동포 교육

사범대학 교육학과 | 김신일

한반도에 살고 있는 한국인은 약 7,000만 명이고 세계 이곳저곳에 퍼져 있는 한인동포는 약 700만 명으로, 민족의 약 10분의 1이 해외에 살고 있다. 해외동포의 수는 계속 증가 추세이다. 지역별로는 중국에 약 240만 명, 미국에 약 200만 명, 일본에 약 90만 명, 유럽에 약 65만 명, 캐나다와 러시아에 각 20만 명 정도, 그리고 나머지가 동남아시아, 중동, 아프리카, 중남미 등에 퍼져 살고 있다. 생각해 보면 재외동포는 한민족의 엄청난 자산이요 힘이다.

그러나 과거의 교육정책은 영토 내의 국민을 대상으로 삼았고, 외국으로 이주한 사람들을 위한 교육에 대해서는 관심이 전무하다시피 하였다. 외국 거주 한인동포들은 스스로 이주한 이민자뿐만이 아니다. 19세기 말에서 해방 사이에 일제에 의해 추방당한 사람들 또는 탄압을 피하거나 굶주림에서 벗어나기 위해 만주, 러시아 등으로 흩어진 유민과 그 자손들도 많다. 그럼에도 불구하고 재외동포들에 대한 국내의 시각은 대체로 부정적이었던 것이 사실이다. 이런 분위기였으므로 재외동포를 위한 교육은 정책적 주목을 받지 못하였다.

한국정부가 재외국민의 교육에 정책적 관심을 드러내기 시작한 것은 1980년대 중반부터이고, 본격적인 정책 수립과 시행은 1990년대 중반부터이다. 재외동포들이 현지에서 차세대의 한민족정체성 교육의 필요를 절실하게 느끼면서 고국 정부에 지원 대책을 강하게 요구하기 시작한 것이 이 무렵이다. 이 시기를 전후하여 미국, 중국, 일본, 구소련을 비롯한 세계 여러 지역에서 한민족교육이 관심을 끌기 시작한다.

재외동포를 위해 한국정부가 관장하거나 지원하고 있는 교육정책은 네 가지 사업을 중심으로 이루어진다. 한국학교, 한국교육원, 한글학교, 재외동포 학생 모국수학 및 교사연수를 말한다. 그러나 양적으로나 질적으로 재외 한민족 교육은 아직도 열악한 상태에 있다. 교육시설, 교사의 확보와 연수, 교재, 교구, 교육과정개발 등 어느 것 하나 충분한 것이 없다. 한국정부와 국내외 동포교육단체들이 해결해 나가야 할 과제이다.

재외동포 교육은 크게 두 가지 목적을 실현하려는 사업이다. 하나는 재외동포들을 2세, 3세까지도 한민족으로서의 정체성을 유지하도록 교육함으로써 민족의 외연을 확대하는 것이다. 세계화시대에는 국경과 국적은 그 의미가 점점 약해진다. 민족문화를 얼마나 잘 발전시키고 그 공간을 확대시키는가, 그리고 얼마나 뚜렷한 민족정체성을 유지하느냐가 중요하다. 재외동포의 한민족정체성 교육이 성공하는 만큼 한민족의 영향력이 확대된다고 말할 수 있다. 이스라엘 민족이 좋은 예이다.

동시에 개인의 정체성 발달과정에서 청소년기의 정체성 위기를 잘 넘기기 위해서는 아동기부터 분명한 정체의식을 형성하는 것이 중요하다. 인간은 성장과정에서 누구나 청소년기에 정체성 위기를 통과한다. 이때에 자신이 속해 있는 원초적 귀속집단의 구성원으로서의 문화적 정체의식을 잘 형성해 가지고 있느냐의 여부가 결정적으로 중요하다. 문화적 정체성을 확고하게 형성하지 못한 상태로 사회적 곤경에 부딪치면, 갑자기 뿌리 뽑힌 나무처럼 인생 전체의 기초를 상실할 수 있다. 해외 차세대의 민족정체성 교육이 요청되는 가장 중요한 이유가 여기에 있다.

조국으로부터 멀리 떨어져 새로운 나라에서 이민족들과 함께 어울려 살면서 그 나라 국민으로 성공하기 위해서는, 그 나라의 문화와 제도를 내 것으로 받아들여 모범적 국민이 되는 것과 동시에, 자신의 뿌리인 한국민족으로서의 문화적 정체의식을 가지고 주류집단 및 주류문화와 당당하게 대할 때 오히려 그쪽으로부터 존중을 받게 된다. 그러므로 미국의 경우라면 '한국계 미국인', 즉 코리언 아메리칸으로서의 정체성을 형성하도록 돕는 데에 해외 차세대 교육의 중요한 목적의 하나가 있다 하겠다.

그러나 해외 한민족의 민족정체성 교육에 관한 논의를 함에 있어서 절대로 간과해서 안 될 것이 있다. 그들이 한국국민이 아니라 거주국의 국민 또는 시민이라는 사실이다. 예를 들어 미국에 거주하는 한인 차세대는 말할 필요도 없이 한국국민이 아니라, '한국계 미국인(Korean American)', 즉 미국국민이다. 중국에 살고 있는 동포, 다시 말해서 그 나라에서 부르는 명칭으로 '조선족(朝鮮族)'은 '한국계 중국국민'이다. 그러므로 해외동포들은 말할 필요도 없이 거주국의 국민으로 그 사회에서 경쟁하고, 성공하고, 때로는 실패하면서 살아간다. 그들은 현지의 국적을 지니고 있는 그 나라 국민이다. 따라서 해외 차세대를 위한 민족교육의 목표는 그들이 거주국에서 모범적이고 성공적인 국민으로 성장하도록 돕는 것이어야 한다. 한국의 국익을 위한 '한국국민'이 되도록 가르치는 데에 목적을 두는 것은 단견이다. 그 나라의 한인사회를 본국이 지배하려 들거나 파괴해서는 더 더욱 안 된다. 한민족의 피를 나눈 한인으로서 한국의 문화를 이해하고 한국문화에 대한 긍지를 가지고 살아가면서도, 그 나라의 모범적이고 성공적인 국민으로 성장하도록 도와주어야 한다.

이 점에서 한국어와 한국문화 교육은 결정적으로 중요하다. 일견 모순 같지만 미국, 중국, 유럽 각국의 국민으로서 성공하는 데에는 개성 있는 민족문화를 소유하고 있느냐가 큰 도움이 된다. 미국시민으로 성공하는 데에는 영어와 함께 한국어 구사 능력이 큰 도움이 되고, 한국과 동양의 문화에 관한 지식이 매우 중요하다.

재외 한민족 교육 대상에 앞으로 포함시켜야 할 집단이 입양아집단과 나아가 한인혼혈집단이다. 숫자를 정확히 제시할 수는 없으나 한국인 입양자녀에게 한국문화 경험을 주려는 입양부모들이 적지 않다는 사실을 주목할 필요가 있다. 지식수준이 높은 입양부모일수록 그러한 요구가 많은데, 그것은 입양아가 민족적 정체의식이 잘 형성되어 있을수록 청소년기의 정체의식 위기를 잘 넘기고, 그 후에도 개인적으로나 사회적으로 원만하게 성장한다는 사실을 알고 있기 때문이다. 어려서부터 백인사회에서, 스스로 백인인줄로 착각하고 자라다가 청소년기에 이르러 갑자기 백인집단 또는 주류집단으로부터 소외당하는 자신을 발견하고, 그 충격으로 부모와 가정, 그리고 사회에 대해 공격적으로 변하고, 자기 파괴적 행동을 하는 예가 매우 많다.

재외동포 교육에서 마지막으로 특히 강조할 점은 자라나는 새로운 청소년세대의 교육도 중요하지만 기성세대의 교육 또한 절실하고, 어느 면에서 더 중요하다는 사실이다. 차세대를 위한 교육이라고 해서 교육 대상을 아동과 청소년에 한정해서는 성공할 수 없다. 부모를 비롯한 성인세대까지 대상으로 삼는 '전세대교육(全世代教育)' 으로 풀어 나가야 한다. 흔히 교육에 대해 생각하기를, 어른들이 "이렇게 해라, 저렇게 해라."라고 가르치면 교육이 이루어지는 것으로 착각한다. 사실은 그렇지 않다. 대부분의 학습은 모방과 강화에 의해 이루어진다. 즉, 어른들이 하는 행동과 학습활동을 보고 따라 배운다. 특히 민족정체성 교육처럼 가치관, 태도, 행동양식의 학습은 더욱 그렇다. 그러므로 사실은 부모와 성인세대에 대한 민족정체성 교육을 어떻게 할 것인가를 먼저 구상하고 계획하는 것이 중요하다.

이제까지 국내의 학교교육에서 민족문화 교육을 매우 소홀히 하였기 때문에 해외동포의 기성세대, 특히 해방 후 교육세대의 민족문화에 대한 경험과 지식이 대단히 낮다는 사실을 잊어서는 안 된다. 국내의 학교교육 과정에 최근에 와서 조금씩이나마 국악, 한국화, 동양사상 등을 포함하는 경향이지만, 해방 후부터 1980년대 사이에 학교에 다닌 사람들은 한국문화에 관하여 배운 것이 거의 없다. 서양의 플루트는 알아도 우리의 대금은 어떻게 생겼는지조차 모르고, 모차르트의 피아노곡은 아는 척이라도 하지만 「상령산」이나 「수제천」은 이름조차 들어 본 적이 없다. 역사교과에서 배운 것은 식민사관에 오염된 내용이었으므로, 예컨대 군주제도 하에서의 민주적 정치운영방식에 관해서는 배우지 못했고, 조선시대의 정치는 오로지 '당파싸움'이었다고만 배웠다. 그러므로 기성세대는 잘 모르면서 차세대에게만 새로운 민족문화와 민족정체의식을 교육한다는 것은 성공을 기대하기 어렵다.

미국평가학회(AEA) 참가기

행정대학원 행정학과 | 노화준

1. 개요

미국평가학회(American Evaluation Association, AEA) 22차 연례 컨퍼런스 및 워크숍이 2008년 11월 3일부터 9일까지 7일 동안 콜로라도 덴버 시에서 개최되었다. 나는 2007년부터 2009년까지 3년 동안 계속해 AEA 워크숍과 컨퍼런스에 참가하였다. 내가 AEA 참가기를 쓰기로 생각한 것은 AEA의 운영방식이 우리나라 학회의 운영에도 도움이 될까 해서이다.

AEA는 회원이 5,000여 명이며, 국제학회가 아니고 미국학자들 중심의 학회이지만 이 학회에는 캐나다를 비롯하여 유럽 각국, 호주, 뉴질랜드, 중남미 및 일본과 한국을 비롯한 아시아 각국의 학자들도 참여하는 대규모 학회이다.

이 학회는 몇 가지 특징이 있는데 그 특징 중의 하나는 회원들의 학문적 백그라운드가 다양하다는 것이고, 다른 하나는 학회운영이 주제관심그룹(Topical Interest Group, TIG) 중심으로 이루어진다는 것이다.

회원들의 구성을 보면 회원들은 어느 단일 분야, 예컨대 행정학이나 교육학 등과 같이 어느 한 학문 분야가 아니라 행정학, 교육학, 보건학, 사회복지학, 환경학, 농학, 범죄학 등 매우 다양한 분야의 전공자들로 구성되어 있다는 점이다. 그래서 자연스럽게 각 학문 분야에서 발전시킨 평가에 관한 이론과 접근방법들이 회원들 사이에 공유될 수 있고, 평가에 관한 이론과 방법론들의 발전이 촉진될 수 있다는 이점이 있다.

학회운영의 또 하나의 중요한 특징은 회원들이 40여 개에 달하는 TIG 중심으로 운영된다는 점이다. 이 학회에 가입하면 누구나 4~5개의 TIG에 가입할 수 있으며, 원하면 TIG를 변경할 수도 있다. 몇 개의 TIG를 예시하면 정부평가, 창도와 정책변화, 평가활용, 보건평가, 사회복지, 고등교육평가, 과학기술, 알코올·약남용·정신건강, 경영과 산업, 범죄 및 사법, 니즈사정, 비영리 및 재단평가, 질적 평가, 계량적 평가, 시스템적 평가, 평가교육, 평가이론, 조직학습과 평가역량구축 등을 들 수 있다. 앞에 든 TIG의 예에서 볼 수 있는 바와 같이 TIG는 학문 분야와 관련된 것도 있고, 사회활동 및 평가의 접근방법과 관련된 것들도 있다. 따라서 한 회원이 적어도 4~5개의 TIG에 가입할 수 있기 때문에 회원의 학문적 백그라운드에 따라 자기 전공 분야의 TIG에 가입하여 활동할 수도 있고, 사회활동의 관심 분야나 접근방법의 관심 분야에 따라 TIG를 선택하여 가입하고 활동하므로 자연스럽게 다른 학문적 백그라운드를 가진 회원들과 네트워크도 발전시킬 수 있고, 다른 회원들과 상호작용하는 가운데 다른 분야에서 발전시킨 평가이론이나 방법론들을 배울 수 있으며, 새로운 평가이론이나 방법론들을 발전시킬 수 있는 이점도 있다.

컨퍼런스에서 논문을 발표할 세션이나 라운드테이블 등의 결정도 TIG 중심으로 이루어진다. 미국평가학회는 매년 11월 초에 일주일 정도의 기간으로 개최되며, 그중 3.5일 정도는 워크숍을 개최하고, 3.5일 정도는 컨퍼런스(conference)를 진행한다. 다음에는 이들 워크숍과 컨퍼런스에 대해 좀 더 구체적으로 살펴보고자 한다.

2. 워크숍

AEA는 2008년 11월에는 워크숍을 3.5일 동안에 56개 주제로 진행하였다. 56개 워크숍 중 2일간(12시간) 일정으로 진행되는 워크숍은 8개 주제, 1일간(6시간) 일정으로 진행되는 워크숍은 27개 주제, 반 일간(3시간) 진행되는 워크숍은 21개 주제였다. 상대적으로 볼 때 2008년도에는 2006년도에 비해서 2일간 진행된 워크숍이 줄어든 반면에 1일간 진행된 워크숍과 반 일간(1/2일) 진행된 워크숍이 크게 증가되었다.

표 1. 최근 3년간 AEA에서 진행된 진행기간별 워크숍(단위: 회)

워크숍 기간 \ 연도	2006년	2007년	2008년
2일	14	7	8
1일	19	28	27
1/2일	13	15	21
합계	46	50	56

자료: *Annual Conference of the American Evaluation Association*(AEA, 2006; 2007; 2008)에 의거 작성.

제공된 워크숍을 수준별로 보면 2006년도에는 총 46개 주제 중 43.5%(20개 주제)가 초급(beginner)수준이었고, 54.3%(25개 주제)가 중급(intermediate)수준이었으며, 2.2%(1개 주제)가 고급수준이었다. 2007년도에는 총 50개 주제 중 44.0%(22개 주제)가 초급수준이었고, 52.0%

(26개 주제)가 중급수준이었으며, 4.0%(2개 주제)가 고급수준이었다.

표 2. 최근 3년간 AEA에서 제공된 수준별 워크숍(단위: 회)

워크숍 수준 \ 연도	2006년	2007년	2008년
초급	20(43.5)	22(44.0)	30(53.6)
중급	25(54.3)	26(52.0)	25(44.6)
고급	1(2.2)	2(4.0)	1(1.8)
합계	46(100.0)	50(100.0)	56(100.0)

*( ) 안은 백분비(%)

자료: *Annual Conference of the American Evaluation Association*(AEA, 2006; 2007; 2008)에 의거 작성.

2008년도에는 총 56개 주제 중 53.6%(30개 주제)가 초급수준이었고, 44.6%(25개 주제)가 중급수준이었으며, 1.8%(1개 주제)가 고급수준이었다. 연도에 따라 달랐으나 평균적으로 볼 때 제공된 워크숍들은 초급수준과 중급수준이 각각 50% 정도씩 점하고 있었다.

워크숍의 주제별로 보면 2006년에는 평가기획, 보고서 작성, 활용 등 평가실무에 관한 워크숍이 40% 정도로 많았으나 2008년도에는 25% 정도로 줄어들었다. 반면에 2006년도에는 평가역량구축(evaluation capacity building)에 관한 워크숍이 한 건도 없었으나 2008년도에는 9% 정도로 평가역량구축에 관한 관심이 크게 높아졌음을 볼 수 있다. 그 외에 계량적 방법, 질적 방법 및 실험적 방법 등 방법론에 관한 워크숍이 20% 이상으로 매년 꾸준히 높은 비율로 유지되고 있어 평가방법론 훈련에 대한 수요가 꾸준하다는 것을 반영해 주고 있다. 한 가지 특기할 만한 사실은 대학원 학생들을 대상으로 박사학위논문 작성을 위한 워크숍이 매년 제공되고 있다는 사실이다.

표 3. 최근 3년간 AEA에서 진행된 주제별 워크숍(단위: 회)

주제 \ 연도	2006년	2007년	2008년
평가실무 (평가기획, 보고서 작성, 활용 등)	18 (39.1)	12 (24.0)	14 (25.0)
분석방법 및 실험설계 (계량적 및 질적 방법, 실험적 접근방법 등)	10 (21.7)	10 (20.0)	13 (23.2)
논리모형의 작성과 모델링 (논리모형, 이론에 기초한 평가 등)	6 (13.1)	6 (12.0)	5 (8.9)
측정 (측정도구, 성과측정, 성과관리 등)	5 (10.9)	8 (16.0)	4 (7.1)
평가역량구축	- (0.0)	1 (2.0)	5 (8.9)
평가접근방법 (참여적 평가, 협동평가, 시스템 접근, 니즈평가, 콘셉트 맵핑 등)	5 (10.9)	10 (20.0)	8 (14.3)
기타 (비디오 인터뷰, 인터넷 서베이, 컨설팅, 평가 마케팅 등)	2 (4.3)	3 (6.0)	7 (12.5)
합계	46 (100.0)	50 (100.0)	56 (100.0)

*( ) 안은 백분비(%)

자료: *Annual Conference of the American Evaluation Association*(AEA, 2006; 2007; 2008)에 의거 작성.

워크숍 주제당 참여인원은 워크숍 주제에 따라 다르기 때문에 일률적으로 말하기 어렵다. 본 연구자는 2006년부터 2008년 사이에 매년 각각 3개 주제의 워크숍에 참여하여 총 9개 워크숍을 참여 관찰했는데, 참여 관찰한 바에 의하면 주제당 워크숍 참여인원은 적은 경우에는 20명, 많은 경우에는 50명 정도였다.[1] 평균적으로 매 워크숍당 참여인원이 30명 정도가 될 것으로 추정되었다. 따라서 워크숍에 참여한 연인원은 2006년도에는 1,400여 명, 2007년도에는 1,500여 명, 그리고 2008년도에는 1,700여 명에 이른 것으로 추정된다.

워크숍에 참여한 사람들의 소속은 참여 관찰한 바에 의하면, 외국 사람들은 극소수에 불과하고 대부분이 미국사람들이었으며, 소속한 조직별로는 대학과 대학연구기관을 포함한 교육기관에 소속한 사람들이 50%, 정부기관에 소속한 사람들이 30%, 그리고 NGO 단체, 평가컨설팅회사, 평가연구비를 지원하는 재단, 서베이 전문회사 등에 소속한 사람들이 20% 정도 되는 것으로 추정되고 있다.[2] 이렇게 본다면 2008년도에 워크숍에 참여한 사람들 가운데 교육기관에 소속한 사람이 850여 명(연인원), 정부조직에 소속한 사람이 510여 명(연인원), 그리고 NGO 등에 소속된 사람들은 340여 명에 이를 것으로 추정된다. 따라서 AEA는 매년 워크숍을 통해 평가와 관련된 사회 각 부문 조직들의 평가역량발전에 기여할 지적 에너지를 공급하는 데 많은 노력을 하고 있는 것이다.

3. 컨퍼런스

2008년도 AEA 컨퍼런스는 워크숍이 끝난 후 2008년 11월 5일 오후부

1) 워크숍에 참여하고자 하는 사람은 매일 진행되는 워크숍 가운데 2개를 선택하여 신청하도록 하고 있다. 그러므로 만일 어느 한 주제에 지망자가 너무 많으면 선착순에 의해 제2지망으로 돌리기 때문에 한 주제당 50명 이상이 되는 경우는 거의 없는 것 같다. 그리고 제공하기로 된 워크숍도 지망자가 일정 규모에 미달하면 해당 워크숍을 취소하기 때문에 아주 작은 규모의 워크숍은 진행되지 않는 것으로 보인다.

2) 각 워크숍 진행자는 워크숍이 시작되면 대부분의 경우 참여자 본인들에 대한 소개를 하도록 하고 있으며, 이때 자기소개의 주요 내용은 소속기관, 관심 분야, 워크숍에 참여하게 된 동기 등을 소개하는 것이 일반적이었다.

터 8일까지 3.5일간 계속되었다. 이 컨퍼런스에는 총 2,500여 명이 참여하였다. AEA 컨퍼런스 개막총회를 필두로 600여 개의 세션이 진행되었다. 세션이 진행되는 시간의 길이는 세션에 따라 다른데 1시간 30분 진행되는 것이 주종을 이루고 있으며, 45분 세션도 포함되어 있다. 세션들은 TIG가 스폰서하여 구성한다. 세션의 유형은 앞에서 기술한 바와 같이 라운드 테이블, 논문발표 세션, 전문가 워크숍, 평가에 관한 전시(demonstra- tion), TIG 회합 등 다양하다.

AEA 컨퍼런스에서 진행한 세션들의 내용이 어떤 내용들이었는가 하는 것은 AEA 구성원들의 최근의 관심사를 반영할 뿐 아니라 정책평가역량의 내용이 무엇인가를 파악하는 데도 큰 도움이 된다. 그러나 2008년도 AEA 컨퍼런스에서 진행된 세션의 수는 600여 개에 이르고 매우 다양하여 파악하기가 어렵다. 그리고 라운드 테이블은 대개 1개의 주제를 가지고 발표하고 토론하고 있으나 세션의 경우에는 한 세션에서 적게는 2개, 많게는 4개 정도의 논문들을 발표하고 있었으며, 평균 3개 정도의 논문들을 발표하고 있기 때문에 한 세션에서도 그 성격이 약간 다른 논문들, 즉 평가방법론의 이슈를 다루는 논문들이 있는가 하면, 평가실무나 평가정책을 다루고 있는 논문들도 있어서 세션의 유형을 분류하기가 매우 어렵다. 그리고 유형분류의 수를 몇 개로 할 것인지도 결정하기 어려운 과제이다. 만일 유형의 수를 5~6개로 단순화하면 분류하기는 쉬운 반면에 세션의 내용들이 중첩되어 세션의 성격을 파악하기가 어렵고, 세션의 유형을 너무 많게 하면 분류작업이 매우 어려운 난점이 있다. 이러한 점들을 감안하여 여기서는 라운드 테이블을 포함한 논문발표 세션들을 9개로 분류하고, 기타 각종 회합의 성격을 가진 세션들을 하나로 묶어서 총 10개의 유형으로 분류해

표 4. 2008년도 AEA 컨퍼런스 주제별 세션(단위: 회)

주제	세션
평가실무 (평가기획, 보고서 작성, 프레젠테이션 활용, 평가정책 등)	158(26.3)
분석방법 및 실험설계 (계량적 및 질적 방법, 실험적 접근방법, 방법론적 이슈 등)	58(9.7)
논리모형의 작성, 모델링 및 변화이론 활용 (논리모형, 모델링, 이론에 기초한 평가 등)	26(4.3)
자료수집과 측정 (측정도구, 성과측정, 성과관리, 자료수집, 평가도구, 산출결과 측정 등)	56(9.4)
평가역량발전 (증거에 기초한 정책, 평가역량구축·발전, 정책학습, 조직학습, 평가훈련, AJE 기고 가이드라인 설명, 전문가 워크숍 등)	95(15.8)
평가접근방법 (참여적 평가, 협동평가, 임파워먼트 평가, 시스템 접근, 니즈평가, 사회적 네트워크 분석 등)	66(11.0)
과정 및 산출결과 평가	62(10.3)
영리 및 비영리 분야 평가 (영리단체, 민간연구소, 비영리조직의 업무 등)	17(2.8)
기타 (비디오 인터뷰, 인터넷 서베이, 이미지 활용, 컨설팅, 평가마케팅 등)	20(3.4)
각종 회합 (총회, TIG 미팅, AEA 타운홀미팅(Town Hall Meeting), AEA 수상자들과의 대화, 학생수상자에 대한 논의 등)	42(7.0)
합계	600(100.0)

*( ) 안은 백분비(%)

자료: *22nd Annual Conference of the American Evaluation Association: Evaluation 2008*(Denver, Colorado, November 3-9, 2008)에 의거 작성.

보았다. 주제별 세션 분류의 내용과 세션의 회수 및 구성비는 <표 4>에서 보는 바와 같다.

세션의 분류기준은 세션의 명칭, 세션에 포함된 발표논문의 명칭과 성격, 스폰서한 TIG의 성격 등이었다. 동일한 세션 내에서도 발표된 논문들의 주제가 다양한 경우에는 주로 세션을 지원한 TIG의 성격을 참조했기 때문에 어느 정도 주관적인 판단이 불가피하였다.

세션들 가운데 평가실무에 관한 세션이 26.3%로 가장 많았다. 물론 대부분의 발표논문들이 어느 정도는 평가실무와 관련이 있겠으나 세션의 명칭에 명시적으로 평가실무라고 붙여진 것 이외에도 평가기획, 보고서 작성, 프레젠테이션, 평가활용, 평가정책 등에 관한 이슈를 다룬 성격의 논문들이 세션에 많이 포함되어 있으면 평가실무세션으로 분류하였다.

AEA 구성원들이 평가에 직접 참여하는 공무원, 공사기관의 연구원들이 많다는 점에서 예상되는 결과로 보인다. 두 번째로 많았던 세션은 평가역량발전에 관한 세션으로 전체의 15.8%를 점하였다. 평가역량발전에 관한 세션에서는 증거에 기초한 정책, 평가역량구축과 발전, 정책학습, 조직학습, 평가훈련과 관련된 이슈들을 다룬 성격의 논문들이 주로 발표되었다.

특이한 점은 평가학회에 처음 기고하는 기고자들을 위해 미국평가학회지인 *AJE*(*American Journal of Evaluation*)에 기고하는 가이드라인을 설명하는 세션을 별도로 두고 있다는 점과 학회를 시작하기 전에 실시하는 워크숍 이외에도 컨퍼런스 중간에도 세션의 형식을 빌려 전문가들이 직접 시행하는 많은 수의 전문가 워크숍들이 제공되고 있다는 점이다.[3] 세 번

3) 전문가 워크숍의 예로는, “the Built-in Evaluation Framework: Integration and Implementation

째로 많은 세션은 참여적 평가, 협동평가(collaborative evaluation), 임파워먼트 평가(empowerment evaluation), 시스템 접근, 니즈평가, 사회적 네트워크 분석 등 평가접근방법에 관한 이슈들을 다룬 세션이었다. 그 다음은 과정 및 산출결과에 대한 평가를 다룬 세션 10.3%, 분석방법 및 실험설계와 관련된 이슈들을 다룬 세션 9.7%, 자료수집과 측정을 다룬 세션 9.4% 등의 순이었다. 새로 나타나고 있는 현상 중의 하나는 영리단체(은행 등), 민간연구소, 비영리조직의 업무와 관련된 평가이슈들을 다루는 영리 및 비영리 분야 평가에 세션들이 포함되고 있다는 점이다. 이것은 평가에 관한 세션들이 포함되고 있다는 점이다. 이것은 평가에 관한 사회적 수요가 정부, 교육기관, 연구기관 등을 포함하는 공공기관에서 수행하는 정책이나 프로그램에 대한 평가뿐 아니라, 대규모 영리 및 비영리 조직에서 수행하는 프로그램에까지 확대되고 있다는 것을 반영한 점이다. 또한 비디오 인터뷰, 인터넷 서베이, 이미지 활용, 컨설팅, 평가마케팅 등에 관한 이슈들을 다루는 세션들도 20여 개에 달하고 있는데, 이것은 새로운 기술발전과 평가를 하나의 전문업으로 하는 컨설팅 회사들의 발전의 영향을 반영하는 것이라고 하겠다.

2008년도 AEA 컨퍼런스에 참여한 등록인원이 2,500여 명에 이르렀기 때문에 매 세션에 참여한 인원들도 소규모 세션에는 20여 명에 불과했지만 대규모 세션에는 70~80여 명에 이르기도 하여 각 세션을 통해 배우고자 하는 열의가 매우 높은 것으로 관찰되었다.

---

of Built-in Evaluation Systems", "Evaluation Policy: Integrating Evaluation Offices into the Surrounding Agency Culture." 등을 들 수 있다.

4. 몇 가지 시사점

앞에서는 미국평가학회의 운영과 워크숍 및 컨퍼런스 진행 내용들을 살펴보았는데 미국평가학회의 운영은 우리에게 몇 가지 중요한 시사를 주고 있다.

첫째, 미국평가학회가 매트릭스와 같이 운영되고 있다는 것이다. 즉, 행정학, 교육학, 보건학, 환경학 등 각 학문 영역별로 학회가 조직되어 활동하고 있으나 여러 학문 영역에서 공통적으로 연구하고 있는 분야, 예컨대 평가와 같은 분야는 어떤 학문을 전공하든 또 하나의 제2의 전공 분야로 생각하여 각 학문 영역에 관계없이 새로운 하나의 공통적인 연구 영역으로 생각하여 학회를 구성하여 운영하고 있다는 점이다. 이렇게 함으로써 각각의 학문 영역에서 발전시킨 평가에 관한 이론과 방법들을 공유하고 통찰력을 길러서 평가 분야의 학문발전을 촉진하고, 학문적 네트워크 연계를 확장하며, 각 분야에 학습과 응용을 촉진하고 있다는 것이다.

둘째, 주제별 TIG의 운영에서 보는 바와 같이 40여 개에 이르는 다양한 관심 분야의 TIG가 운영되고 있는데 각 TIG에는 참여인원이 최소 수십 명에서 수백 명에 이르고 있다는 것이다. 만일 평가 분야에 대한 학회가 학문 분야별로, 예컨대 정책평가(정책학 분야), 교육 및 교육프로그램평가(교육학 분야), 복지프로그램평가(사회복지학 분야), 보건프로그램평가(보건학 분야), 형사프로그램평가(법학 분야), 환경프로그램평가(환경학 분야) 등으로 분산되어 조직되고, 각 분야 평가학회별로 TIG를 구성하여 운영한다면 전체적으로 볼 때 과도하게 많은 수의 TIG를 운영하는 셈이 된다. 이에 따라 각 TIG별로 참여인원이 줄어들어 어떤 TIG에는 최소한의 필요인원(critical mass)에도 미달하는 사태가 발생할 수 있기 때문에 운영하기도 어려워질 수 있을 뿐 아니라 논문발표 등을 통한 관심 분야별 이론과 연구방법론의 발전을 위한 활동도 활발하게 이루어지기 어려워질 수 있고, 회원들 상호간에 아이디어를 공유하기도 어려워질 수 있을 것이다. 이러한 문제점을 방지하기 위해 각 학문 분야에서 평가를 전공하는 연구자들이나 실무자들이 하나의 학회를 구성하고 활동하는 것이다.

셋째, 미국평가학회에는 학계는 물론 비정부기관(NGO), 미국 각 정부부처, 의회, 감사원(GAO), 예산처(MBO), 지방정부, 각종 연구재단 및 연구비 지원기관, 민간 기업조직, 각종 연구용역업체(consulting firm), 여론조사기관 등 다양한 분야에서 참여하고 있기 때문에 각종 정책과 프로그램에 대한 평가를 통해 학습(learning)할 뿐 아니라 정부가 평가를 통해 학습하고 성장할 수 있도록 하는 각종 제도적 장치를 마련하고, 또 중앙정부조직, 각급 지방정부조직들이 평가를 통해 배우고, 정책과 프로그램을 개선함으로써 정부의 능률성과 효과성, 합목적성 등을 높이도록 하는 데에도 크게 기여하고 있다. 우리나라에서도 각 학문 분야별로 평가를 전공하는 연구자들이 모두 참여하는 하나의 평가학회를 구성하여 활동한다면 평가이론과 방법을 발전시키는 데도 더 효과적이고, 아울러 평가를 통해 사회와 정부가 학습하고 사회 각 조직들의 평가역량을 발전시키는 데도 크게 기여할 수 있을 것으로 생각된다.

넷째, 미국평가학회에는 학자나 연구기관의 연구원들뿐 아니라 정부의 박사급 실무자, 비정부기관의 실무자, 각급 연구비 지원재단의 실무자, 연구용역업체의 실무자 등 사회 각 분야 조직에서 평가를 연구하거나 실행하는 사람들이 참여하여 같이 논문을 발표하고 토론함으로써 학계와 실무계 간의 교류를 촉진하고 학문연구결과가 바로 정부조직에서는 물론이고 사회 각 조직에서 실제로 활용될 수 있도록 하는 데 기여하고 있다. 이것을 뒷받침하기 위해 AEA는 컨퍼런스 이외에도 매년 컨퍼런스 기간에 해당하는 기간(3.5일) 동안 워크숍을 개최하고 있다. 워크숍들의 수준은 주로 초급 및 중급 수준으로 대학교에서 평가 분야를 공부할 기회를 갖지 못했으나 사회에 진출하여 업무를 수행하는 데 평가 분야의 이론과 방법에 관한 지식이 필요하거나 새로이 발전하고 있는 평가 분야 이론과 방법에 관한 지식을 습득하면 업무를 더욱 효율적으로 수행할 수 있다고 생각하는 사람들을 도와주기 위한 것이다. AEA의 이러한 접근방법이 회원들의 수를 증가시키고 AEA에 대한 회원들의 참여를 증진시키며, 사회에서 평가지식의 활용과 보급을 촉진시키고 있다. 평가 분야에 대한 저술 가운데 Michael Q. Patton의 활용에 초점을 둔 평가(Utilization Focused Evaluation)가 평가 분야에서 베스트셀러 가운데 하나라고 하는 것도 평가연구결과나 평가방법론들이 실제 현장에서 활용하는 것이 얼마나 중요한가를 반영해 주고 있으며, 이러한 AEA의 접근방법이 우리 평가학계가 학회를 운영하는 데 시사해 주는 바가 크다.

세계학술대회 서울 개최 경험

공과대학 전기컴퓨터공학부 | 권욱현

2008년 7월 6~11일 사이 국제자동제어연맹(International Federation of Automatic Control, IFAC) 세계학술대회(World Congress)를 서울에서 개최하였다. 50년의 오랜 역사를 가진 국제자동제어연맹은 전 세계 자동제어 분야에서 가장 큰 규모를 자랑하는 조직이며 3년마다 세계대회를 열고 있으며 이번 서울대회는 제17회 대회에 해당한다. 그동안 주로 서구에서 개최되었는데 우리나라에서 개최된 이번 대회가 IFAC 역사상 가장 많은 논문제출수(72개국에서 3,712편)와 가장 많은 참가자수(69개국 2,740여 명)를 기록하고, 행사 프로그램 및 진행 등 모든 면에서 참석자들로부터 역사상 가장 훌륭한 대회라는 평가를 많이 받았다. 이런 성공적인 업적을 이루는 데는 엄청난 노력과 준비과정을 거쳐야만 하였다. 앞으로도 계속 많은 국제대회를 국내에서 개최할 후배들에게 이번 서울대회를 개최한 경험을 나누고자 이 글을 쓴다. 훌륭한 학술대회가 되기 위한 평가항목도 소상히 분석하며 평가를 잘 받기 위한 준비과정과 노력도 자세하게 설명하기로 한다.

모든 프로젝트가 그렇듯이 우선 대회에 관한 큰 목표가 정립되어 있어야 한다. 평균적으로 치를지, 훌륭한 대회로 치를지, 역대 최고로 치를지에 관한 목표를 세워야 한다. 이 목표는 주로 주최단체의 회장이나 대회를 책임지는 대회장(General Chair)이 결정해야 한다. 국내에서 치러지는 대부분의 국제대회의 경우, 국제단체의 회장은 외국인의 경우가 많고, 대회장은 국내 인사가 맡고 있다. 역대 최고 대회를 치르기 위해서는 충분한 재정과 엄청난 노력과 준비과정이 필요하기 때문에 대부분의 대회장들은 역대 최고로 치르기보다는 훌륭한 대회로 치르기를 바란다. 어느 정도의 훌륭한 대회를 치르더라도 해당 국제단체로부터 노력을 인정받아 행사를 개최한 핵심 인사들은 국제단체에서 추후 중요한 역할을 맡을 기회가 많아진다. 하지만 본인이 2005~2008년간 국제자동제어연맹 회장이었고, 회장 책임 하에 서울대회를 치른 후에 차기 회장에게 회장 자리를 넘기게 되어 있었다. 따라서 본인은 회장의 명예를 걸고 서울대회를 가능하면 역대 최고로, 아니면 최소한 감동을 주는 훌륭한 대회로 치르기로 마음먹었다. 우리나라의 국위를 선양하는 의도도 있었다.

우선 훌륭한 학술대회는 어떻게 평가되는지를 알아야 한다. 여러 가지 면에서 평가되며 크게 보아 12가지로 대별할 수 있다고 생각한다. (1) 우선 논문의 질적 수준 및 초청강연(Plenary Talk)이 좋아야 한다. (2) 논문 제출수가 많아야 하고 대회등록자(참가자)의 수도 많아야 한다. (3) 발표 장소나 전시실 등 대회장의 시설이 좋아야 한다. (4) 현장 등록절차나 학술발표장 진행 등 대회진행이 효율적이어야 한다. (5) 여러 가격대의 호텔이 다양하게 대회장 근방에 배치되어야 한다. (6) 대회논문집, 논문 CD 등 대회 프로그램 인쇄물이 좋아야 한다. (7) 행사기간 동안 노트북의 무선인터넷, 유선인터넷 등 컴퓨터통신수단이 원활해야 한다. (8) 기술투어, 문화투어 등이 많아야 한다. (9) 개회식과 폐회식이 정중하고 환영연, 방퀘, 환송연 등이 재미있고 음식이 충분해야 한다. (10) 등록비가 비싸다는 인상을 주지 않을 정도로 적당해야 한다. (11) 웹사이트가 좋고, 인터넷을 통한 논문 등록·심사·교정 등의 절차가 편리해야 한다. (12) 선물제공 등 친절(hospitality)이 동반된 행사이어야 한다.

위의 평가항목에 나타나 있지 않지만 대회의 성공을 위해서는 충분한 재정이 필수적이라는 점을 강조하고 싶다. 위의 평가항목을 보면 많은 항목이 재정 부담을 요구하고 있다. 재정이 충분해야만 좋은 내용을 계획하고 집행할 수가 있다. 대회수입은 크게 보아 등록금과 모금이다. 그런데 대회 평가를 높이기 위해 등록금을 적게 받거나 적정하게 받게 되면, 참가 등록자가 많거나 모금이 충분해야 한다. 참가 등록자는 사전 계획단계에서는 모르기 때문에 모금이 더욱 중요하게 된다. 대회 경비를 효율적으로 줄이는 것도 모금을 많이 하는 만큼 중요하다. 예를 들어 같은 행사를 치르면서 10% 경비를 절감하면 10% 모금하는 효과와 같다. 경비절약은 사무국 운영을 통해 노력하면 어느 정도 성취할 수 있다. 모금이 많으면 참가자는 납입한 등록금보다 더 많은 혜택을 받게 되어 감동을 느끼게 된다. 충분한 재정의 확보는 대회장이나 단체장의 몫이다. 본인은 역대 최고 혹은 감동을 주는 훌륭한 행사를 위해 충분한 재정을 책임지겠다고 약속했으며, 모금도 본인이 전부 책임지기로 했고, 조직위원들은 모금 부담 없이 대회 일에만 전념할 수 있도록 하였다. 전체 경비의 1/3 정도는 모금을 통해 마련하기로 계획을 세웠으며 노력한 결과, 결국 계획된 모금 목표를 달성할 수 있었다. 어떻게 모금했는지는 뒤에서 간단히 설명하겠다.

행사 전의 자금 확보도 충분해야 한다. 행사 전에 사무국을 운영해야 하고, 조직위원회의 모임을 활성화해야 하고 또한 웹사이트를 포함하여 홍보도 열심히 해야 하는데 이런 활동은 행사 전에 이루어지기 때문이다. 그렇지 못하면 행사 준비가 소홀해지며 따라서 훌륭한 행사를 치를 수가 없게 된다. 예를 들어 등록비가 들어오기 전에 총 경비의 10~15%가 준비되어 사용가능해야 한다는 점을 강조하고 싶다. 보통 주체기관에서 일부 자금을 차용해 주기도 하는데 이 경우는 흔치도 않지만 받더라도 액수가 적으며 모든 수입과 지출을 보고하게 되어 자율성이 떨어진다. 주관기관이 정부나 학술단체라면 내부자금을 차용하기가 쉽지만, 대부분의 행사는 이번 서울대회처럼 법인이 아닌 대회 조직위원회에서 관장하고 있어 은행에서 차용하기도 이것도 어렵다. 본인이 서울대학교의 발전기금을 통해 기부한 일정액과 사무국을 운영하는 제어계측연구센터의 자금을 차용하여 사전 경비를 충분히 감당하였다. 이것도 성공 요인 중의 하나일 것이라고 생각한다.

대회를 준비하는 체계적인 조직도 대회를 성공시키기 위해서는 대단히 중요하다. 이것도 대회 성공 평가항목은 아니지만 성공에 이르는 중요한 요소이다. 3가지 조직 방식을 생각할 수 있다: (1) 전문 대회운영사 (Professional Conference Organizer, PCO)에 모든 것을 맡기는 방식, (2) 자체 사무국을 구성하여 직접 운영하는 방식, (3) 자체 사무국을 중심으로 하고 일부 행사 준비나 진행만을 PCO에 일임하는 방식. 세 가지 방식 중에 하나를 결정해야 하는데 각 방식에는 장단점이 있다. PCO에 전부 맡기면 전문운영기관으로서 통상적인 일을 알고 있기 때문에 행사 준비와 집행이 편하며 어느 정도의 성공에는 쉽게 도달할 수 있다. 그러나 완벽한 성공을 이루기는 거의 불가능하다고 생각한다. 여러 기관의 행사를 동시에 다루고 있어 관심이 분산되며, 오랜 기간에 걸쳐 한 대회에 전력투구하기는 어려우며, 특정 학술행사의 특수성은 잘 모르기 때문이다. 또한 경비가 많이 들고 예산집행에 다소 낭비가 있을 수 있다. 반면 직접 자체 사무국 운영은 재정적으로 효율적이지만 사무국 관리에 시간이 많이 들고, 책임자가 대회개최 경험이 없으면 복잡한 대회 일처리가 어렵게 된다. 그리고 시설 운영 등 일부 행사 준비는 사무국이 하기에는 벅찬 면이 많다. 따라서 훌륭한 대회를 치르기가 힘들 수 있다. 자체 사무국을 운영하고 일부 행사의 준비나 운영만을 PCO에 맡기는 세 번째의 경우, 잘못하면 책임 회피와 비협조로 아주 망칠 수도 있으나, 잘만 하면 앞의 두 가지 방식의 장점을 잘 살려, 경비도 일부 줄이면서 완벽한 성공도 이룰 수 있으리라 생각한다. 한 가지 분명한 것은 이 경우에는 역할 분담을 분명히 하고 누군가가 사무국을 활용하여 모든 행사를 군대 작전계획처럼 상세히 기획하고 문서화하는 능력이 있을 때만 완벽한 성공이 가능하다는 점을 강조하고 싶다. 이 경우 PCO의 역할도 사무국을 통해 조정되어야 한다. 우리는 완벽한 성공을 원했기 때문에 세 번째 방식을 택하기로 하였다. PCO에게 현장시설 설치운영, 도우미 관리 및 현장행사 진행, 현장홍보 등을 맡겼다. 우리 행사는 기존 학회가 사무국을 담당하지 않았기 때문에 공개채용을 통해 채용한 몇 명의 전임직원들로 자체 사무국을 운영하였다. 거의 학술행사를 치른 경험이 없는 사람들이 지원했지만 배우고자 하는 열의를 가진 사람을 채용하였다. 사무국은 서울대학교의 연구센터에 두었으며 나의 연구실 바로 옆방에 있었다. 사무국이 행사책임자와 가까이 있는 것도 매우 중요한 사항이다.

성공적인 행사를 준비하기 위해서는 조직위원회를 일찍 구성하고 사전 준비모임을 많이 가져야 한다. 이것도 대회 성공 평가항목은 아니지만 성공에 이르는 중요한 요소이다. 우리의 조직위원회는 대략 15명 내외로 구성했으며 이것은 일반 대규모 대회와 큰 차이가 없다고 생각한다. 대회장(General Chair), 사무국장(General Secretary), 프로그램, 출판, 홍보, 현장준비, 국제, 특별행사, 워크숍, 기술 및 문화 방문, 재정, 전시, 산업 위원장 등으로 구성하였다. 앞으로 시간이 많이 남아 있는데 미리 준비 모임을 자주 가진다는 것은 쉬운 일이 아니다. 오래전에는 3개월에 한 번씩 모이다가, 시간이 지나감에 따라 두 달에 한 번씩, 나중에는 한 달에 한 번씩 모였다. 실제 우리 조직위원회가 모인 회의는 무려 46회에 이르고 있다. 모든 회의는 간단한 식사를 포함하여 3~4시간 지속되며 회의를 마치면 회의록을 작성하고 전체진행계획(Mater Schedule)을 재작성(Up Date)하게 된다. 이런 자료는 웹에 올라가 있어 모두가 볼 수 있도록 했으며 이에 따라 각자 책임 맡은 일을 수행하도록 하였다. 조직위원회 일을 도와주고 세부사항을 집행할 수 있도록 사무국을 체계적으로 운영해야 하는 것도 필수적이라고 생각한다. 사무국장을 중심으로 직원 및 본인으로 '사무국회의'를 별도로 구성하여 운영했으며 거의 매주 1회 모임을 가지려고 노력하였다. 물론 이 모임도 회의안건을 문서로 작성하였다. 행사장 및 주간 호텔계약지원을 행사 몇 년 전에 PCO에게 요청했으나 그동안 일을 맡기지 않다가 행사 반 년 전부터 본격적으로 일을 맡게 하였다. 그때부터 조직위원회 모임에 참석하기 시작했으며 대회가 가까워 오면서 사무국회의에도 자주 참석을 하도록 하였다. PCO 참여가 늦어지면 경비를 절약할 수 있지만 너무 늦게 참여시키면 행사 일에 지장이 생길 수도 있어 조심해야 한다.

행사에 많은 사람이 참가하기를 원하면 행사 전에 행사에 대한 다양한 홍보가 중요하게 된다. 우리나라는 서구로부터 거리가 멀어 서구인들이 참석을 꺼리므로 특히 이 점이 중요하게 된다. 서구의 참석자가 많지 않고 우리나라와 아시아 위주의 참석자가 많다면 진정한 국제대회의 의미가 상실된다. 우리는 2002년 스페인 바르셀로나 세계대회에서, 그리고 2005년 체코 프라하 세계대회에서 '한국 친선 밤(Korean Friendship Night)' 행사를 잘 치렀다. 많은 사람들이 참석했으며 한국에서 개최되는 세계대회는 특별한 준비가 되어 있음을 보여주었다. 서울세계대회에 관련된 홍보 비디오도 제작하여 상영하였다. 그리고 논문제출요망서(Call for Papers)를 각국의 여러 행사 주최 측에 부탁하여 모든 참석자들의 가방에 집어넣었다. 실제 미국제어학술대회(American Control Conference), 유럽제어학술대회(European Control Conference), 아시아제어학술대회(Asian Control Conference), 중국제어학술대회(Chinese Control Conference), 일본제어학술대회(SICE Annual Conference) 등의 모든 참가자 가방 속에 서울대회의 논문제출요망서가 포함되었다. 그리고 본인이 위에 열거한 모든 학술대회에 직접 참석하는 최소한의 성의를 보여야 하였다. 우리는 행사 3년 전부터 이런 홍보활동을 집중적으로 했으며, 매년 한 번씩 대회 준비 자료를 갱신하고 인쇄물을 새롭게 하였다. 아마 우리같이 집중적으로 많이 홍보한 대회는 없을 것이라 생각한다. 이것 때문에 IFAC 역사상 가장 많은 논문제출수를 기록한 것 같기도 하다. 뒤에 설명하겠지만 훌륭하고 멋있는 웹사이트와 세계 최고수준의 '논문관리 및 등록시스템' 덕택도 조금은 있으리라 생각한다.

홍보에는 아주 중요한 것이 웹사이트(Web Site)이다. 요즘은 학술대회의 얼굴이 되기 때문에 더욱 그러하다. 우리는 여기에 많은 신경을 기울였다. 웹디자인 전공자를 고용하여 특별히 관리하였다. 그리고 영어를 잘 사용하는 사람이면 더욱 좋은데, 우리는 영어를 알고 웹도 디자인하는 사람을 채용할 수 있어 다행이었다. 외부의 웹사이트와 전 대회의 것을 분석하여 우리 나름의 메뉴를 정하였다. 전문적으로 보이도록 설계했으며 색깔부터 서양 사람들이 좋아하도록 푸른색 계통으로 디자인하였다. 표지에는 가능한 한 사진을 넣지 않도록 하였다. 이것은 서양식 스타일이며 우리나라의 홈페이지와 다르다. 가능하면 상세하고 많은 자료를 넣도록 했으며 웹사이트에 들어오면 대회의 모든 내용이 보이도록 하였다. 한국의 교통과 문화 자료도 링크했고 공항에서부터 각 호텔까지의 교통편도 상세히 넣었다. 우리나라 교통정보는 내용도 부족하고 오류가 많은 것도 있기 때문에 일부는 실제 검증하여 수정한 자료를 추가하기도 하였다. 행사장 안에서의 기존 지도도 이해하기가 너무 어려워 우리가 직접 편집하여 그려 놓았다. 그리고 우리가 만든 모든 대회 관련 인쇄물은 시기적으로 지난 것도 archive라는 메뉴에 올려놓았다. 시간이 지나감에 따라 행사 내용이 구체화하기 때문에 웹사이트 내용을 수시로 재구성하였다. 특히 대회 행사 기간에는 모든 다양한 프로그램을 웹에서 볼 수 있게 하였다. 식당 위치와 음식 내용도 물론 포함되어 있다. 차기 이태리 대회에서 우리 웹사이트의 초기 버전과 현재 버전의 프로그램을 전부 요청했을 정도이니 우리 것이 무척 좋았던 것 같다. 우리 것이 전문가적인 면이 많다는 이야기를 자주 들었다. 웹사이트는 행사책임자가 직접 자주 보고 평가하고 아이디어를 주는 것이 매우 중요하다. 본인은 행사 몇 년 전부터 본인 컴퓨터 웹브라우저의 주 화면으로 이 행사 홈페이지인 www.ifac2008.org를 고정시켜 두었다. 그러니 하루에 한 번 이상 자동적으로 보게 되었다. 본인은 이것을 행사를 치르는 다른 분에게도 권하고 싶다.

학술대회는 논문의 질이 대단히 중요하다. 논문의 질을 높이는 수단으로는 우선 많은 일반논문을 접수한 후 평가가 낮은 논문을 많이 탈락시키는 것이 한 방법이고, 다른 방법으로는 비교적 평가가 좋은 초청논문(Invited Papers)을 많이 접수한 후 이것도 심사하여 일부만 탈락시키는 것이다. 우리는 앞에서 설명했듯이 홍보를 통해 많은 일반논문을 접수하였다. 우리는 초청논문을 많이 제출하도록 주최기관인 국제자동제어연맹 기술분과위원장에게 특별히 부탁을 드렸다. 추가하여, 우리나라 우수한 산업 분야인 자동차, 철강, 조선, 반도체, 로봇산업 분야의 연구 내용을 세계에 알리기 위해 국내 학자의 초청논문세션을 많이 구성하도록 하였다. 지난 대회보다 약간 낮은 통과율을 적용하고도 최종적으로 역대 최고인 2,716편의 논문을 대회장에서 발표할 수 있었다.

학술대회 발표 중 하이라이트는 당시의 큰 주제를 석학으로부터 듣는 기조강연(Plenary Talk)이라고 생각한다. 이것도 대회 성공에도 중요한 요소이다. 우리는 여기에 많은 역점을 두었다. 초청 경비가 많이 들지만 가능하면 많은 분을 초청하기로 하였다. 월요일부터 목요일까지는 하루에 2명씩 마지막 금요일은 1명이 발표하기로 하여 총 9명을 초청하기로 정하였다. 행사장의 장소 특성상 오전에 2명이 연속하여 강당에서 발표하도록 하였다. 하루 2명의 강의 내용을 모두 듣고 나면 그날의 중요한 내용을 전부 들은 기분이 들도록 하였다. 기조강연에는 산업 분야가 포함되어야 하며 가능하면 지역적으로 안배되어야 한다. 이론 분야 6명과, 산업 분야 3명을 할당하기로 하였다. 보통 초청연사는 미국에 치우치는 경우가 많은데 우리는 미국, 유럽, 아시아 각각 3명씩 하도록 정하였다. 아시아에는 중국, 일본, 주체국인 한국이 1명씩 하기로 하였다. 이런 복잡한 구속조건을 만족하면서 석학을 초청해야 하니 많은 시간과 정성을 들여야 하였다. 우선 우리나라에서는 학계보다는 산업계 인사를 초청하는 것이 외부에 인상적이라고 생각하였다. 그래서 세계일등조선국인 점을 참고로 하여 현대중공업의 민계식 박사를 초청하여 좋은 반응을 얻었다. 다른 산업계 인사로는 미국에서는 로봇 회사에서, 그리고 유럽에서는 세계 최대의 여객기를 만드는 에어버스에서 초청하였다. 학계의 6명 중에는 학계에서 최고로 인정받는 원로학자 3명과 중견학자 3명을 포함하였다. 나중에 들은 사실이지만 기조강연이 아주 높은 평가를 받았다.

행사의 성공요인으로 대회장의 시설도 중요하다. 경비를 줄이기 위해 학교시설을 사용하기도 하는데 경비가 문제가 안 된다면 전문 컨벤션센터에서 하는 것이 좋은 인상을 준다. 본 서울대회는 우리나라에서 가장 훌륭한 시설을 갖춘 COEX에서 개최하기로 하였다. 경비가 많이 들더라도 충분한 공간을 확보하였다. 3층의 학술회의(Conference)센터를 거의 전부 사용했으며 이곳에서 30여 기술세션을 동시에 진행했고 몇 개의 기능 룸도 유지하였다. 4층 학술회의센터에도 가장 큰 방 2개를 매일 사용하였다. 보통 전시장으로 사용하고 있는, 내부에 기둥이 없는 대서양홀의 일부(700여 평)를 임대하여 여기에 등록데스크, 참여회사 전시장, 포스터 발표장, 로봇데모 장소, 인터넷사용 장소, 관광 및 호텔 안내데스크, 행사사무국 사무실, 커피숍, 대회장 사무실 등을 배치하여 행사의 축제마당으로 활용하였다. 만남의 장소라고도 할 수 있었다. 이를 통해 참석자에게 대단히 깊은 인상을 주었으리라 생각한다. 이런 전시장은 임대비도 비싸며 그 부대설치비(바닥카펫, 부스설치, 행사광고물설치)에 경비도 많이 들기 때문에 보통의 행사에서는 사용하지 않고 일반 방을 임대하거나 복도 등을 활용하여 분산하여 행사를 치른다. 시설과 연계되는 것으로, 인터넷의 사용이 원활해야 한다. 요즘 국제행사에서는 참석자들이 모두 노트북컴퓨터를 갖고 와서 현장에서 인터넷을 사용하기 때문이다. 해외 학술대회에 참가해 보면, 비싼 가격 때문에 충분한 용량을 임대하지 않거나 고속 통신의 인프라가 없어서 인터넷 환경이 열악하며 이것 때문에 나쁜 인상을 갖게 되는 경우가 많다. 한국이 IT 강국으로 알려져 있기 때문에 이번 대회에서는 경비가 들더라도 최고의 인터넷 환경을 구축하여 주기로 마음먹었다. 그래서 값이 비싸지만 COEX 무선인터넷 통신용량 전부를 사용하기로 계약을 맺었다. 따라서 3,000여 명이 동시에 COEX 건물 어디서나 무선으로 고속 통신을 하는 것이 가능하였다. 얼마나 놀라운 사실인가? 추가하여, 대서양 홀에 20개의 컴퓨터를 설치하여 유선인터넷으로도 더 빠르게 사용하도록 하였다. 아마 참석자들은 한국의 IT 수준에 놀랐으리라 생각한다. 참석자들은 대회 주최 측이 인터넷을 위해 많은 경비를 지출한 사실은 몰랐을 것이다.

대회가 성공하려면 대회장 주위에 다양한 가격의 호텔을 예약할 수 있어야 하고 교통이 편리해야 한다. 또한 주 호텔이 행사장에 연결되어 있어야 하고 가격도 비싸지 않아야 한다. 오래전에 주 호텔로 COEX 인터콘티넨탈 호텔을 예약하고 호텔 가격은 오랫동안 협상하여 아주 바람직한 가격으로 결정하였다. 다행히 전철 2호선 근방에 많은 호텔이 있어 다양한 가격의 호텔을 제공할 수 있었다. 참가자에게 믿음과 신뢰를 주기 위해 큰 규모의 회사인 한진관광에 호텔 등록을 전부 전담시켰다. 그래서 조직위원회에서는 상세한 내용은 잘 알지 못하지만, 호텔 등록 서비스는 무난하기는 했지만 참가자에게 감동을 줄 정도는 아니었을 거라고 추측한다.

대회가 일단 시작되면 매일 동시에 많은 논문발표가 진행되고 또한 많은 다른 행사가 진행된다. 이런 다수 행사가 끝날 때까지 계획대로 차질 없이 완벽하게 진행되어야 감동을 준다. 우리는 행사등록, 논문발표장 운영, 각종 이벤트(개회식, 폐회식, 환영만찬, 방켸, 환송만찬 등) 운영, 문화행사(한국어배우기, 경제역사배우기, 문화체험, 영화감상) 운영, 9곳의 기술회사 방문, IFAC 단체행사 등을 위해 행사장에서 해야 할 모든 내용을 체계적으로 문서화하였다. 여기에는 전체 행사 내용이 포함되어 있었고 행사별로 담당책임자 이름, 행사장소와 시간계획도 적혀 있었다. 이것을 간이책자로 만들어 도우미를 포함한 모든 진행자가 한 부씩 소지하게 하였다. 본인은 일을 시킬 때 그 내용을 문서화하기를 권하고 있다. 말로 한 지시는 잊어버리기 쉽고 그럴 경우 책임을 지울 수 없게 된다. 30여 곳의 논문발표장, 등록데스크, 행사장 주위에서의 위치 안내 등을 담당하는 행사도우미(자원봉사자)를 공개채용 과정을 거쳐 200여 명 선정하였다. 2차에 걸쳐 사전 훈련을 시켰고 현장에서 몇 번 더 교육시켰다. 국제대회에 보통 대학원생을 활용하는데, 본인의 경험상으로는 자원봉사자를 구해 운영하는 것이 더 효과적이라는 점을 지적하고 싶다. 대학원생은 타의로 봉사하기 때문에 소극적인 경향이 있는 데 반해 자원봉사자는 본인이 원해서 일하기 때문에 적극적으로 참여한다. 행사도우미가 친절하고 적극적으로 도와주어서 대회 참여자들로부터 감명을 받은 얘기를 여러 번 들었다. 이러한 도우미는 PCO에게 맡겨 관리하는 것이 효율적이라는 점도 지적하고 싶다. 서울대회는 역사상 가장 참석자가 많았지만 행사의 수도 가장 많았다. 그러나 한 치의 착오 없이 진행되어 많은 참석자에게 큰 감명을 주었다.

대회에서 주최하는 이벤트가 재미있고 감동을 주어야 한다. 환영파티는 보통 간단히 치르는 경향이 있다. 그러나 대회에 감동을 주려면 환영파티에서 좋은 음식을 충분히 주고, 그리고 와인도 충분히 주라고 권고하고 싶다. 이 경우 참석자들은 특별히 대접을 받는다는 느낌을 갖게 되며 이것을 통해 강한 첫 인상을 갖게 된다고 생각한다. 다소 경비가 많이 드는 것을 각오해야 한다. 서울대회에서는 대회 전날에 환영파티가 잡혀 있어 참여자가 적을 거라고 생각했지만 1,400명분의 음식을 준비했을 뿐만 아니라 와인은 총 4,000여 잔이나 제공하였다. 이를 통해 참가자들이 서울대회의 친절함(Hospitality)을 느꼈으리라 생각된다. 대회의 축하연(방퀘)은 참가자에게 더욱 큰 인상을 주기 때문에 잘 치러야 한다. 서울대회에서는 특히 이 축하연에 큰 감동을 주기로 계획하였다. 우선 외국에 없는 대규모 시설에서 대규모 참석자가 참여하는 진행하는 웅장한 모습을 보여주기로 계획하였다. 우선 등록비가 저렴했지만 일반회비로 등록하는 모든 등록자에게 축하연에 참여할 권리를 주었다. 그리고 동반한 가족이나 학생은 실비로 티켓을 구입하여 참가할 수 있게 하였다. 모두 합쳐 2,600여 명이 참가하는 권리를 갖고 있었지만 못 오는 분을 예상하여 때문에 2,300여 명이 참가하는 행사로 준비하였다. 우리나라 호텔에는 아무리 큰 연회장이라도 테이블에 앉아서 만찬을 하는 경우는 800명 정도만 수용할 수 있고 COEX의 1층에 있는 큰 그랜드볼룸(Grand Ball Room)에서도 1,300여 명만 수용가능하다. 그래서 COEX의 3층에 있는 큰 공간인 컨벤션센터에서 축하연을 치렀다. 정말로 대단한 장관을 이루었으며 문을 열고 자리를 찾아 착석하는 데만 30여 분이 소요될 정도로 규모가 컸다. 입장 시에 관악연주, 행사 중에 리틀엔젤스 공연도 준비하였다. 이 축하연을 통해 참석자에게 큰 감동을 주었다. 그리고 개회식과 폐회식도 정중하고 엄숙하게 치렀다.

공연도 물론 포함하였다. 폐회식에는 차기 대회가 잘 부각되도록 하였다.

대회에서 큰 감동을 주기 위해서는 각국의 VIP(중요 인사)를 위한 특별한 행사가 있어야 한다고 생각한다. 과거의 IFAC 대회에서는 이러한 VIP 행사가 없었다. 아마 IFAC 대회는 규모가 커서 VIP 수도 많아 추가적인 경비가 많이 들기 때문인지도 모른다. 그러나 서울대회에서는 각국으로부터 450여 명의 VIP를 초청하여 테이블에 앉아서 만찬을 하는 행사를 치르기로 하였다. 이런 행사의 장소는 대회장 밖에서 치러야 인상적이다. PCO 팀 등에 장소를 문의했으나 외부에 450명이 식사할 수 있는 운치 있는 곳은 서울에서 찾지 못하였다. 할 수 없이 본인이 직접 여러 곳에 문의하였다. 한강 유람선에서 하려고 생각했으나 만찬의 최대 규모가 200여 명에 지나지 않았다. 한강변의 레스토랑에 연락을 해 보았지만 그런 규모는 없었다. 우연히 뚝섬 근방의 한강수면 위에 U-Shell이라는 연회장이 있는 것을 알게 되었다. 최근에 개장되어 잘 알려지지 않은 곳이며 가끔 결혼식도 치러진다고 하였다. 최고급 시설은 아니지만 이 정도 규모이면 되겠다고 생각하였다. 잠실에서 배를 타고 30여 분간 칵테일파티를 하면서 한강과 아름다운 다리조명도 구경하면서 이곳으로 이동해 와서 식사를 하면 멋있는 행사가 되리라고 생각하였다. 얼마나 멋있는 발상인가? 아마 이런 형태의 결합 행사는 우리가 처음 했으리라고 생각한다. VIP 초청 행사는 대회 기간의 앞부분에 해야 효과가 크기 때문에 대회 첫날인 월요일 저녁에 하였다. 물론 즐거운 공연도 포함하였다. 참가자에게 깊은 인상을 주었으리라고 생각한다.

대회에 좋은 인상을 주기 위해서는 기술투어나 문화투어도 충분히 제공되어야 한다. 일반적인 문화투어는 일반 전문 관광회사가 할 수 있으므로 한진관광회사에 부탁하여 별도로 추진하도록 하였다. 그러나 특별 문화 프로그램은 조직위원회에서 직접 관리하여 감명을 주도록 하였다. '한국어 읽기배우기'를 점심시간에 맞추어 월요일과 수요일 두 번이나 제공하였다. 각각 선착순으로 200명까지 접수하고 비싼 점심도시락(17,000원)을 무료로 제공하였다. 그리고 화요일에는 '한국의 경제발전사'를, 목요일에는 '종이접기 문화체험'을 같은 방식으로 제공하였다. 그리고 목요일 밤에는 COEX의 메가박스 한 관을 임대하여 "Crossing"이라는 영어 자막이 나오는 영화를 선착순 500명까지 접수하여 무료로 보여주었다. 과거에 없었던 행사에, 그것도 무료로 참석할 수 있어 많은 감명을 받았으리라고 생각한다. 서울대회에는 기업의 기술방문도 특별히 신경을 많이 썼다. 해외참가자에게 한국의 우수한 기업체를 보여주면 깊은 감명을 받을 거라고 생각하여 가능하면 많이 보여주기로 계획하였다. 비록 울산, 포항 등 멀리 있는 곳도 전부 보여주기로 하였다. 경비는 조직위원회에서 주로 부담하기로 하고 참가자는 일부의 경비만 부담하도록 하였다. 삼성전자, LG, KT, 하이닉스, 현대차, 포항제철, 현대중공업, 휴맥스, KAIST와 일부 대덕연구소, 서울대 등을 보여주었다. 기술방문에 444명이나 참여하였다. 참가자들은 한국의 산업체를 보고 큰 감명을 받았으리라 생각한다.

대회의 웹사이트의 중요성은 이미 얘기한 바가 있다. 그런데 논문을 접수하고 심사를 도와주는 '대회관리용 소프트웨어 패키지'도 대단히 중요하다. 그리고 이것에 기반을 두어 행사등록금 납부기능이 포함된 '대회등록용 소프트웨어 패키지'도 참여자에게는 대단히 중요하다. 참가자에게는 논문을 제출하고 검증받고 등록금을 내는 것이 가장 관심이 크기 때문이다. 비록 이런 면에서 잘하더라도 참가자가 특별히 인식을 하지 못할 수도 있지만, 잘못하면 대회 이전부터 대회에 대한 나쁜 인상을 갖게 된다. 서울대회에서는 경비가 들었지만 세계 최고급인 미국의 PaperPlaza라는 소프트웨어 패키지를 사용하기로 하였다. 따라서 논문의 접수가 용이했으며 심사위원들이 심사하는 과정도 용이하였다. 결과적으로 논문의 제출, 심사, 출판에 큰 도움이 되어 대회 성공에 한몫을 하였다. 또한 PaperPlaza를 사용함으로써 그 속에 포함된 인적 데이터베이스를 활용할 수 있어 대회를 홍보하는 데 큰 도움이 되었다. 일정한 논문수 이상을 제출하면 등록금이 더 많아지게 되어 있었는데 이 패키지를 사용하면 그런 기능을 쉽게 구현할 수 있어 도움을 받았다.

대회에 좋은 인상을 주기 위해서는 등록금도 적절히 책정되어야 한다. 많은 학자들이 국제행사를 치러 보았기 때문에 어느 정도의 등록금이 행사에 필요한지 알고 있는 분이 많다고 생각한다. 그래서 등록금에 비해 제공받는 것이 적다면 대회에 좋은 인상을 갖지 못하게 되며 주최 측이 장사를 하지 않는가 하는 의심을 갖게 된다. 서울대회는 5일간 학술행사 및 축하연(방퀘)을 합하여 550달러를 받았다. 이것은 지난 3개 대회를 비교한다면 파격적으로 가장 싼 등록금이었다. 직전대회는 650유로였고, 축하연은 추가로 80유로를 더 받았다. 합하면 1,000달러가 넘는 액수였다. 서울대회에 감동을 주려고 계획한 것이며 굉장히 싸다는 인상을 주려고 하였다. 그리고 경제적으로 넉넉지 못한 아시아의 많은 참석자도 고려하였다. 특히 많은 참석이 예상되는 중국의 경우에는 대학교수당 1명의 학생등록금을 도와주기로 약속까지 하였다. 부족한 등록금은 모금으로 대신하기로 계획하였다. 앞에서 얘기했지만 목표 모금액을 달성하였다. 어느 나라든지 회사로부터 모금을 하려면 우선 모금의 취지가 좋아야 하지만 회사 최고책임자를 잘 알아야 한다. 이를 위해 광범위하게 인간관계를 형성하고 있어야 한다. 본인은 우선 10개의 제자 회사로부터 상당한 기부금을 받았다. 지도교수가 필생의 사업으로 하는 데 도와준 것이다. 그리고 다행히 현대자동차, 포항제철, 삼성전자, LS산전, 한국전력 회사들의 최고책임자나 간부들과는 여러 사회활동을 통해 가까운 관계를 유지하고 있어 상당한 지원을 받을 수 있었다. 그리고 공공단체인 교과부와 지식경제부도 부처 위원회 활동을 통해 교류가 있었고, 서울시와 관광공사 등에서는 서울대회 참가 외국인수가 많아 상당한 지원을 받을 수 있었다. 모금을 할 때 한 가지 중요한 사항으로, 지원받고 싶은 모금액수를 제시해야 하고 이미 모금한 실례를 보여주어야 한다는 점도 알려주고 싶다. 그리고 회사별로 행사지원 내용을 구별하는 것도 중요하다. 서울대회에서는 환영파티, 축하연, 환송파티, 인터넷, 각종 선물 등의 지원기관으로 각각 다른 기업 이름을 사용하였다.

대회에 좋은 인상을 주려면 대회에서 제공하는 출판물도 중요하다. 프로그램, 논문요약집, CD, 기조연설집, 각종 초청장 등도 잘 편집되어 있어야 하고 디자인이 멋있어야 한다. 서울대회에서는 깊은 인상을 주기 위해 프로그램과 논문요약집을 결합하여 하루에 1권씩, 모두 5권으로 만들고 경비가 들지만 전부 컬러로 인쇄를 하였다. 하루에 1권만 갖고 다니면 모든 것을 알 수 있도록 하였다.

대회장에서 나누어 주는 약간의 선물도 대회에 좋은 인상을 준다. 서울대회는 가능하면 많은 것을 주기로 하였다. 우선 새로운 디자인으로 설계된 좋은 가방을 선사했고, 7월 초는 비가 오는 계절이기 때문에 예쁜 우산을 가방에 넣어 두었다. 그리고 로고가 새겨진 티셔츠, 한국의 IT 기술을 보여주는 지하철과 버스가 연계되는 교통카드를 넣어 주었다. 감명을 조금은 받았으리라 생각한다.

대회가 금요일 오후에 마감되었고, 토요일 오전에 국제자동제어연맹 이사회가 열렸다. 이 순간부터 본인이 회장을 인계하고 다음 회장인 이태리의 Isidori 교수가 사회를 맡았다. 신임회장이 서울대회에 대해 언급하였다. 신임회장이 언급하기를, 이제까지 거의 모든 과거 IFAC 세계대회를 참가했는데 서울대회가 최고였으며 앞으로의 어느 대회도 당분간 서울대회를 따라가기 힘들 거라고 말씀하였다. 극찬인 셈이었다. 몇 년 동안 열정을 부어 준비한 서울대회가 감동을 준 훌륭한 대회 수준을 능가하여 IFAC 역사상 최고가 된 대회가 된 것이 증명되었다. 서울시에서도 IFAC 2008 행사를 2008년도 최우수 컨벤션으로 선정하여 2009 서울관광대상(컨벤션 부문)을 시상할 예정이다.

이 대회에는 여러 분이 도움을 주셨는데, 대회장인 KAIST의 조형석 교수, 프로그램 위원장인 서울대 조동일 교수를 포함하여 16여 명의 교수가 조직위원회의 위원으로 수고를 해 주셔서 큰 업적을 이루었다. 그분들에게 감사한다. 그리고 물심양면으로 도와주신 여러 분들에게도 감사를 드린다. 행사를 치르고 나니 지난 9년 동안 준비해 온 짐을 내려놓는 시원함을 느꼈다. 그리고 해 냈다는 기쁨도 있었다. 직접 참석한 2,400여 명의 외국인과 추가로 동반한 가족에게 한국에 대한 좋은 인상을 심어 주었다는 자부심에 가슴이 설렜다. 본인의 서울국제대회 개최 경험이 앞으로 큰 규모의 국제대회를 개최할 많은 분들에게 조금이나마 보탬이 되기를 바란다.

한국 불교교단의 개혁과제와 방향

인문대학 국사학과 | 최병헌

1. 문제제기: 오늘날 우리 불교교단의 현실

오늘날 우리 불교교단은 사찰과 불자 숫자의 증가 등 양적인 면에서는 괄목할 만한 성장을 이룩한 것으로 보인다. 그러나 질적인 면에서는 문제가 심각한 수준이라는 점을 지적하지 않을 수 없다. 이제는 양적 성장보다 질적인 변화를 모색해야 할 때이다. 한국의 불교가 '상구보리(上求菩提) 하화중생(下化衆生)'이라는 대승불교의 이상을 제대로 구현하기 위해서는 해결되어야 할 문제가 대단히 많다. 우선 밖으로 기독교를 비롯한 다른 종교의 도전에 직면해 있으며, 안으로 불교계 내부의 문제도 그에 못지않게 심각한 상태라고 아니할 수 없다.

불교계 안의 문제는 바라보는 시각에 따라 여러 가지를 지적할 수 있겠으나, 나는 교단의 분열과 파벌간의 갈등이 가장 심각한 문제라고 본다. 오늘날 우리 불교계에서는 교리해석상의 이견이나 수행 가풍상의 차이도 별로 없으면서 세속적인 이해관계에 따라 파벌로 분열되어 세속사회 못지않은 심각하게 갈등하는 모습을 보여주고 있다. 그리고 이러한 파벌간의 대립과 갈등은 고질화되어 가까운 시간에 쉽게 해결될 가능성도 없다. 이러한 불교계 상황은 불교의 발전에 심각한 장애가 될 뿐이다. 뿐만 아니라 세속사회를 정화시키는 데 기여하기는커녕 오히려 오염시키는 역할을 할 뿐이다. 사상적인 논쟁이나 수행방법상의 이견과 관계없이 오직 세속적인 이해관계에 따라 분열 갈등하는 교단은 존재의미가 없는 것이다. 사실 교리의 해석이나 수행의 방법을 가지고 이견이 노출되어 벌어지는 싸움이라면 불교의 발전에 도움이 될 수 있고, 어떤 의미에서는 그러한 논쟁은 불교의 발전을 위해서 필요한 것이라고 할 수 있다. 그런데 현실은 교리해석상의 문제나 사상적인 문제는 회통불교라는 미명으로 호도해 버리고, 화석화된 간화선에만 매달리는 것으로 현실적인 문제는 회피해 버리고 만다. 그리고 종권의 장악과 유지를 위해서는 국가권력에 의지하고 매달리면서 호국불교라는 이름으로 호도하는 모습은 민망하기 그지없는 자세라고 아니할 수 없다.

현재 불교계의 이러한 모습은 불교의 근본정신을 망각한 것이며, 우리 불교의 전통에도 어긋나는 것이다. 무엇보다도 화합을 강조했던 부처님의 근본정신에 위배되는 것이며, 화합을 이룬 집단의 모델이 되었던 승가의 이상에도 어긋나는 것이다. 그리고 고대국가의 발전과 전통문화의 창조에 선구적인 역할을 담당했던 우리의 전통불교와도 관계없는 것이다. 세속화와 어용성의 문제는 일제강점기의 식민지불교의 잔재를 제대로 청산하지 못한 결과일 뿐이다. 이제는 세속사회를 정화하여 사회통합에 기여하기는커녕 사회분열의 씨앗이 되며, 현대문화의 발전에 선구적인 역할을 하기는커녕 문화발전을 뒤에서 끌어당기는 문화지체현상을 보여주는 모습에서 하루 빨리 벗어나야 한다. 무엇보다도 먼저 불교교단의 분열 갈등을 종식시켜 완전한 화합을 이루어야 하고, '호국불교'의 개념을 바꿔 정치권력과 분리되어 상호간에 견제 비판하는 건전한 관계로 재정립되어야 한다. 어느 누구 못지않게 불교교단의 화합과 불교의 발전을 염원하는 입장에서, 그리고 사분오열된 우리 사회를 통합하고 과학만능, 물질만능으로 야기된 현대문명의 한계와 모순을 극복하는 데 가여하는 불교의 역할을 기대하는 입장에서, 불교의 근본정신에서 크게 일탈되어 있는 오늘날 우리 불교계의 현실에 대해 일대 각성을 촉구하려는 의도에서 몇 가지 문제점을 지적하고 그 해결 방안을 모색해 보는 계기를 갖고자 한다.

2. 일제의 불교침략과 식민지불교의 성격

한국근대 불교사에 대한 이해는 오늘날의 불교와 직결된 문제라는 점에서 대단히 중요하다. 그리고 일본 제국주의 침략사의 온전한 이해를 위해서도 간과할 수 없는 문제이다. 그러나 해방 이후 한국 역사학계의 연구 경향은 사회경제사에 비해 사상사 분야에 대한 관심이 적었으며, 특히 불교사 분야에 대한 연구가 극히 부진하였다. 그 결과 일제의 한국 침략사는 일제의 정치적·경제적 침략만이 강조되었고, 종교 특히 불교를 첨병으로 한 정신적·문화적 침투 사실은 전연 간과되었다. 반면 불교학계의 연구는 역사의식의 결여와 일방적인 호교적(護敎的) 자세로 말미암아 일제의 불교침략 사실과 식민지불교의 성격에 대한 이해를 정확히 할 수 없었다. 그리고 근대 불교사의 연구가 부진한 이유의 이면에는 한국불교계가 아직까지도 식민지불교의 잔재를 제대로 청산하지 못했다는 현실이 장애가 되고 있음도 간과할 수 없다.

일제는 한국진출을 시작하는 처음 단계부터 정치와 종교는 새의 두 날개 또는 수레의 두 바퀴 같은 관계라고 하면서 불교인들에게 한반도 진출을 종용했고, 일본정부의 식민지 개척과 불교의 해외포교가 일체화되어 추진토록 하였다. 반면 국가주의적인 성격이 강했던 일본불교계도 당국의 한국침략에 적극적으로 호응하여 호국과 호법의 일치를 표방하면서 첨병 역할을 자임하였다. 그리하여 부산항이 개항되는 1877년부터 한국을 강점하는 1910년까지 일본의 각 종파는 침략의 단계마다 경쟁적으로 진출해 와서 한국불교인 회유와 사찰 장악에 매진했으며, 때로는 명성황후의 시해나 한국병합 같은 정치적 침략사건에도 직접 개입하는 등 첨병의 역할을 충실히 수행하였다.

그런데 일제는 1910년 한국강점의 목적을 달성하자, 불교정책을 변경하여 일본불교를 배제하고, 그 대신 한국불교를 식민통치의 전면에 내세웠다. 조선총독부는 30본말사제를 통해 한국불교를 분할하여 통제하는 방식을 취하여 식민통치에 경쟁적인 협력을 유도하였다. 일본불교사에서의 본말사(本末寺) 관계는 원래 법류상승(法流相承)의 사자(師資) 관계로부터 발생한 것이었으나, 이후 교단은 막번체제(幕藩體制)에 상응하여 세속적 논리에 의해 편제되었다. 조선총독부는 일본 불교교단의 본말사제도 가운데 총본산제도는 삭제하고, 본말사 관계 내용만을 부분적으로 받아들여 한국불교를 통제하기 위한 행정적인 편의주의로 활용하였다. 그리고 다른 한편으로 조선시대의 선교(禪敎) 양종을 종지로 표방케 함으로써 한국불교계의 자발적인 협조를 이끌어 내는 데 성공할 수 있었다.

그 결과 본사주지들을 중심으로 권력을 강화하고 부를 축적하는 풍조가 생겨 불교계의 세속화와 윤리적인 타락을 부채질하였다. 뿐만 아니라 친일지주적인 성격을 띤 사찰주지들을 중심으로 한 대처승의 양산은 해방 이후 커다란 후유증을 남겨 20여 년간 비구, 대처 간의 치열한 싸움을 유발하여 마침내 불교교단이 분열되는 불행한 사태를 초래하였다.

그러나 1930년대 후반 일제는 군국주의체제를 구축하면서 분할통제방식을 변경하여 총본산을 새로 설치케 하였다. 조선총독부는 한국불교계의 오랜 숙원을 해결해 주는 형식을 취하면서 고려시대의 조계종(曹溪宗)과 태고보우(太古普愚)의 불교전통의 계승을 표방하고, 유교법회(遺教法會)의 개최를 통해 선학원 계열의 승려들까지 포섭함으로써 외형상으로는 명실상부한 통합종단을 설립케 하였다. 그러나 실제 내면에서는 조선총독부의 주관과 친일적인 본사주지들의 주도하에 추진됨으로써 일제의 전쟁수행을 위한 국민총동원체제에 부응하려는 기만적인 술책의 산물에 불과하였다. 그 결과 일본의 전시총동원체제에 협조하는 어용적이며 친일적인 성격의 식민지불교를 형성케 됨으로써 이전의 분할통제방식으로 인한 불행과는 또 다른 차원에서의 변질과 왜곡이라는 더욱 심한 시련을 겪게 되었다. 더욱이 본말사제라는 분할통제방식을 그대로 존속시키면서 중앙의 통제기관으로 총본사를 설치함으로써 중앙의 통합관리기구와 지방 본사 사이의 교단행정체계상의 구조적인 모순을 갖게 되었으며, 불교교단의 운영상에 적지 않은 어려움을 초래하게 되었다. 그리고 이러한 구조적인 모순은 고질화된 어용적인 성격과 함께 해방 뒤에도 청산되지 못하고, 식민지불교의 잔재로 계속 이어져 오고 있으며, 그 위에 고질화된 문중의식이 추가되면서 오늘날 우리 불교발전의 심각한 장애 요인으로 작용하고 있다.

3. 식민지불교의 잔재와 청산과제

1954년 5월 20일 이승만 대통령의 유시를 계기로 하여 촉발된 불교정화운동이 일어난 지도 벌써 반세기가 지났다. 오늘날 불교계 일각에서는 당시 정화운동의 성과와 주도적인 인물들에 대한 재조명 작업을 벌이고 있는데, 과거 역사를 되돌아보고 역사의 주역을 담당했던 인물들을 평가하는 작업은 나름대로 의미 있는 일이다. 그러나 오늘날의 불교계 현실을 돌아볼 때, 식민지불교(왜색불교)의 청산과 청정승단의 가풍회복을 이념으로 한 정화운동이 얼마나 성공했다고 평가할 수 있는가? 그리고 만일 그러한 목표가 제대로 실현되지 못했다면 그 원인이 무엇인가? 라고 하는 근본적 물음에 대해 성찰하고 반성하는 모습은 찾아볼 수 없다.

물론 해방 이후 불교계는 많은 변화를 겪어 왔다. 양적으로는 커다란 발전을 이루었으며, 외형상으로 개선된 점이 있다는 점도 인정한다. 특히 불교정화운동을 계기로 하여 불교계의 주류가 대처승에서 비구승으로 바뀌게 되었다. 또한 사찰과 불자 수가 비약적으로 증대되었으며, 비구니의 비중과 역할이 커진 점도 주목된다. 그러나 일제 식민지불교의 청산과 청정승풍(僧風)의 회복이라는 역사적 과제가 제대로 달성되었다고 평가하기는 아직 이르다.

불교계에서는 식민지불교의 잔재 가운데 가장 심각한 문제로서 흔히 대처육식의 폐해를 들고 있다. 물론 필자도 불교교단의 여러 현상적인 모순들이 대처 문제에 기원한 것임을 인정한다. 그러나 식민지불교의 잔재는 그보다 훨씬 크고 본질적인 것임을 유의할 필요가 있다. 우선 교단제도 면에서 전법의 사승관계나 승풍의 전승과는 무관하게 행정편의주의적으로 편제되었던 본말사제도는 제대로 개선된 점이 없으며, 또한 본말사제도라는 분할통제방식과 총무원체제라는 중앙통제체제와의 교단행정체계상의 구조적인 모순도 본질적으로 시정된 것이 없다. 그리고 그 위에 재산과 종권을 놓고 파벌 사이에 싸움을 벌임으로써 세속적인 이해집단과 다름이 없는 모습으로 고질화되었다.

교단제도 면보다 더욱 심각한 문제는 정치권력과 유착하여 순응하고 협력하는 어용적인 성격이다. 해방 이후에도 어용적인 성격은 체질화되어 권력의 대상만 바뀌었을 뿐, 본질은 크게 변하지 않았으며, 오히려 정치권력과 유착하여 파벌싸움에 이용하려는 모습으로 발전하였다. 실제 불교정화운동의 발단과 전개과정에서 불교계는 시종 정치권력에 의지하고 끌려다니는 자세를 벗어나지 못한 한계를 보여주었다. 반면에 군사독재 정권하에서 정치권력의 부당한 행사나 폭력적인 인권탄압에 비판하고 항거하는 교단의 모습은 제대로 보여주지 못하였다.

식민지불교의 잔재로써 어용적인 성격보다 더욱 본질적인 문제는 불교인들로 하여금 올바른 역사의식을 갖지 못하게 한 점이다. 시대적인 문제에 대한 역사의식의 결여는 현대사회에 부응할 수 있는 불교철학의 계발을 어렵게 하며, 불교인 자신을 성찰하고 비판하는 능력을 가질 수 없게 하였다. 역사는 이미 농업사회를 지나고, 산업화 단계를 벗어나 지식정보화사회로 변했는데, 불교계는 산업화 이전의 의식에서 벗어나지 못한 모습을 보이고 있다. 그리고 이러한 역사의식의 부족은 식민지불교의 성격을 정확히 이해하고 그 잔재를 청산할 수 있는 능력을 갖지 못하고 있는 점과 무관하지 않다. 불교의 이상과 근본정신은 바뀔 수 없지만, 시대의 변화에 따른 새로운 철학이 끊임없이 계발되어야 하며, 그 변화는 어디까지나 부처님의 가르침을 생명으로 하여 승가의 이상을 구현하려는 방향으로 전개되어야 한다.

4. 불교교단의 이상과 현실: 분열에서 화합으로

불·법·승 3보 가운데 불보는 불교의 교주이신 부처님, 법보는 부처님의 가르침인 불법을 의미하는 말이라는 데는 이의가 있을 수 없다. 그러나 승보의 의미에 대해서는 오늘날 우리 불자들 가운데 오해하는 사람이 없지 않아 그 정확한 의미를 되새겨볼 필요가 있다. 승의 뜻을 흔히 스님 개개인을 지칭하는 것으로 이해하는 사람이 있으나, 이것은 전연 그릇된 견해이다. 또한 '스님네'라고 하여 다수의 스님들을 지칭하는 것으로 이해하는 사람도 있으나, 이것도 정확한 해석이 아니다. 승의 원래의 의미는 단순히 여러 스님들을 지칭하는 것이 아니기 때문이다.

승(僧)은 원래 범어 상가(sagṃha)를 소리로 한역한 승가(僧伽)의 줄인 말이다. 상가를 뜻으로 한역하면 중(衆) 또는 화합중(和合衆)이 된다. 따라서 승 또는 중은 단체를 의미하는 말로써 곧 불교교단, 특히 화합을 이룬 교단을 가리킨다. 그런데 부처님 당시의 인도에서는 승의 원어인 상가가 불교교단만을 지칭했던 것이 아니었다. 부처님 이전부터 이미 사용되어 오던 보통명사였다. 즉, 상가는 정치적으로는 공화국, 경제적으로는 상인조합을 의미하는 용어였으며, 부처님의 교단은 그것을 받아들여 사용한 것에 불과하였다. 그러면 부처님께서는 상가라는 용어를 왜 자신의 교단 이름으로 삼았을까?

기원전 6~5세기경의 인도사회에서 공화국과 상인조합을 막론하고 상가라는 명칭을 사용하고 있던 집단의 공통적인 특징은 동일의 목적을 가지고 모인 사람들로 구성된 공동체로서 그 구성원은 상호 평등하며, 동일의 규율에 복종하고, 그 가입은 자유의지에 따르며, 집단의 의사 결정은 구성원들의 합의제에 의하는 것이었다. 그리고 무엇보다도 중요한 특성은 구성원들 간의 완전한 화합을 목표로 한 점이었다. 여기에서 부처님은 평등한 관계 속에서 화합을 이룬 공동체 생활을 영위하는 공화국과 상인조합, 즉 상가의 모습에서 자신의 불교교단을 조직하고 운영하는 모델을 보았던 것으로 이해된다. 새로 성립되는 교단의 이름을 상가라고 칭한 것은 결코 우연이 아니었음을 알 수 있다.

실제 부처님 당시의 교단은 사문들의 회의에 의해 운영되고, 그 결정과정은 정해진 규칙에 의해 행해졌으며, 표결방식은 공화국이나 상인조합에서와 마찬가지로 만장일치제가 원칙이었다. 그리고 교단에서는 모든 사문들의 결정권이 같았고, 서로 대등한 입장이었으며, 교단의 화합이 특히 강조되었다. 부처님은 제자들의 존경을 받아 절대적인 권위를 가지고 있었으나, 교단의 구성원의 한 사람으로서 행동했을 뿐이고 특별한 지위나 독단적인 권한을 행사하지는 않았다. 상가에 대한 부처님의 인식과 운영방식을 통해 우리가 이해할 수 있는 부처님의 생활 이상은 신분이나 계급의 관념을 없애고 불교도로서의 동일한 일체감을 갖고 평등한 관계 속에서 화합된 공동체 생활을 영위하는 것이라고 할 수 있다.

이로써 부처님 교단인 상가의 이상은 완전한 화합의 실현이었음을 알 수 있다. 그리고 상가를 중국에서 한역할 때에 상가를 집단의 의미인 중(衆)이라는 용어만으로는 만족하지 않고, 화합이라는 수식어를 부쳐 화합중(和合衆)이라고 한 이유를 이해할 수 있다. 또한 귀의 대상으로서의 승보는 완전한 화합을 이룬 교단이지, 분열 갈등하는 파벌이 아님을 알 것이다. 따라서 극심한 분열과 갈등의 모습을 보이고 있는 오늘날 우리의 불교교단은 부처님의 화합의 정신에 위배되는 것이고, 동시에 상가의 이상에도 정면으로 배치되는 것이다. 분열 갈등하는 교단은 엄밀한 의미에서 불교교단이라고 할 수 없으며, 불자들의 귀의 대상이 될 수 없음을 명심해야 할 것이다.

5. 정치권력과 불교교단의 관계: 비판 견제하는 관계로 재정립되어야 한다.

연말이 되면 신문이나 방송이 그해의 10대 뉴스를 선정하는 것이 연례 행사가 되었다. 『법보신문』도 2008년도 불교계 10대 뉴스를 선정하여 발표한 바 있다. 지난해 선정된 불교계 뉴스를 보면 유난히 불자들의 마음을 어둡게 하는 뉴스가 많았다. 특히 기독교 장로인 이명박 대통령의 등장과 기독교 정부로 지칭될 만큼 특정종교의 편향적 인적구성으로 이루어진 새 정권의 출범을 계기로 하여 도를 넘는 전투적인 선교행위와 다른 종교에 대한 배척을 노골화한 것은 불자들을 분노케 했을 뿐만 아니라 일반인들까지도 실망시키기에 충분하였다.

불교계에서는 이러한 정권적 차원의 종교적 편향 사태를 더 이상 묵과할 수 없다고 판단, 급기야 지난 8월 27일 전국의 20여만 불자들이 서울시청 앞 광장에 집결하여 범불교대회를 봉행하는 초유의 강경한 대응을 강행하였다. 공직자와 공공기관의 종교편향 시정을 요구한 불자들의 함성은 당사자들의 사과를 받아 냈으며, 마침내 종교편향금지법 법제화 추진의 약속을 받아내기에 이르렀다. 불교계는 이러한 사과와 대응조치를 일단 수용하는 쪽으로 가닥을 잡음으로써 종교 편향으로 야기된 갈등은 일단 진정국면에 들어갔다. 그러나 이번의 사태 해결 방식은 근원적인 요인을 덮어 둔 채 미봉에 그침으로써 근본적으로 변한 것이 없다는 것이 나의 판단이다.

공직자와 공공기관의 종교편향으로 야기된 이번의 사태는 전연 성격이 다른 두 가지의 요인에서 말미암은 것이라고 본다. 첫째 요인은 두말할 필요도 없이 일부 기독교인들의 잘못된 종교관이다. 그리고 둘째 요인은 정치와 종교의 관계에 대한 그릇된 인식에 기인한 것이다. 첫째 요인은 전적으로 기독교 측에 책임이 있으며, 불교측은 일방적인 피해자일 뿐이다. 그러나 둘째 요인은 기독교 측만이 아니라 불교 측에도 자성할 점이 없지 않다는 것이 나의 생각이다.

원래 정치와 종교의 사회적 역할은 다양한 이해당사자의 갈등을 풀어주는 최후의 보루이다. 다양한 견해 차이와 이해관계로 갈등을 보이는 사회구성원을 하나로 묶는 작업이 바로 정치의 책임이자 종교의 역할이다. 그런데 정치와 종교는 사회통합이라는 역할을 공유함에도 불구하고 양자 사이에는 근본적인 차이점이 있다. 정치는 현상적인 차원에서 갈등과 대립을 조정하고 해결하는 것에 그치는 반면에 종교는 근원적인 차원에서 완전한 화합을 추구하는 것이다. 특히 불교는 평화와 화합을 강조하는 종교이며, 승가의 이상이 바로 화합이라고 할 수 있다. 그런데 지난번의 종교편향에 대한 불교인들의 대응을 보면 불교교단의 화합과 사회통합이라는 승가의 이상과 역할에 대한 자성의 목소리는 들을 수 없었다. 특히 정치권력과의 관계를 재정립하겠다는 발상의 전환이 없이 역설적으로 정치권력에 연연하는 모습만 보여 주어 안타까움을 금할 수 없었다.

그러면 정치와 불교의 관계는 어떠해야 하는가? 양자의 바람직한 관계는 상호 견제하고 비판하는 긴장관계이다. 양자가 유착하면 정치권력의 부패와 폭력을 방관 조장하게 될 뿐만 아니라 불교교단도 부패하고 세속화를 면할 수 없게 된다. 반면 양자가 대립 갈등하게 되면, 사회 분열과 갈

등을 조장시키게 된다. 이제 정치와 불교는 건전한 관계를 재정립하여 정치권력은 정권안보에 불교를 이용할 생각을 버리고 불교교단의 자주성을 보장해 주어야 한다. 반면 불교교단도 정권에 의지하고 권력에 연연하는 자세를 버리고 정치권력의 부당성에 대해서는 기탄없이 비판 견제할 수 있어야 한다.